Ernst-Heinz Lemper

Görlitz
Eine historische Topographie

Herausgegeben vom Aktionskreis für Görlitz e. V.

Ernst-Heinz Lemper

Görlitz
Eine historische Topographie

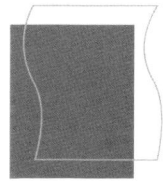

Verlag Gunter Oettel

Die Deutsche Bibliothek – CIP-Einheitsaufnahme

Ernst-Heinz Lemper: Görlitz : eine historische Topographie / Ernst-Heinz Lemper. [Hrsg. vom Aktionskreis für Görlitz e.V.]. – Görlitz ; Zittau : Oettel, 2001.

ISBN 3-932693-63-9

Herausgeber: Aktionskreis für Görlitz e. V.
Druck: Graphische Werkstätten Zittau
Buchbinderische Verarbeitung: Röderaue Broschüren GmbH Lampertswalde
Printed in Germany

Inhalt

Geleitwort

»Görlitz« – so lautet schlicht und prägnant der Titel eines Buches von Ernst-Heinz Lemper, das seit seiner ersten Auflage 1960 Görlitzern und Gästen der Stadt Geschichte, Kunst und Architektur einprägsam veranschaulicht und als ein besonders gelungener kunsthistorischer Stadtführer gilt. Die bisher letzte Auflage von 1987 ist seit Jahren vergriffen.

Aus Anlaß des 75. Geburtstages des Görlitzer Ehrenbürgers Prof. Dr. Ernst-Heinz Lemper entschloß sich der Aktionskreis für Görlitz dieses Buch in einer neuen Auflage herauszugeben. Der Autor hat das Manuskript stark überarbeitet und durch einen zweiten Teil ergänzt, der das 19. und 20. Jahrhundert sowie die inzwischen eingemeindeten Dörfer zum Inhalt hat. Dadurch ist ein völlig neues Buch entstanden.

Der Aktionskreis ehrt mit der Herausgabe des Buches ein namhaftes und engagiertes Mitglied, dessen wissenschaftliches Lebenswerk zahlreiche Facetten hat und kunstgeschichtliche Themen ebenso umfaßt wie stadtgeschichtliche Arbeiten oder Publikationen zu Jacob Böhme und Adolf Traugott von Gersdorf.

Bleibende Verdienste hat Ernst-Heinz Lemper sich um die Denkmalpflege in Görlitz erworben. Seine Arbeit als langjähriger Direktor der Städtischen Kunstsammlungen war prägend für die Entwicklung und inhaltliche Orientierung der heutigen Städtischen Sammlungen für Geschichte und Kultur. Seinem persönlichen Einsatz ist es zu danken, daß die wertvolle Oberlausitzische Bibliothek der Wissenschaften noch heute in Görlitz zu bewundern ist.

Die Stadt verdankt ihrem Ehrenbürger nicht zuletzt auch den entscheidenden Anstoß zur Wiederbelebung der traditionsreichen Oberlausitzischen Gesellschaft der Wissenschaften zu Görlitz im Jahre 1990.

Ernst-Heinz Lemper mit der Neuherausgabe seines Buches zu ehren heißt, ihm gleichzeitig dafür zu danken, daß er darin die Einmaligkeit unserer geschichtsträchtigen Stadt dokumentiert und so für Görlitz wirbt.

Prof. Dr. Rolf Karbaum
Oberbürgermeister
der Stadt Görlitz

Joachim Rudolph
Vorsitzender
des Aktionskreises für Görlitz

Vorwort

Das vorliegende Buch trägt als Haupttitel den Namen der Stadt, der es gewidmet ist. Im Untertitel nennt es seine Absicht, eine historische Topographie, also eine Ortsbeschreibung, die in chronologischer Abfolge der kulturellen Wertigkeit von Görlitz nachgeht. Eine rein kunstgeschichtliche Betrachtung hätte wesentliche Aspekte eingeengt oder unberücksichtigt gelassen, denn eine Stadt wird in erster Linie zur Befriedigung elementarer zivilisatorischer Bedürfnisse für eine bestimmte Einwohnerschaft angelegt und weiter entwickelt, wobei in unterschiedlichster Weise Stadtbaukunst entstehen kann, was nicht nur architektonische Leistung und Einbeziehung der bildenden Künste heißt, sondern viel mehr technische Leistung.

Unter Stadt wird eine Gesamtheit an Baulichkeiten und ihre sinnvolle Ordnung innerhalb festgelegter, juristisch fixierter Grenzen und Areale verstanden. Daraus ergibt sich, daß die Baukunst in der Topographie einer Stadt die führende Stimme übernehmen muß. Bauwerke sind die monumentalen Zeugen der Geschichte, die in Auswahl auf ihre baukünstlerische und das Stadtbild formende Eigenart epochenweise vorgestellt werden. Geschichte als Resultat politischer Aktivitäten im internationalen, nationalen oder örtlichen Gesichtskreis kann kapitelweise nur in dem Maße berücksichtigt werden, als sie für die Erklärung von Bau- und Kunstleistungen erforderlich ist. Damit möge erklärt werden, daß hier kein Geschichtsbuch bezweckt ist, viel weniger noch ein Stadtführer, der einen Weg durch die Stadt vorschlägt, um eine Vielzahl von historischen Bauten zu besichtigen. Ebensowenig ist beabsichtigt, die amtlich erfaßte Liste von Kulturdenkmalen in Texten auszubreiten.

Die kulturgeschichtliche Betrachtungsweise kann nicht im vollen Umfang ausgeführt werden, besonders nicht als gesellschafts- und sozialgeschichtliche Erscheinung in den behandelten Zeitabschnitten. Topographisch kann nur das sichtbar Wahrgenommene behandelt werden, sofern es nicht vorübergehende Erscheinung ist. Vergangenes, das einst Jahrhunderte Bestand hatte, wie zum Beispiel die abgebrochenen Stadtbefestigungen, werden bildhaft einbezogen und textlich behandelt, insoweit Verständnis für das Bestehende erweckt wird. Die Erweiterung des Blickfeldes in die Vergangenheit durch den Besuch von Museen und Sammlungen wird in einem Kapitel besonders behandelt. Skulptur, Malerei und Kunsthandwerk wie auch ihre Schöpfer werden in der Regel so in den Text eingeordnet, daß der Zweck einer historischen Topographie möglichst überschaubar erreicht wird, wobei das Ortsgebundene und Ortstypische Vorrang genießt. Musik, Theater und Literatur müssen aus Sachgründen in dieser Topographie ausgespart bleiben. Ihren Pflegestätten als Kulturbauten wird im historischen Zusammenhang die architektonische Würdigung zuteil.

Die vorliegenden Schilderungen sind in einer Wende- und Erneuerungszeit am Ende des 20. Jahrhunderts entstanden. Sie stehen auf den Schultern vieler älterer und zuverlässiger Literatur, die sie fortsetzen und ergänzen wollen, besonders die kulturschöpferischen Leistungen und Stadterweiterungen des 19. und 20. Jahrhunderts. Hervorzuheben sind zwei Werke der Bestandserfassung von Görlitzer Geschichtszeugen unterschiedlicher Betrachtungsweisen: 1891 erschien in Breslau das Verzeichnis der Kunstdenkmäler der Provinz Schlesien, deren dritter Band die Stadt Görlitz unter dem Regierungsbezirk Liegnitz darstellt, leider ohne Bilddokumentation, die erst 1902 in einem Tafelwerk mit fotografischen und zeichnerischen Darstellungen nachgeholt wurde. Die Behandlung des Denkmälerbestandes endet um 1730. Die Erfassung erfolgte in Stilepochen. Richard Jechts Topographie der Stadt Görlitz erschien von 1927 bis 1934 in Einzellieferungen. Sie geht in der Darstellung des alten Görlitz kaum über den Gesichtskreis von Lutsche hinaus, verfolgt dafür aber die historischen Bauten in ihrer Zuständlichkeit bis in die Zeit ihres Erscheinens. Jecht erschließt die Baulichkeiten aus den Quellen der zuständigen Archivaliengruppen und vollbringt damit eine erstaunliche Archivarleistung. Lutsch wie Jecht vermeiden Bauten und Kunstwerke des 19. Jahrhunderts in ihre Darstellungen aufzunehmen. Für sie wirkte besonders der Einbruch des Industriezeitalters als Zerstörung der Urbanität. Derselben Scheu unterlagen die vielen Einzeluntersuchungen von Görlitzer Kulturleistungen. Dies um so mehr als sie ideologischen Vereinnahmungen aus dem Weg zu gehen gedachten, was nach 1933 und nach 1945 nicht immer gelang.

Die Entdeckung der Architektur und Kultur des 19. Jahrhunderts vollzog sich, als man in Europa 1945 vor den Trümmern der Großstädte stand, die dem vergangenen Zeitalter und Generationen von Stadtbürgern das Urbanitätsbewußtsein geschenkt hatten. Obwohl das 20. Jahrhundert dem Städtebau seit den zwanziger Jahren besonders in Hinsicht der technischen Perfektion große Aufmerksamkeit und beachtliche Projekte widmete, ist mit Ausnahme einzelner Industriestandorte und Stadtviertel relativ wenig vollbracht worden, was über die Stadtschöpfungen des vergangenen Jahrhunderts hinausweist. Zwei Weltkriege erwiesen sich zumal für Deutschland als Kulturkatastrophen. Als beständig erwies sich in diesem unruhevollen Geschichtsverlauf die Hinwendung zum Denkmalbestand und seiner Pflege, während Modernisierungsabsichten immer kurzlebiger erschienen.

Die Wiederherstellung der Einheit Deutschlands verlieh dem letzten Jahrzehnt des 20. Jahrhunderts auch für Görlitz in allen Ebenen seiner Existenz eine so tiefgreifende Um- und Neubewertung, daß sich zwingend die Notwendigkeit ergab, die damit verbundenen Resultate in die kulturgeschichtliche Betrachtung bis an die Gegenwart heranzuführen. Sofern sich die Ergebnisse an historischen Bauten und Kunstschöpfungen zeigen, wurden sie deren Entstehungszeiten zugeordnet, die langzeitig wirkenden Prozesse hingegen gesondert behandelt.

Der Inhalt nachfolgender Darlegungen folgt dem historischen Ablauf. Dem Aufsuchen von Straßen, Plätzen, Gebäuden und Namen dient ein Register. Grundlegende und weiterführende Literatur bleibt im Verzeichnis auf das Wesentlichste begrenzt.

Für das Erscheinen dieser Görlitz-Monographie entscheidend waren sowohl der Anstoß zu ihrer Abfassung wie auch besonders die Übernahme der großzügigen Finanzierung durch den Aktionskreis für Görlitz e. V. unter dem Vorsitz von Herrn Joachim Rudolf. Für beides spricht der Textautor dem Vorstand des Aktionskreises für Görlitz seinen herzlichen Dank aus.

Anschaulich werden können die hier unterbreiteten Ausführungen erst durch die fotografische Leistung der Bebilderung, die in den Händen von Herrn Rainer Kitte und von Herrn René Pech lag. Ihrer schöpferischen Mitwirkung gebührt meine besondere Dankbarkeit.

Dank zu sagen habe ich den Städtischen Sammlungen für Geschichte und Kultur, besonders dem Ratsarchiv der Stadt Görlitz für die Bereitstellung von Bildmaterial aus den Sammlungsbeständen. Wesentliche Fakten zur Darstellung des 19. und 20. Jahrhunderts verdanke ich meinen früheren Mitarbeitern Herrn Dr. phil. Ernst Kretzschmar und Herrn Dipl.-Ing. Dipl. phil. Andreas Bednarek aus ihren Veröffentlichungen. Herrn Dipl. Hist. Peter Wenzel unterzog sich der Enddurchsicht des Manuskriptes. Als getreuem Wegbegleiter der Entstehungsgeschichte dieser Publikation spreche ich dem Verleger Herrn Dr. phil. Gunter Oettel für seine vielen Bemühungen meinen herzlichsten Dank

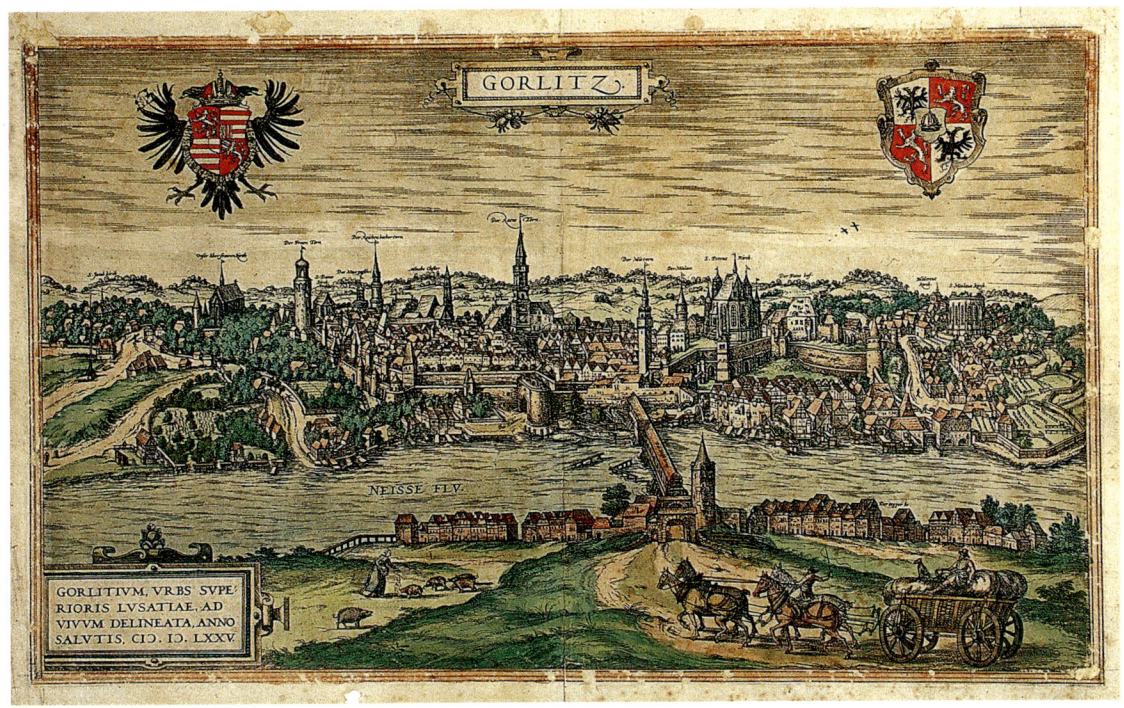

GORLITZ.

NEISSE FLV.

GORLITIVM, VRBS SVPE
RIORIS LVSATIAE, AD
VIVVM DELINEATA, ANNO
SALVTIS, CIƆ IƆ LXXV.

DAS STADTBILD ALS SPIEGEL DER GESCHICHTE UND ALS KULTURSCHÖPFUNG

Görlitz gehört zu jenen deutschen Städten östlich der Elbe, die ihre Entstehung nicht einer landesherrlichen Gründung verdanken, sondern einer eigenen Entwicklung über mehrere Jahrhunderte. Geographisch ist die Ortslage geprägt durch die aus ihrem westlichen Vorfeld markant 419,5 Meter über den Meeresspiegel aufragende Basaltkuppe der Landeskrone und im Osten durch den nördlichen Engpaß der Neiße zwischen dem am westlichen Ufer gelegenen Grauwackefelsen, der von der Kirche St. Peter und Paul beherrscht ist. Gegenüber dem Höhenzug von Töpfer- und Rabenberg, bevor der Fluß in eine sich zunächst nach Osten, hinter dem Galgenberg aber beidseitig erstreckende, eiszeitlich geprägte Auenlandschaft eintritt. Von Lößlehm bestimmter fruchtbarer Boden schuf hier Voraussetzungen für bäuerliche Kulturen seit der späten Bronzezeit. Historisch bestimmend war während der sogenannten Völkerwanderungszeit die im 6. Jh. n. Chr. einsetzende slawische Landnahme. Zeugen dieser slawischen Kultur sind der große Ringwall auf der Landeskrone und Bestattungen aus der zweiten Hälfte des 12. Jh. unter der Kirche St. Peter und Paul.

Als um das Jahr 875 der »Bayrische Geograph« die Gegend der heutigen Oberlausitz beschreibt, erwähnt er den Gau Besunzane. Thietmar von Merseburg nennt

Besunzane

*2 Dolch aus
Klein-Neun-
dorf, südl.
Görlitz. Bronze,
6./7. Jh. v. Chr.*

Burgberg

anläßlich der Schilderung des Kriegszuges Kaiser Heinrichs II. gegen Polen und die slawischen Grenzstämme im Jahre 1015 die »magna urbs Businc«, eine durch einen Heeresflügel des Kaisers niedergebrannte Fluchtburg, deren Besatzung samt Angehörigen damals in die Gefangenschaft abgeführt wurde. Richard Jecht stellte die These auf, die Burg Businc sei das Verwaltungszentrum des Gaues Besunzane gewesen, Namen von Burg und Gau würden im Görlitzer Stadtteil Biesnitz (mittelalterliche Schreibweise Bisencz) am Fuß der Landeskrone (Abb. 3) fortbestehen und die Landeskrone selbst sei Burgberg gewesen. Tatsächlich existieren hier Reste einer slawischen Wallanlage, die früher als weit älter angesehen wurde. Immerhin war der Gipfel schon in der frühen Eisenzeit besiedelt. Zwei bei Klein-Neundorf am Fuße der Landeskrone gefundene Dolche des 7./6. Jh. v. Chr. (Abb. 2) zeugen von Berührungen zwischen der ansässigen Bauernbevölkerung der »Lausitzer Kultur« der Bronzezeit und frühen Eisenzeit und Kriegernomaden des Südostens.

Der Name Görlitz tritt zum erstenmal in einer Urkunde des Jahres 1071 auf, als Kaiser Heinrich IV. beim Dorfe Goreliz gelegene acht Königshufen an das Bistum Meißen schenkte. Die »villa Goreliz«, ein Freihof mit einem ihm hörigen Bauernweiler, lag nördlich der späteren Altstadt am Lunitzbach. Verweser des Gaues Milska, Land des Sorbenstammes der Milzener, in das inzwischen der frühere Gau Besunzane aufgegangen war, waren damals die Markgrafen von Meißen. Das Bistum Meißen gründete auf dem Boden der acht Königshufen im 12. Jahrhundert die Nikolaikirche als einen der ältesten Mittelpunkte für die Christianisierung der Oberlausitz.

Vielleicht gehörte zu diesem Dorf auch eine Fluchtburg, denn vom Jahre 1126 wird berichtet, daß der böhmische Herzog Sobieslaus unter anderen ehemaligen slawischen Befestigungen auch Yzcorelik oder Yzhorelik, vorher auch Drewnow (= Brandstelle, Holzstätte) genannt, erneuerte. Slawische Gräber wurden 1985 unter der Südseite der Peterskirche auf dem alten Burgberg festgestellt, die den Befunden zufolge dem späten 12. Jahrhundert angehören. Diese böhmische Burg ist auf dem Felsabhang an der Nordostecke der Altstadt zu suchen, wo später der Vogtshof errichtet wurde, bis 1928 Landesbesitz im Wechsel der Staatlichkeit. 1131 erfuhr diese Anlage eine Verstärkung. Den böhmischen Herzögen, seit 1076 Herren der Oberlausitz, war diese Stelle besonders wichtig. Hier führte die Hohe Straße, eine der ältesten und bedeutendsten Verkehrsadern des europäischen Waren- und Kulturaustausches über die Neiße, gekreuzt von einem weiteren alten Handelsweg, der Böhmen mit der Ostsee verband. Wenn auch die Oberlausitz vorübergehend (1144–1157) wieder zu Meißen geschlagen wurde und 1253–1319 den brandenburgischen Askaniern verpfändet war und Görlitz 1319–1329 vom Herzogtum Schweidnitz-Jauer beansprucht wurde, so blieben doch während des ganzen Mittelalters und darüber hinaus bis 1635 ihre politischen, wirtschaftlichen und kulturellen Beziehungen zu Böhmen von ausschlaggebender Bedeutung.

3 *Die Landes-
krone. Zeich-
nung von
J.G. Schulz,
1775.*

Unter Ottokar I. von Böhmen wurde die Gründung von Städten in der Oberlausitz begünstigt, um das Königreich der Přemysliden enger mit dem zentraleu-
ropäischen Handel zu verbinden. Deutsche Siedler wurden aus Franken, Thüringen und Meißen ins Land gerufen. Innerhalb dieser großen Neubesiedlung der in
den Jahrhunderten der Slawenkriege geschwächten Gebiete entstand schon in
der zweiten Hälfte des 12. Jahrhunderts eine Kaufmannssiedlung am Steinweg   Steinweg
und schließlich auf dem einstigen Vorburggelände bis zum Untermarkt um 1220
die Stadt Görlitz als Handelsplatz von Fernkaufleuten, die Tuche und das begehrte Tuchfärbemittel Waid aus Thüringen nach Osteuropa ausführten und Pel-
ze, Wachs und Honig zurückbrachten. In den ersten Jahrzehnten des Bestehens
der Stadt zeigt sich eine gesellschaftlich interessante Kräfteverteilung zwischen
niederem Adel, Kaufmannschaft und Handwerk, die auch der städtebaulichen
Struktur von Görlitz bestimmte Wesenszüge verliehen hat.

Außer dem Dorf an der Lunitz hat seit der böhmischen Burggründung an der   Lunitz
Neiße eine Handwerkersiedlung als Suburbium bestanden. Westlich der Burg, die   Suburbium
in der Siedlungsperiode Sitz eines Lokators, des landesherrlich beauftragten Sied-
lungsunternehmers, und Villikationsmittelpunkt war, legten die Fernkaufleute und
die ihnen Folgenden – für den Handel produzierende Tuchmacher und andere Handwerker – den Marktplatz und die ersten Häuserviertel des neuen Gemeinwesens
an. Der älteste Marktplatz lag unterhalb des Vogtshofes zwischen dem Dorf und
der ersten Kaufmannssiedlung, nördlich an die um 1220 angelegte Stadt angren-
zend und durchzogen von den sich hier kreuzenden Handelsstraßen. Der auch
später von Bebauung freigehaltene Platz ist noch heute zwischen Nikolaiturm und
Einmündung der Bogstraße und zwischen Grünem Graben und Nikolaigraben leicht

4 *Das Rent-
oder Waidhaus.*

erkennbar. Schon seit der Frühzeit
der Stadt dürfte die Tuchmacherei
das wirtschaftliche Rückgrat der
Stadtmacht gewesen sein.

Von den Freihöfen der böhmischen Dienstmannen blieben in der
Stadtanlage bis heute erkennbare
Reste erhalten. Das Rent- oder Waidhaus (Abb. 4) nahe der Peterskirche,
das älteste profane Steingebäude in
Görlitz, wird noch im späten Mittelalter als »freier Hof« bezeichnet. Sein
»Geschlechterturm« – »Eberhards
Turm« genannt – wurde erst 1426
niedergelegt. Das trotzige Haus diente nacheinander als Wohnung von Bürgermei-
stern und Richtern, in den Hussitenkriegen als Kaserne für die Erfurter Hilfsmann-
schaft, beim Neubau der Peterskirche als Bauhütte, weiter als älteste Görlitzer Schule, seit 1529 als Waidstapel und schließlich als Speicher für das königliche Zinsgetrei-
de. Von diesem Gebrauch lei-
ten sich die heute noch übliche
Bezeichnungen »Waidhaus«
und »Renthaus« her. All diese
Verwendungszwecke belegen
die exemte Stellung des Hauses, das überdies auch in der
Bauflucht des alten Vogtshofes
steht, wo in der Frühzeit der
Stadt ein böhmischer Vogt als
Beauftragter des Königs seinen
Verwaltungssitz hatte (Abb. 7).

Auch die alten Häuser,
das »Gestift« genannt, die
den Kirchplatz »Bei der Peterskirche« südlich begren-

Hainwald

zen, dürften einst ebenfalls
stadtfreie Höfe gewesen sein.
Ein weiterer großer Freihof
lag an der heute noch aus den
Straßenfluchten abweichen-

5 *Die Neiß-
straße an der
»Neidecke«.*

den »Neidecke« (Abb. 5)
Neißstraße / Hainwald.

Offenbar lag hier dicht an der Fernstraße und am Neißeübergang der Villikationshof, wo der Villicus als böhmischer Amtmann das wachsende Gemeinwesen betreute. Hier war auch der Zugang zur Burg bzw. zum Vogtshof. Der »Hainwald«, ehemals wohl eine Flurbezeichnung, dürfte der älteste Görlitzer Straßenname sein.

Auch das alte Rathaus (Abb. 6) am Untermarkt, einst die Gerichtskurie, war Freihof. Heute noch zeichnet sich das alte Gebäude durch seinen seitlichen Turm aus, der wahrscheinlich anstelle eines alten Geschlechterturmes steht. Hier läßt

Rathaus

sich noch am ehesten der Typ jener alten Freihöfe erkennen: ein kleiner wehrhafter Pallas mit nebenstehendem Turm. Derartige Türme oder auch Steinzellen werden in drei weiteren Fällen im ältesten Stadtbuch als »Bergfriede« im 14. und 15. Jahrhundert als Bestandteile von Bürgerhäusern in der nördlichen Vorstadt genannt.

Die Verteilung der genannten Freihöfe läßt schon erkennen, daß während der ältesten Stadtanlage eine engste Nachbarschaft von Burgmannen und Bürgern bestand. Während die junge Stadt bis in die Mitte des 13. Jahrhunderts durch die Flucht der Plattner- und Büttnergasse, der Fischmarkt- und der Krischelgasse bogenförmig gegen Westen begrenzt und auch an verschiedenen Stellen inschriftlich mit dem Verlauf einer Rechtsgren-

6 Das alte Rathaus am Untermarkt.

ze als »murus communalis«, Gemeindegrenze, gekennzeichnet wurde, lagen dicht vor der ersten Stadtumwallung weitere Freihöfe. Ozers Hof war nach 1071 Pfarrhof geworden. Am westlichen Ausgang der Brüderstraße, wo einst ein Tor lag, grenzte der Freihof derer von Wirsing an. Er wurde 1234 den Franziskanern aufgelassen, die dort ihr Kloster gründeten, dessen Kirche 1245 geweiht wurde. Die zu diesem Hof gehörende Feldflur fand in der folgenden Zeit zu einer Stadterweiterung nach Westen Verwendung, wo in der Verlängerung der ostwestlichen Hauptachse des Fernhandels der Obermarkt (Abb. 9) entstand. Seitlich dieses Straßenmarktes wurden regelmäßige neue Viertel geschaffen.

Mit dieser Stadterweiterung um die Mitte des 13. Jahrhunderts erreichte die Bebauung bereits jene Grenzen, die bis in die Mitte des 19. Jahrhunderts beibe-

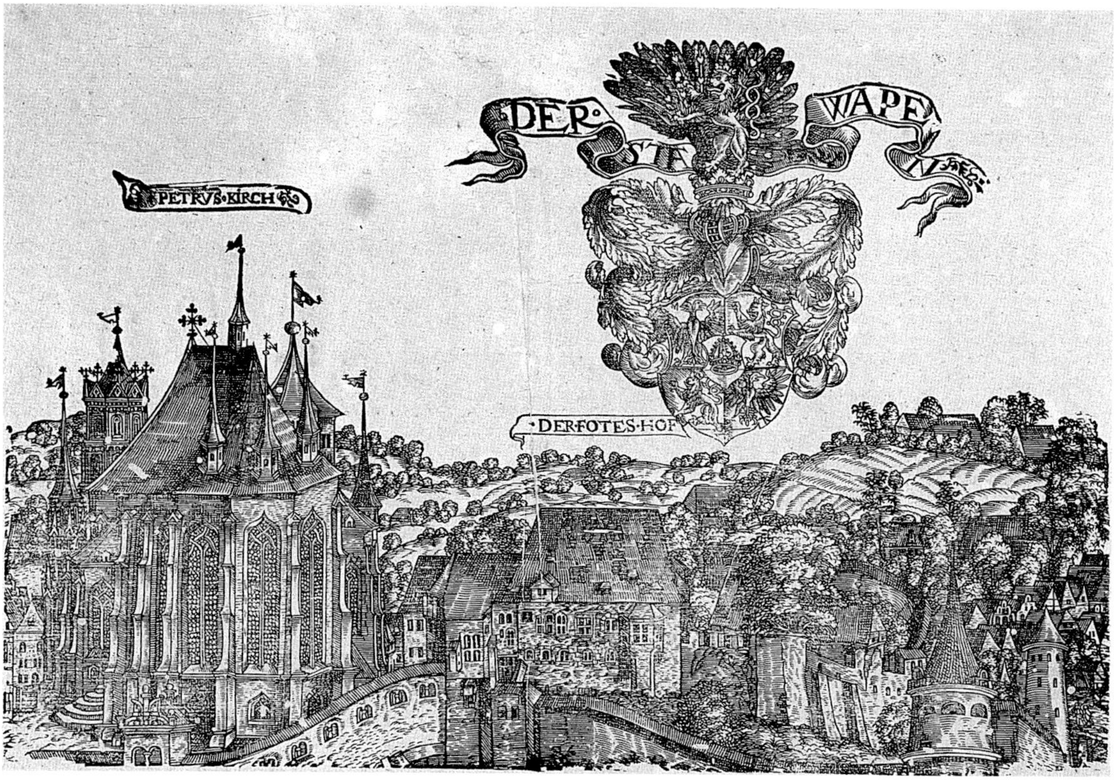

PETRVS KIRCH

DER STE WAPE

DERFOTES HOF

7 Peterskirche und Vogtshof 1565. Ausschnitt aus »Abcontrafeitung der Stadt Görlitz«. Holzschnitt von J. Metzger und G. Scharffenbergk.

halten wurden. Mit der nun folgenden Pfandschaft der brandenburgischen Askanier war die ursprüngliche Verfassung schnell überholt. Der Kleinadel verschmolz mit den reichen Kaufmannsfamilien zum Patriziat, in Görlitz die »Geschlechter« genannt. Bei der Teilung der Oberlausitz von 1268 unter zwei die Pfandschaft erbende askanische Familien in die »Länder« Budissin und Görlitz erhielt die Neißestadt eine eigene Landvogtei sowie Gerichts-, Zoll- und Münzrechte entsprechend dem Bautzener Landesteil. Die Erhebung der Stadtvogtei zur Vogtei des Görlitzer Landesteils dürfte für die Bedeutung der Stadt und ihr Wachsen von erheblicher Bedeutung gewesen sein.

Seit dem Ende des 13. Jahrhunderts läßt sich in rascher Folge die Ausbildung der bürgerlichen Selbstverwaltung durch einen Rat erkennen, die den Stadtvogt und seine Unterbeamten in ihren politischen Funktionen ablöst. Diese Ablösung der Feudalmacht durch das Bürgertum war durch einander entgegenkommende Interessen der Ministerialen und der Kaufleute gefördert worden. Strebten die reichen Fernhändler nach Betei-

8 Stadtsiegel aus der Mitte des 14. Jh.

ligung an Verwaltung, Zoll und Gericht, so verlangten die Freisassen, nun ihrer agrarökonomischen Basis ledig, nach Beteiligung am Handel und am Geldverkehr. Die innerstädtischen Grenzen zwischen ritterlichen Mannen und privilegierter Bürgerschaft waren daher bald aufgelöst, und es trat eine andere Kluft auf: die zwischen Geschlechtern und Handwerkern. Verwaltung und königliche Gerichte gelangten in die Hände der Patrizier, die für drei Jahrhunderte die Stadtpolitik bestimmten, sich gegenseitig in den Rat nominierten und die Zünfte von jeglicher Beteiligung am Stadtregiment ausschlossen.

Schon 1301 nahmen die Görlitzer Kaufherren den Tuchmachern das Recht des freien Tuchverkaufs. Damit hörten die Tuchmacher auf, frei über ihre Produktion zu verfügen. Dem Kaufmann gegenüber waren sie ablieferungspflichtig, zumal dieser ihnen meist die Rohprodukte lieferte, ihre Erzeugnisse verkaufte und neue Abnehmer auf fernen Märkten gewann. Aus ursprünglicher Gegenseitigkeit wurde aber bald Abhängigkeit der Tuchmacher vom Handel.

Auf den beiden Marktplätzen und in den Hauptstraßen – der Stein-, Brüder-, Neiß-, Peter- und Nikolaistraße – besaßen die Geschlechter ihre Brauhöfe, ursprünglich etwa 120 an der Zahl. Auf diesen Häusern lag das Recht, drei- bis neunmal jährlich Bier brauen zu dürfen. Die Handwerker waren von der Mitbestimmung am Stadtregiment ebenso ausgeschlossen wie vom Recht des Brauens.

Tuchmacher

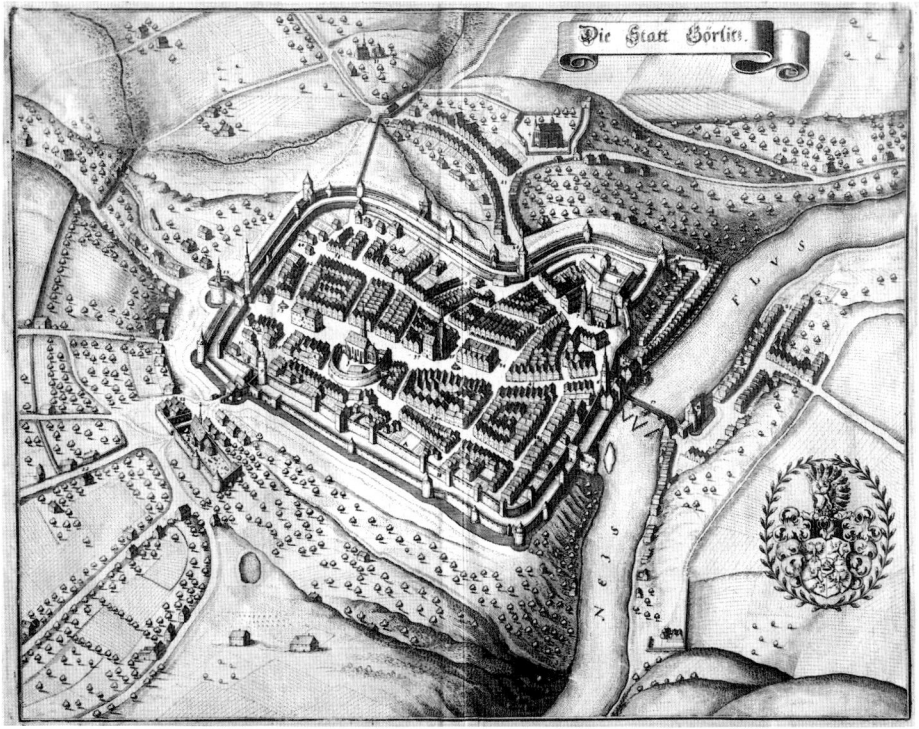

9 Görlitz im Jahre 1650. Kupferstich von M. Merian.

1329 kam Görlitz nach zehnjährigem Zögern wieder zu Böhmen. Die Kaufmannschaft erhielt Freihandel mit Böhmen, der Rat das Recht der eigenen Münzprägung und den Salzstapel. 1339 folgte als wichtigstes Privileg das Stapelrecht für Waid. Dem Waidhandel zwischen Thüringen und Breslau verdankten die Görlitzer Kaufleute des Mittelalters ihren Reichtum. Denn durch den militärisch wahrgenommenen Straßenzwang kontrollierten sie den Handel auf der Hohen Straße mit Böhmen im Weichbild der Stadt und bestimmten Zoll, Preis und Verkauf des fremden Kaufmannsgutes.

Sechs-
städtebund
1346

Der Kampf, den das Bürgertum im 14. Jahrhundert nach außen, gegen das Raubrittertum, führte, wurde von den böhmischen Königen des Hauses Luxemburg äußerst begünstigt, da Kaiser Karl IV. in seinen Städten die progressiven Ordnungskräfte des Staates erblickte. Der 1346 zwischen den sechs größten Oberlausitzer Städten – Görlitz, Bautzen, Zittau, Kamenz, Löbau und Lauban – gegründete Sechsstädtebund war zunächst ein Schutz- und Trutzbündnis der Kaufleute und Räte gegen den räuberischen Landadel, wurde aber infolge einer weitgehenden königlichen Privilegierung zu einer politischen und militärischen Macht, die im Namen des Königs das Standgericht über den Raubadel verhängte und seine Burgen zerstörte. Darüber hinaus war aber der Sechsstädtebund das Machtinstrument der Ratsoligarchien aller Verbündeten gegen jede innerstädtische Opposition.

Durch die steigenden Exportgeschäfte, die Görlitz den Aufstieg zur reichsten und größten Stadt der Oberlausitz im Mittelalter ermöglichten, waren auch einzelne Tuchmachermeister zu Wohlstand gekommen und ließen als sogenannte Fabrikmeister andere Handwerker für sich schaffen. Die Spezialisierung und differenzierte Arbeitsteilung hatten zugleich zur Ausbildung der besitzlosen »Stadtarmut«

10   *Die Zeile
auf dem
Untermarkt.*

geführt. Sie umfaßte vor allem Tagelöhner, die zum Transport und zum Färben, Walken, Spannen und Rauhen der Tuche gebraucht wurden.

Die Spannungen zwischen Geschlechtern und Zünften, zumal den Tuchmachern, verschärften sich um so mehr, als der Rat das alleinige Machtinstrument der Patrizier war und in den Genuß der Privilegien kam,

von denen die Handwerker ausgeschlossen blieben. 1369 erhoben sich die Tuchmacher, gestützt auf die Massen der Besitzlosen, das erste Mal gegen die Geschlechter, um Anteil an Stadtregiment und Gerichtswesen, Abschaffung ungerechter Steuern und das an Hausbesitz gebundene Braurecht für jeden Handwerksmeister zu fordern. Nur das Braurecht wollte der Rat zugestehen. Das Problem erledigte sich spätestens 1405. Eine königliche Schiedskommission wurde vom Rat durch Geschenke bestochen.

Mit der Gründung eines selbständigen Herzogtums Görlitz gedachte Karl IV. 1378 die Macht der Ratsoligarchie zu schwächen. Doch scheiterte dieser Plan an der politischen Unfähigkeit und dem frühen Tod seines jüngsten Sohnes, des Herzogs Johann 1396. So blieben die inneren Belange und die sozialen Spannungen unverändert. 1405 erhob sich das Handwerk zum zweitenmal, diesmal nicht nur in Görlitz, sondern zugleich in Bautzen. Der Rat scheute sich nicht, den abenteuernden Landadel in die Stadt zu rufen, um die revoltierenden Handwerker militärisch zu schlagen. Wieder sollte ein Königsgericht in Prag zwischen den streitenden Parteien schlichten. Der Görlitzer Rat aber ließ die vorausgefahrenen Delegierten der Tuchmacher in Zittau gefangennehmen und in Görlitz hinrichten. Mit diesem abscheulichen Verrat offenbarte sich der Sechsstädtebund als Interessenbündnis der Oberlausitzer Ratsoligarchien.

Herzogtum Görlitz 1378

Während des Hussitenkrieges setzte der um seine Privilegien bangende Rat alle Mittel ein, um eine Verbindung der Zünfte mit den revolutionären Hussiten, die 1429, 1431 und 1433 als Belagerer vor Görlitz standen, zu verhindern. Nachdem die Hussiten an ihrer eigenen Uneinigkeit, am Verrat der Calixtiner-Partei, gescheitert waren und Böhmen in inneren Thronwirren verstrickt lag, konnten die Görlitzer Geschlechter eine umfangreiche wirtschaftliche Expansionspolitik betreiben. In der zweiten Hälfte des 15. Jahrhunderts erreichten sie die Höhe ihrer Machtpolitik und Machtentfaltung. Mit dem siegreichen Gegenkönigtum des Matthias Corvinus von Ungarn (1469–1490) eröffnete sich dem Görlitzer Export der Balkanhandel. Auf Grund dieser wirtschaftlichen Blüte setzte in der Stadt eine große Bautätigkeit ein, deren Leistungen heute noch von der Machtfülle der einstigen Geschlechter zeugen.

Hussitenkriege

Die Einseitigkeit des Exportgeschäftes mit Tuch und Waid zeigte zu Beginn des 16. Jahrhunderts jedoch ihre ernsthaften Folgen. In Ungarn war die Pest ausgebrochen, während die Türken auf dem Balkan weiter vorrückten und den Südosthandel nahezu vollständig unterbanden. Die Entdeckung neuer Seewege hatte den ganzen europäischen Handel umwälzend verändert. Der Görlitzer Kaufmann fand nicht mehr genügend Absatz für seine Waren. Mißernten und Hungersnot traten ein. Die Pest raffte 1521 die unvermögende Stadtbevölkerung in Scharen dahin. Damals begann der Pfarrer Franz Rotbart unter der notleidenden Bevölkerung die lutherische Lehre zu predigen. Die Handwerker legten diese neue Lehre in ihrem Sinne aus. 1525, im entscheidenden Jahr des Deutschen Bauernkrieges, hatten die Tuchmacher zum dritten großen Aufstand gerüstet. Ein vernichtender Stadtbrand vereitelte seinen Ausbruch bis 1527. Doch wurde die Erhebung vorzeitig verraten. Der Rat zwang sie blutig nieder. Neun Hinrichtungen, 14 Einkerkerungen und 25 Ausweisungen vollendeten die Niederlage der Handwerker. Nur eine kurze Zeit noch konnte sich die alte Ratsoligarchie halten, ehe auch sie im sogenannten Pönfall von 1547 ihre vernichtende Niederlage erlitt und der Macht des Landesherren weichen mußte.

Aus dieser politischen und ökonomischen Struktur gingen die technischen und künstlerischen Leistungen hervor, die von der mittelalterlichen Görlitzer Stadtmacht noch heute in reicher Zahl zeugen.

11 Der
Schönhof-Erker
1526.

STÄDTEBAU UND STADTBAUKUNST

Es liegt im Wesen des Lebendigen, des der jeweiligen Gesellschaftsordnung als nützlich, gut und schön Dünkenden, daß Altes fallen muß, um dem Neuen Platz zu schaffen. Der Prozeß des Alterns und ungewollte Katastrophen, wie die Stadtbrände, die 1525, 1642, 1691, 1717 und 1726 die Altstadt und ihre Vorstädte heimsuchten, haben erhebliche Wandlungen geschaffen, am meisten aber der große Umformungsprozeß des beginnenden Industriezeitalters, der so viele vortreffliche Zeugen der Geschichte und der Baukunst in Görlitz dem Abbruch opferte. Mit der Beseitigung der Stadtmauern drohte die Aufopferung der Stadt als architektonische Gesamtleistung, wie sie in vergangenen Jahrhunderten das stolzeste Streben des Bürgertums und seiner Baumeister gewesen war. Erst jüngere Erkenntnisse des Städtebaus lassen – zumal in Anbetracht der verheerenden Zerstörungen des letzten Krieges – uns diese Einbußen als besonders schmerzlich erkennen.

Die Vorstellung für die bauliche und stilvolle Geschlossenheit alter Stadtanlagen bringen die aus dem Zeitempfinden geschaffenen alten Stadtansichten vortrefflich zum Ausdruck. 1565 erschien der große Holzschnitt »Abcontrafeitung

12 »Prospect der Stadt Görlitz von dem Reichenbacher Thore aus«. Federzeichnung von Christoph Nathe, 1795.

Metzger /
Scharffen-
bergk

der Stadt Görlitz« vom Goldschmied und Zeichner Joseph Metzger und dem Druk-
ker und Formenschneider Georg Scharffenbergk. Er legt als älteste Görlitzer Stadtansicht von diesem Streben hervorragend Zeugnis ab. Der rahmende, sich dem
Gelände und seinen Gegebenheiten anpassende doppelte Kranz der Stadtmauern
mit akzentuierenden Bastionen und Türmen betont die geschützte Lage der Handelsstadt, deren Bürger- und Kommunalbauten nach dem Stadtbrand von 1525
die Kennzeichen der Renaissance erhalten haben: Rundliche oder mit Schwalbenschwanzzinnen geschmückte Staffelgiebel, teilweise in gedoppeltem wuchtigem
Nebeneinander, fränkisches und thüringisches Fachwerk und der osteuropäische
Ziegelbau mit seiner typischen Addition der Zierformen geben einen festen und
starken Rhythmus im Auf und Ab der Giebelreihen. Im Gegensatz dazu ragen die
Vertikalen der gotischen Türme, vom Graphiker bewußt überhöht, und erzielen
einen reizvollen Kontrast. (Vgl. Abb. 1 u. Beilage) Die sich gegen Norden erstrek-
kende Nikolaivorstadt – im Bilde rechts – mit der damals ihres Daches beraubten
Nikolaikirche verfügt über eine besondere Stadtmauer in Fachwerkkonstruktion
und gibt sich in der Art der Bebauung als relativ eigenständiges Gebiet zu erkennen. Hier lag als Keimzelle späterer Besiedlung das slawische Dorf Goreliz, dessen Namen erst auf die Burg (1126), dann seit ihrem Bestehen um 1220 auf die
Stadt überging, und links der Kirche gegen Westen die Kaufmannssiedlung.

Vogtshof

Auf dem steilen Nordostabhang ragt über der Neiße der »Foteshof«, der Vogtshof, das älteste politische Zentrum der Stadt, nun bereits in Verfall geraten (Abb. 7).
Nördlich von ihm, auf der äußersten Ecke der Stadt, sind Ruinen zu erkennen,
offenbar Reste der alten Burg. Der naive erzählfreudige Schöpfer der »Abcontrafeitung« hielt es für wesentlich, die wichtigsten Bauten und Landschaftsmerkma-
le als Bestandteile der städtebaulichen Leistungen und als Zeugen der stadtgeschichtlichen Entwicklung darzustellen. So war es ihm selbstverständlich, ungeachtet der maßstäblichen Distanzen und Proportionen, auch die Landeskrone –
seit 1440 städtischer Besitz – in die Darstellung der Stadt einzubeziehen. Somit
also bietet diese älteste Stadtansicht die Jahresringe der stadtgeschichtlichen Entwicklung in klar erfaßbarer Überschau. Obwohl die »Abcontrafeitung« keinen
Einblick in die Straßen und Plätze gestattet, ist die wirtschaftliche und verkehrs-
geographische Bedeutung der Stadt schon im Vordergrund angedeutet. Ein Kauf-
mannswagen nähert sich von Osten der überdeckten Neißebrücke mit ihrem befestigten Brückenkopf. Neißturm und Neißtor nehmen am anderen Ufer die Hohe
oder Königsstraße (via regia) in die Stadt auf. Der Reichenbacher Turm und das
Tor sowie der Kaisertrutz im Hintergrund deuten ihren wehrhaften westlichen
Ausgang an, während der Nikolai- und Frauenturm, jeder mit seinem Tor, als
Richtpunkte der nord-südlichen Handelsachse hervorgehoben werden.

Merian

Deutlicher als jene älteste Ansicht bringt Matthäus Merians Kupferstich (Abb. 9)
aus Martin Zeilers »Topographia Saxoniae, Thuringiae, Misniae, Lusatiae« von
1650 die Bedeutung der Fernstraße für die Stadtanlage zur Geltung. Auffallend

ist die Ost-West-Achse betont. Neißstraße, Untermarkt, Brüderstraße und Obermarkt sind ihre räumlich und bedeutungsmäßig unterschiedenen Abschnitte innerhalb der Stadt. Neißturm und -tor und die jenseits des Flusses liegende Brük-
kenkopfbefestigung im Osten, Reichenbacher Turm und Kaisertrutz im Westen
sind als starke Schutzbastionen dieser Straßenanlage in ihrer militärischen Funktion deutlich gemacht. An dieser, die Stadt als Lebensader durchziehenden Hauptachse liegen die wichtigsten Kommunalbauten für die Stadtverwaltung und Wirtschaft: Im Osten, auf dem einstigen Burgberg und durch den Hainwald mit der
Neißstraße verbunden, das Waidhaus, wo die wichtigste Handelsware zum allei-
nigen Nutzen der Görlitzer Fernhändler gestapelt wurde. Am ringförmigen Untermarkt mit der »Zeile« (Abb. 10), wie der auf seiner Mitte liegende Häuser-
block seit alters heißt, empfing den Kaufmann die Waage. Im 13. Jahrhundert lag
an dieser Stelle das älteste Rathaus, zugleich in der Art der Tuchhallen als Markthaus dienend, aber schon 1301 durch Ausbildung des oligarchischen Stadtregi-
mentes in seiner ursprünglichen Bedeutung herabgesetzt.

    Das seit dem 14. Jahrhundert als Zentrum der Stadtverwaltung dienende Rat-   *Rathaus*
haus (Abb. 6) an der Ecke zur Brüderstraße verrät in seiner äußeren Erscheinung
noch heute durch den klotzigen Turmunterbau den einstigen Freihof. Bedeutung
und Bedeutungswandel solch wichtiger Gebäude gaben unmittelbar Anlaß für
künstlerische Repräsentation und weiteren Ausbau. Schon um 1380 hatte der Rat
nach der Brüderstraße einen großen Gerichtssaal anbauen lassen, da er jetzt im
Auftrage des Königs Gerichtsherr war. Der Rathausturm wurde mit seiner nächsten Umgebung bald Mittelpunkt der Repräsentation des Rates.

    Unter den Häusern der führenden Geschlechter, die allseitig den Untermarkt   *Untermarkt*
umstehen, ist der dem Rathaus am Eingang zur Brüderstraße gegenüberliegen-
de Schönhof (Abb. 11) seit dem Mittelalter das Absteigequartier der Landes-
herrschaft, die bei besonderen politischen Anlässen ihre Aufgabe als oberste
Gerichtsinstanz wahrnahm. 1408 haben König Wenzel, 1454 der junge König
Ladislaus und sein Gubernator Georg Podjebrad im Schönhof gewohnt, noch
bevor er zu dem gegenwärtigen Renaissancehaus umgebaut wurde. Die Hohe
Straße setzt sich westlich des Untermarktes als Brüderstraße (Abb. 6, links) fort.
Auch hier lagen Brauhöfe der vornehmen Bürger. Man merkt noch heute der
Anlage des anschließenden Obermarktes die Erweiterung aus einer ehemali-
gen Straße an: Ursprünglich endete die Hauptverkehrsader der Stadt hier am
Ausgang der Brüderstraße. Der Obermarkt (Abb. 12) wurde seit Mitte des 13.   *Obermarkt*
Jahrhunderts zum großen Handelsmittelpunkt der erweiterten Stadt. Die Ei-
genständigkeit der alten Klosteranlage ist noch heute deutlich an dem zwischen
Obermarkt und Klosterplatz liegenden Viertel zu erkennen, dem die Dreifaltigkeitskirche nach Norden vorgelagert ist, einst Klosterkirche der Franziskaner,
die der Brüderstraße ihren Namen gaben (Brüder = Bettelbrüder). Bis um 1850
hatte sich der Klosterkomplex noch seine eigenen Wehrmauern (Abb. 13) als

*13 Der
ehemalige
Klostergarten
der Franziska-
ner. Zeichnung
von Christoph
Nathe, 1802.*

*gegenüberl. S.
14 Gerberhäu-
ser, Vierraden-
mühle, Neiß-
turm, Brücke
und Walke.
Aquarell von
F. S. Rechen-
berg, um 1820.*

*15 Die
Fleischerstraße.
Aquarell von
J. G. Schultz,
1808.*

Erbe der einstigen Freihofanlage und der klösterlichen Immunität bewahrt.

Für den ursprünglichen Gesamtorganismus der Stadtanlage war in baulicher wie wirtschaftlicher Hinsicht das 1852 abgebrochene Salzhaus (Abb. 12) auf der westlichen Hälfte des Obermarktes ein charakteristisches Merkmal. Als Speicher für das zu den königlichen Besitztümern rechnende Salz, eine der wichtigsten Handelswaren des Mittelalters, war es Wahrzeichen einer besonderen königlichen Begünstigung für Görlitz. Anfänglich war das Salzhaus ein spätgotisches Giebelgebäude, 1407 errichtet und 1767 barock umgestaltet. Zwischen Salzhaus und Reichenbacher Turm lag bis 1847 die Hauptwache, die 1676 in kursächsischer Zeit zur Ein- und Ausfuhrkontrolle an dieser Stelle erbaut und später mehrfach verändert wurde (Abb. 12, links).

Dieser topographiegeschichtliche Streifzug möge genügen, um den Zuschnitt der Stadtanlage auf den Fernhandel zu belegen. Daß die Häuser der Handelsherren die Hauptachse der Stadt beiderseits umsäumen, entsprang der Zweckmäßigkeit in Hinsicht auf die Wirtschaftsstruktur, führte aber mit dem Anwachsen der bürgerlichen Macht und der Ratsoligarchie zu einem Ausdruck der Repräsentation des welterfahrenen Handelsmannes und wurde ein Zeichen seiner Vorherrschaft im Gemeinwesen.

Die Viertel der Handwerker lagen dagegen in den abzweigenden Nebengassen und in den Vorstädten. Die Gerber und Tuchfärber waren, der Nähe des Wassers wegen, in der Hothergasse (Abb. 14 u. 58) auch am Ufer gegenüber ansässig. Die Wasserkraft der Neiße trieb die Lohmühlen der Gerber, die ältesten Mehlmühlen diesseits und jenseits der Neiße – die der Zahl ihrer Wasserräder nach benannten Dreiraden- und Vierrademühle –, die Walken der Tuchmacher und in der Gegend der heutigen Obermühle die Pochwerke einer Sensenschmiede, einen Kupferhammer und eine Papiermühle. Zur Lunitz führende Wasserläufe wurden im Westen der Stadt in Teichen angestaut, um die Pulvermühle anzutreiben. Gleichfalls durch aufgestaute Teiche wurde die schon 1320 vorhandene Teichmühle durch die Lunitz am Nikolaigraben betrieben. Flußabwärts, an der Einmündung der Lunitz, stand bis zum Stadtbrand von 1691 der Kuttelhof, der ein-

16 Blick in die
Neißstraße.

stige städtische Schlachthof (kuttel = Eingeweide); denn das Schlachten von Vieh
war aus Gründen der Hygiene innerhalb der Stadt bis dahin nicht gestattet. Die
ältesten Stadtansichten zeigen ihn als stattliches Gebäude mit zwei Fachwerkgie-
beln über steinernen Arkaden. Nördlich davon besaßen die Tuchmacher ein Gelände für ihre Rahmen zum Trocknen der gewalkten Tuche. (Abb. 1, rechts)

Die Namen der ehemaligen Handwerkergassen weisen noch heute auf die einst
hier ansässigen Gewerbe hin. Von der Neißstraße Ecke Untermarkt läuft die We-

Handwerk bergasse nach Süden. Von ihr zweigen das »Handwerk« und die Bäckergasse ab.
Auf die Brüderstraße stoßen von Norden her die Apothekergasse und die Platt-
nergasse, in der die Harnischmacher ihr Gewerbe betrieben. Vom Obermarkt führt
die Fleischerstraße – einst mit den Fleischbänken bebaut – nach Norden.

Peter- und Nikolaistraße im Nordostviertel der Altstadt und die Steinstraße
im südwestlichen Frauenviertel waren wiederum Straßen der Kaufherren und
Brauhofbesitzer, denn hier zog der Nord-Süd-Verkehr durch. Diese Handelsroute
hat aber auf die Prägung der Stadtanlage keinen so nachhaltigen Einfluß ausüben
können wie die Ost-West-Achse.

Als Beispiel einer alten Handwerkergasse bietet die nur aus alten Ansichten

Fleischer- und Plänen erkennbare ursprüngliche Anlage der heutigen Fleischerstraße (Abb.
straße 15) eine gute Vorstellung. Der Platzersparnis wegen wurde in Görlitz die Überbauung der Gasseneinmündungen in die Hauptstraßen und Plätze üblich, ein besonderer städtebaulicher Reiz. Auch die Fleischerstraße war sowohl gegen den
Obermarkt als auch zur Langenstraße hin durch Kopfbauten abgeriegelt. Gegen
den Obermarkt lag die Gesellenherberge der Fleischer mit der Garküche, die über

dem Torbogen mit der plastischen Darstellung eines Ochsen geschmückt, gegen die Langenstraße das Innungshaus der Fleischer, dessen Eingang von der Sandsteinskulptur eines liegenden Rindes und eines Hammels bekrönt war. Auf dem heutigen Fahrweg aber erstreckten sich bis zum Jahre 1854 zwei parallele Reihen der einst hölzernen, seit 1586 massiven Verkaufsstände, von denen ursprünglich jeder Fleischer einen besitzen mußte. Der Mittelgang war zum Verkehr der Käufer bestimmt und durch einen Lichtgaden basilikal überhöht. In der Erde der westlich angrenzenden Grundstücke liegen heute noch tiefe, weitverzweigte Keller, die offenbar als Vorratsräume – besonders bei Belagerungen – dienten. Ihre Entstehung ist ungeklärt.

Für das gestalterische Erscheinungsbild der Stadt sind besonders die stets individuell behandelten Straßenzüge charakteristisch. Sie unterscheiden sich in Art der Grundstücksaufteilung der Anlieger, der Anpassung an das Gelände und durch das vorwaltende Stilgepräge ihrer Bauten in mancherlei Hinsicht. Die Neißstraße (Abb. 5, 16, 97, 109 f.) hatte seit jeher ein starkes Gefälle zu überwinden und empfing gerade dadurch reizvolle Gestaltungsmerkmale, die eine erfahrene Handwerkstradition künstlerisch zu nutzen verstand. Zur Gefälleminderung ergab sich die Verlängerung des Anstieges und damit die Krümmung des Straßenzuges. Die hier konzentrierten großflächigen, reichgegliederten und plastisch stark hervortretenden Barockfassaden der ersten Hälfte des 18. Jahrhunderts können besonders auf Grund der Krümmung und Steigung der Neißstraße ihre einprägsame Wirkung entfalten. An der schmalsten Stelle der östlichen Straßenhälfte wurde der Fußweg auf der Nordseite in einen Arkadengang verlegt, der trotz seiner Enge Großzügigkeit atmet. Die platzartige Erweiterung an der Einmündung des Hainwaldes, des ehemaligen Burgzuganges, dürfte schon mit Rücksicht auf die älteste Stadtanlage und den zur Brücke führenden Verkehr ursprünglich sein. Anfangs lag offenbar hier ein zur Burg gehörender Freihof. Dem Barock bot sich an dieser Stelle eine willkommene Möglichkeit, trotz bescheidenen Aufwandes die Wir-

17 Strebebögen der »Schwarzen Gasse«.

kung einer Fassade in Schrägstellung zur schmalen Straßenflucht hervortreten zu lassen.

Langenstraße

Ein völlig gegensätzliches Bild bietet die Langenstraße, die – ohne Geländeschwierigkeiten überwinden zu müssen – bei Anlage der Neustadt um 1250 schnurgerade und verhältnismäßig breit aus ihrer östlichen Enge nach Westen geführt wurde. Der Charakter der Siedlerkolonie mit ursprünglich gleichen Grundstücksbreiten – die altdeutsche Dreifensterfront ist vorauszusetzen – kommt heute noch bei barocker Bebauung teilweise zur Geltung.

18 Haus Obermarkt Nr. 3, 1512 und 1530. Aquarell, anonym, 1803.

Peter-, Nikolai- und Brüderstraße haben trotz mehrfacher Brände seit dem Mittelalter meist an den alten Hausbreiten festgehalten und damit konservative Züge bewahrt. Dort, wo durch Zusammenlegung mehrerer Grundstücke breitgelagerte Renaissance- und Barockfassaden entstanden, ist die Vereinigung alter Hauseinheiten an den Fassaden noch deutlich zu erkennen (Abb. 93). Dafür sind auch die Häuser Peterstraße 16 und 8 und besonders das Barockhaus Brüderstraße 3 markante Beispiele. Einst scheint es sogar Vorschrift gewesen zu sein, daß die Zusammenlegung von Grundstücken an der Fassade durch Beibehaltung der ursprünglichen Giebelzahl kenntlich gemacht wird. Dies würde die für Görlitz auffallende Erscheinung des Doppelgiebels der Spätgotik und der Renaissance erklären, worunter so kuriose Gestaltungen auftreten wie die Baugruppe des ehemaligen Brauhofes Obermarkt 3 (Abb. 18), die vor dem gegenwärtigen Neubau von 1804 aus einer spätgotischen Giebelfront von 1512 und einer Renaissancefassade mit reich gegliedertem Ziergiebel von etwa 1530 zusammengewachsen war.

Der Brauhof auf dem Obermarckte zu Görlitz. №21. im Jahr 1803.

Auffallend ist an allen Straßenfronten die oftmals sogar

19 *Patrizier-
häuser an der
Südseite des
Untermarktes.*

betonte schwere Wucht der Steinbauweise. Bodenständiger Granit und die heimische Grauwacke, beide der verfeinernden Arbeit des Meißels hart widerstrebend,
sind das Baumaterial gewesen. Man begegnet daher immer wieder geschlossenen,
teils durch Strebepfeiler verstärkten und nur selten durch Wandöffnungen unter-
brochenen Erdgeschoßmauern, besonders in den Seitengassen, die überdies die Merk-
würdigkeit der Strebebögen aufweisen, die den hier wirksam werdenden Gewölbe-
schub von Haus zu Haus über die Straße leiten (Abb. 17).

　　Die städtische Selbstherrlichkeit hat sich am Untermarkt (Abb. 6, 10–11, 19, 26)　　Untermarkt
ihr eindrucksvollstes Denkmal gesetzt. Bauten der Spätgotik, der Renaissance und
des Barock zeugen vom einstigen Ratsherrenstolz. An dieser Stelle entstand eine
Schöpfung von höchster Eigenart. Es wird besonders deutlich, wie sich aus Handel
und Gewerbe herleitende Zweckformen unter der alten oligarchischen Stadtverfassung zur Machtrepräsentation steigerten. Noch heute, nach völliger Veränderung der ökonomischen und gesellschaftlichen Struktur der Stadt, fesseln diese
Schöpfungen als eindrucksvolle Kunstwerke.

　　Der ringförmige Untermarkt gehört mit seinen Arkadengängen (Abb. 19–20)
und dem mittleren Baublock der »Zeile« in die große Folge böhmischer und schlesischer Marktanlagen, die sich durch derartige peripher angeordnete Verkaufslauben auszeichnen. Plastische Baumassen und Raumkörper lassen ein großarti-
ges Wechselspiel zustandekommen.

　　Von der 1537/38 errichteten Verkündkanzel des Rathauses schwingt sich in
halber Wendung die berühmte Freitreppe (Abb. 21) um die reich mit Reliefs ver-

Verkünd-
kanzel
Justitia-Säule

sehene Säule (Abb. 88, 89) mit dem steinernen Standbild der Justitia, der Göttin der Gerechtigkeit, als Wahrzeichen der vom Rat ausgeübten hohen Gerichtsbarkeit 1591 aufgestellt. Das durch Kriegsauslagerung verschollene Original wurde 1952 durch eine von dem Dresdener Bildhauer Werner Hempel angefertigte Kopie ersetzt. Über der Treppenanlage prangt das Wappenrelief des Matthias Corvinus von Ungarn, ein Meisterwerk spätgotischer Bildhauerkunst von 1488 (Abb. 71). Es war Ausweis der »rechtgläubigen« Stadt, die sich vom »Ketzerkönig« Georg Podjebrad losgesagt hatte, als sie dieses Hoheitszeichen als Triumphpanier der erneut bestätigten Ratsmacht anbringen ließ. Die Turmpforte darunter trägt in den Rauten ihres Eisenbeschlages die Jahreszahl 1508 in gotischen Ziffern. Zwei gegensätzliche Stilströmungen, zwischen denen mehr als ein Jahrhundert und der wahrhaft revolutionierende Umschwung des Weltbildes liegen, haben an dieser nur wenige Quadratmeter Boden einnehmenden, einzig schönen Gruppe von Architektur und Plastik zusammengewirkt. Das Renaissanceportal oberhalb der Freitreppe war Eingang zum königlichen Gerichtssaal, in dem der Rat über Tod und Leben der Bürger beschließen konnte. So ist dieses architektonische Kleinod in seiner historischen Aussage als Denkmal der alten städtischen Freiheit und der herrschenden Ratsoligarchie zu verstehen.

20 Die »Hirsch-läuben« an der Ostseite des Untermarktes.

Den von Osten zum Untermarkt Kommenden empfängt jetzt wie einst der majestätische Anblick des Rathausturmes (Abb. 6). Der vierkantige Unterbau dürfte

als ältester Teil zum ehemaligen königlichen Gerichtshof gehört haben. Nach Übernahme des einst wehrhaften Freihofes durch die Stadt erhielt der Turm einen
Aufsatz, der 1378 urkundlich als »turribulum« erwähnt wird. In den Jahren 1511
bis 1516 wurde durch den Ratsbaumeister Albrecht Stieglitzer nach Gutachten
des sächsischen Landbaumeisters Peter von Pirna das Oktogon aufgesetzt und
1524 die mit zwei Zifferblättern ausgestattete Uhr (Abb. 22) angebracht, die schon
der Holzschnitt von 1565 zeigt. Die untere, die Stundenuhr, hatte ursprünglich 24
Ziffern. Bartholomäus Scultetus, der bedeutendste Görlitzer Humanist der Renaissance, Astronom und Mathematiker, ließ sie 1584 – die Jahreszahl ist in Gold
am Zifferblatt angebracht – zu einer zwölfstelligen Uhr verändern und mit der
älteren, darüber befindlichen Monduhr verbinden. Ein Kriegerkopf, der seitdem
aus dem unteren Zifferblatt hervorschaut, rollte einst im Schwung des Pendels
mit den Augen und klappte nach jeder vollendeten Minute mit der Kinnlade. Der
Löwe im Spitzbogenfenster darüber gab ursprünglich durch ein Orgelwerk den
Wechsel des Mondes kund. Der seit 1516 bestehende gotische Turmhelm wurde
nach einem Blitzschlag vom 9. Juli 1742 durch die gegenwärtige kupferne Barockhaube Samuel Suckerts ersetzt.

    Struktur und Proportionen des spätmittelalterlichen Rathauses blieben trotz
mancher Umbauten bis heute bewahrt. Die Fassade zum Untermarkt hat jedoch
manchen Wandel erfahren. Ende des 18. Jahrhunderts stand vor dem Kernbau,
sein Sockel- und sein Erdgeschoß verdeckend, ein um 1560 angelegter Vorbau
mit dem Eingang zum Ratskeller. Über seinem Pultdach waren zwei große Spitzbogenfenster bereits seit der Renaissance zur unteren Hälfte mit Rechteckfenstern
ausgefüllt. Die beiden oberen Etagen zeigten erhebliche Unregelmäßigkeiten. 1842
wurde der Vorbau abgebrochen und die Fassade in spätklassizistischer Weise genutet. Seit 1870 wurden alle Fenster der Hauptgeschosse, auch nach der Brüderstraße und an dem seit Mitte des 15. Jahrhunderts in Stadtbesitz befindlichen
ehemaligen Hauses der Münze – Untermarkt 7 – im Sinne der Neurenaissance
mit Segmentbogengiebeln und auskragenden Sohlbänken ausgestaltet. Um 1900
entschloß man sich, Kernbau, Münze und Gerichtsflügel mit einem dunklen Rauhputz zu versehen, der 1998/99 durch einen Glattputz ersetzt und in hellen Tönen
– einschließlich Rathausturm – eingefärbt wurde.

    Von der Meisterschaft alter Stadtbaukunst und ihres kompositorischen Kön-
nens wird sich auch der von der Weberstraße zum Untermarkt Kommende über-
zeugen. Hier empfängt ihn der Untermarkt mit dem Blick auf das prächtige Renaissancehaus der ehemaligen Ratsapotheke mit dem Fassadenschmuck zweier
astronomischer Sonnenuhren von Zacharias Scultetus, datiert 1550 (Abb. 23, 26).
Ein Erker vermittelt die raumkörperliche Verbindung von der einmündenden Peterstraße zum Platz. Die gleiche kompositorische Schöpfung wie am Schönhof wird
hier deutlich und der Fußweg von der Laubenarkade zur Peterstraße hin geführt.
Durch seine südliche und östliche Arkadenflucht wird der Untermarkt als Raum

Rathaus

Rathausuhr

Ratsapotheke

21 Rathaustreppe mit Verkündkanzel 1537/38 und Justitia 1591.

»Hirschläuben«

umgehbar. Die Bogendurchblicke vermitteln immer neue interessante optische Ausschnitte. Einst war die festliche Stimmung dieses Freilichtsaales bedeutend erhöht durch das Gewoge der steilen Giebel, deren einer sich allein heute noch am Hause Untermarkt 23 von 1536 unverfälscht erhalten hat (Abb. 23). Die Ratsapotheke besitzt nach der Peterstraße zu noch einen Doppelgiebel (Abb. 26), der im Verein mit dem genannten recht gut das einstige Platzbild veranschaulicht.

In der gleichen Vertikalität empfing die einst wohl schönste Görlitzer Renaissancefassade, die des Hauses Untermarkt 1 (Abb. 86), den von der Peterstraße in den Untermarkt Eintretenden. Zugunsten der Verbreiterung der Weberstraße, einst nur ein schmales Handwerkergäßchen, fiel 1853 dieser nur in einem alten Fassadenaufriß erhalten gebliebene wundervolle Bau aus der Zeit um 1600 der Spitzhacke zum Opfer. Seither krankt diese Ecke im Schattendasein eines städtebaulichen Frevels.

Die südlichen und östlichen Renaissance- und Barockfassaden am Untermarkt durchpulsen gesetzte langsame Rhythmen weiträumiger Arkadenhallen. Im Netzrippengewölbe der »Hirschläuben« (Abb. 20) stehen auf zwei Schlußsteinen die Jahreszahlen 1486 – der ältesten an einem Görlitzer Profanbau – und 1539. Auch anstelle der Durchgangshalle des allzu wuchtigen Giebelhauses des neuen Rathauses (Abb. 191), 1901–1902 im Stil der Neurenaissance errichtet, lagen einst derartige Arkadengänge, die Pilzläuben. Rings um die Zeile (Abb. 10) zogen sich vor den offenen Verkaufsgewölben der Krämer noch bis Mitte des 19. Jahrhundert hölzerne Verkaufsstände. 1706 wurden die nördlichen von ihnen jedoch abgebrochen. Es waren die Stände der Pudritzkrämer (slaw. podirit = Laube, Vorbau), auch Spitzkrämer genannt, Kleinkaufstände von Gewerbetreibenden, zu denen auch die Beutler gerechnet wurden und die sorgfältig von den mit Importwaren handelnden Reich- oder Würz- und Seidenkrämern an der Südseite der Zeile unterschieden wurden. Nach Abbruch der Nordlauben wurde auf dieser Seite das »Neue Kaufhaus«, auch Börse genannt, erbaut, in welchem »die Herren Kaufleute wöchentlich ihre Konvente« abhielten (Abb. 112). So läßt sich historisch sehr gut verfolgen, wie vor die anfänglich demokratisch gedachte Stadtverfassung immer mehr die Macht des Kaufmanns tritt: Das ehemalige Markthaus wurde durch das Haus der Kaufmannsgilde abgelöst.

Von der einstigen mittelalterlichen schmalen Grundstücksbreite geben die Häuser auf der Südseite der Zeile eine gute Vorstellung (Abb. 10). Hinter den Erdgeschoßfassaden verbergen sich noch die Säulen alter offener Verkaufslauben. Die östlich anschließende Waage (Abb. 104) hat als blickfangende und -umleitende Dominante dem Zwang der Raumknappheit eine vorrangige Funktion im Chor der Untermarktbauten abgewonnen: Spitz- und Vorhangbögen der Spätgotik wechseln an ihrem Erdgeschoß im Aufwärtsstreben mit schlanken Dreiviertelsäulen, die den vorkragenden dreigeschossigen Oberbau vom Jahr 1600 stützen. Von vermittelnden Konsolen schauen Porträtbüsten auf den Platz herab. Auf

22 Die Rathausuhr von 1584.

23 Renaissancehäuser an der Nordseite des Untermarktes.

ihnen erscheinen u.a. der Baumeister Jonas Roskopf (Abb. 24) mit seinem Zirkel, der Waagemeister mit einem Gewicht, ein Ratsherr und ein Narr und im
Verein mit bärbeißigen Kriegern ein keckes Liebespaar (Abb. 25). Auf der Südseite der Zeile (Abb. 10), wie an der gegenüberliegenden Front des Untermarktes (Abb. 19), wechseln festlich-frohe Stimmen der Renaissance mit den poly-
phonen Klängen des Barock. Dem Renaissanceerker am Haus Nr. 12 auf der

*24 Der
Stadtbaumei-
ster Jonas
Roskopf, 1600.*

*25 Konsole von
der »Waage«,
1600.*

Zeile antwortet die barocke Kartusche am Nachbargebäude Nr. 13, die den auf
Konsolen ausladenden Schwung des Balkons darüber vorbereitet (Abb. 119).
An der gegenüberliegenden Untermarktfront stellt der Betrachter fest, daß auch
hier Renaissance- und Barockfassaden über den spätgotischen Spitzbögen der
Erdgeschosse ständig wechseln. Trotz der Jahrhunderte, die zwischen den benachbarten Häusern, selbst zwischen den einzelnen Stockwerken in der Gestaltung unterschieden werden können, klingen alle Teile im gleichen Takt der Geschoßlagen und Gesimse, im gleichen Rhythmus der Verteilung von Fenster-
und Wandfläche und in der gleichen Lautstärke der sparsam vortretenden
Schmuckformen harmonisch zusammen (Abb. 19). Die Nordseite des Platzes
hat hingegen nie Arkaden besessen. Die älteste Fassade dieser Front zeichnet
sich durch den spätgotischen »Flüsterbogen« aus, ein Kielbogenportal von etwa
1500, das seinen Namen von der merkwürdigen Eigenschaft herleitet, daß die
in die Kehlung der einen Gewändeseite geflüsterten Worte dem Lauschenden
auf der anderen wahrnehmbar übertragen werden.

Die Ostseite des Untermarktes wird ganz von einer schlichten, dennoch festlichen und durch die spätgotischen Arkaden gesteigerten Komposition zweier Barockfassaden bestimmt (Abb. 23), die Westseite hingegen von der mannigfaltigen Gruppierung der verschiedenen zum Rathaus gehörenden Gebäude (Abb. 6). An den ältesten mittelalterlichen Bau schließt sich das ehemalige Münzgebäude an, die Prägestätte des Görlitzer Geldes. Dieses wie auch das benachbarte Renais-

26 *Die alte Ratsapotheke mit Renaissanceerker vor der Restaurierung.*

sancehaus mit dem gegenwärtigen Haupteingang zum Rathaus vom Jahre 1556 wurden bei Umbauten des 19. und 20. Jahrhunderts eingreifend verändert (Abb. 91). Zum lebendigen Bild des Untermarktes gehört auch das akustische Element: Das Rauschen des Barockbrunnens mit dem Standbild des Neptun, vom Volksmund einst der »Gabeljürge« genannt, eine Bildhauerarbeit von Johann Georg Mattausch aus dem Jahre 1756. Die für das Binnenland recht anspruchsvolle Verbindung des nassen Elements mit dem antiken Meeresgott entspricht dem Pathos des Barock (Abb. 129).

27 *Stadtmauer von der Ochsenbastei aus. Aquarell von A. Kühn, 1907.*

MAUERN, TÜRME, BASTIONEN

Eine mittelalterliche Stadt, die sich als wirtschaftlicher, sozialer und kultureller Körper einer organisierten und sich selbstverwaltenden Bürger- und Einwohnerschaft verstand, ist nicht denkbar ohne den architektonischen Ausweis ihres Verteidigungswillens und ihrer operativen militärischen Bereitschaft. Stadtmauern mit Wehrgängen, befestigten Toren, Wehrtürmen und Bastionen bildeten den monumentalen Rahmen, darin sich Handel und Handwerk, Kirche und Verwaltung ihren Standort suchten, fanden und mit den Kennzeichen ihrer Selbstbewertung versahen. Sich mit Mauern und Wehranlagen umgeben, hieß andererseits aber auch, sich von Land und Landschaft distanzieren und einer ausgreifenden Entwicklung selbstgewählte Grenzen setzen. Görlitz beschied sich mit dem ab Mitte des 13. Jahrhunderts beanspruchten Areal, über das hinaus die städtische Bebauung erst seit Mitte des 19. Jahrhunderts ausgriff. Im Gegensatz zu Bautzen oder Zittau wurden hier nicht einstige Vorstädte schrittweise in Erweiterungen der mittelalterlichen Stadtmauer einbezogen. Vielmehr verließ man sich in Görlitz auf die Qualität und ständige Modernisierung des Vorhandenen und legte erst 1476–1477 um Vorstädte und stadtnahe Dörfer eine aus breiten und tiefen Gräben und Palisaden bestehende Landwehr an, die aber nur mit beträchtlicher Kräfte-

konzentration zu verteidigen gewesen wäre.

Das architektonische Gesamtbild
der alten Stadtanlage wurde vom rah-
menden Mauerkranz der alten Wehranlagen zusammengehalten und gegen die offen bebaute Vorstadtland-
schaft abgegrenzt. Noch heute stehen
bedeutende Reste der einst doppelten
Stadtmauer und ragen stolze Türme
und wuchtige Bastionen als Zeugen
alter Wehrhaftigkeit.

Von der Höhe der Peterskirche
zieht sich die steinerne Wehr über ra-
gende Substruktionspfeiler (Abb. 28) und Bögen oberhalb der Hotherstraße zur
Neißstraße hinab, wo bis zum Jahre 1836 der schöne Neißturm und das Neißtor
die östliche Zufahrt über die Neißebrücke bewachten (Abb. 14). Das kleine Wäch-
terhäuschen von 1539 hinter dem Chor der Peterskirche schmücken zwei Ziergie-
belchen der Renaissance.

*28 Stadt-
mauersub-
struktionen
hinter der
Peterskirche.*

Südlich des ehemaligen Neißtores legt sich die »Ochsenbastei« (Abb. 27), ein   Ochsenbastei
Rest des schon 1370 erwähnten, doch 1834 beseitigten »Tores an der Kahle« vor
die Außenmauer. Durch das einst hier ostwärts anschließende Tor führte der Weg
zur Viehweide. Die Ochsenbastei ist seit 1963 Aufgang zu den in barocker Gestaltung angelegten öffentlichen Grünanlagen zwischen innerer und äußerer Stadtmauer; jedoch ohne deren alten Wehrgänge.

*29 Die süd-
lichen Stadt-
mauern. Sepia-
zeichnung von
J.G. Schultz,
1775.*

Der gedrungene Rundturm, den das Stadtbild von 1565 an der Südostecke darstellt, hat sich nicht erhalten. Nach seinem hartnäckigen Verteidiger bei der Belagerung von 1641 hieß er der »Schwedische Fähnrich«. 1771 wurde er abgerissen. Von den Türmchen der äußeren Stadtmauer steht außer dem Fragment eines Halbturmes nur noch eines an der Uferstraße.

Von der einstigen Umwehrung der Südseite anstelle der heutigen Elisabethstraße geben Zeichnungen von Johann Gottfried Schultze (Abb. 29) und Chri-

30 Frauentor und Dicker Turm. Getönte Zeichnung von Felix Thieme, 1847.

stoph Nathe von 1775 und 1806 Kunde. Zwischen den südlichen Mauern lag gegen den Frauen- oder Dicken Turm (Abb. 30–31) der Schießzwinger mit dem Schießhaus. Innerhalb und außerhalb dieses Zwingers besaßen die Tuchmacher ihren Rahmhof zum Spannen der gewalkten Tuche (Abb. 29) und jenseits des einstigen Stadtgrabens hatten im 18. Jahrhundert die vornehmen Bürger ihre Barockgärten.

Pforte

Am Ausgang der Weberstraße lag die Pforte, ein kleines, späterhin nicht mehr zum Verkehr bestimmtes Tor, das 1427 als »Neue Pforte« bezeichnet wird. Von hier aus führte ein Weg zur Viehweide und zum Schützenhaus, das der Holzschnitt von Metzger und Scharffenbergk als reizvolles Fachwerkgebäude mit zwei von steilen Turmspitzen bekrönten Erkern darstellt. Nach mancherlei Wechselfällen wurde 1792 die in Kriegsnöten oft vermauerte Pforte durch ein Innentor in Gestalt eines antiken Triumphbogens erweitert, doch schließlich 1853/54 samt der vorgelagerten mittelalterlichen Rundbastion abgebrochen.

Steintor

Das 1305 erstmals erwähnte »Steintor« (Abb. 29–31) beim Dicken Turm am Ausgang der Steinstraße schützte ursprünglich die wichtige südliche Zufahrt von Prag über Zittau. Das Tor selbst fiel in den Jahren 1838 – 1848 mit all den anderen westlichen und südlichen Befestigungen. Es stand in der Gegend des heutigen Naturkundemuseums am Marienplatz. Der Dicke oder Frauenturm, früher auch Steinturm genannt, ist seit 1852 mit dem Sandsteinrelief des 1433 von Kaiser Sigismund verliehenen Görlitzer Stadtwappens geschmückt, einer prächtigen spätgotischen Arbeit von 1477 (Abb. 70). Die Wappeninschrift »INVIA VIRTUTI NULLA EST VIA« – »Der Tapferkeit ist kein Weg unmöglich« – bezieht sich auf den Widerstand, den die Stadt den Hussitenheeren geboten hatte, und kann als Leitmotiv der teilweise recht willkürlichen und verwegenen Stadtpolitik im späten Mittelalter gelten.

Dem Turm gegenüber, auf der anderen Seite der Steinstraße lag anstelle der Annenkapelle (Abb. 57) das 1369 begonnene Schloß des Herzogs Hans von Görlitz. Der Rat beantragte 1474 bei König Matthias Corvinus »das angehobene und unvollbrachte Gebäude, das etwan zu einer fürstlichen Wohnung zu bauen angehoben ist«, abzubrechen, was auch genehmigt wurde.

Von der westlichen Stadtmauer in der Fluchtlinie der Häuser am Demianiplatz und am Grünen Graben blieb nichts mehr erhalten außer den massiven Wehrbauten, die einst den Ausgang der Hohen Straße nach Westen zu schützen hatten: Reichenbacher Turm und Kaisertrutz (Abb. 32–33). Der schönste und höchste aller Görlitzer Wehrtürme, der Reichenbacher Turm, ursprünglich Budissiner Turm (Bautzener), wird um 1376 erstmalig erwähnt. Aus dem 14. Jahrhundert dürfte noch der vierkantige Unterbau bis zum achteckigen unteren Wehrgang stammen. Erst 1485 wurde der zylindrische Aufbau mit dem oberen Wehrgang errichtet, einst von einem steilen gotischen Turmhelm bekrönt, an dessen Stelle 1782 die barocke Haube und Laterne traten. Der durch den Turm führende Durchgang stammt erst von 1869. Bis 1848 war der Turm durch zwei hohe Schildmauern mit dem gegenüberliegenden Kaisertrutz verbunden (Abb. 33), so daß gegen Norden noch ein äußeres Tor in den so geschaffenen Zingel erforderlich war. Der Turm gehört seit 1953 zu den Bauten der Städtischen Sammlungen. Seine barocke Kupferhaube wurde samt Konstruktion 1999 erneuert.

1490 wurde mit dem Bau der größten aller Görlitzer Bastionen, dem Kaisertrutz, begonnen, der seit der Belagerung von 1641 seinen gegenwärtigen Namen trägt. Ursprünglich hieß er »das Rondell« oder »die große Bastei am Budissiner Tore«. Wer von der Westseite her Einlaß in die Stadt begehrte, war genötigt, das Rondell an einem äußeren Tor im Wirkungsbereich starker Kanonen zu umgehen, um dann

31 Die Steinstraße. Sepiazeichnung von Chr. Nathe, 1800.

Reichenbacher Turm

Kaisertrutz

über eine Rampe mit Zug-
brücke das mittlere Tor der
Zingelmauer zu passieren,
ehe er dann vor dem inne-
ren Stadttor stand. Jeder
Bürger, jeder Gärtner und
jeder Bauer von Görlitz und
dem Weichbild mußte beim
Bau des Rondells minde-
stens einen Tag Schanzar-
beiten leisten oder einen Tagelöhner stellen. Noch 1498
erbat der Rat von den Landständen zum Bau der Basti-

*32 Der Kaiser-
trutz um 1900.*

on Hilfe. Der Kaisertrutz ist eine der merkwürdigsten deutschen Stadtbefestigungen. Die äußere Ringmauer, die zugleich den Wehrgang trägt, ist auf der stadtauswärts gekehrten Seite mehr als doppelt so stark als auf der Ostseite. Das Geschoß
über dem einst hölzernen Wehrgang wurde erst 1850 aufgesetzt, während zugleich
das einstige Erdgeschoß zugeschüttet wurde. Noch heute erkennt man dicht über
den Grünanlagen des Demianiplatzes die alten Kanonenschießscharten des um 1995
wieder freigelegten Geschosses. Beim Umbau wurden 1848 – 1850 auch die beiden
Eckpylonen und ihre Flügelbauten sowie der zwischen ihnen gelegene Portikus errichtet, während der konzentrische alte Turm seine Renaissancehaube verlor und

*33 Äußeres
Reichenbacher
Tor mit Turm
und Kaiser-
trutz. Deckfar-
benmalerei,
anonym um
1830.*

ein neugotisches Obergeschoß mit den 1936 wieder beseitigten Zinnen erhielt. 1932 wurde der Kaisertrutz als Museum der Städtischen Kunstsammlungen ausgebaut. 1947 wurde er dazu bestimmt, die archäologische und stadtgeschichtliche Sammlung, eine Gemäldegalerie und ein besonderes Ausstellungskabinett aufzunehmen, seit 1998 Teil der Städtischen Sammlungen für Geschichte und Kultur. Nach der Ausschachtung der 1850 verfüllten unteren Kasematte wurde darüber im Erdgeschoß die Ausstellung der archäologischen Abteilung der Städtischen Sammlungen im Mai 1999 eröffnet.

Vom Grünen Graben aus verlief die Stadtmauer im Zuge der heutigen Hugo-Keller-Straße – einst Viehmarkt und Jüdenring – nach Osten auf den Nikolaiturm zu. Die einst an dieser Stelle stehenden zahlreichen Türme und Bastionen – auch der Pulverturm gehörte dazu – sind nur noch auf historischen Darstellungen überliefert. Das Nikolaitor wurde 1848 abgebrochen. Erhalten blieb allein der 1348 erstmalig genannte Nikolaiturm mit seiner kuppeligen Dachhaube (Abb. 34). 1565 aber war er noch mit einem schlanken steilen Helm bekrönt. Das alte Nikolaitor, das seine Gestalt infolge von Bränden 1456, 1642 und 1717 mehrfach verändert hatte, schob sich mit einem besonderen Zwinger – ähnlich der Anlage des Steintores und des Reichenbacher Tores – bis über den Stadtgraben vor, über den seit 1586 eine

34 Nikolai-turm und Westtürme der Peterskirche.

steinerne Brücke mit Zugbrückenteil führte. Bis 1747 hing am Nikolaiturm ein großes, auf Bretter gemaltes Kruzifix, da bei Bestattungen hier der Trauerzug und bei Hinrichtungen die Delinquenten die Stadt verließen.

Was noch an alten Wehrmauern in Görlitz vorhanden blieb, ist ein Rudiment, da in den Jahren 1847 und 1848 die Stadtmauern niedergerissen wurden und nur um den alten Burgberg und an der Ostseite als Böschungsschutz erhalten sind. Allein die »Abcontrafeitung« von 1565/66 und die Zeichnungen von Johann Gottlieb Schultz, Christoph Nathe und Felix Thieme geben eine Vorstellung der bedeutenden Bauleistung, die das Mittelalter an Stadtmauern mit Toren, Türmen und Bastionen vollbracht hatte. Bedauerlich war schon für die Zeitgenossen des Abbruchverfahrens die Niederlegung des charaktervollen Neißturmes mit dem Neißtor zugunsten des Fuhrwerksver-

35 Ehemaliges Kutteltor mit Brücke über den nördlichen Stadtgraben. Lithographie um 1848.

kehrs. Zuerst mußte der Spitalturm am östlichen Brückenkopf mitsamt den beiden äußeren Brückentoren der Spitzhacke weichen. Ab 1841 wurde das innere Neißtor abgebrochen, danach folgte der Turm.

Als letzte der Eckbastionen steht unterhalb des Vogtshofes die Hotherbastei (Abb. 35). Große Kanonenschießscharten weisen darauf hin, daß von diesem hochgelegenen und vorspringenden Posten aus die Neiße- und Nikolaivorstadt im Feuerbereich von Geschützen lag. Zwischen Nikolaiturm und Peterskirche durchwandelt der Spaziergänger zwischen beiderseits aufragenden Stadtmauern die

Nikolai-zwinger

von Rabatten und Beeten gesäumten gepflegten Wege des Nikolaizwingers . Diese schöne Anlage entstand in den Jahren 1953 und 1954 durch den Görlitzer Gartenarchitekten Henry Kraft unter Mitwirkung der Görlitzer Bevölkerung und trägt seither nicht wenig zur Verschönerung der Altstadt bei.

Von der Höhe des Nikolaizwingers am Vogtshof überblickt man ältestes Siedlungsgelände, wo jenseits des Nikolaigrabens einst das Dorf Goreliz lag. In den engen Gäßchen und Giebelhäusern dieses Stadtteiles hat eine Handwerkervorstadt ihr altertümliches Gesicht bewahrt. Auch dieses schon im Mittelalter dicht besiedelte Gebiet besaß eine besondere, wenngleich nur schwache Stadtmauer in Fachwerkkonstruktion, dazu Stadttore, von denen sich als einziger Torbogen von

Finstertor

Görlitz nur das Finstertor erhalten hat (Abb. 36). Das ihm vorgelagerte Fachwerkhaus mit den Jahreszahlen 1666 und 1676 diente seit spätestens 1571 als Wohnung des Scharfrichters. Der Nikolaigraben, heute von Grünanlagen gesäumt, war ursprünglich Stadtgraben und zugleich Tal des Lunitzbaches, nach dem die

Nikolaivorstadt auch »die Luncze« hieß. In diesem Tal verlief schon vor der Stadtwerdung die von West nach Ost führende Fernstraße, die erst nach 1220 auf dieAnhöhe der Altstadt in der Trassenführung Obermarkt-Neißstraße verlegt wurde, was den Bau einer ständigen Brücke für den Fernverkehr der Kaufleute erforderte. Sie wird 1298 erstmalig urkundlich genannt.

Im Westen der Nikolaivorstadt lag das 1378 bereits genannte »Tor gegen Ebersbach«, später allgemein das Kreuztor genannt, weil von hier aus der Weg zum Heiligen Grab führt. Den Ostausgang der Nikolaivorstadt bildete das Hother-, Kuttel- oder Wassertor (Abb. 35), von dem sich nichts mehr erhalten hat. Da es zu Zeiten der städtischen Selbstverteidigung und noch im Dreißigjährigen Krieg üblich war, die Vorstädte niederzubrennen um das Einnisten des Feindes bei Belagerungen zu verhindern, litt die Nikolaivorstadt besonders oft unter Kriegsdrangsalen, Merians Kupferstich von 1650 zeigt nach den Zerstörungen des Dreißigjährigen Krieges nur noch zwei Häuserzeilen an der Bogstraße und am Steinweg (Abb. 9).

36 Ehemaliges Scharfrichterhaus am Finstertor, 1666.

In diesen stillen Straßen stehen heute noch Gruppen von spätmittelalterlichen Giebelhäusern. Hier wohnten fast ausschließlich Tuchmacher und Färber. Hier konzentrierten sich auch die frühkapitalistischen Meistereien der Tuchproduktion, Zusammenschlüsse mehrerer Hausweberein mit ihren Nebengewerben der Färber und Walker mit einem die Märkte versorgenden Kaufmann. Daher zeigt auch die »Abcontrafeitung der Stadt Görlitz« von 1565 an der Nordostecke innerhalb der Nikolaivorstadt und ihren Mauern eine Massierung von Spannrahmen für die gewalkten Tuche. Im Mittelalter hatten in der Nikolaivorstadt auch reiche Bürger ihre ländlichen Wirtschaften, sogenannte Vorwerke. Der große Stadtbrand von 1717 hat die Nikolaivorstadt vernichtend heimgesucht und besonders an den Holz- und Fachwerkbauten, wie sie die älteste Stadtansicht zeigt, reichlich Nahrung gefunden. Nachdem um die Mitte des 19. Jahrhunderts der Obere Steinweg verbreitert worden war und sich allmählich das Bild der Handwerkervorstadt geändert hatte, büßte sie viel von ihrem alten Reiz ein. Ab und zu erinnern noch eine Jahreszahl im Türsturz, ein Wappen oder ein verzierter Giebel an die charakteristische Bauweise früherer Jahrhunderte.

MITTELALTERLICHE KIRCHENBAUTEN

Die Hauptpfarrkirche Sankt Peter und Paul

Die ersten Bürger in Görlitz waren thüringische und fränkische Händler und Tuchmacher, die bereits eine ältere Bautradition aus ihrer Heimat mitbrachten. In den
ostdeutschen Neugründungen knüpft sie mit ihren Bauschöpfungen an thüringische und meißnische Eigenart an. Davon zeugt als ältestes Baudenkmal der spätromanische Westriegel der Peters- und Paulskirche mit seinen rudimentär erhaltenen
Turmoktogonen. Die geschlossene Wucht des Unterbaus aus Grauwacke- und Gra-
nitbruchsteinen wird durch Lisenen aus Sandsteinquadern in fünf senkrechte Felder geteilt. Das mittlere nimmt das rundbogige Westportal auf, das jedoch beim
spätgotischen Neubau der Kirche Ende des 15. Jahrhunderts und infolge ihres Bran-
des von 1691 verändert wurde. Das eigentliche Gewändeportal von etwa 1235 ist
dem Mauerverband vorgesetzt. Der Westriegel ist zweigeschossig angelegt. Deutlich macht sich die zunehmende Vorliebe für Spitzbogenfriese des oberen gegenüber dem unteren Geschoß bemerkbar. Frühgotische Bauformen waren also dem
ersten Baumeister schon bekannt. Auf dem geschlossenen Westriegel thüringisch-

meißnischer Bautradition erhebt sich das Turmpaar (Abb. 37 f.). Dienstartige Eck-
wülste, Frühformen des Maßwerkes sowie Kleeblatt- und Zinnenfries bilden die
typischen Formen des Übergangsstils von der Spätromanik zur Frühgotik, wie sie
sich beispielsweise an den Kirchen von Mühlhausen und Arnstadt, am Dom zu
Naumburg und an der Liebfrauenkirche in Freyburg an der Unstrut finden.

Ausgrabungen von 1981 erschlossen den ursprünglichen Grundriß einer spät- *romanische*
romanischen gedrungenen Basilika mit Querschiff. Jedes der drei Schiffe endete in *Basilika*
einer Ostapsis mit z. T. gut erhaltenem Fugenschnitt des verwendeten Sandsteins,
der hier nicht bodenständig ist, also importiert werden mußte. Unter Berücksichtigung der sozialen Verhältnisse des 13. Jahrhunderts handelte es sich bei diesem
Bau um die Kirche der aus Burgmannen und Bürgern gebildeten Gemeinde.

Das schmuckformenreiche Westportal zeigt spätgotische Ergänzungen
(Abb. 39). So sind das knorrige Astgebilde der vorletzten Spitzbogenarchivolte
wie auch die mit Vögeln, Figurenschmuck und Astwerk verzierten Kapitele spätgotische Erfindungen. Am Westportal war also ganz offensichtlich ein spätmittelalterlicher Meister bemüht, ehrfürchtig einen alten Zeugen der heimischen Baukunst sinnvoll zu erhalten.

Auch romanische Teile wurden in die Bogenfriese eingegliedert. Es ist wohl
anzunehmen, daß das ganze Portal beim spätgotischen Neubau der Kirche zerlegt
und unter Einfügung vorhandener romanischer Teile wie auch gut angepaßter Ergänzungen neu aufgerichtet worden ist. Auch die Dachschräge des Portalgehäu- *38 Peterskirche*
ses, die in die Steinschicht der äußeren Archivolte einschneidet, zeigt, daß hier nicht *und Waidhaus.*
der ursprüngliche Zusam-
menhang vorliegt.

Heute lagert sich hinter
der alten, für eine dreischiffige spätromanische Basilika
vorgesehenen Westfassade
breit der fünfschiffige Hal-
lenbau der Spätgotik, dessen
Außenschiffe der Front ihre
einstige Straffheit nehmen
und sie in die Breite fließen
lassen.

Am 8. Mai 1423 war zum
Neubau der zuerst nur drei-
schiffig geplanten Halle der
Grundstein gelegt worden.
Schon vom Anfang des 15.
Jahrhunderts melden Rats-
rechnungen bürgerliche Stif-

gotischer
Neubau

tungen zum Neubau der Peterskirche. Sie sollte beträchtlich größer werden als ihre romanische Vorgängerin. Platz zur Erweiterung bot allein das ostwärts abfallende Gelände (Abb. 38). Das sich hieraus ergebende schwierige technische Problem wurde gelöst, indem eine Unterkirche, eine spätgotische Krypta, über dem Abhang angelegt wurde, die zugleich die alte, dem heiligen Georg geweihte Burgkapelle ersetzte und deren Patrozinium übernahm. Schon 1417 hatte man für den Neubau den Felsen planiert. Nachdem ältere Choranbauten abgetragen waren, wurden zunächst die östlichen Umfassungswände errichtet. 1426 leiteten die Parliere Hans Knobloch und Hans (Hannus) Baumgarten das großangelegte Bauunternehmen, das jedoch bald durch die Hussitenbelagerungen zum Erliegen kam. Offenbar waren die

Steinmetzen aus einer böhmischen Hütte hervorgegangen; denn das Innere der Georgenkapelle (Abb. 40, 43) sowie die Tradition gotischer Krypten und Unterkirchen verweisen eindeutig auf Böhmen. Möglich ist auch, daß das im Jahre 1394 von Herzog Johann von Görlitz geplante Domstift und ältere eigenkirchliche Voraussetzungen in die Projektierung hineinspielen, denn es ist in Böhmen, Schlesien und Ungarn der Brauch zu finden, daß sich Territorialherren von früh- bis spätgotischer Zeit Krypten als Grabbauten anlegen ließen.

Im Jahre 1454 trat an der begonnenen Ostseite ein Bauunglück ein: Infolge anhaltender

39 Detail vom »Brautportal« an der Peterskirche um 1235 mit spätgotischen Ergänzungen.

Regengüsse und der Schwere des gelageten Baumaterials rutschte das Erdreich ab, so daß erst kostspielige Substruktionen nötig wurden, die noch heute die Stadtmauer hinter dem Chor tragen (Abb. 38). Zweifellos hatten die Baumeister und Ratsherren das Vorbild des Erfurter Doms mit seinen Kavaten (Gewölbeunterbau) gekannt. 1457 weihte der Meißner Bischof Caspar von Schönberg die Unterkirche. Damals lag sie noch als erster unvollendeter Bauabschnitt hinter dem romanischen Langhaus, wie aus einer Urkunde von 1461 hervorgeht. Indessen hatte man bereits auf der Nordseite das romanische Querschiff abgetragen und um 1432 die neue Nordwand begonnen. Dieser Bauteil erscheint heute als seltsamer Fremdkörper zwischen den beiden nördlichen Schiffen und läßt deutlich erkennen, daß er als

Krypta

Außenwand für eine dreischiffige Hallenkirche vorgesehen war, die wahrscheinlich mit Rücksicht auf eine anzugliedern-
de Kapelle und eine darüber anzulegen-
de Sänger- und Orgelempore zweigeschossig geplant war. Die untere Bogen-
stellung ist gegen das später ausgeführte
nördliche Außenschiff als Arkade geöffnet, die obere, wohl für Fenster geplante,
jedoch vermauert, so daß nun zwei Spitz-
bogennischen entstanden. Schon bald
nach der Weihe von 1457 dürfte der um
1465 vollendete Hallenchor ausgeführt
worden sein, wodurch die Georgenkapelle erst jetzt zu einer wirklichen Unterkirche wurde. Eine Urkunde von 1465, die
die erste Horenstiftung zum ewigen An-

gedenken der Leiden Christi meldet, bezeichnet sie »crypta nova sub ecclesia St.
Petri et Pauli« – also als neue Krypta unter der Kirche der Heiligen Petrus und
Paulus. Damals erfolgte die Einwölbung der beiden Mittelschiffe.

Man betritt diesen einzig schönen, architekturgeschichtlich interessanten Raum
von der Südseite, entweder durch die Untersakristei oder durch das Außenpor-
tal, und steigt die Stufen zu seinem warmroten Ziegelpflaster hinab. Beim Betreten erschließt der Blick die vierschiffige Unterkirche gewissermaßen von der Ge-
wölbezone her, die sich schwer über zierliche und starke Stützen zu senken scheint.
Erst bei näherer Orientierung wird das komplizierte Raumgebilde, seine Eleganz
und Leichtigkeit und seine unglaubliche Kühnheit der Konstruktion offenbar.
Sternförmig entfalten sich Springgewölbe aus der mittleren Stützenfolge, die aus
schlanken Achteckpfeilern besteht, wie Fontänen über den beiden mittleren Schiffen. Im reizvollen Kontrast zur Leichtigkeit dieser Mittelhalle stehen die abwechselnd schweren und leichten Pfeiler der Arkaden. Die beiden Außenschiffe werden von Netzrippen fast tonnenartig überspannt. Die Fluchten der seitlichen Stützen sind gegen die inneren um ein halbes Joch versetzt, so daß malerische Überschneidungen zustande kommen; dynamisches Fluchten und statisches Verwei-
len, taktiert vom dreifachen Rhythmus des Stützensystems, lassen hier jenen ei-
genartigen Görlitzer Baucharakter entstehen, der in allen Stilperioden immer
wieder mühelos Schweres und Leichtes harmonisch vereint. Die Gewölbeanfänge sind in den Außenschiffen zackenbogig geführt, in den mittleren beiden Schiffen bilden sie Konsolen aus. Die technisch wohldurchdachte komplizierte und
künstlerisch hervorragende Leistung allein des Gewölbes der Georgenkapelle
verrät eine ausgesuchte Bautruppe.

40 Östlicher
Mittelpfeiler
der Georgenka-
pelle mit
Darstellung der
»verkehrten
Welt«. Mitte
15. Jh.

An der Westwand dieses Raumes, unterhalb des Gewölbescheitels, wird ein Spitzbogenfries vom Rippenwerk überschnitten, der sich nach seinen Stilmerkmalen einwandfrei als Architektur des mittleren 14. Jahrhunderts erweist. Seine »Wetzrillen« verraten, daß die Bogensteine einst offenbar einem Portal zugehörten, wo es üblich war, Steinpulver zu abergläubisch-medizinischen Zwecken auszureiben. Gerade anhand des Bogenfrieses wurde von früheren Verfassern der Baugeschichte der Peterskirche nachzuweisen versucht, daß die Westwand der Georgenkapelle die Ostseite der romanischen Basilika gewesen sei. Aus stilistischen und technischen Gründen läßt sich diese Theorie jedoch nicht halten. Die Apsis als alter Ostabschluß kann nicht auf der Ostkante dieser Wand ballanciert haben. Grabungen jüngster Zeit erbrachten den Nachweis, daß der Scheitel der spätromanischen Apsis auf der Westwand der Krypta lag.

41 Innenraum der Peterskirche gegen Osten.

Seit 1948 haben denkmalpflegerische Instandsetzungen dem köstlichen Raum seinen ursprünglich beabsichtigten Charakter zurückgegeben. Bei diesen Arbeiten wurde das große Wandbild mit Christus und den zwölf Aposteln an der Westseite entdeckt: Ein wertvoller Zeuge der mittelalterlichen Wandmalerei der Oberlausitz von etwa 1515 und eines der letzten Glieder in deren Entwicklung, die sich in dieser Landschaft seit Mitte des 14. Jahrhunderts verfolgen läßt. Auch die Maßwerke der Apsisfenster, seit dem Brande von 1691 zerstört, wurden nach alten Bauzeichnungen wieder eingesetzt. Die Kanzel erhielt ihren Platz an der Nordwestecke beim Altar, während anstelle des barocken Kanzelaltars eine neue Orgel trat.

Nach 1465 schweigen die Quellen über den weiteren Bauverlauf bis zum Jahre 1490. Damals schloß der Rat als Bauherr mit den Parlieren des berühmten obersächsischen Werkmeisters Conrad Pflüger, Blasius Börer und Urban Laubanisch einen Vertrag, aus dessen Bauverdingungen man die bisher errichteten Bauteile erkennen kann. Bereits um die Mitte des 15. Jahrhunderts hatte die Bauhütte die alten Pläne fallengelassen, wonach die Peterskirche nach dem Vorbild schlesischer und böhmischer dreischiffiger Hallenkirchen mit nur schmalen Seitenschiffen von gestrafften Proportionen errichtet werden sollte, wie es heute noch die drei mittleren Schiffe erkennen lassen. Nach dem Beispiel des Bautzener Domes wurde im Norden ein viertes breites, jedoch in der Höhe reduziertes Außenschiff angelegt. Seine großen Fenster mit prachtvollen Maßwerken in Fischblasenrosetten (Abb. 42) verraten den gleichen Steinmetztrupp, der am Bautzener Dom das Südschiff schuf. Auch das fünfte Schiff im Süden, das der Harmonie des Ganzen

42 Fenster der Nordseite der Peterskirche. Mitte 15. Jh.

wegen nötig wurde und an die Flucht der Sakristei anschließt, war schon zu wesentlichen Teilen gediehen, ehe Pflügers Parliere sich zur Vollendung des bereits in seinem Bestand gefährdeten riesigen Hallenbaus anschickten. Dem Werkvertrag – einer der wichtigsten Urkunden zur Geschichte des spätmittelalterlichen Bauwesens – entnehmen wir die der Bauhütte gestellten Aufgaben, die sich im wesentlichen auf die Vollendung der liegengebliebenen Strebepfeiler, Mauerkronen, Gewölbeanfänge und Maßwerke erstreckten. Bis 1495 waren diese Arbeiten vollendet, und der Rat schloß einen neuen Vertrag mit Conrad Pflüger selbst ab, wonach der Meister die Gewölbe vollbringen sollte. Pflüger war damals – obgleich herzoglich sächsischer Werkmeister – Stadtbaumeister von Görlitz und weithin als Spezialist für

Konrad
Pflüger

Gewölbe bekannt; war er doch aus der Schule des berühmten Arnold von Westfalen, des Erbauers der Albrechtsburg zu Meißen, hervorgegangen und hatte selbst des Meisters Werk vollendet. Später arbeitete er in Böhmen und wölbte in Leipzig die Thomas- und die Peterskirche ein. In Görlitz fand er bereits nach alten Plänen begonnene Gewölbestützen vor, richtete sich jedoch nicht nach den vorgegebenen Profilen. Unbekümmert ließ der routinierte Spägotiker seine Gewölberippen zu einem Sternennetz aus den Pfeilern und Wänden hervorbrechen, wie es für den Stil des endenden 15. und beginnenden 16. Jahrhunderts typisch ist. Ein Bildhauer einer in Görlitz in dieser Zeit mehrfach nachzuweisenden Werkstatt fertigte die Reliefs der Schlußsteine mit Darstellungen aus der Passion Christi und dem Marienleben (Abb. 75). Geschaffen waren sie nach mittelalterlichem Brauch für den Dienst in einer dienenden Kunst »zur höheren Ehre Gottes«, nicht für die Betrachtung durch das menschliche Auge.

43 Georgen-
kapelle unter
dem Chor der
Peterskirche,
1423–1457.

1497 war das Riesenwerk, bis heute das größte Raumgebilde in Görlitz (Abb. 41), vollendet und wurde nach 74jähriger Bauzeit geweiht. Doch noch die folgende Periode der Renaissance hat an dieser Kirche gestaltet: 1507–1515 wurde erst das große Kupferdach – sicher anstelle des älteren Interimsdaches – über die drei mittleren Schiffe gespannt. Die beiden Seitenportale tragen die Jahreszahlen 1543 und 1553, wobei das spätere Südportal, den reinen Renaissanceformen des Nordeingangs entgegengesetzt, wieder gotisierende Formen des Manierismus aufweist. Aber auch an den Mauern der Kirche selbst dürfte noch über die Jahrhundertwende hinaus gearbeitet worden sein. Der Stilcharakter der vom Stadtbrand am 12. Juni 1525 erfaßten Südwestecke und der südwestliche Triangel-Vorbau sowie die innen an jener Stelle vorgelegte Empore mit gerundeten Pfeilerprofilen weisen eindeutig auf eine spätere Voll-

endung. Dreiteilige rechteckige Maßwerkfenster lösen hier die Wand wie zu einem Glasgehäuse auf. Merkmale der späteren Gotik und der frühen Renaissance vermischen sich und durchdringen einander.

Ursprünglich wurde die massige Hallenkirche nur wenig durch die älteren romanischen Türme überragt. Die breite Lagerung des Daches bestimmte den Charakter. Dagegen gipfelten über dem Dreiapsidenschluß drei Dachreiter mit spitzen, nadelfeinen Helmen auf, ein weiterer saß anstelle des heutigen Dachtürmchens. Über dem heutigen Südwesteingang jedoch, wo jetzt eine Barockhaube das gedrungene Oktogon der Eingangshalle bekrönt, ragte einst ein weit höherer spätgotischer Turm bis zum Dachfirst, wie der Holzschnitt von 1565 zu erkennen gibt (Abb. 7).

Der große Brand der östlichen Stadtviertel von 1691 vernichtete außer dem Dach und den alten romanischen Turmhauben das gesamte spätgotische Inventar mit über dreißig Schnitzaltären, das ganze Geläut, die beiden Orgeln, wertvolle Meßgewänder, kostbare Altargeräte, Bücher und viele weitere Kunstschätze, – ein unersetzlicher Verlust im Kunstbesitz von Görlitz.

Eine inschriftlich 1507 datierte mechanische Standuhr nahe dem inneren Südportal erhielt 1713 ihre gegenwärtige Gestalt. Mit einer Mondphasenscheibe und zwei Zifferblättern zu 24 und zweimal 12 Stunden ausgestattet, ist diese vor Ein-

44 Gitter der Taufkapelle in der Peterskirche von Hans Mantler, 1617.

Brand 1691

Ausstattung

führung des gregorianischen Kalenders in Görlitz im Jahre 1584 ebensowenig denkbar wie ihre stilistische Form. Nach dem Brande erhielt die Peterskirche ihr gegenwärtiges barockes Prunkinventar: die in Sandstein gehauene, reichvergoldete Kanzel von 1693, den mächtigen Altarbau von Georg Heermann von 1695 mit dem Gemälde der Himmelfahrt Christi und dem Predellabild von Ernst John aus Breslau, das Ratsgestühl (Abb. 123) und die 1703 vollendete Riesenorgel von Eugenio Casparini mit dem Prospekt von Johann Conrad Büchau (Abb. 122). Dazu kamen die ikonographisch interessanten drei Beichtstühle, die gegenwärtig in den Nebenapsiden aufgestellt sind (Abb. 128). Nur das schmiedeeiserne Gitter der Taufkapelle, 1617 von Hans Mantler gefertigt, hat sich aus der Zeit vor dem Brand erhalten (Abb. 44), während die kostbare bronzene Taufglocke (Fünte) aus der Mitte des 14. Jahrhunderts als Auslagerungsverlust des zweiten Weltkrieges zu beklagen ist. Die abgebrannten Turmhauben wurden durch ein ungleiches Nachfolgerpaar abgelöst: Die südliche Turmbekrönung bestand bis 1889 aus einer schlanken Barockhaube mit Laterne, Zwiebel und Wetterfahne (Abb. 37), während der Nordturm nur ein einfaches Zeltdach erhielt.

neugotische Türme

Das neugotische Turmpaar (Abb. 34, 38), das der spätgotischen Bürgerkirche das Aussehen einer Kathedrale verleiht – und dies nach den Ansichten der Architekten des historisierenden 19. Jahrhunderts auch sollte – gehörte nicht zum Wesen einer spätgotischen Hallenanlage. Eine vom Historismus gelenkte moderne Bautechnik schuf 1889 bis 1891 diese Türme in Kunststeinguß. Für die seit jener Zeit in die Breite zerfließende Stadtsilhouette und ihre Fernwirkung bedeuten sie dennoch markante Schwerpunkte. Die künstlerische Eigenart der Görlitzer Peterskirche liegt jedoch in ihrer Raumhaltigkeit. Die Weite des Inneren überzeugt besonders in der Diagonalansicht, wobei keine vorherrschende Richtung mehr wahrnehmbar ist. Ein unübersehbarer Wald von Pfeilern läßt das typische Raumempfinden der Spätgotik spürbar werden.

Die Nikolaikirche

Bis 1372 war die der Stadt nördlich vorgelagerte Nikolaikirche, bischöflich-meißnische Gründung des 12. Jahrhunderts, die Görlitzer Hauptkirche gewesen. Vom ältesten Bau der Nikolaikirche hat sich bisher keine Spur auffinden lassen. Die Baugeschichte der gegenwärtigen Nikolaikirche beginnt mit der Grundsteinlegung zu einem spätgotischen Hallenneubau am 15. Mai 1452. Jedoch blieben die Arbeiten infolge der bald verstärkt einsetzenden Bautätigkeit an der Peterskirche lange Zeit liegen. Erst 1515 wurde der Weiterbau nach neuen Plänen beschlossen, die zugleich eine Vergrößerung nach Osten als Hallenumgangskirche vorsahen.

Wendel Roskopf

Der später als Görlitzer Renaissancebaumeister berühmt gewordene Wendel Roskopf d. Ä. wurde mit der Bauleitung beauftragt. Er machte sich jedoch 1519 am Einsturz der mit Steinen überlasteten Gerüste schuldig. Er verließ Görlitz und trat in den Dienst des Herzogs von Liegnitz und Brieg. Aus dem Jahre 1517 stammt das prächtige, aber nie vollendete Südportal mit den Sandsteinfiguren des heiligen Nikolaus und der heiligen Katharina zu seiten eines Kreuzigungsreliefs. Wie aufwandreich das Portal geplant war, ist aus den begonnenen Maßwerken seines baldachinartigen Aufsatzes zu erkennen. Auch die Qualität der Skulpturen läßt auf eine ausgezeichnete Steinmetztruppe mit Hüttenschulung schließen. Nach der 1520 erfolgten Weihe mußte sich der Rat entschließen, das allzu schwer geratene Dach wieder abtragen zu lassen. Noch die Stadtansichten von 1565 und 1575 (Abb. 1) zeigen das Gebäude ohne Dach. Es wurde erst 1582 erneuert. Nachdem die Kirche 1642 im Dreißigjährigen Krieg ein Raub der Flammen geworden war, folgte bis 1649 der Wiederaufbau. Der große Stadtbrand von 1717 äscherte sie abermals ein. Nach fünfjährigem Wiederaufbau war anstelle der spätgotischen Gewölbe eine bemalte Flachdecke über die stämmigen Achteckpfeiler gelegt worden, die der Görlitzer Maler Breidt mit perspektivischen Architekturdarstellungen schmückte. Dieses für Görlitz einzigartige Beispiel einer derartigen Flachdecke ist leider nur noch in einer zeitgenössischen Zeichnung erhalten. Theologen verfaßten einen gelehrten Disput über die Symbolbedeutungen der Deckenmalerei. Als 1925 die Nikolaikirche zu einem Gedächtnismal für die Gefallenen des ersten Weltkrieges umgestaltet wurde, sind außer der erwähnten Decke auch die gotischen Achteckpfeiler ausgebrochen und durch schlanke Stützen für ein pseudogotisches Rabitzgewölbe ersetzt worden. Vom Barockinventar blieb allein der Altar erhalten. Neu angelegt wurde die Westempore und mit Figuren geschmückt. Die baulichen Veränderungen nach 1717 sind an den stark verkleinerten Fenstern an den Außenwänden deutlich zu erkennen. Ihre ursprünglichen Gewände zeigen, daß die spätgotische Bauleitung eine große, lichte Hallenkirche beabsichtigte. Der charakteristische kupferne Dachreiter ist eine Zutat von 1785. Einen Turm hat die Kirche nie besessen.

Die Dreifaltigkeitskirche

Gleichzeitig mit dem ersten Bau der Peterskirche hatten die Franziskaner bald nach ihrer Klostergründung von 1234 ihre 1245 geweihte Kirche begonnen (Abb. 12, 45–48), von der sich am Triumphbogen der gegenwärtigen Dreifaltigkeitskirche am Obermarkt noch zwei Säulen mit gut gebildeten Kapitellen aus der Zeit um 1240 erhalten haben. Die ursprüngliche Mönchskirche lag anstelle des gegenwärtigen Hauptschiffes und war nur eine einfache Saalkirche in Grauwackebruchstein mit halbrunder Apsis. Zwischen 1371 und 1381 wurde die 1961 ausgegrabene spätromanische Apsis durch den gotischen Chor ersetzt, den frühesten erhaltenen Zeugen gotischen Bauens in Görlitz: einen lang vorgezogenen typischen Bettelordenchor mit sparsamen, konstruktiv bedingten Formen. Das in Erweiterung dieser Bauphase aus sieben Seiten des Zwölfecks gebildete Chorhaupt (Abb.

Kloster

48, 125) mit zweifach gestuften schlichten Strebepfeilern und steilen Maßwerk-
fenstern offenbart sich im Innern in feierliche Würde (Abb. 47). Die Chorgewölbe
ruhen auf kurzen Dienststümpfen, die von Maskenkonsolen getragen werden.
Unter den Fensterbrüstungen sind Wandnischen für Nebenaltäre ausgespart. Anstelle des alten gotischen Hochaltars trat 1713 der barocke Aufbau des Prunkal-
tars von Caspar Gottlob von Rodewitz mit der vollplastischen Gruppe »Christi
Gebet am Ölberg«, die qualitätvollste Leistung barocker Sakralskulptur in Görlitz (Abb. 125). Die offene Rückwand des portalartigen Architekturaltars gestattet
den Lichteinfall durch die Chorfenster, der in hervorragender Einfühlung vom
Bildhauer in sein Werk einbezogen wurde. Die emporstrebenden Säulen vermäh-
len sich mit der Hoheit der gotischen Fenster.

Gleichzeitig mit dem Chor war der den Bettelorden erlaubte seitliche Turm an
der Nordwand bis zum Beginn des Oktogons errichtet worden. Etwa ab 1554 erfolgte die Neugestaltung des Langhauses. Südlich an das alte einschiffige Langhaus schloß sich der Kreuzgang an. Nach Vollendung des Chores gliederte man
dem nördlichen Kreuzgangflügel die 1385 schon bestehende Barbarakapelle an,
die merkwürdigerweise bei nur zwei Joch Länge eine östliche und eine westliche
Apsis aus je drei Seiten des Achteckes besitzt. Zwischen Kirchenschiff und Barbarakapelle wurde der Kreuzgang zu ihr und dem Langhaus geöffnet, so daß er nun
die Funktion eines niederen Seitenschiffes erhielt. Zugleich aber wurde er aufge-
stockt und dieser Teil ebenfalls nach beiden Seiten als gewölbte Empore geöffnet
(Abb. 47). Mit diesem Um-
bau erhielt die Franziskanerkirche den Charakter einer spätgotischen Predigt-
kirche, deren Laienraum
sich in Hauptschiff und Ne-
benschiff mit Empore gliedert und sich frontal auf die
Kanzel der Nordseite orien-
tiert. Die Malereien am Gewölbe des einstigen Kreuz-
ganges lassen den Stilcharakter der Mitte des 15. Jahrhunderts erkennen. Ikono-
graphisch und volkskund-
lich interessant ist im östlichen Gewölbejoch ein En-
gelskonzert mit einer Fülle
spätmittelalterlicher Musik-
instrumente.

*45 Obermarkt,
Dreifaltigkeits-
kirche. Aquarell
von Christoph
Nathe, 1800.*

Erst 1508 wurden die Umfassungswände auf die Höhe des Chorraumes gebracht und die Backsteingiebel errichtet. Damit war die Vollendung eines neuen Gewölbes verbunden, das in Ermangelung äußerer Strebepfeiler ein inneres Stützensystem verlangte, das den Abseiten in Gestalt von halben Achteckpfeilern vorgeblendet wurde. Die Gewölbe selbst verraten den Stilcharakter des späten 15. Jahrhunderts. Sie sind offenbar noch unter Conrad Pflügers Leitung im sogenannten »Prager Schema« ausgeführt worden: Von den Gewölbestützen her führen jeweils drei Rippen dergestalt empor, daß ihre Überschneidungen mit den entgegenkommenden Rippen der anderen Seite im Scheitel eine Rhombenfolge entstehen lassen. Auch der schlanke achteckige Turmoberbau, der heute das Platzbild so markant

46 Dreifaltigkeitskirche. Kanzel, 1670.

47 Inneres der Dreifaltigkeitskirche gegen Osten, Wölbung um 1500.

*48 »Schwibbo-
gen« und Chor
der Dreifaltig-
keitskirche.
Getönte
Zeichnung von
Christoph
Nathe, 1800.*

beherrscht, ist in der letzten Bauperiode entstanden. Die Turmhaube gehört der barocken Bauperiode an.

Seit ihrer Restaurierung in den Jahren 1713–1715 ist die seit 1563 protestantische Kirche der Heiligen Dreifaltigkeit geweiht. Als einzige Görlitzer Kirche besitzt sie noch ein spätgotisches Inventar von beachtlicher Qualität. Ihr Chorgestühl von 1484 mit der Niederschrift der Franziskaner-Chronik im Baldachin, der Christus in der Rast (Abb. 79) und die »Goldene Maria« (Abb. 82, 84), einer der schönsten Oberlausitzer Schnitzaltäre dieser Zeit, sowie die erst 1961 von ihrer Kriegsauslagerung wieder zurückgekehrte Grablegungsgruppe von 1492 (Abb. 76) sollen in einem besonderen Zusammenhang behandelt werden. Die gegenwärtige Kanzel ist ein tüchtiges Stück Görlitzer Bildschnitzer- und Kunstschreinerarbeit der Spätrenaissance an der Wende zum Frühbarock von der Hand eines unbekannten Meisters von 1670 (Abb. 46).

Die Frauenkirche

In der ehemaligen südlichen Vorstadt, am Rademarkt, dem heutigen Demianiplatz, liegt – nun zwischen Kaufhaus und Post in eine enge Straßenschlucht gezwängt – die Frauenkirche (Abb. 49–52). Ihre Gründung um die Mitte des 14. Jahrhunderts erfolgte in der Periode der kriegerischen Auseinandersetzungen zwischen den Görlitzer Bürgern und dem Oberlausitzer Raubritterwesen. 1349 hatte Nitsche von Reckwitz, ein Lehensmann Friedrichs von Biberstein, des Herrn auf Friedland, Sorau, Seidenberg, Tauchritz, Tschocha und der Landeskrone, Überfälle auf Görlitzer Kaufmannszüge ausgeübt, worüber sich die Görlitzer beim Bibersteiner beklagten. Bald darauf rächte sich Nitsche für die Beschwerde und überfiel die heimziehenden Görlitzer Unterhändler. Auch Friedrich von Biberstein hieb wacker auf die Überfallenen drein. Sieben Bürger kamen im Handgemenge um. Nach vielen Verhandlungen mußte der Bibersteiner seine gemeine Bluttat mit 200 Schock böhmischer Groschen sühnen, die zur Erbauung des Frauenhospitals mit seiner Kirche verwendet wurden. Zwischen 1449 und 1458 wurde die alte Kirche des 14. Jahrhunderts durch einen Neubau ersetzt. Dieser, eine gedrungene dreischiffige Halle mit ausgeschiedenem Chor, war 1473 so weit vollendet, daß die Kirche geweiht werden konnte. Nach einem Blitzschlag des Jahres 1480 mußte jedoch das Dach erneuert werden. Ein Ablaßbrief von 1486 dürfte der endgültigen Fertigstellung gegolten haben.

Über dem aufwendigen doppelten Westportal mit seiner Verkündigungsgruppe in Sandstein spannt sich ein Segmentbogen auf vorn gerundeten wuchtigen Stützen. Der untersetzte breite, aber flach vor die Westfassade tretende Turm aus wohlgehauenen, geäderten Sandsteinquadern war ursprünglich unter den First des massigen Daches gezogen, während nur ein Dachreiter über dem Ostteil aufragte. Das große Maßwerkfen-

ster des Turmes mit der flammenden Sternrosette läßt auf die Entstehung ab 1460 schließen. Diese Maßwerkform ist in der Oberlausitz einzigartig. Sie weist mehr auf Westfalen, wo sie ihre nächsten Parallelen hat. Die Westvorhalle unter dem Turm erhielt nach Ausweis der Stilmerkmale etwa um 1480 ihre Gestaltung. Die mit Krabben besetzten Kielbögen des Doppelportals werden von einem gedrehten Gewändestabwerk getragen, an dem

49 *Frauenkirche vom Südosten mit dem alten Friedhof. Lithographie, 1848.*

kleine Sandsteinengel zur Verkündigung über den Bogenabschlüssen musizieren. Die Vollendung des Turmes durch Erhöhung der Glockenstube fällt nach der Bauinschrift in die Jahre 1696–1697. Erst 1735 wurde anstelle eines Walms die barocke Haube aufgesetzt.

Die Steinmetzarbeiten im Innern, besonders die Schlußsteinreliefs des Netzrippengewölbes mit den Sieben Freuden Mariae, den vier Evangelistensymbolen und vier weiblichen Heiligen sowie die Maßwerke der Fenster mit ihren Fischblasenrosetten und die Brüstung der Orgelempore (Abb. 51), gehören zu den feinsten Arbeiten, die der Meißel spätgotischer Bauleute in der Oberlausitz hervorgebracht hat. Der vier Joch lange dreischiffige Hallenraum besitzt vorzüglich empfundene Proportionen. Der Triumphbogen war – wie Konsolen ausweisen – einst mit einem Triumphkreuz auf einem vor dem Chor schwebenden Balken ausgestattet. Der gegenwärtige Raumeindruck wird durch wenig kunstvolle hölzerne Emporen, einen trockenen neugotischen Altar und einen nicht minder spröden Orgelprospekt beeinträchtigt. Die spätgotische Orgel hing schwalbennestartig

nördlich des Triumphbogens, wo heute noch die alte Orgelempore, bemerkenswert durch ihre prächtige hölzerne Maßwerkbrüstung mit Fischblasenrosetten
aus der Bauzeit der Kirche, vorkragt.

Da vor der Stadtmauer errichtet, mußten Kirche und Friedhof mit einer besonderen Schutzwehr umfangen werden, die nach der südlichen, stadtauswärts
gekehrten Seite von zwei Rundtürmen verstärkt wurde. Grundmauern des einen
wurden 1996 bei Erdarbeiten festgestellt. 1840 hatte man mit dem Abriß dieser
alten Wehranlage begonnen. Der Friedhof war ursprünglich für die Pesttoten der
1350 Europa verheerenden Seuche angelegt worden.

Von dem alten Friedhof, der einst östlich und zu beiden Seiten der Frauenkirche lag (Abb. 49), sind am Chor nur noch einige Grabsteine erhalten: der Rest
einer idyllischen Vorstadtromantik, die nur noch aus alten Bildern zu uns spricht.
Noch um die Mitte des 19. Jahrhunderts bildete die Frauenkirche mit den Fachwerkhäusern und deren hölzernen Vorlauben am Rademarkt, dem westlich gegenübergelegenen Frauenhospital und dem ihr benachbarten Fuhrmannsgasthof
»Zum goldenen Strauß« eine städtebaulich geschlossene Einheit, die die Melodie
der Landschaft mit dem Pulsschlag des städtischen Lebens formschön vereinte
(Abb. 52).

*50 Frauenkirche 1458–
1486.*

*51 Orgelempore der Frauenkirche, um
1470.*

Platz vor dem Frauenthor nebst einem Theile der Radelauben im Jahr 1840.
a. Gasthof zum Strauß Nᵒ 419 b. Haus Nᵒ 420 dem Schmied Rudolph c. Nᵒ 421 dem Schmied Lüders gehörig.
d. Eingang auf den Frauenkirchhof e. Thorwächter Haus nebst Spitalthor f. Haus Nᵒ 425 g. Nᵒ 426.

Die Kapelle zum Heiligen Kreuz und das Heilige Grab

In die Zeiten der sozialen und wirtschaftspolitischen Spannungen der spätmittel-alterlichen Stadtmacht führt die private kirchliche Stiftung des Heiligen Grabes. Zu Görlitz ist seine Geschichte (Abb. 54) mit der Parteienspaltung während des Überganges der Stadt vom Lager des »Ketzerkönigs« Georg Podjebrad zum La-ger des Ungarnkönigs Matthias Corvinus aufs engste verknüpft. Ursprünglich eine Strecke nordwestlich außerhalb der Stadt und der Nikolaivorstadt gelegen, führen jetzt in den nüchternen Häuserzeilen der Heilig-Grab-Straße Stufen zu einem Garten empor. Schon 1325 befand sich hier eine Andachtsstätte mit einem Wegkreuz, wie so oft an den Zufahrtswegen der Städte.

Es geschah in der politisch angespannten Lage des Jahres 1464, daß Georg Em-merich, der Sohn des amtierenden Bürgermeisters und Hauptes der Ungarnpartei Urban Emmerich, ein Verhältnis zur Tochter des wohlhabenden Nikolaus Horschel, Benigna, einging, das deren Eltern, führende Anhänger der böhmischen Partei, be-wog, den Emmerichs die Eheschließung zwischen Georg und Benigna nahezule-gen. Jedoch dürfte der Bürgermeister dies aus politischen Rücksichten nicht für gut befunden haben. Unter Androhung der Exkommunikation wurde Georg Emme-rich genötigt, das Ansehen der »rechtgläubigen« Partei durch eine Pilgerfahrt nach

52 Frauenkir-che und Radeläuben am Demianiplatz. Zeichnung von Felix Thieme, um 1840.

Jerusalem wiederherzustellen. Die Görlitzer Geistlichkeit gab ihm zum Ankauf von Meßgewändern sogar eine erkleckliche Summe mit auf den Weg, die bereits zur Errichtung einer Kreuzkapelle gesammelt worden war.

Bereits 1465 wurde Georg Emmerich in Jerusalem zum Ritter vom Heiligen Grabe geschlagen und erhielt damit für jene Zeit eine Würde von hoher Bedeutung. Sage und Legende haben sich um jene »Pilgerfahrt« gesponnen. So will die Fama, daß Emmerich sich eines Werkmeisters zur Aufnahme der genauen Baumaße des Heiligen Grabes zu Jerusalem bedient habe. Damals, seit Mitte des 15. Jahrhunderts, war es jedoch bei den reichsten Bürgern vieler deutscher Städte üblich und bei manchen Fürsten eine gewisse Mode geworden, die hochmittelalterliche Kreuzzugsidee, mit stark verringerten Ansprüchen und sehr von privaten Interessen bestimmt, fortzusetzen, indem man in der Heimat Nachbildungen des Heiligen Grabes anlegte, an dessen Befreiung von den Sarazenen doch niemand mehr

ernsthaft glaubte. Dabei waren die Maße des Originals, bald mehr, bald weniger richtig angewendet, in ganz Europa bekannt. Verglichen mit all den vielen Nachbildungen besitzt das Görlitzer Heilige Grab den Vorzug, dem damaligen Original am ähnlichsten zu sein, wie Gustaf Dalman nachgewiesen hat. Man legte zu jener Zeit auf äußerliche Kopieähnlichkeit viel weniger Wert als auf die Übereinstimmung der für den

Kult wesentlichen Einzelheiten, besonders die Entfernungen der Leidensstationen oder die Darstellung besonderer Bedeutungsschwerpunkte durch allegorische und symbolische Mittel. Den damaligen Zustand des Heiligen Grabes zu Jerusalem zeigt das berühmte, 1486 in Mainz – also mehr als zwanzig Jahre nach Emmerichs Reise – erschienene Buch Bernhard von Breydenbachs »Pilgerfahrten ins Heilige Land« auf einem von Erhard Reuwich gefertigten Holzschnitt. Dieses Blatt dürfte für die Görlitzer Nachbildung, die erst 1504 vollendet wurde, als Vorlage gedient haben. Inzwischen war die Niederschlagung der 1467 von den Anhängern der böhmischen Partei in Szene gesetzten »Pulververschwörung« erfolgt, eine Verschwörung der Gegner Georg Emmerichs mit den Anhängern der Partei Georgs von Podjebrad, um Görlitz in deren Hände fallen zu lassen, wobei auch durch Schießpulver Explosionen und Brände vorgesehen waren. Der Anschlag wurde aber aufgedeckt, bevor er zur Ausführung gelangte. Damit hatte die »rechtgläubige« Ungarnpartei gesiegt, wobei der alte Niko-

laus Horschel mit knapper Not mit dem Leben davonkam. Georg Emmerich hatte als Nachfolger seines Vaters im Amt des Bürgermeisters die Errichtung des Heiligen Grabes mit Zustimmung des Rates erreicht. Er war Besitzer von 19 Rittergütern, Dörfern und Dorfanteilen! So war das Heilige Grab von Görlitz eine Dokumentation des Sieges der »rechtgläubigen« Partei über die »Ketzerei«, ja der Macht der Ratsoligarchie schlechthin. Luther nannte Georg Emmerich den »König von Görlitz«.

55 Heiliges Grab und Peterskirche. Kupferstich, 1719.

1465 war die Errichtung der Heilig-Kreuz-Kapelle (Abb. 53) anstelle des alten Wegekreuzes vom Rat schon beschlossen. Bauurkunden für sie aber gibt es erst aus dem Jahre 1481–1505. Als Doppelkapelle ist sie mit ihrem überschlanken, nadelspitzen Dachreiter eines der markantesten und merkwürdigsten Gebäude von Görlitz. Zu ebener Erde liegt die Adamskapelle, die sinnbildlich das Grab Adams zu Füßen des Gekreuzigten andeutet, ein kryptenartiges Gewölbe, dessen Netzrippen schwer über dem nur kleinen Raum lasten. Ein winziger Sakristeiraum gegen Norden verbreitert die flache Ostseite. Die zackenbogigen Gewölbeanfänger legen Vergleiche zur Unterkirche St. Georg nahe, deren Gewölbe 1465 vollendet wurden. 1464 waren auch durch den Oberstadtschreiber Johann Bereit von Jüterbog in der

Unterkirche unter dem Chor von St. Peter und Paul Horen zum Andenken der Leiden Christi gestiftet worden. Diese Umstände legen Wechselbeziehungen zwischen Unterkirche und Kreuzkapelle nahe. Man kann annehmen, daß bis zur Errichtung der Kreuzkapelle die Unterkirche die Bedeutung eines Heiligen Grabes gehabt hat. Der Baumeister Caspar Aye begann 1481 an der Kreuzkapelle zu arbeiten; möglich, daß er auch schon die Unterkirche wölbte. Eine Beobachtung ist in diesem Zusammenhang wichtig: Die Quadern der Adamskapelle sind von anderem Sandstein als die der darüberliegenden Golgathakapelle, nämlich von demselben geäderten Material, das um 1460 am Turm der Frauenkirche verwendet wurde. Das Gesims zwischen beiden Geschossen bezeichnet wahrscheinlich die Baunaht. Die Golgathakapelle weicht in der Plandisposition und Formensprache wesentlich von der Adamskapelle ab. Ihr lichter, von weiten Fenstern allseitig erhellter und nach Osten verbreiterter Raum (Abb. 56) wird an den Ecken und der Mitte der Ost-, Süd- und Westseite von je einem künstlich fragmentarisch gestalteten Strebepfeiler weniger gestützt als beschwert. Diese Streben hängen über das Gurtgesims und verfehlen ihre statische Wirkung, die in der Aufnahme der Gewölbeschübe bestehen müßte. 1490 wird Conrad Pflüger, 1498 Blasius Börer als Werkmeister an der Kreuzkapelle erwähnt. Das kunstvolle Gewölbe mit seinem maßwerkartig gestalteten Scheitel verrät den geübten Techniker. Anscheinend hat hier Pflüger die Gewölbe unter Anlehnung an obersächsische und böhmische, damals modernste Gepflogenheiten vollbracht. Es besteht eine auffallende Ähnlichkeit dieser Gewölbe zu denen der Barbarakirche zu Kuttenberg. Hier

56 Inneres der Kreuzkapelle, Golgathakapelle, 1481–1505.

wie dort läßt sich beobachten, daß die Dienste, die sonst die Gewölbeanfänge aufnehmen, hinter den Kappen verschwinden.

Kein zweites Mal findet sich in einem kleinen spätgotischen Bau eine solche
Symbolanhäufung wie an diesem. In der Schwelle des Fußbodens vor der Ost-
wand befinden sich drei kreisrunde Vertiefungen als Andeutung der drei Kreuze
von Golgatha, die mittlere durch eine »Blutrinne« hervorgehoben. Hier mündet
eine sich mitten durch die östliche Rückwand der Adamskapelle ziehende, von
den Steinmetzen künstlich eingefügte Mauerspalte, die als Piscina diente und die
Folgen des Erdbebens beim Kreuzestod Christi verdeutlichen soll, eine dem architektonischen Willen zuwiderlaufende, aber typisch spätgotische allegorische
Spitzfindigkeit, die erst wieder an profanen Gruft- und Grabanlagen des Hochbarock Vergleiche findet. Ein steinerner Altartisch in der Nordostecke der Golgathakapelle (Abb. 56) barg einst – jedoch als spätere verfälschende Zutat – drei
goldene Würfel zum Sinnbild an die Verlosung der Kleider Christi.

Die beim Heiligen Kreuz vorliegende Gestalt der Doppelkapelle ist in der
Oberlausitz zur Zeit der Spätgotik nicht bekannt. Unter den an der Kreuzkapelle
tätigen Werkmeistern erscheint jedoch Thomas Neukirch, der aus Krems an der
Donau kam und in Görlitz Schwiegersohn des Stadtwerkmeisters Stefan Alden-
berg wurde. Neukirch brachte die Bauidee aus seiner Heimat mit, denn in den
Donauländern kannte man den Typ des sogenannten Kapellenkarners, dessen
Untergeschoß in der Regel den Totenmessen eingeräumt ist, während das Ober-
geschoß der Verehrung eines Heiligen oder einer Reliquie gilt. Daher steht die
Görlitzer Kreuzkapelle jenen bayerischen und österreichischen Doppelkapellen
viel näher als kopistische Absichten aus der Grabeskirche Christi in Jerusalem.

Das Heilige Grab, eine reine Privatstiftung Georg Emmerichs, ist in seinem
maurisch-romanisierenden Mischstil eines der merkwürdigsten Denkmale der Zeit
um 1500 (Abb. 54). Äußerlich erscheint es als ein Kubus mit einem apsisartigen
säulenumstellten Annex. Darüber erhebt sich in maurischen Architektur- und
Schmuckformen eine kuppelige Laterne. Im vorderen Raum steht – entsprechend
dem Engelsstein des Originals – die hölzerne Statue eines Barockengels. Der kleine hintere Raum im Anbau bildet die Grabkammer mit einer Steinbank, auf der
einst zur Osterzeit eine hölzerne Nachbildung des toten Christus symbolisch zu
Grabe gelegt wurde. An der Eingangsfront vertreten in der Ausdeutung eines
Holzschnittes von 1486 Rechteckfelder und Gesimsstücke Siegel und Riegel der
Grabespforte. Davor liegen als Andeutung der bei der Auferstehung geborstenen
Grabplatte drei große Steine.

Zwischen Grab- und Kreuzkapelle steht die Salbungskapelle, ein kleines un-
scheinbares Bauwerk mit breiter Bogenöffnung, die durch ein barockes Schmiedeeisengitter verschlossen ist und den Blick auf eine Sandsteinplastik freigibt, die im
Auftrage Georg Emmerichs um 1500 von Hans Olmützer geschaffen wurde (Abb.
78). Nach Ausweis der Inschrift am Sockel stellt sie die Beweinung Christi durch

Golgatha-
kapelle

Doppelkapelle

Hl. Grab

Salbungs-
kapelle

die Mutter Maria dar. Über diese Gruppe wird im Zusammenhang mit der mittelalterlichen Plastik in Görlitz ausführlicher zu sprechen sein.

Alljährlich bewegten sich vor der Reformation die Osterprozessionen von der Peterskirche, deren Westportal das Richthaus des Pilatus darstellte, durch die Nikolaivorstadt zum Heiligen Grab, vorbei an den Kreuzwegstationen, von denen sich eine am Haus Nikolaigraben 3 und eine weitere direkt vor dem Eingang zum Heiligen Grabe erhalten haben (Abb. 55). Durch den kultischen Gebrauch ist hier also das Heilige Grab unmittelbar in die Stadtarchitektur einbezogen worden, wobei auch einzelne Bürgerhäuser entsprechende Bedeutungen erhielten. Unter anderem wird ein »Haus des Nikodemus« genannt. Darüber hinaus ist die Anlage des Heiligen Grabes zu Görlitz das erste Beispiel eines landschaftlich eingebundenen Kunstwerkes, wie es sonst erst wieder im reifen Barock möglich wurde. Das nördlich anschließende Gelände hat hier mit einer »Jüngerwiese«, einem

»Ölberg«, Ölberggarten und dem »Bach Kidron« Bezeichnungen erhalten, die darlegen, wie weit sich das Bestreben, ein religiöses Gesamtkunstwerk als einen ersten deutschen symbolischen Landschaftsgarten zu schaffen, über Architektur und Plastik ausweitete. Die Überlastung mit Symbolik erscheint als Schwanengesang der Gotik, die noch einmal – man denke an Mathis Neithardt Gotthardt, den die Kunstgeschichtsschreibung Grünewald nannte – die Ziele der Mystik mit Erkenntnissen der Wirklichkeit vereinte. Der Geist Görlitzer Baukunst bricht gerade an diesem Werk besonders deutlich hervor: Spitzfindiges Durchdenken des theologischen Programmes, gewagte Konstruktionen und Vorliebe für das Außergewöhnliche, Aufsehenerregende. Volkstümliche Religiosität, Tradition und Sage verbinden sich hier mit den Machtbestrebungen des Großbürgertums. Man muß den Menschentyp der Emmerich, Horschel, Frauenburg, Frenzel und Haß aus den Quellen kennen, um diese eigentümliche Schöpfung überhaupt wesensmäßig und nicht nur formal verstehen zu können. Seit der Abschaffung der kirchlichen Osterbräuche durch die Reformation blieb die gesamte Anlage lange außerhalb des öffentlichen Interesses. Die Enkel des Stifters beharrten auf privaten Besitzansprüchen gegenüber dem Magistrat, gestalteten die dem Heiligen Kreuz geweihte Kapelle als Mausoleum Georg Emmerichs aus und setzten einen Grabwächter als Betreuer ein. 1595 wurde der Streit formal mit der Übergabe an den Rat der Stadt beendet, schwelte aber noch jahrelang weiter. Die profanierten Gebäude wurden als Görlitzer Sonderheit mit Phantasiemünzen aus dem Judaslohn und durch Stifterverklärungen im Buchdruck bis Mitte des 19. Jahrhunderts touristisch vermarktet. Archäologische Interessen verdeckten die religiösen Gehalte. Eine traditionswahrende Gemeinde war nie vorhanden. Der Peterskirche fiel die Aufsichtspflicht zu. Erst nach Erkenntnis des ursprünglichen Sinngehaltes und der wahren Bedeutung besonders durch Gustav Dalman als Jerusalemkenner wurden wieder Passionsandachten üblich, die sowohl von katholischer wie von evangelischer Seite wahrgenommen werden. Jedoch zur dauerhaften Erhaltung geschah lange nur wenig. Seit den während des ersten Weltkrieges erfolgten Ausbesserungen innerhalb der Kapellen und der Behebung schwerer Sturmschäden am Dach der Kreuzkapelle wurden die erforderlichen Maßnahmen der Denkmalpflege immer wieder zugunsten ständig benötigter Großobjekte – u. a. der Peterskirche – verschoben. Erst 1992 begannen im Zusammenhang mit der religiösen Aufwertung der historischen Andachtsstätte zielstrebend Untersuchungen zur Steinbehandlung und Restaurierung der Grabkapelle, die 1999 beendet wurden, begleitet von vorsorglichen Erhaltungsmaßnahmen, besonders durch die Traufwasserabführung. Auch das Kidrontal und der Ölberggarten erhielten durch ihre Einbeziehung in die symbolische Angliederung an die altehrwürdige Stätte eine erfreuliche Aufwertung.

Die Annenkapelle

Knüpfte das Heilige Grab noch an eine örtliche Tradition an und fand auch die Unterstützung des Rates, so ist die Annenkapelle (Abb. 57) am ehemaligen Steintor ohne solche Voraussetzungen als Privatkirche des Bürgers Hans Frenzel erbaut worden, der von den Zeitgenossen den Beinamen »der Reiche« erhielt. Seine Familienchronik berichtet von seinem Gelübde, der heiligen Anna eine Kapelle zu errichten, da ihre Fürbitte um einen Erben göttliches Gehör gefunden habe. Nach der Geburt seines Sohnes Joachim hatte der reiche Görlitzer Kaufherr diese Kapelle gegen die Bedenken des Rates für 8 500 Gulden in den Jahren 1508–1512 vom Stadtbaumeister Albrecht Stieglitzer anstelle des abgebrochenen Herzogsschlosses errichten lassen. Schon 1505 hatte Frenzel dem Rat seine Absicht kundgegeben. Doch erst 1508 konnte nach Klärung von mancherlei Rechtsfragen mit den Erdarbeiten begonnen werden. Kapellen und Kirchen zu errichten und mit Priesterstellen auszustatten stand einem Stadtbürger ja gar nicht zu. Vielmehr war dies Sache des Territorialherrn, gegebenenfalls des Rates, in Übereinstimmung mit dem Bischof. Selbst die Fugger hatten sich nur einen Kapellenanbau bei St. Ulrich und Afra in Augsburg gestatten dürfen. In Görlitz liegt dagegen der seltene Fall einer spätgotischen bürgerlichen Eigenkirche vor! Man kann aus dieser Tatsache den hochmütigen Stolz der Görlitzer Geschlechter erkennen. Zu Pfingsten 1512 fand die Weihe der Annenkapelle statt, an der fortan nicht weniger als sieben Priester amtierten. Im Chorpolygon kamen 1987 die Fundamente von drei Altären zum Vorschein, als das Innere einer gründlichen Erneuerung unterzogen wurde.

In Art einer Herrschaftskapelle besaß die Annenkapelle ursprünglich eine Empore mit einer Maßwerkbrüstung, deren Rest seit dem Jahre 1900 den Altan über dem damals neu angelegten Treppenhaus der Südseite ziert. Der unterhalb der ehemaligen Empore gelegene Raum ist seither als Turnhalle der benachbarten Schule durch eine Zwischendecke von der darüberliegenden Schulaula abgetrennt, die noch die alten Maßwerkfenster zwischen den einwärts gestellten Wandpfei-

Privatkirche Hans Frenzels

lern und das ursprüngliche Netzrippengewölbe im traditionellen Prager Schema besitzt. An den Kreuzungsstellen der Rippen sind reliefierte Schlußsteine eingesetzt, von denen vier mit den Evangelistensymbolen verziert waren, ein anderer trägt das Monogramm des Bauherrn mit seiner Hausmarke. Den sinntragenden Schmuck der modern verputzten Außenwände bildet ein spätgotischer Statuenzyklus, dessen Hauptfiguren – Anna Selbdritt (Abb. 83) über dem von einem Engel gehaltenen Wappenschild mit Monogramm und Hausmarke des Bauherrn und Maria mit dem Kinde – am dreiseitigen Chorhaupt auf Konsolen unter fialartigen Baldachinen angebracht sind. Auf der Südseite befindet sich die Statue des heiligen Joachim. Auf der Nordseite von Ost nach West folgen Vater Joseph, auf der Bildnisbüste des Werkmeisters stehend, Johannes der Täufer, ein segnender Christus und Laurentius mit seinem Rost. Auf der Nordseite liegt auch der Haupteingang, über dessen Kielbogen die vollplastische Darstellung der Verkündigung des Engels Gabriel an Maria angebracht ist.

Anna Selbdritt (margin note)

Nach der Reformation verödete die Annenkapelle. 1620 wurde sie vorübergehend als reformierte Kirche der Besatzung des aus Böhmen vertriebenen »Winterkönigs« Friedrich V. von der Pfalz benutzt, seit 1642 für 40 Jahre als Tagungsort des »Kleinen Priesterkollegiums« und ab 1730 Kirchenraum des »Armen-, Zucht- und Waisenhauses« (Abb. 113), das bis 1900 anstelle des anschließenden

57 Annen-kapelle. (margin note)

Schulgebäudes stand. Ab 1845 diente die Annenkapelle interimistisch als Gottes-
haus der katholischen Gemeinde. Schließlich gelangte sie 1865 wieder in städtische Verfügbarkeit. Nach Abbruch des Waisenhauses wurde die Annenkapelle
der 1903 vollendeten Mädchen-Mittelschule als Turnhalle und Aula übergeben.
Die ersten denkmalpflegerischen Maßnahmen erfolgten unter Berücksichtigung
der 1949 von dem Görlitzer bildenden Künstler Georg Nawroth im Westteil der
Aula geschaffenen Wandbilder mit Szenen aus der Görlitzer Geschichte. Die während des zweiten Weltkrieges geborgenen Statuen gelangten 1953/54 an ihre alten Standorte zurück. Nach Erneuerung des Inneren im Jahre 1987 erhielt auch
das Äußere 1992 eine dem Stadtbild angemessene Gestaltung. Seither dient die
Aula auch Ausstellungen, u.a. denen des 1992 wiederbelebten Oberlausitzer
Kunstvereins, und Konzerten.

Überschaut man die spätgotische Bautätigkeit allein an den Görlitzer Kirchen,
so wird eine intensive Arbeit innerhalb eines knappen Jahrhunderts deutlich, das
in der Görlitzer Stadtgeschichte trotz vieler kriegerischer und politischer Auseinandersetzungen des Rates gegen äußere Feinde der Stadtmacht und ihre innere
Opposition von erstaunlichen Bauleistungen gekennzeichnet ist.

58 Alte Häuser an der Hother-straße. Ausschnitt aus »Abcontrafei-tung der Stadt Görlitz«. Holzschnitt 1565.

SPÄTGOTISCHE PROFANBAUTEN

Dem seit dem späten Mittelalter üblichen äußerst massiven Steinbau im boden-ständigen Granit und Basalt verdankt Görlitz die Erhaltung bedeutender Reste der Profanbaukunst, wenngleich mehr oder weniger durch spätere Zutaten ver-ändert. Die allen Bränden und selbst den Neuerungen des 19. und 20. Jahrhun-derts widerstehenden dicken Wände und massigen Gewölbe blieben in erster Linie an den einst reichsten Bürgerhäusern als Kern der gegenwärtigen Gebäude be-stehen.

Spätestens seit seiner städtischen Frühphase um 1220 kennt Görlitz profane Steinbauten. Als erste Werke dieser Art errichteten die niederen Adelsgeschlech-ter ihre Wohntürme. Sie erscheinen in Schriftzeugnissen des 14. Jahrhunderts als »Bergfriede« in bürgerlichem Besitz und dienten offenbar als besonders geschützte Vorrats- und Warenlager. Die Kaufleute dürften sich in der ersten Zeit Steinzellen an ihre Fachwerkhäuser angebaut haben. Seit Mitte des 14. Jahrhunderts wird der Steinbau allgemein geworden sein. Für Zittau ist aus dieser Zeit eine Bauan-ordnung Karls IV. bezeugt, die der Stadt den Massivbau von Brandmauern vor-schreibt.

Das Bedürfnis des Handelsbetriebes und das Braurecht der Großkaufleute bil-dete in Görlitz im späten Mittelalter einen Hausorganismus eigener Prägung aus. Verkauf, Lager und Wohnung vereinen sich unter einem Dach. Relativ schmale,

Wohntürme

aber dafür sehr tiefe Grundstücke legten seit der Bodenaufteilung die Maße der späteren Bebauung und damit auch die wesentlichsten Merkmale der Grundrisse fest. Daraus ergab sich auch die straßenseitige Giebelstellung aller Häuser (Abb. 12, 18, 23, 31).

Ein relativ geschlossener Bestand spätgotischer Bürgerhäuser – mit Ausnahme der Fassaden – findet sich am Untermarkt, wo einst die reichsten Kaufherren wohnten. Äußerlich verraten nur noch die Spitzbogen der Arkaden unter den Fassaden der Renaissance und des Barock den einstigen gotischen Bestand (Abb. 19 f.). Von den alten Schauseiten blieben nur an den Untermarkthäusern 5 und 22 die Erdgeschosse und Portale erhalten, erstes vom Jahre 1500 für Hans Frenzel, »den Reichen«, das andere wohl durch Adolar Ottera, Schwiegersohn Georg Emmerichs, vor 1516 erbaut (Abb. 23 links, 59).

Denkmalpflegerische Maßnahmen haben den historischen Charakter der wichtigsten Bauten wiederhergestellt, der besonders durch Ladeneinbauten des 19. Jahrhunderts verloren ging. Einst lagen in der Regel in den Erdgeschossen über die volle Hausbreite weite Hallen, die sowohl dem Verkauf von Handelswaren als auch dem Ausschank des im Haus gebrauten Bieres dienten. Die meist im 18. Jahrhundert erneuerten Gewölbe lassen die einstige Weiträumigkeit der Erdgeschosse noch erkennen (Abb. 98). Von diesen Hallen führte oft abschüssig ein breiter Gang durch die ganze Haustiefe nach dem Hofe, wo sich weitere Wirtschaftsgebäude und die Stallungen befanden; denn bis weit ins 19. Jahrhundert hinein mußten an den Markttagen mehrere hundert Gespanne in Görlitz versorgt werden. Von der Erdgeschoßhalle aus gelangt man weiterhin nach den Kellern und zu den oberen Stockwerken wie auch zu weiteren Lagerräumen im rückwärtigen Teil des Erdgeschosses. Ein Labyrinth gangartiger

59 Spätgotische Fassade Untermarkt 5, 1500. Anonyme Zeichnung, 1790.

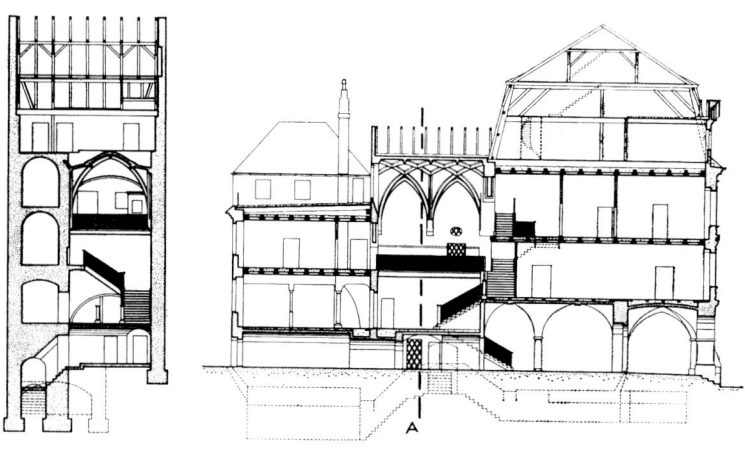

60 Quer- und Längsschnitt des spätgotischen Hallenhauses Untermarkt 3, barock um-gebaut.

Keller, das von den Arkaden bis zu den rückwärtigen Gassen reicht, enthält ältestes Mauerwerk. Seine verschiedenen Abschnitte belegen die mehrfachen An- und Umbauten und die damit verbundenen Grundrißveränderungen. Große über Erdmassen oder Holzverschalungen in Mörtel vergossene, später auch in Backstein ausgeführte tonnengewölbte Keller dienten als Bierlager. Da die Görlitzer Braubürger einen wesentlichen Teil ihres Reichtums aus dem Bier gewannen, gehören diese Keller zu den wirtschaftlich wichtigsten Räumen derartiger Häuser. Die meist auf dem gewachsenen Fels angelegten Keller bedeuteten natürlich eine beträchtliche Kapitalinvestierung. Als Substruktionen haben sie immer wieder die Mauern der erneuerten Häuser tragen müssen und bisher allen Belastungen standgehalten. Die Kelleranlagen von Görlitz stellen eines der interessantesten Kapitel der Stadt- und Baugeschichte dar.

Ein ebenfalls mehrere Bauphasen durchziehender Angelpunkt ist die mächtige von den Grundmauern bis über den Dachfirst führende und zum Fegen besteigbare Esse. Sie war Rauchfang der »schwarzen Küche«, der Kamine und Öfen in den Gemächern, zugleich aber auch maßgebend für die von der Stadt erhobene Grundstücksbesteuerung.

Zentralhalle

Gleich an die Erdgeschoßhallen schloß sich rückliegend das Lagergewölbe an. Das Kernstück des Hausorganismus bildet eine durch die oberen Geschosse führende, zentral gelegene Halle, das Kennzeichen des Görlitzer Kaufmannshauses (Abb. 61, 63). Diese Raumgestaltung ist typisch für alle großen Görlitzer Bürgerhäuser der Spätgotik und der Renaissance vom Ende des 15. Jahrhunderts bis 1570.

Untermarkt 5

Für die Görlitzer Lokaltradition ist besonders das Haus Untermarkt 5 wichtig, weil sich hier der ursprüngliche Bestand von 1500 relativ unverfälscht erhalten hat. Bis zum Jahre 1790 stand noch die spätgotische Fassade (Abb. 59). Den von Zeichnungen her bekannten Giebel zierten drei vollplastische Heiligenfiguren: in der Mitte Maria mit dem Kinde, rechts Johannes der Täufer, links der Ritter Georg. Die beiden seitlichen Figuren waren nach Abbruch der Fassade in verschiedenen Besitz gekommen. Die Maria mit dem Jesuskind fand sich während der Sanierungsarbeiten unter dem Fußboden der Zentralhalle. Die Fragmente wurden 1978 wirkungsvoll in die Innenarchitektur einbezogen. Den alten Abbildungen ist zu entnehmen, daß die ursprüngliche Schauseite über der mächtigen Doppelarkade ein Geschoß mit drei großen Fenstern mit spätgotischen Kerbschnittmotiven in der Rahmung besaß, das eine davon gedoppelt. Die Fenstergruppen des Giebels waren in zwei weiteren Obergeschossen zu je zwei und zwei Fenstern mit Vorhangbögen und Astwerkzier verbunden. Über der Marienfigur erhob sich ein Fialriese als Baldachin. Eine Kreuzblume bildete die Giebelspitze.

Gleich beim Betreten der Erdgeschoßhalle zeigt sich die großzügige Raumanordnung. An ihrer Rückwand wird eine Maßwerkbrüstung über dem Hofdurchgang sichtbar, die darauf hinweist, daß die gegenwärtigen barocken Gewölbe auch nicht zur ursprünglichen Geschoßeinteilung gehörten. Die alten Gewölbe müssen höher gelegen haben. Welche Überraschung bietet sich jedoch erst dem Blick, wenn man die Treppe zum ersten Halbgeschoß emporgestiegen ist! Eine drei Etagen durchmessende tiefe, gewölbte Halle läßt die fast atemberaubende Großzügigkeit der einstigen Planung deutlich werden (vgl. auch Abb. 60, 61). Es handelt sich hier um die Hausdiele, die sowohl Mittelpunkt des Privathandels als auch Höhepunkt der patrizischen Repräsentation war. Um diese Zentralhallen baut sich der Organismus der Görlitzer Bürgerhäuser der Spätgotik und der Frührenaissance auf. Beim Emporsteigen zur Zentralhalle des Hauses Untermarkt 5 gleitet die Hand noch über den alten Lauf der Maßwerkbrüstung, die nun ihre ganze Schönheit offenbart. Das vegetabilisch schwingende Maßwerk ist übrigens das gleiche, das die ehemalige Emporenbrüstung der Annenkapelle zeigt. Man darf annehmen, daß Hans Frenzel, Bauherr von Untermarkt 5 und der Annenkapelle, sich an beiden Bauten der gleichen Steinmetzen, nämlich der Werkstatt des Stadtwerkmeisters Albrecht Stieglitzer bediente.

Zusammen mit den breiten Erdgeschoßhallen bildeten die Zentralhallen einst eine schöne Raumkomposition von erstaunlichen Dimensionen. Durch die Rückwand der Zentralhalle führt die Tür zur saalartigen Hauptwohnstube. Darüber liegt an einer Empore ein weiteres großes Zimmer, das mit einem interessanten Fenster zur Zentralhalle geöffnet ist. Das profilierte Fenstergewände ist an der Sohlbank zu einem Konsoltisch in Sandstein ausgebildet. Hier hatte der Großkaufmann sein Kontor, von dem aus er das ganze Geschäftsleben in der vorderen Halle bis zu den Arkaden sowie in den rückwärtigen Hof- und Nebenräumen übersehen konnte. Über diesem Raum liegt mitunter, wie im Hause Untermarkt 5, noch eine weitere große Stube. Ein einziges Fenster dicht unter dem Gewölbe erhellt diese Zentralhallen völlig ausreichend, da die stets weiß gekalkten Wände und Gewölbe der tiefen Häuser das Tageslicht reflektieren.

In der Raumabfolge liegt nicht allein eine großartige Steigerungsmöglichkeit der architektonischen Wirkung, sondern auch eine wirtschaftlich bedingte Zweckmäßigkeit hohen Grades: Hatte ein Wagen zum Abladen der Fracht die breite Einfahrt des Erdgeschosses passiert, so konnten dort die Waren abgeladen und mit Hilfe unkomplizierter Hebevorrichtungen in den Speicher des Dachraumes

Untermarkt 3

Saal

verbracht werden, falls man sie nicht lieber in den rückwärtigen Wirtschaftsräu-
men verstaute, wozu wieder die schiefe Ebene der Durchfahrt den Transport er-
leichterte. Dies alles konnte unter Aufsicht des Kaufmanns von seinem Kontor
aus geschehen, ohne den etwa gleichzeitigen Verkauf in der Zentralhalle zu stö-
ren. Welch farbiges Bild einstigen geschäftigen Treibens erschließt sich schon aus
diesen Überlegungen!

Der alten Fassadenaufteilung zufolge lagen über den Arkaden zwei vorneh-
me Gemächer. Ein weiteres blieb hofseitig im Hause Untermarkt 5 erhalten, ein
langgestrecktes Spitztonnengewölbe, das man von der Zentralhalle aus durch eine
Eisentür mit spätgotischen Gewänden betritt. Offenbar liegt hier ein ältester Teil
der Zeit vor 1500 vor, denn die Form der Spitztonne läßt auf ein weitaus höheres
Alter, offenbar auf das 14. Jahrhundert, schließen. Vielleicht gehörte es zur Stein-
zelle eines sonst im Fachwerk erbauten Hauses. Der rückwärtige Teil des Raumes
ist nahezu quadratisch und mit einem barocken Gewölbe gedeckt. Er besitzt ein
großes Vorhangbogenfenster, dessen Gewände und Maßwerk rekonstruiert werden konnten. Die Eigenwertigkeit dieses Raumabschnitts deutet darauf hin, daß
der hintere Teil des Gelasses mit
dem Neubau von 1500 entstanden
ist. Hier liegt eine der größten erhaltenen Kostbarkeiten der mittelalterlichen Profanbaukunst in Görlitz vor. Der ganze Raum ist vollständig mit Wand- und Gewölbe-
malereien versehen (Abb. 62), die
erst 1952 vollständig freigelegt und
später in mehreren Restaurierungs-
abschnitten gefestigt wurden, zuletzt 1990 und 1993. Beide Raum-
teile sind ikonographisch und stilistisch in das gleiche System reli-
giöser und dekorativer Malereien
einbezogen. Die Sockelzone des
vorderen Teiles umzieht bis zum
Gewölbeansatz eine Draperie von
gemalten Brokatgehängen mit Gra-
natblütenmotiven in Goldgelb und
Rot. Sie hängen von einer gleichfalls auf bemalten, perspektivisch
dargestellten Brüstung herab, auf
der Prunkgefäße aus Fayence und
Glas, Früchte des Südens und der

*61 Aufgang
zur Zentral-
halle des
Hauses
Untermarkt 3,
1535.*

Heimat, an denen Vögel picken, zur Schau gestellt sind. Die Gefäße tragen latei-
nische Inschriften, die sich auf die Marienverehrung beziehen. In der Sockelzone
sind tiefe Nischen für Wandschränkchen oder andere Behältnisse aus dem Mauerwerk ausgespart oder nachträglich eingetieft worden.

Im Schildbogen der vorderen Schmalseite ist die Anbetung des Christkindes
durch die Weisen aus dem Morgenland dargestellt: im rückwärtigen Raumteil
rechts vom Fenster die heilige Sippe; in den Zwickeln des Gewölbes gegen den
vorderen Raumteil links ein »Hieronymus im Gehäus«, rechts der büßende Hieronymus. Gegenüber der Sippendarstellung fehlt die Wandmalerei, wo sich noch
1952 eine Maria im Ährenkleid zeigte. Ihr gegenüber ist auf einem nischenartig
zurückspringenden Teil der heilige Christophorus dargestellt, der das Christkind
durchs Wasser trägt. An der angrenzenden Wand, die gegen den hinteren Raumteil vorstößt, lassen sich noch die Füße einer Apostelgruppe erkennen. Die Körper selbst sind bei Einfügung des Gewölbes abgeschlagen worden. Die Wandmalerei des hinteren Raumteiles wird oben von einer waagerechten Zierkante, die
durch die spätere Wölbung zum größten Teil überschnitten wurde, abgeschlossen. Sie beweist, daß jener Raumteil einst eine Flachdecke besaß.

Die Spitztonne des vorderen Raumes ist mit einem aufgemalten Netzrippengewölbe dekoriert, dessen Formen abermals den Vergleich mit der Annenkapelle
nahelegen: Hier wie dort die gleiche Rippenfiguration. In den Gewölbefeldern
sind auf blauem Grunde große Phantasieblumen gemalt, wohl eine Umdeutung

Gewölbe-
malerei

des in spätgotischer Zeit beliebten blauen Kirchengewölbes mit dem Sternenhimmel. Zur Datierung dieser von einem unbekannten Maler geschaffenen Bilder und Dekorationen sind mehrere Tatsachen geboten: Der Bau erfolgte als Umgestaltung eines älteren Hauses im Jahre 1500. Vergleiche zur Annenkapelle werden durch das gemalte Rippennetz und die Brüstungen der Zentralhalle besonders nahegelegt. Das Sippenbild findet eine Parallele in einem im Kaisertrutz befindlichen Sippenrelief eines Hauses am Obermarkt von 1513 (Abb. 80). Die dekorativen Blumen schließlich finden ihre frühesten Entsprechungen in Dürers Randzeichnungen zum Gebetbuch Kaiser Maximilians von 1515. Im Rathaus von Breslau gibt es aus derselben Zeit eine ganz ähnliche Raumdekoration. So dürfte sich die noch ganz im Sinne der Spätgotik gehaltene figürliche Malerei anhand der Vergleiche um 1515 datieren lassen. Diese Zeitbestimmung stimmt auch mit den Trachten der männlichen Dargestellten überein.

Jener interessante Raum diente wahrscheinlich bis 1512 als Kapelle, bevor Hans Frenzel über eine Privatkirche, die Annenkapelle, verfügte. Erst um 1515 dürfte eine Umfunktionierung erfolgt sein. Wenn auch der Bildschmuck provinziell anmutet, so ist doch dieses Gelaß ein einzigartiges Denkmal spätmittelalterlich-bürgerlicher Wohnkultur, dem weit und breit nichts Gleichwertiges und Vergleichbares an die Seite gestellt werden kann.

63 Zentralhalle Peterstraße 14, Ende 17. Jh.

Auch die Nachbarhäuser Untermarkt 3 (Abb. 60 f.) und 4 besitzen große Zentralhallen, breite Erdgeschoßhallen und dieselbe Grundriß- und Geschoßanordnung. Auffallend ist die jeweilige Verschiebung der vorderen gegen die hinteren Räume um ein halbes Geschoß. Zweifellos erfolgte sie aus Rücksicht auf die in diesen Häusern zu bewegenden Warenlasten. Während die Vorderfronten ursprünglich über dem hohen Erdgeschoß nur eine Prachtetage bis zum Dachansatz aufwiesen, lagen innerhalb derselben Höhe rückwärts drei Geschosse. Das Bodengefälle vom Untermarkt nach den rückseitigen Gassen kam dieser Anordnung zugute. Die Zentralhalle des Hauses Untermarkt 4 besitzt noch das alte Netzrippengewölbe im Prager

Schema aus der Zeit um 1500, die des angrenzenden vorzüglich restaurierten Hauses Nummer 3 hat ein ähnliches, jedoch nach Ausweis der eingemeißelten Jahreszahl 1535 erneuertes Netzrippengewölbe (Abb. 61).

Die mehrfachen Umbauten nach Bränden von 1525, 1535, 1691 und 1717 ließen äußerst reizvolle Raumgebilde zustande kommen. So weist sich die Zentralhalle des Hauses Peterstraße 14 (Abb. 63) als Resultat eines Renaissance- und eines Barockumbaues aus, deren Spuren in einem Durchgangsbogen und einer darüber befindlichen Brüstung erkennbar sind. Nach Einzug der Renaissance wurden diese Hallen mitunter nicht mehr in der Tiefe des Hauses angelegt, sondern in seiner durch Ankauf eines Nachbargrundstückes erworbenen neuen Breite. Solche Beispiele finden sich in den Häusern Untermarkt 25, Peterstraße 14 und 16 sowie Neißstraße 29. Das Eckhaus Peterstraße 8, ein Bau von Wendel Roskopf d. Ä. von 1528, hingegen besitzt im ersten Stock eine Diele mit einem Maßwerkfenster und Gewölbe, deren Rippen in sogenannten »gewundenen Reihungen« angeordnet sind. Dies beweist die langlebige spätgotische Tradition, die sich so lange in die Renaissance hinein erstreckte, als die wirtschaftspolitischen Voraussetzungen den herkömmlichen vom Fern- und Großhandel bestimmten Hausorganismus als zweckmäßig empfinden ließen. Trotz mancherlei Verwandtschaften zu böhmischen, mährischen und schlesischen Bürgerbauten ist das Görlitzer Hallenhaus der Spätgotik und Frührenaissance ein besonderer Typus, der zwar verschiedene auswärtige Anregungen aufnimmt, jedoch in seiner Eigenart das Resultat des Görlitzer Fernhandels und des politischen Kaufmannstums in engster Verbindung mit der durch heimisches Gestein gegebenen technischen Voraussetzungen ist.

Die Ausprägung des typischen Görlitzer Hallenhauses vollzog sich in den letzten beiden Jahrzehnten des 15. Jahrhunderts unter den Stadtwerkmeistern Stefan Aldenberg, Thomas Neukirch aus Krems und Albrecht Stieglitzer, erfuhr aber zugleich auch wesentliche Befruchtungen durch die obersächsischen Spätgotiker unter Conrad Pflüger und Blasius Börer, um traditionsgebunden unter Wendel Roskopf aus der böhmischen Schule Benedikt Rieds noch unter seinen Nachfolge bestimmend auf den Privatbau der ersten Hälfte des 16. Jahrhunderts weitergeführt zu werden.

Peterstraße 14

Stadtwerkmeister

KÜNSTLER UND BILDENDE KUNST
DES SPÄTEN MITTELALTERS

Aus der Zeit von der Stadtentwicklung bis zur Mitte des 14. Jahrhunderts hat sich in Görlitz kein Werk der Plastik oder Malerei erhalten, abgesehen von einigen skulptierten Archivolten am Westportal der Peterskirche und den spätromanischen Säulen am Triumphbogen des Mönchschores der Dreifaltigkeitskirche. Die Dienst- und Gewölbekonsolen in den Winkeln des Chorhauptes der einstigen Franziskanerkirche in Gestalt tierischer Fratzen sind mit der Wölbung um 1385 entstanden. 1382 nennt eine Eintragung in den Ratsrechnungen den Maler Gonzelin Ermilrich, der zwei Fenster am Chor der Franziskanerkirche vollbrachte. Farbige Glasfenster werden auch 1473 durch den Maler Lorenz für das Rathaus geschaffen. Von anderen Meistern des 14. Jahrhunderts ist Meister Ortolphus bekannt, der 1377 bis 1381 Schnitzereien für die Franziskanerkirche lieferte.

Daß die Oberlausitz schon im 14. Jahrhundert bei all ihren politischen und wirtschaftlichen Beziehungen zu Böhmen auch künstlerisch von dort angeregt, teilweise abhängig war, belegt hervorragend die kleine Tafel von etwa 1360 im Kaisertrutz, die auf der Vorderseite eine thronende Madonna mit Kind, auf der Rückseite einen Schmerzensmann darstellt (Abb. 65 f.). Die Kalligraphie der Liniensprache, der schlüsselbildende Faltenwurf, die idealisierende strenge Schönheit des Antlitzes und die perspektivisch dargestellte Architektur des Thrones belegen die vorwiegend höfisch bestimmte Kunst Böhmens der Mitte des 14. Jahrhunderts.

Die Mariendarstellung weist auf die böhmische Schule des Meisters von Hohenfurth. Der Darstellung des Schmerzensmannes dürfte ein ganz anderes Vorbild gedient haben, wahrscheinlich ein späteres. Die schwarzen starken Konturen auf hellem Grund erinnern an einen frühen Holzschnitt.

Erst mit der Zeit des »Weichen Stils« (etwa 1400 bis 1430) ist das plastische Kunstschaffen in Holz und Stein in Görlitz als Variante der böhmischen und schlesischen Schulen anhand der überkommenen Werke und der überlieferten Namen von Künstlern nachweisbar, um schließlich in der zweiten Hälfte des 15. Jahrhunderts ein eigenes, von greifbaren Künstlerpersönlichkeiten ausgeformtes Profil zu erhalten.

Für die kunstgeschichtliche Stellung zu Beginn des 15. Jahrhunderts sprechen mehrere Werke aus Görlitzer Kirchen, die sich in der stadtgeschichtlichen Abteilung der Städtischen Sammlungen für Geschichte und Kultur befinden. Als ein bedeutendes Werk aus dem frühen 15. Jahrhundert der Görlitzer Sammlungen ist die merkwürdige »Maria in der Hoffnung« (Abb. 68) zu betrachten, die einst in der Peterskirche ihren Platz hatte: eine etwa 67 cm hohe Sand-

65 Maria mit dem Kind, um 1360.

66 Christus als Schmerzensmann. Schule des Meisters von Hohenfurt, um 1360.

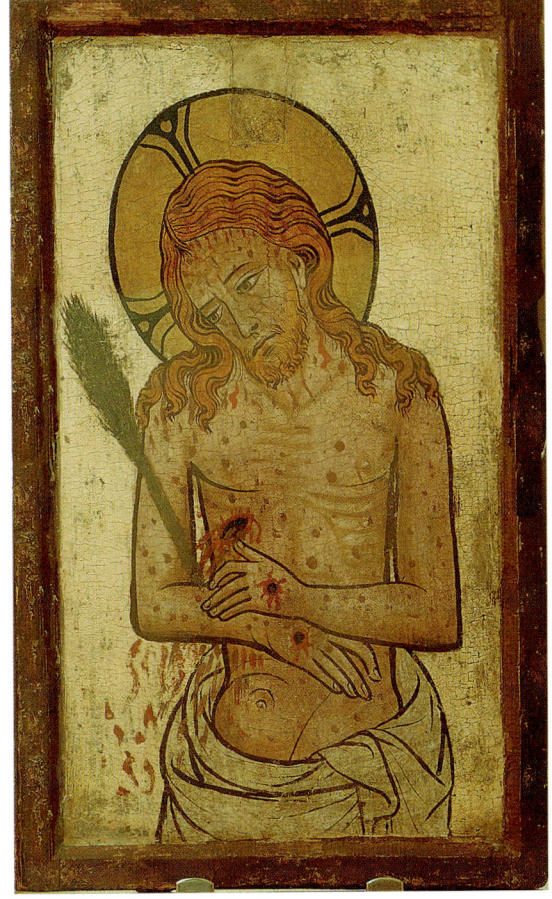

steinstatuette der jungfräulichen Mutter im hemdartigen Mädchengewand der Spätgotik. Ihr vorgewölbter gesegneter Leib gibt durch ein ovales Fensterchen den Blick auf das Christkind frei. Es handelt sich um eine beachtliche Schöpfung aus der Gruppe der Andachtsbilder, die der Privatandacht dienten. Innerhalb der gesamten europäischen Kunst ist die Görlitzer »Maria in der Hoffnung« ein Unikum, wenngleich ähnliche Darstellungen in Holz und Elfenbein und in der Malerei bekannt sind. Jedoch ist eine derartige Qualität kein zweites Mal zu belegen.

Marienaltar   Bezeichnend für die Zeit um 1420 ist ein Marienaltar aus der Frauenkirche, dessen Flügel leider fehlen. In der Mitte des Schreines steht die Gottesmutter, ihr zu seiten, zu je zweien übereinander, vier weibliche Heilige. Die Aufteilung des Schreines ist typisch für die schlesische Kunst dieser Zeit. Für die in der Malerei vorwaltenden böhmischen Einflüsse zeugen die beiden Giebeldreiecke. Jedes von ihnen trägt den Kopf eines alttestamentarischen Königs. Diese Malerei erweist sich als Ableger der böhmischen, wie sie sich besonders in zahlreichen Miniaturen seit Mitte des 14. Jahrhunderts ausgeprägt hat. Typisch ist der schlanke Schädelbau, die modische Barttracht und die transparent innervierte Feinheit des Gesichtszuschnittes. Aus der gleichen böhmisch-schlesischen Tradition schöpft die Grablegungsgruppe der genannten Museumsabteilung. Hier befindet sich auch ein weiterer Altar der Frauenkirche (Abb. 67), eine qualitätvolle Schöpfung von ca. 1430 bis 1450. Im Mittelschrein stehen zu seiten Mariens die Heilige Barbara und Katharina. Alle drei Frauen tragen Kronen auf dem Haupt und sind von dem typischen S-Schwung der Körperachse des Weichen Stils schmiegsam gebogen. Die gemalten Flügel zeigen innen je zwei Tafeln von je zwei weiblichen Heiligen, außen den Schmerzensmann und die Schmerzensmutter, deren trocken-knöcherner Stil sich wesentlich vom Lyrismus der Innenbilder unterscheidet und auf eine andere ausführende Hand weist.

Vespergruppe   Wir wissen nicht, ob die genannten Beispiele spätgotischer Plastik in Görlitz selbst entstanden sind. Bei den weitverzweigten Handelsbeziehungen der Görlitzer Kaufleute sind auch Bestellungen außerhalb der Stadt, etwa in Breslau oder Prag, nicht ausgeschlossen. Zum Beispiel ist die im Kaisertrutz verwahrte »Vespergruppe« (Abb. 69) deutlich der Breslauer Schultradition entlehnt. Doch darf angenommen werden, daß der Reichtum der führenden Bürgerschicht, die ja in erster Linie Aufträge an Künstler erteilte, Malern und Schnitzern ausreichenden Lebensunterhalt auch in Görlitz versprach.

In den mittleren Jahrzehnten des 15. Jahrhunderts läßt die schöpferische Tätigkeit des böhmisch-schlesischen Raumes nach. Die Hussitenkriege hatten hier zu einem schnellen Ende der vorwiegend höfisch gesonnenen Kunst geführt. Ihre volkstümlichen Ausläufer mögen auch Görlitz noch weiter berührt haben. Erst in der Zeit der Vollendung der großen Görlitzer Kirchenbauten der Spätgotik in den 70er Jahren und während der Herrschaft des Ungarnkönigs Matthias Corvinus

(1469–1490) über die Oberlausitz werden neue künstlerische Kräfte nach Görlitz gerufen, um den plastischen Schmuck und die Innenausstattung zu schaffen. Einheimische Maler, Schnitzer und Glaskünstler werden in Gerichtsakten, Stadtbüchern und anderen Urkunden erwähnt, ohne daß wir in der Lage sind, mit diesen Namen bestimmte Werke zu verbinden.

Die Ratsrechnungen vermitteln ein Bild von den offiziellen Aufträgen, die die Stadt im 15. Jahrhundert an Künstler zu vergeben hatte. 1428 bis 1464 ist Meister Paul als »moler« zu belegen. 1428 malte er mehrere Wappen, 1431 ein Reichsbanner, 1434 das 1433 von Kaiser Sigismund verliehene Görlitzer Stadtwappen, 1441 ein Bild, 1452 das Zifferblatt der Rathausuhr, das er im folgenden Jahr renovieren mußte. 1445 bemalte er die Kerze der Schützen. Seit 1448 ist er Hausbesitzer am Obermarkt. In der Absicht einer Romfahrt macht er 1450 sein Testament. 1457 verkauft er sein Haus. Vielleicht ist Meister Paul identisch mit »Paul moler von Lemberg« (Löwenberg), der 1424 ein Wappen in der Ratsstube und 1428 mehrere Wappen malte (siehe oben). 1441 schuf er ein Kruzifix vor der Stadt. Möglicherweise ist dies die große Tafel des Gekreuzigten am Nikolaiturm. Der gleiche Meister erneuerte 1457 wiederum das Zifferblatt der Rathausuhr. Als sein Lehrling wird Caspar Eychler von Zittau 1447 genannt.

Auch das seltsam büstenartig ausgeschnittene Porträt des Kaisers Sigismund (Abb. 73) war – wenn auch erst nach dessen Tod 1437 – um die Mitte des 15. Jahrhunderts vom Rat in Auftrag gegeben worden, wie Johann Haß in seinen Annalen schreibt. Der in den Jahren 1468 bis 1488 zu belegende Maler Heinrich faßte 1468 für 48 Groschen einen Altar, 1488 bemalte er eine Fahnenstange und besserte ein Fenster aus. Für diese Arbeiten erhielt er 1 Schock 16 Groschen. 1469 wohnte er in der Nähe der Fleischbänke.

Kaiser Sigismund

Anschaulicher ist das Bild, das die Urkunden von Georg Burchard entwerfen, dessen Schaffen in Görlitz durch die Jahre 1473 bis 1502 zu verfolgen ist. 1473 malte er zwei Stuben aus – wahrscheinlich im Rathaus – und faßte eine Orgel, vielleicht die der Frauenkirche. 1478 bemalte »Jorge der Moler« das Wappen am Frauentor und 1485 zwei Kerzen für die Schuhmacher, wie er sie ehemals den Bäckern gefertigt habe. Im Jahre 1496 arbeitete er seit längerem an einem Schnitzaltar, der für den Ritter Wilhelm Supp von Landstein auf Friedland nach Liebenau bestimmt war. Diese Arbeit wurde für 23 Gulden verdingt, war also ein ansehnlicher Auftrag. 1492 wohnte er am Untermarkt, wo er ein Haus für 100 Gulden gekauft hatte. Ein Sohn ist als Goldschmied nachweisbar. Außerdem besaß er das Haus Weberstraße 4, das er 1499 verkaufte.

Unter den Hausbesitzern treten gegen Ende des 15. Jahrhunderts und zu Beginn des 16. zwei weitere Malerschnitzer auf: Wendel Smogerer, 1488 bis 1494, und Niklas von Stendal, 1502 bis 1504; beide wohnten auf der Langenstraße. Daß um 1500 Görlitzer Künstler auch nach auswärts berufen wurden, dürfte die kunstgeschichtliche Stellung der Stadt in dieser Zeit unterstreichen. Meister Lucas, 1505

bis 1515 nachweisbar, wurde in Bautzen von den Franziskanern mit Arbeiten an
Grabsteinen beauftragt. Kaspar Wittich, seit 1518 Bürger von Görlitz, arbeitete
für Sagan.

Nur in einem Falle läßt sich mit einiger Sicherheit ein signiertes Werk der Malerei mit einem urkundlich genannten Görlitzer Künstler in Verbindung bringen:
Das »F. H.« bezeichnete und mit der Jahreszahl 1524 datierte Gemälde der Kreuzigung Christi mit Maria, Johannes, Magdalena und einem Stifterpaar in der Barbarakapelle (Abb. 64), ein Epitaph, kann als Werk des Malers Franz Han gelten. Dieser war offensichtlich der Sohn des 1474 in Görlitz wohnenden Malers Hans Han.
Für Franz Han ist überliefert, daß er 1526 dem Prediger zu Marklissa ein Bild lie-
fern sollte und daß er 1528 mit der Anfertigung einer Kirchenfahne für Bischdorf
beauftragt war. Beide Arbeiten wurden von den Auftraggebern beim Rat gemahnt,
der den Maler wegen seiner Armut entschuldigt, die ihn gezwungen habe, indessen andere Aufträge anzunehmen. Das genannte Gemälde ist bemerkenswert, weil
es im Hintergrund Jerusalem als mittelalterliche deutsche Burg und in den nachträglich angestückelten Zwickeln das Heilige Grab in der Gestalt der Görlitzer
Kopie darstellt. Die Landschaftsschilderung mit hohen weißen und blauen Bergen

67 Flügelaltar
mit geschnitz-
ten Figuren,
um 1430–1450,
Maßwerk
später.

im Hintergrund verrät süddeutsche Schulung, offenbar auch Berührungen der »Donauschule«. Derselbe Einfluß läßt sich auf dem Tafelbild mit der Darstellung Adams (Abb. 72) von etwa 1520 im Kaisertrutz feststellen, das ursprünglich Teil eines Altarflügels war und merkwürdig dadurch ist, daß Adam hier im »härenen Gewand« mit Heiligenschein auftritt. Der Maler ist im Erzgebirge und in Nordböhmen nachweisbar. Möglicherweise entstand diese Tafel in der Oberlausitz, sie kann aber auch späterer Import sein. Eine weitere Tafel desselben Altares befindet sich im Kulturgeschichtlichen Museum Magdeburg.

Da die meisten Görlitzer Kunstwerke der Spätgotik 1691 beim Brand, namentlich in der Peterskirche, zugrunde gingen, ist das kunstgeschichtliche Urteil in erster Linie auf die Entwicklung der Steinskulptur in dieser Stadt angewiesen. Für die soziale Stellung des Künstlers in der Spätgotik sind hier zwei Fakten hervorzuheben. Entweder ist der Steinbildhauer zünftiger Handwerker mit Bürgerrecht und Hausbesitz, was einen gut gehenden Werkstattbetrieb mit Lehrjungen und Gesellen zur Voraussetzung hat. Weniger gut situierte Künstler arbeiteten bei vermögenden Meistern als Werkstattgenossen. Oder aber der Bildhauer ist als Steinmetz der besonders organisierten Bauhütte angeschlossen, die für eine gan-

68 Maria in der Hoffnung, Anfang 15. Jh.

69 Vespergruppe, um 1400.

ze Landschaft das zuständige baukünstlerische Zentrum ist und mit eigenem Gerichtswesen ein exemtes Institut darstellt. Maler, Schnitzer und Bildhauer gehörten auch in Görlitz zur Zunft der Maler.

Seit dem 14. Jahrhundert läßt sich mit dem Zunehmen profanen Steinbaus in den deutschen Städten die Herausbildung einer städtischen Bauorganisation zu Maurern und Steinmetzen feststellen, deren Vorsteher angesehene Bürger und deren technische Leiter Stadtwerkmeister sind, die das Steinbauwesen beherrschen und daher auch Steinbildhauer aufnehmen. Diese zünftigen Werkhöfe vertraten das kommunale Profanbauwesen und wachten eifersüchtig über die Verteilung der Aufträge. Ihr besonderes Mißtrauen galt den immer anmaßender werdenden Hütten und dem immer umfassender werdenden Hüttenhauptrecht, das

70 Görlitzer Stadtwappen am Dicken Turm, 1477.

71 Hauswappen des Königs Matthias Corvinus von Ungarn und Böhmen, 1488.

Kaiser und Landesherren bestätigten. Auch Görlitz besaß einen solchen städtischen Werkhof vor dem Frauentor. Dort lagen die Schuppen für Hausteine und Ziegel. Kompliziert wurde das Rechtsverhältnis, wenn ein Hüttenmeister zum Kirchenbau vom Rat engagiert wurde, besonders als Conrad Pflüger – damals obersächsischer Hüttenhauptmeister und landesherrlicher Werkmeister – den Rang eines Stadtwerkmeisters erhielt. Er vereinte also rechtlich und fachlich zwei unterschiedliche Zuständigkeitsbereiche in seinen Händen. Während auf diese Weise dem »Steinwerk« eine großzügige Entfaltung technischen Könnens möglich war, wurden 1470 die Befugnisse der Maler und Schnitzer eingeengt. Sie mußten mit den Tischlern einen Kontrakt schließen, der ihnen an Holzarbeit außer dem Schnitzen nur die Zurichtung von Tafeln für Gemälde gestattete. Allmählich aber führte die bessere ökonomische Lage der Zunftkünstler dazu, daß die Wanderkünstler der Hütten das Bürgerrecht erwarben und der Hüttenexemtion entsagten. So erst wurde die Steinbildhauerei zu einem städtischen Künstlerberuf.

Während der langen Bauzeit der Peterskirche bildete sich etwa seit 1470 eine städtische Steinmetzschule heraus, auf die der plastische Schmuck der Kirche zurückgeht. Erste sichere Anhaltspunkte lassen sich mit dem Jahre 1475 gewinnen.

Damals gab der Rat das Stadtwappen am Frauenturm (Abb. 70) als Bildhauerwerk in Auftrag, das 1477 vollendet war und von Jorge dem Maler farbig geschmückt wurde. Das Wappen ist in einem hochrechteckigen Feld unter einem Kielbogen angeordnet, das ganz von der feingliedrigen Helmtuchzier ausgefüllt ist. Man denkt unwillkürlich an Schongauers Ornamentstiche dieser Zeit. Dieselbe Feinheit der Meißelarbeit ist an den seitlich stehenden Figuren – links Maria mit dem Kinde, rechts die heilige Barbara – nicht zu spüren. Diese vollplastischen Figuren sind offenbar das Werk eines Meisters, der um 1475 noch auf den Traditionen des Weichen Stils aufbaute. Die schweren Schüsselfalten entsprechen der Stilstufe um 1440. Die Köpfe sind massig und schwer. Die derbrunde Formensprache bleibt fortan für eine Reihe nachfolgender Görlitzer Steinplastiken typisch. Zwei seit dem Ende des zweiten Weltkrieges verschollene Madonnenfiguren – eine aus der Peterskirche und eine barock überarbeitete von der Westempore der Frauenkirche – gehört dem Umkreis der gleichen Werkstatt um 1480 an. Die Feingliedrigkeit des Stadtwappens tritt noch auf einer weiteren Arbeit zutage: auf dem Grabstein des Melchior von Rechenberg in der Barbarakapelle, datiert 1482.

Stadtwappen am Frauenturm

Über die Person des Wappenmeisters geben Ratsrechnungen Aufschluß. 1476 nennen sie als Mitarbeiter beim Erneuerungsbau des Frauentores den »Maler« Briccius, tätig unter dem »Steinmetzen« Stephan (Aldenberg), der 1461–1486 als »Meister Stephan der Steinmetz« in Görlitz als Stadtwerkmeister nachweisbar ist. Die Berufsbezeichnung »Maler« erklärt sich aus der Zunftzugehörigkeit, denn Schnitzer und Bildhauer wurden zur Malerzunft gezählt. Briccius, mit seinem vollen Namen Briccius Gauske, stand nur bis 1480 in städtischer Besoldung. Er erhielt einen Wochenlohn von einem Gulden, wie nach ihm Hans Olmützer. 1477 arbeitete er unter Leitung des Görlitzer Werkmeisters Stephan Aldenberg, des Baumeisters des Frauentores, als »Lehrknecht«, um für Steinwerk zugelassen zu werden, das nur Steinmetze ausüben durften. Darüber besteht ein zwischen beiden abgeschlossener Vertrag. Die Besoldungshöhe macht deutlich, daß Briccius Gauske Stadtgewerke war. Auf ihn waren die Werkmeister am Bau der spätgotischen Hallenkirchen bei Ausführung von Bildhauerarbeiten in erster Linie angewiesen.

Zum Schulgut der gleichen Werkstatt gehört die Verkündigungsgruppe über dem Westportal der Frauenkirche. Die rundlich-derben Formen sind roher und ungekonnter bis zur Verzerrung. Die Gewänderfältelung ist knittriger und lascher als bei den Heiligen des Stadtwappens und den genannten Madonnen. In der teigig-weichen Modellierung wirkt immer noch das Erbe des Weichen Stils fort. Auch die Schlußsteine der Sakristei der Peterskirche verraten die Handschrift eines aus der Gauske-Werkstatt hervorgegangenen Gesellen. Die Struktur des Reliefs ist ausgesprochen flach, mehr auf graphische Wirkung als auf plastische bedacht. Wie an der Außenseite der Sakristei zu erkennen ist, wurden Geschoß- und Gewölbehöhen während des Baues mehrfach verändert. Dem Charakter des Maßwerkes zufolge entstand das Gewölbe um 1480/90. Dieser Zeit entspricht auch durchaus der Stil der Schlußsteine.

72 Adam, Teil eines Altarflügels, Obersächsischer Meister, um 1520.

Die Jahre zwischen 1488 und 1490 bedeuten für den Kunstbetrieb der Görlitzer Werkstätten einen bedeutsamen Wandel. 1488 war Meister Briccius nach Breslau gegangen. Hans Olmützer wurde sein Nachfolger. 1490 begannen Blasius Börer und Urban Laubanisch als Parliere Conrad Pflügers die Vorbereitungen zur Einwölbung der Peterskirche. In den Jahren 1490 bis 1497 ist Pflüger die höchste künstlerische Instanz und Autorität in Görlitz.

1488 ließ der Rat das Wappen des Matthias Corvinus (Abb. 71) in Stein hauen und am Rathaus anbringen. Stilistisch steht es mit den Ritterskulpturen im Mittelerker des Breslauer Rathauses in engem Zusammenhang, wo Briccius Gauske nachweislich tätig war. Es basiert auf der Stilstufe des reifen Nikolaus Gerhaerd. Sowohl der Ritter rechts wie auch die Frauengestalt links sind in ihrer Feingliedrigkeit und in ihrer tänzerischen Ponderation Zeitgenossen der Kupferstiche Schongauers und der Zeichnungen des Hausbuchmeisters. Sie sind also im Zusammenhang mit Südwestdeutschlands Kunstentwicklung zu sehen. Von gleicher Hand ist das Corvinuswappen der Ortenburg in Bautzen. Es wäre verlockend, Hans Olmützer diese Arbeit zuzuschreiben, der ja in Konstanz seine Lehrzeit ausstand und 1488 nach Görlitz kam, doch sprechen seine Werke eine zaghaftere Sprache der künstlerischen Form. Möglich ist, daß im Zuge des starken Zustromes von Schnitzern und Malern aus Franken nach Obersachsen zu jener Zeit auch Görlitz vorübergehend in den Schaffenskreis eines Meisters rückte, der möglicherweise im Kreis jener Künstler nach Osten abwanderte, die in der Zeit des Matthias Corvinus am Breslauer Rathaus arbeiteten.

Hans Olmützer ist der einzige Spätgotiker in Görlitz, von dem Urkunden Genaueres berichten und der sich nach seinen Arbeiten und Lebensdaten mit der deutschen Kunst um 1500 verbinden läßt. Von ihm wissen wir, daß er 1473 in Konstanz Geselle in der Maler- und Schnitzerwerkstatt Peter Zainers war. 1478 ist er Bürger von St. Gallen, von wo aus er verheiratet wahrscheinlich nach seiner Heimatstadt Olmütz zurückkehrte. In dieser Zeit muß die Steinplastik des Ölberges an der Olmützer Martinikirche entstanden sein, die für die Beurteilung der

73 Kaiser Sigismund, um 1470.

Werke dieses Meisters von vorrangiger Bedeutung ist. 1483 ist er Bürger in Breslau, wo er offenbar bei der plastischen Ausgestaltung des Rathauses beschäftigt war. 1488 läßt er sich mit Familie in Görlitz nieder, er verbleibt hier bis 1503. Bereits im Jahre seiner Ankunft erhielt er vom Rat den Auftrag zur Anfertigung eines Marienaltars für die Peterskirche und den Wochenlohn von einem Gulden. 1489 erklärt der Rat von Görlitz der Stadt Olmütz, daß Meister Hans unabkömmlich sei. Demnach hatte diese einen Antrag gestellt, um Meister Hans freizubekommen, woraus hervorgeht, daß er sich in seiner Heimatstadt eines guten Rufes erfreute.

Laut Eintragung in den Ratsannalen des Görlitzer Bürgermeisters Bernhard Melzer begann Olmützer am 6. Februar 1492 im Auftrage Georg Emmerichs mit der Arbeit an der Grablegungsgruppe für die Franziskanerkirche (Abb. 76). Den Stein hatte der Auftraggeher aus der Nähe von Prag besorgt. Die Inschrift am Sockel lautete: »Sit pius ille mihi, quem fles dulcissima virgo. Auctor Georgius Emmerich Anno dm. 1492.« Der auffallend große Leichnam Christi liegt der am Boden knienden Mutter Maria quer über dem Schoß. Die Gruppe ist gewissermaßen ein um drei Figuren bereichertes Vesperbild. Neben Maria sitzt nach links Nikodemus mit dem Salbgefäß. An diesem liest man die Künstlersignatur HvO, Hans von Olmütz. Johannes umfaßt mit dem rechten Arm die Schulter Mariens, mit der Linken das Handgelenk Christi. Rechts, halb gebückt, kniet Joseph von Arimathia, die Füße Christi haltend. Auffallend sind die Proportionsunterschiede zwischen Haupt- und Nebenfiguren, ein Zeichen eines gewissen Archaismus, der

74 Schmer-
zensmutter des
ehemaligen
Triumphkreuzes
der Dreifaltig-
keitskirche von
Hans Olmützer,
Ende 15. Jh.

sich auch im Detail wiederfindet. Für die Beurteilung der Gruppe wirkt erschwerend, daß
ihre Oberfläche 1607 überarbeitet worden ist.
Auch scheint die Ausführung, besonders die
der Nebenfiguren, erheblich hinter der ursprünglichen Konzeption zurückzubleiben.
Das schöne Marienantlitz mit seiner stillen
Trauer steht in auffallendem Kontrast zu den
flachen Gesichtern des Nikodemus und des Johannes. Allein im Gesicht des zwergenhaften
Joseph von Arimathia klingt die männliche
Kraft des Olmützer Ölberges fort, während das
Antlitz Christi auffallend geistlos und wie verhauen wirkt. Entweder hat der Meister die Arbeit nicht selbst vollendet, oder die Eingriffe
von 1607 waren – vielleicht auf Grund von Beschädigungen – doch recht erheblich. Nach der
Auslagerung während des zweiten Weltkrieges galt Hans Olmützers Grablegung als verschollen. Polnische Kunstwissenschaftler entdeckten sie in einem Ruinenkeller und sorgten für die Restaurierung und die im Januar
1962 erfolgte Rückführung. Seitdem steht diese Plastik wieder an ihrem alten Ort
in der Barbarakapelle der Dreifaltigkeitskirche.

Die Maria der Grablegungsgruppe besitzt in der seit 1945 verschollenen Schmerzensmutter (Abb. 74) des ehemaligen Triumphkreuzes derselben Kirche ihre nächste Parallele. Während der zugehörige Johannes nur noch aus einer Zeichnung Christoph Nathes vom Ende des 18. Jahrhunderts bekannt ist, hängt das Kruzifix noch
heute an der Südwand. Das Corpus weist erhebliche Ähnlichkeiten mit dem Leichnam Christi der Grablegungsgruppe auf, besonders in der Muskulatur und der Bildung der Hände und Füße. Mit diesem Fragment eines qualitativ bedeutenden Triumphkreuzes, das in den 90er Jahren des 15. Jahrhunderts entstanden sein dürfte,
tritt uns Hans Olmützer als Holzschnitzer entgegen. Eines bleibt Olmützers nachweisbaren Arbeiten gemeinsam: die auffallende Starre, die in statuarisch angeblockter Wucht im Olmützer Ölberg am schönsten ausgereift war. Als weiteres Steinwerk
dieses Meisters ist die sogenannte Salbungsgruppe (Abb. 78) vom Heiligen Grab zu
betrachten, von der Kunstgeschichtsforschung ihm abwechselnd zu- und abgesprochen. Aus der am Sockel wohlerhaltenen Inschrift: »O mater Dei, miserere mei, o
Jesu Christe, propicius mihi esto« – »O Mutter Gottes, erbarme dich meiner, o Jesus
Christus sei mir doch gnädig« – geht einwandfrei hervor, daß es sich um eine Marienklage, also um ein monumentales Vesperbild handelt. Auch Peter Breuer hat zu

Beginn des 16. Jahrhunderts für seine Zwickauer Beweinungsgruppe jenen Typus gewählt: Christus ist seiner Mutter zu Füßen auf dem Boden gebettet. Befremdend wirkt zunächst die Bezeichnung »Salbungsgruppe«, die durch eine barocke Salbendose irrig unterstrichen wird. Daß Maria ihren toten Sohn salbt, entspricht weder der biblischen Überlieferung noch einem ikonographischen Typ. Bereits die Jerusalemer Grabanlage identifizierte den Salbungsstein mit der Stelle, an der Maria ihren Sohn beweint. Im 18. Jahrhundert wurde das Salbengefäß hinzugefügt. Damals auch wurde das ganze Bild überarbeitet. Der von den Schultern herabsinkende Mantel Mariens ist durch eine tief eingeschnittene Kluft von ihrem Körper getrennt. Ihre Hände sind rohe Ergänzungen, das Gesicht barock geglättet. Dies alles läßt folgern, daß im 18. Jahrhundert ein neu interpretierender Eingriff stattgefunden hat. Die Überarbeitung bleibt für die Erkenntnis des Stils Olmützers und seiner künstlerischen Entwicklung bedauerlich. So ist auch nicht auszumachen, inwieweit der Faltenwurf des Marienmantels auf Hans Olmützers Hand zurückgeht. Der ausgestreckt liegende Leichnam ist zwar derber im Gliederbau als der der Beweinungsgruppe der Dreifaltigkeitskirche, doch verrät er dieselbe archaische Eigentümlichkeit im Gesichtszuschnitt. Die Behandlung der Oberfläche

75 Schlußstein vom Mittelschiff der Peterskirche, 1495–1497.

76 Grablegungsgruppe aus der Dreifaltigkeitskirche von Hans Olmützer, 1492.

77 Verkündigung des Erzengels Gabriel an Maria. Oberlausitz, um 1480.

mit den isoliert hervortretenden Adern ist vergleichbar mit der des Triumphkreuzes.

Am 10. Juni 1503 erbat Olmützer vom Rat zu Görlitz seine Entlassung. Sechs Tage danach verkaufte er sein Breslauer Haus. Das ist das Letzte, was sich mit Sicherheit von ihm sagen läßt. Ob er identisch ist mit jenem Meister Hans, der anläßlich einer Geschenksendung des Görlitzer Rates an den böhmischen Kanzler als Schnitzer auf der Prager Burg genannt wird, oder personengleich mit jenem Meister Hans von Holomuc, der am 17. Dezember 1525 um Aufnahme in die Malerzunft der Prager Altstadt bittet, nachdem er am 24. Novem-

78 Salbungsgruppe in der Salbungskapelle des Heiligen Grabes von Hans Olmützer, um 1500.

ber um das Bürgerrecht nachgesucht hat, und der 1530 das letztemal in Prag genannt wird, wissen wir nicht. Weitere Werke aus späterer Zeit lassen sich nach der Görlitzer Periode auch nicht für ihn sichern.

Olmützer war nach langem Streit von Görlitz geschieden. Seit 1495 ist die Auseinandersetzung urkundlich zu verfolgen. Ihr treibender Keil war kein anderer als Conrad Pflüger, der Hans Olmützer nachwies, daß er nicht die genügende Lehrzeit im »Steinwerk« gedient und daher kein Recht zur Ausübung der Steinbildhauerei habe. 1497 hatte sich der Rat in dieser Angelegenheit an den böhmischen Haupthüttenmeister Benedikt Ried nach Prag gewandt. Das Ergebnis ist nicht bekannt. Doch scheint es für Pflüger unbefriedigend ausgefallen zu sein, da sich der Rat 1499 an die Passauer Hütte wendet, der Meister Hans Frank vorstand, der für jenes Gebiet zuständig war, in dem Olmützer seine Ausbildung erfahren hatte. Gleichzeitig erbittet der Rat das Urteil des Hauptmeisters der Wiener Dombauhütte Michel Thummeister, der jedoch kein Gutachten ausstellte, weil ihm die genaue Lehrzeit Olmützers nicht nachgewiesen werden konnte. Dagegen hatte der Passauer Meister Hans Lyndtorfer den Görlitzer Bildhauer als »Meister des gepews« und des Steinmetzhandwerks anerkannt und dem Rat zu Görlitz erklärt, er werde Hans Olmützer jederzeit annehmen, ob auch als Steinbildhauer, wird nicht gesagt. Demnach war Olmützer aus einer Hütte hervorgegangen, hatte aber offenbar nicht die damals umstrittene Lehrzeit ausgestanden, sondern war vorher Bürger und Zunftkünstler geworden. Infolge des Streites verließen die Gesellen Jorge Radisch und Paul Doring ihren Görlitzer Meister, weil ihre Lehrzeit bei einem nicht ausgedienten Steinmetzen von den Hütten nicht anerkannt wurde. Als sich 1497 Jorge Radisch in Prag niederließ, erkannte die Magdeburger Haupthütte ihn 1502 wegen seines Görlitzer Lehrherrn nicht an. Indessen hatte Olmützer auch in Görlitz allerhand Ungemach zu dulden. Selbst der reiche Hans Frenzel blieb ihm zeitweilig 10 Gulden für den Annenaltar seiner Privatkapelle schuldig. So ist mit dem urkundlich am besten dokumentierten Görlitzer Künstler der Spätgotik ein kunstsoziologisches Problem verbunden, dessen Lösung namhafte Meister als Richter auf den Plan

79 Christus in der Rast in der Barbarakapelle der Dreifaltigkeitskirche, um 1500.

rief. Er wurde das Opfer eines Kampfes zwischen Zunft und Hütte, der bald die ganze Künstlerschaft Obersachsens berühren sollte.

Die Schöpfungen Olmützers und seiner Werkstatt haben in Görlitz einen gewissen Einfluß auf geringere Kräfte ausgeübt, einmal noch während seiner Schaffenszeit in Görlitz selbst und zum anderen nach seinem Weggang durch die hinterlassenen Gesellen. Die Schlußsteine der Peterskirche (Abb. 75) von 1495 bis 1497 verraten eine einheitliche und in sich abgeschlossene volkstümliche Hand. Der Schlußstein mit der Grablegung hat ganz deutliche Anklänge an die Grablegungsgruppe der Dreifaltigkeitskirche aufzuweisen; der mit dem Gebet am Ölberg erinnert an den Olmützer Ölberg. Ganz im Gegensatz zu dem, was sich von Olmützer selbst erhalten hat, liegt hier eine Einheit von Erfindung und Ausführung vor.

80 *Sippenrelief des Valentin Hirschmann, 1513.*

Es will scheinen, daß das im Kaisertrutz befindliche, 1513 datierte Relief vom Hause Obermarkt 4 (Abb. 80) aus der Hand eines Görlitzer Meisters hervorging. Dieses Relief mit einer Heiligen Sippe verbindet sich zumindest motivgeschichtlich durch die im Rahmen angebrachten Musikengelchen mit zwei weiteren, älteren Görlitzer Bildhauerarbeiten, mit dem Portal zum kleinen Rathaussaal und dem Westportal der Frauenkirche, beide ebenfalls durch derartige, musikgeschichtlich interessante Darstellungen in den Gewändern gekennzeichnet. Es handelt sich um einen Bildhauer, der seit etwa 1480 in Görlitz arbeitete. Unter Hans Olmützers Einfluß entstanden offenbar auch die drei stark beschädigten Sandsteinfiguren – Maria mit Kind, Johannes der Täufer und der heilige Georg – für Hans Frenzel im Jahre 1500 am Giebel Untermarkt 5 (Abb. 59), von denen die Fragmente der Maria und des Täufers erhalten sind. Sonst sind wir über ihr Aussehen durch Zeichnungen Christoph Nathes unterrichtet. Die Bruchstücke weisen die gleiche Aushöhlung der Rückseite auf, wie sie zur Erleichterung des Gewichtes an der Beweinungsgruppe der Dreifaltigkeitskirche auffällt. Sonst ist die Höhlung der Rückseiten nur an Holzskulpturen üblich, um das »Reißen« vollplastischer Figuren zu verhindern.

Zwischen 1510 und 1512 entstanden die Statuen der Annenkapelle (Abb. 83). An ihrer Fertigung beteiligten sich wohl alle damals in Görlitz tätigen Bildhauer. Nur die kollektive Arbeitsweise verschiedener Kräfte erklärt bei einheitlicher Konzeption des theologischen Programms die Uneinheitlichkeit der Qualität.

Es entspricht der hieratischen Rangfolge und dem Bedeutungsschwerpunkt beim Kirchenbau, wenn dem Hauptmeister die Figuren des Chorhauptes verdingt wurden, den Gesellen dagegen die anderen Figuren, so daß die am meisten westlich stehenden von dem am wenigsten befähigten Steinmetzen gearbeitet wurden. Sind all die seitlichen Statuen durchaus als Werkstattgut Olmützers denkbar, so sind die beiden Hauptfiguren der Ostseite – Maria mit Kind und Anna Selbdritt (Abb. 83) – hervorragende Arbeiten eines ganz anderen Meisters. Über ihn läßt sich leider keine urkundliche Aussage erbringen. Auch fehlen vergleichbare Werke in der Oberlausitz. Anna Selbdritt ist eine Hochleistung der spätgotischen Bildhauerei. Die Matrone steht auf einem Kapitell, dessen Blattkorb durch eine Engelsbüste ersetzt ist. Der Engel hält das Wappenschild des Stifters mit dem Monogramm H. F. und der Hausmarke. Die Konsole Vater Josephs ist als Bildnisbüste des Stadtbaumeisters Albrecht Stieglitzer ausgebildet. Dieser weist sein Amt durch einen Zirkel aus. Auch diese Büste besitzt keinen Zusammenhang mit dem Olmützerschen Formengut. Offenbar war nach 1503 als Olmützers Nachfolger ein Meister mit südwestdeutscher Schulung nach Görlitz gekommen.

81 Maskenkonsole am Untermarkt 22, vor 1516.

Über dem nördlichen Eingang fand die Verkündigungsgruppe der Jungfrau Maria und des Erzengels Gabriel ihren Platz. An dieser Arbeit verrät sich noch einmal die Tradition der älteren Görlitzer Schule der Spätgotik, das Zehren vom Schulgut des ausklingenden Weichen Stils. Von Ost nach West fanden an der Nordseite die Standbilder des Vaters Joseph mit geschulterter Zimmermannsaxt, Johannes des Täufers mit dem Agnus Dei, des Auferstandenen und des Laurentius mit seinem Märtyrerattribut, dem Rost, ihren Platz. Alle diese Figuren tragen Züge der Olmützer-Werkstatt: das flache, aber von innerem Erleben gespannte Antlitz, die mandelförmigen, hartgeschnittenen Augen, den steif abstehenden Bart, die schematische Arbeit des Bohrers in der Haarbehandlung. Die Qualität der Arbeiten sinkt nach der westlichen Laurentiusfigur immer mehr ab. Von besserer Qualität und Olmützers Art näher steht der heilige Joachim auf der Südseite. Er kommt stilistisch den drei Leichnam-Christi-Darstellungen Olmützers in Görlitz nahe.

Die Reliefschlußsteine der Annenkapelle tragen die Evangelistensymbole. Auffallend ist die Prägnanz der Zeichnung, besonders am Gefieder des Markuslöwen. Diesen 1512 entstandenen Schlußsteinen kann ein weiteres Werk angereiht werden, das Relief des Schweißtuches der Veronika, von der früheren Fassade des Hauses Obermarkt 3, jetzt im Kaisertrutz. Die schematischen Ringellocken des Haupt- und Barthaares, der straffe Gesichtsschnitt, die hart umrissenen mandelförmigen Augen deuten auf den Meister des Sippenreliefs von 1513 (Abb. 80).

*82 Details der
zwei Flügel des
Altares der
Goldenen
Maria.*

*83 Anna
Selbdritt von
der Annenka-
pelle, 1510–
1512.*

Der Annenfigur der Annenkapelle stehen die Sandsteinarbeiten
am Südportal der Nikolaikirche
von 1517 am nächsten. In den Gewänden zu seiten des Kreuzigungsreliefs stehen die Patrone Nikolaus
und Katharina, letztere Schutzhei-
lige der Tuchmacher. Der Überlieferung nach hat sich die Tuchmacherzunft als Stifterin beim Neubau
der Nikolaikirche Verdienste erworben. Die beiden Patrone scheinen von der Holzplastik beeinflußt,
ihre tief eingekerbten Gewandfal-
ten deuten darauf.
Das Kreuzigungs-
relief ist vollends
schon eine bild-
hafte Schöpfung,
die sich ganz von
der Funktion der Architekturplastik gelöst hat. Anstelle der einst
großen Zahl Görlitzer Schnitzwerke der Zeit um 1500 können
infolge des Brandschadens von 1691 nur deren zwei näher gewürdigt werden: Ein »Christus in der Rast« und die »Goldene
Maria«, beide in der Barbarakapelle der Dreifaltigkeitskirche.

Christus in der Rast (Abb. 79) – auch Christus im Elend genannt – ist in der üblichen Art dieser Schmerzensmanndarstel-
lungen gramerfüllt und nachdenklich auf einem Stein hockend
dargeboten. Die Anatomie des Körpers und noch mehr die Physiognomie verraten einen guten Künstler. Die mehrfach versuchte
Zuschreibung an Hans Olmützer muß auf Grund der erheblichen
stilistischen Unterschiede aufgegeben werden. Eher ist an den
Zusammenhang mit Obersachsens blühender Kunst dieser Zeit
zu denken, denn im Freiberger und Zwickauer Umkreis tritt das
Motiv um 1500 wiederholt auf. Der Meister des Görlitzer Christus in der Rast muß in den 70er, spätestens 80er Jahren des 15.
Jahrhunderts in Südwestdeutschland gewandert sein. Auffallend
ist die Ähnlichkeit des Antlitzes mit dem des Gekreuzigten des
Nördlinger Hochaltars, der 1470 bis 1475 entstand. Wahrscheinlich ist auch der Görlitzer Meister mit der Ulmer Kunst dieser
Zeit bekannt geworden. Ein zweiter Christus in der Rast, jedoch

von rein obersächsischer Abkunft und geringerer Qualität, ist im Kaisertrutz aufgestellt.

Als größtes und qualitätvollstes Görlitzer Schnitzwerk der Spätgotik darf die »Goldene Maria« gelten, ein Wandelaltar (Abb. 82, 84). Auf Grund eines voreiligen Urteils ist er mit jenem Marienschrein identifiziert worden, der nach den Ratsannalen Hans Olmützer 1488 verdingt wurde und zu dem angeblich die Tischler Peter und Paul den Schrein fertigten, wie heute noch die moderne Inschrift aussagt. Mit Peter und Paul waren nicht die Tischler, sondern war der Bestimmungsort gemeint. Sicher hat Olmützer damals den Hauptaltar der Peterskirche geschaffen, dessen Stiftungsgeschich-

84 Goldene Maria, Wandaltar in der Barbarakapelle, 1511 (?).

te sich genau verfolgen läßt und der nachweislich ein Marienaltar war. Der große Wandelaltar in der Barbarakapelle hat seine Staffel und seinen Auszug verloren. Die gegenwärtige Predella ist eine Neuschöpfung von 1902. Sind beide Flügelpaare geschlossen, so zeigen die Außenseiten vier Szenen der Passion Christi: Kreuzigung, Grablegung, Auferstehung und Deesis, den Christus des jüngsten Gerichts mit Maria und Johannes dem Täufer als Fürbitter (Abb. 82). Bei geöffneten Außenflügeln erscheinen auf deren Innenseiten und den Außenseiten der inneren Flügel das Passionsgeschehen: In der oberen Reihe das letzte Abendmahl, das Gebet am Ölberg, die Gefangennahme Christi, Christus vor Kaiphas. In der unteren Reihe: Geißelung, Dornenkrönung, Schaustellung und Kreuztragung Christi. Werden die Innenflügel geöffnet, so wandelt sich der Schrein von einem Passionsaltar in einen Marienaltar, der Weihnachtszyklus löst den Osterzyklus ab. Anstelle des gemalten Werkes tritt der geschnitzte Schrein, in dessen Mitte die

*85 Gotisches
Wandbild,
ehemals
Jüdengasse 1,
beim Bau des
Neuen
Rathauses
abgebrochen.*

»Goldene Maria« mit dem Jesuskind auf dem Halbmond als Himmelskönigin erscheint. Ein Engelsknabe hält ihr die Schleppe. Zwei weitere kleine Engel tragen schwebend die Krone herbei. In der Rechten hält Maria das Zepter. Die Flügelreliefs zeigen die typischen vier Hauptszenen der »Freuden Mariae«: Oben links die Verkündigung, rechts gegenüber die Begegnung von Maria und Elisabeth, links unten die Geburt Christi, rechts die Anbetung der Könige. Gegen die Zuschreibung an Olmützer sprechen schon die Stilmerkmale, die meist erst nach 1500 denkbar sind, besonders der unverkennbare Renaissancedekor des Rahmens. Wenngleich noch die Malerei der Passionsfolge mit ihren gedrängten Figurenhäufungen, der steilen Tiefenflucht der Raumdarstellung, der tänzerischen Spitzigkeit der Fußstellung mancher Standmotive und der Hagerkeit des Christustyps aus der Tradition des späten 15. Jahrhunderts zu verstehen ist, so sprechen doch gewisse modische Effekte, wie die gestreiften Landsknechtshosen, die geschlitzten Puffärmel und die feiste Breitgesichtigkeit der Pharisäer sowie die Charaktermerkmale der Jünger eindeutig für das frühe 16. Jahrhundert. In der Tat verraten sich die Malereien als Varianten einer Passionsfolge von Hans Leonhard Schäufelein, die er mit seiner Schrift »Speculum passionis domini nostri Jhesu Christe« im Jahre 1507 herausgegeben hat. Rechnen wir hinzu, daß gewisse Grundmotive des Reliefs die Bekanntschaft des Künstlers mit Dürers Marienleben voraussetzen und daß der 1512 datierte Altar von Guhrau, jetzt in der Kathedrale Poznań (Posen), den gleichen Passionszyklus wörtlich wiederholt, dann dürfte die Datierung des Görlitzer Altars um 1510 bis 1515 nicht länger zweifelhaft sein. Ihre nächsten Parallelen und oft sehr genauen Wiederholungen finden die Tafeln und Reliefs der »Goldenen Maria« an Kamenzer Altären aus der gleichen Zeit. Maler und Schnitzer waren nicht personengleich, wohl aber standen sie in einer Werkstattgemeinschaft, die sich auch an den Kamenzer Altären wiederfindet. Es möge genügen, diesen allgemeinen Feststellungen noch hinzuzufügen, daß selbst der Dekor des Rahmenwerkes auf dem Heilandsaltar, dem Sippenaltar und dem Hochaltar der Hauptkirche von Kamenz erscheint, so daß die Zusammenhänge mit Kamenz ganz sicher zu belegen sind. Wenngleich die Frage nach dem Meister nicht beantwortet werden kann, so erhält das Problem der Stiftung und Datierung eine Aufhellung durch eine bisher übersehene oder falsch gelesene Urkunde: 1511 stiftete der reiche Görlitzer Bürger Nikolaus Steinberg dem Konvent der Görlitzer Franziskaner 100 polnische Mark »ad novam tabulationem Chori«, also für das neue »Tafelwerk« im Chor. Als Tafel bezeichnete man damals sowohl Gemälde als auch ganze Schnitzaltäre. Nach einer alten Mitteilung stand im Teppichgrund des Mittelschreins das Monogramm »N. S. 11«, offenbar zu lesen »Nikolaus Steinberg 1511«. Im gleichen Jahre stiftete Steinberg der Franziskanerkirche auch ein Triumphkreuz, das vor der Kirche aufgestellt war. Angeblich war er auch der Stifter des von Olmützer geschaffenen Triumphkreuzes der ehemaligen Franziskanerkirche.

Die seit Jahrzehnten erforderliche Restaurierung der »Goldenen Maria« konnte nach 1990 nicht länger aufgeschoben werden. Erste Ergebnisse der in der Restaurierungswerkstatt des Landesamtes für Denkmalpflege in Dresden vollzogenen Arbeiten konnten 1998 auf der 1. Sächsischen Landesausstellung im Kloster Marienstern in Panschwitz-Kuckau bei Kamenz gezeigt werden.

Hiermit nehmen wir Abschied von der spätgotischen Epoche der Kunst- und Kulturgeschichte. Sie verdiente für Görlitz ausführlichere Behandlung, da es sich um jene stadtgeschichtlich wichtige Epoche handelt, in der der Kaufmann im Rat noch selbständig Stadtpolitik trieb. Daher auch die Vielzahl bürgerlicher Stiftungen, die zu einer glanzvollen Entfaltung der Kunst führten. Daß diese kraftvollen Triebe, die um 1500 erst zur freien Entfaltung gelangt waren, nicht zu einer selbständigen Görlitzer Eigenart führten, sondern daß stets Abhängigkeit von außen spürbar bleibt, ist das Resultat von wirtschaftlichen Selbstbehauptungskämpfen und der durch sie hervorgerufenen Wandlungen. Seit Ende des 15. Jahrhunderts wurde durch sächsische Konkurrenz mit dem landesherrlich privilegierten Waidstapel in Großenhain das Görlitzer Waidmonopol stark eingeengt. Görlitz mußte dies hinnehmen, um nicht die gemeinsamen Interessen Sachsens, der Oberlausitz und Schlesiens am Handelsverkehr auf der Hohen Straße zu gefährden.

86 *Die Häuser*
Untermarkt 1
und 2,
Zeichnung
1734.

GÖRLITZ IN DER RENAISSANCE

Nach dem großen Stadtbrand von 1525 verwandelte Görlitz in einem kaum noch einzuschätzenden Maße sein äußeres Gesicht: Die Renaissancebaukunst hielt ihren Einzug. Für das Bürgertum bedeutete diese neue, von Italien ausgehende Kunstrichtung den sichtbaren Ausdruck der auf der Basis des Frühkapitalismus voranschreitenden Befreiung von den veralteten Fesseln der Hierarchie und des Feudalismus. Dem Zwang einer katastrophalen Notlage gehorchend, mußte sich das Kunstschaffen in Görlitz in erster Linie auf die Fassaden der reichen Bürgerhäuser erstrecken, die der große Brand betroffen hatte. So ist die Renaissancearchitektur in Görlitz in erster Linie eine Fassadenkunst geworden, während der Hausorganismus selbst sich nicht in gleichem Maße wandelte.

Der neue Stil hatte in Görlitz keinerlei Vorbereitungszeit gehabt. Er wurde plötzlich aufgegriffen als künstlerischer Ausdruck der vom Kaufmann repräsentierten Bürgermacht in Deutschland. Eine Frühstufe der glanzvollen Entwicklungsreihe

gibt es auf Görlitzer Boden nicht. Vorbereitend wirkten nur die Prager Hradschin-
bauten und vielleicht einige Breslauer Bürgerhäuser.

In Görlitz trat Wendel Roskopf zuerst als Werkmeister 1516 beim Bau der Nikolaikirche auf, deren Erweiterung erst 1515 beschlossen worden war. Schon zwei
Jahre später, 1518, nennt er sich im Protokoll der berühmten Annaberger Hüttenta-
gung, auf der sich die sächsische Landesbauorganisation mit Hilfe der führenden
böhmischen und schlesischen Werkmeister gegen die Straßburger Hüttenhegemo-
nie durchsetzte, »Meister zu Görlitz und in der Schlesy«. In Annaberg vertrat er
also die schlesischen Steinmetzen, die sich vom Hüttenzwang losgesagt hatten. Im
Amt des Stadtwerkmeisters war er Nachfolger Albrecht Stieglitzers und stand auch
– darin Pflüger vergleichbar – auf Grund seiner Hüttenschulung im Dienste aus-
wärtiger Auftraggeber. 1519 hatte er die erheblich ältere Witwe Stieglitzers geheira-
tet, wohl um dessen Brauhof und Amt übernehmen zu können.

Seine hauptsächlichen Aufträge verschaffte er sich anscheinend von außerhalb,
sichtlich darauf bedacht, sich den Posten eines schlesischen Landbaumeisters
konkurrenzlos zu sichern. 1521 leitete er den Bau der Stadtkirche Bunzlau, 1522,
1524 und 1528 arbeitete er in mehreren Perioden für Herzog Friedrich II. von Liegnitz und Brieg auf der Gröditzburg, wo er im Rittersaal seine vollständige Na-
mensinschrift anbrachte.

Während dieser Arbeiten scheint Wendel Roskopf d. Ä. den Wandel von der
Spätgotik zur Frührenaissance vollzogen zu haben. Wie dies vor sich ging, wissen wir nicht. Jedenfalls ist das seit 1525
im Bau begriffene Rathaus von Bunzlau
bereits die Vorstufe zu den folgenden
Görlitzer Bürgerbauten. 1526 war der
Schönhof vollendet. Doch ist der Meister
schon 1527 erneut an den Hof Herzog
Friedrichs II. von Liegnitz berufen. 1528
baut er in Breslau, wo sich verschiedene
Spuren seines Wirkens in Portalen und
an Fassaden finden. Im gleichen Jahr
entstand das Haus Peterstraße 8. 1529
reist er nach Polen. 1530 ist er wieder in
Breslau, 1531 in Liegnitz und Nordböhmen. Wie oft er zwischendurch in Görlitz weilte, ist unbekannt. Durch seine
hier 1533 geschlossene zweite Ehe mit
Margarethe Köhler, einer Enkelin des
Georg Emmerich, nahm er fortan einen
gehobenen Platz unter den führenden
Görlitzer Geschlechtern ein. 1535 war er

*Wendel
Roskopf d. Ä.*

*87 Der
Schönhof, 1526.*

beim Schloßbau in Frankenstein tätig. 1536 fertigte er für Görlitz das Projekt einer steinernen Neißebrücke. Selbstverständlich vertraute der Rat seinem Werkmeister die Modernisierung des Rathauses an. 1534 baute er hier den Archivflügel des Rathauses und 1537/38 die berühmte Rathaustreppe, 1540 einen nicht erhaltenen Laufbrunnen. Das 1543 datierte Nordportal der Peterskirche schließt sich formal eng an sein Schaffen an. Der um 1480 geborene Meister starb am 25. Juni 1549 in Görlitz als einer der großen deutschen Architekten.

Der mit der Jahreszahl 1526 datierte Schönhof (Abb. 11, 87) ist eines der ältesten Werke der neuen Profanbaukunst in Deutschland, eine epochemachende Leistung nicht allein für die nachfolgenden Görlitzer Renaissancehäuser, sondern für die ganze deutsche Renaissance-Baukunst. Seine städtebauliche Funktion war schon an

anderer Stelle betrachtet worden. Fenstergruppierung, Fensterfriese und in der statischen Funktion betonte Sandsteinumrahmungen der Wandöffnungen mit feinster Reliefzier, Sockelzonen in der Sohlbanklage und kannelierte Pilaster kennzeichnen das tektonische Gerüst der Görlitzer Renaissancefassaden, wie sie am Schönhof erstmalig ausgeprägt wurden. Putzzonen wechseln in der horizontalen Schichtung mit den Sandsteinarchitekturen der Fensterfriese kraftvoll ab. Zwischen 1977 und 1989 gab es mancherlei Anläufe, um das berühmteste Görlitzer Renaissancehaus einer planmäßigen Sanierung zuzuführen. Es blieb bei gründlichen baugeschichtlichen Untersuchungen und Freilegungen von Wandmalereien und bemalten Balkendecken. Seit 1990 verbindet Bundesregierung, Freistaat Sachsen und Görlitz eine Stiftung mit dem Schönhof zur Einrichtung eines Schlesischen Museums.

Görlitzer Renaissancebauten, die nach 1525 errichtet wurden, besitzen einen außerordentlich einheitlichen Charakter. Die bedeutendsten von ihnen sind von Wendel Roskopf d. Ä. errichtet worden. Unter der Regie dieses bedeutenden Stadtbaumeisters fand eine einheitliche großzügige Planung statt, die als seine persönliche Leistung angesehen werden darf. Die künstlerischen Akzente des gegenwärtigen Altstadtbildes basieren auf dieser Planung.

Wendel Roskopf stammt – dem Vornamen nach zu schließen – aus Franken, doch ist der Name Roskopf im 15. Jahrhundert in Görlitz mehrfach nachweisbar. In Prag jedenfalls erhielt er seine künstlerische Ausbildung. Die Innenräume jener Bauten, die ihm einwandfrei zuzuschreiben sind – die Halle des Bunzlauer Rathauses, der Saal der Gröditzburg, die Halle des Hauses Peterstraße 8 in Görlitz –, zeigen in Verbindung mit der Fassadengliederung Eigenheiten, wie sie nur an einer Stelle vorher schon einmal kraftvoll in Erscheinung getreten waren: Am Wladislawsaal von 1484 bis 1502, an der Reitertreppe und am Gerichtssaal der Prager Burg, sämtlich errichtet durch den böhmischen Landbaumeister Benedikt Ried, der als Lehrmeister Wendel Roskopfs angesehen werden muß; denn auf dessen Empfehlungen kam er 1516 nach Görlitz. Anfang des 16. Jahrhunderts trafen auf dem Hradschin zu Prag auch italienische Bauhandwerker ein. Für das östliche Mitteleuropa waren Budapest und Krakau die bedeutenden Residenzstädte, die seit Ende des 15. Jahrhunderts die oberitalienische Renaissancebaukunst aufnahmen und nach Prag und Breslau ausstrahlten. Innerhalb dieser Kulturströmung prägte Wendel Roskopf den Charakter der schlesischen Frührenaissance, die in Görlitz ihren markanten nordwestlichen Exponenten fand. Jedenfalls ist er der früheste in die deutsche Baugeschichte eintretende Renaissancearchitekt, der nicht aus Frankreich oder der Lombardei zugewandert war. Diese Tatsache sichert ihm seine bleibende kunstgeschichtliche Bedeutung. In Böhmen arbeitete Wendel Roskopf vor seiner Görlitzer Zeit bereits selbständig.

1526 ist der Schönhof datiert, 1528 das Haus Peterstraße 8 (Abb. 94), beides unverkennbare Roskopfwerke. Während die Fassade des Schönhofs aus drei verschiedenen alten Hauseinheiten besteht – selbst die Geschoß-

91 Rathausbau Untermarkt 8, um 1530, Portal 1556.

lagen variieren – , ist das Haus Peterstraße 8 als einheitlicher Stadtpalast errichtet. Der Schönhof ist das prächtigere und an Schmuckformen reichere Bauwerk. Nicht vergessen werden darf, daß beide Gebäude ihre ursprünglichen Giebel eingebüßt haben. Einer davon, der des Schönhofes, wurde 1995 frei rekonstruiert. Zum Görlitzer Renaissancehaus gehört der krönende Giebel, der die Fassade in die Vertikale streckt. Daher ist der gegenwärtige Eindruck lagerhafter Ruhe nicht richtig. Ein Blick zum Hause Untermarkt 23 von 1536 und dem Nachbargebäude der Ratsapotheke korrigiert diesen Zustand (Abb. 23, 26). Nicht der lagerhafte Block, sondern die ragende Masse charakterisiert das Görlitzer Renaissancehaus, dessen Physiognomie um 1550 nicht zuletzt durch Giebel geprägt war. Auch innerhalb der Fassaden der Bürgerhäuser liegt die Horizontale eifrig im Kampf mit der sieghaften Vertikalen.

Wendel Roskopf d. Ä.

Wendel Roskopfs d. Ä. Fassaden zeichnen sich durch klassische Klarheit und maßvolle Reife aus. Archaische Züge sind ihnen fremd. Horizontale und Vertikale bilden stets ein Gerüst, das die Fassade in Felder aufteilt. In schöner Harmonie zum Ganzen stehen darin die Fenster. Am Schönhof ist die Vertikalität noch markant betont. Am Hause Peterstraße 8 tritt sie bereits zurück. Der Schönhof arbeitet mit aufwendigen Mitteln, wobei die ganze Fassade mit Hausteindekor überschüttet wird, in der Peterstraße tritt die geputzte Fläche vor. Zu den charakteristisch Görlitzer Detailformen gehören die Pilastereinfassungen der Fenster, die zwei Kannelüren der Pilaster und Triglyphen, die Schrägstellung der äußeren Portalgewände, die mit den inneren Pfosten einen stumpfen Winkel bilden. Als typische Görlitzer Renaissanceportale der Roskopfzeit seien die der Häuser Peterstraße 8 von 1528, Peterstraße 7 von 1544, Brüderstraße 11 mit dem Baumeistermonogramm WR und der Jahreszahl 1547 und das 1564 datierte Portal vom Hause Nikolaistraße 5 mit sehr feinen Zwickelreliefs genannt.

An die Schönhoffassade schließen sich formal vier Fassaden an, die in die Schaffenszeit des älteren Wendel Roskopf fallen: Die der Häuser Untermarkt 8, von etwa 1530 (zum Rathaus gehörig) jedoch ohne das Portal von 1556 (Abb. 91), Untermarkt 4 (Abb. 90) von 1538, das schon genannte Untermarkthaus 23 (Abb. 23), bereits von 1536, und Brüderstraße 11 von 1547. All diese Fassaden sind von einem harmonisch ausgewogenen Netz waagerechter und senkrechter Glieder, Gesimse und Pilaster überzogen. Die Fenster erhalten durch dieses Gerüst streng symmetrisch ihre Plätze zugewiesen: am Hause Untermarkt 4 in der gekoppelten Form, wie auch am Hause Peterstraße 8, am Hause Untermarkt 23 in stolzer Vereinzelung, doch in der Gesamtwirkung in frieshafter Vereinigung.

Archivflügel des Rathauses

Seine schönste und reifste Leistung vollbrachte Wendel Roskopf d. Ä. in Görlitz beim Bau des Archivflügels am Rathaus 1534 (Abb. 92) und sein Meisterwerk mit der Rathaustreppe, direkt dem Schönhof gegenüber (Abb. 21, 88 f.). Die Kanzel des Treppenaufgangs trägt die Jahreszahl 1537. Die Hoffassade des Archivflügels zeigt ein Band von vier Fenstern über zwei großen Arkadenbögen. Die Steinmetzarbeit

der Pilaster und Gesimse – charakteristisch ist hier wiederum die Görlitzer Anordnung – verrät eine ausgesuchte Steinmetztruppe. Bezeichnend für Roskopfs Fassaden ist das Aufgehen der Bögen und Stützen aus einem Kämpferstück, dergestalt,
daß die Archivolten vom Pilaster überschnitten werden. Das Motiv der Medaillons
im Pilaster und Bogenzwickel kehrt in Görlitz wie in anderen Städten an allen Ros-
kopfbauten wieder. Neu ist das lombardische Flechtband. Das Hauptgesims unter
dem Dach trägt eine Diamantzier, die teils aufgesetzt, teils eingetieft ist.

Die Endphase der Görlitzer Frührenaissance wird durch das Haus »Goldener
Anker«, Kränzelstraße 27 (Abb. 93), aus den vierziger Jahren des 16. Jahrhunderts gekennzeichnet. Die Fassade beweist, daß es aus zwei Hauseinheiten zu-
sammengefügt worden ist. Die Schmuckformen konzentrieren sich auf das Portal, das dem des Hauses Peterstraße 7 von 1544 äußerst nahesteht.

»Goldener
Anker«

Von den Innenarchitekturen der Frührenaissance hat sich leider nur wenig erhalten. Als charakteristischer Innenraum dieser Zeit darf der Saal des Schönhofes
mit seinen tiefen Fensternischen, die zwischen wuchtigen Halbsäulen liegen, gelten. Sonst ist sein Inneres bereits 1617 durch einen Umbau verändert worden,
von dem das zu jener Zeit erneuerte Portal die Jahreszahl bewahrt. Auch die Her-
kulessäule in der Eingangshalle neben dem Treppenaufgang ist damals erst entstanden. Die ab 1985 freigelegten Wand- und Deckenmalereien entstammen teilweise noch der Bauzeit von 1526, teils aber auch der Umbauperiode von 1617
und der Folgezeit. Der Mitte und der zweiten Hälfte des 16. Jahrhunderts gehören die in den Häusern Untermarkt 4 und 5 sowie Brüderstraße 11 freigelegten
bemalten Balkendecken an, von denen in den alten Bürgerhäusern der Altstadt
wie auch im Rathaus immer wieder neue aufgedeckt worden sind und der Restaurierung und ihrer zeitlichen Einordnung harren.

Von dem Roskopf-Charakter der Innenräume gibt die Halle des Hauses
Peterstraße 8 einen Eindruck. Hier blieb auch das Maßwerkfenster erhalten. Kräf-
tige Rippen verschlingen sich in den mehrfach schon genannten »gewundenen
Reihungen«, ähnlich denen der Rathaushalle zu Bunzlau. Decken- und Reste von
Wandmalereien, wie sie im Hause Untermarkt 4 und im Schönhof zutage traten,
geben nur ein unvollständiges Bild vom einstigen Dekorationsaufwand.

Ein Außenseiter in der Görlitzer Frührenaissancearchitektur ist das Haus Untermarkt 2 (Abb. 86). Seine Säulenstellung im zweiten Obergeschoß kehrt an kei-
nem der gleichzeitigen Häuser wieder. Es fand sich die Bauinschrift mit der Jahreszahl 1525, die auf den Wiederaufbau nach dem großen Brande hinweist. Der
vergoldete hölzerne Merkur in der Rundbogennische zwischen den beiden Fenstergruppen des Säulengeschosses trägt die Jahreszahl 1533. Die merkwürdigen
Kompositkapitelle mit würfelartigen Kämpfern, auch die Fenstereinfassungen gehören nicht zum Roskopfschen Baukanon. Die Stellung des Säulengeschosses zu
der übrigen unverzierten Fassade läßt darauf schließen, daß es lediglich der erhaltene untere Teil einer einstigen reichen gedoppelten Giebelzier ist.

92 Der Rathaushof mit Gerichtserker (l.) und Archivflügel (r.), 1534 und 1564.

Schon am Schönhof besitzen die Fensterpilaster Maskarons im eingetieften Relief, dazu treten Fischweibchen. Abgesehen von der Rathaustreppe fehlt es in der tektonischen Struktur der Görlitzer Frührenaissancefassaden an Flächen für figürliche Reliefzier. Ihre schönsten Zeugen hat die Steinmetzarbeit an den Portalbekrönungen hinterlassen. Hier verdient das reichverzierte, von einem Muschelaufsatz bekrönte Portal Peterstraße 8 (Abb. 94) genannt zu werden. Eierstab, Zahnschnitt und das mit kleinen Pfeifen in dichter Folge besetzte Gebälk gehören in den Formenschatz der Roskopfzeit. Nikolaistraße 5, das Rathausportal an der Verkündigungskanzel (1537/38) und das sich formal an das letztere anschließende, zehn Jahre jüngere Portal Brüderstraße 11 (1547) bilden eine qualitätvolle Gruppe erlesener Reliefkunst. Hierzu gehören auch die beiden eng

93 Goldener Anker, 1540–1550

verwandten Portale Peterstraße 7 von 1544 und Kränzelstraße 27 (Abb. 93) aus derselben Zeit, beide mit giebelartig ansteigendem Gebälk. Ein später Nachfahre dieser Frührenaissanceportale ist die Umrahmung des Haustores Langenstraße 1 (Abb. 95) von 1557. In der gemuschelten Bekrönung steht der böhmische Löwe mit einem wohl einst bemalten Wappenschild. Das Flechtbandmotiv setzt die Gebälke des Archivflügels voraus.

Inwieweit Roskopf entwerfend bei der Ornamentzier mitgewirkt hat, ist schwer zu sagen. Nach dem Brauch jener Zeit ist dem Bildhauer hohe eigenschöpferische Tätigkeit bei Bauausführungen zuzusichern. In Breslau kam

Roskopf mit dem Bildhauer Andreas Walther zusammen. In ihm haben wir wohl auch den Urheber der figürlichen Reliefzier der Rathaustreppe und -kanzel zu erblicken (Abb. 88 f.). Putten von eigentümlich negrid-derbem Charakter spielen in den schrägen Querfüllungen der Treppenbrüstung Rutschbahn, Fischweibchen füllen die Felder der Kanzelbrüstung, eine Eva streckt sich der verbotenen Frucht entgegen. Seit 1951/52 sind die Originale durch Kopien des Dresdner Bildhauers Werner Hempel ersetzt, um die dem fortschreitenden Verfall ausgesetzten Meisterwerke der Renaissance museal zu bergen.

Ein Rudiment der Frührenaissance mit überraschend reifen Schmuckformen ist der seit 1878 in die Fassade zurückgenommene Erker des Hauses Untermarkt 12. Hier fand sich in der Höhe des vierten Geschosses (!) die Jahreszahl 1526. Auffallend sind die plastische Schwere der drei korinthischen Säulen, die pausbäckigen geflügelten Engelsköpfchen und die plastischen Querfüllungen mit antithetisch angeordneten Delphinen. Man möchte diese Schmuckformen mit denen des Rathausportals und der Kanzel in Verbindung setzen. Der Baluster der Justitiastatue und diese selbst sind nachweislich erst 1591 aufgestellt worden. Seit 1951/52 sind Säule und Figur gleichfalls durch Kopien Werner Hempels ersetzt. Der Baluster besitzt einen äußerst feinteiligen Reliefschmuck mit gehängeartigem Dekor (Abb. 88 f.). Das Original kehrte mit Hans Olmützers Grablegungsgruppe

94 Portal Peterstraße 8, 1528.

95 Portal Langenstraße 1, 1557.

(Abb. 76) 1962 aus der Kriegsauslagerung zurück und fand in der Eingangshalle des Barockhauses Neißstraße 30 Aufstellung. Justitia steht sieghaft mit Schwert und Waage auf dem reichausgebildeten Kapitell – ohne die ihr sonst zukommende Augenbinde: Wahrzeichen der hohen städtischen Gerichtsbarkeit (Abb. 21).

Eine Reihe keramischer Formensteine mit reicher kräftiger Reliefornamentik fand sich im Abbruchmaterial eines barocken Brandgiebels vom Hause Peterstraße 11, in den diese Zier-

*96 Das
Biblische Haus
Neißstraße 29,
1570.*

formen des einstigen Renaissancehauses nach der Feuersbrunst von 1717 wieder eingebaut worden waren. Aus der Korrespondenz des Rates ist bekannt, daß Meister Brosius aus Prag, der bald nach dem Stadtbrand von 1525 nach Görlitz kam, diese Fertigteile für Fassaden, Fenster- und Türgewände schuf.

1549 war Wendel Roskopf, der Meister der Görlitzer Frührenaissance, gestorben, zwei Jahre nach dem verhängnisvollen Pönfall. Um die Mitte des 16. Jahrhunderts machten sich zwei neue Strömungen der Renaissancebaukunst in Görlitz bemerkbar: eine von außen hinzutretende akademisch-klassische und eine epigonenhafte derbe, die sich zwar noch derselben Schmuckmotive bedient, jedoch eine erhebliche Vergröberung herbeiführt. Es fehlt ihr der gleiche bewegliche Geist, die feine Innerviertheit der frischen Erfindung. Wir erblicken in dieser Richtung – freilich ohne urkundliche Beweise – die Art des jüngeren Wendel Roskopf, der seinem Vater im Amt des Görlitzer Stadtbaumeisters folgte. Zwischen beiden Epochen der Görlitzer Renaissance, zwischen Archiv- und Gerichtsflügel, steht schroff und unerbittlich die jähe Kluft des Pönfalls: 1547 nahm König Ferdinand I. nach

97 *Treppenhalle im Biblischen Haus.*

Karls V. Sieg über die protestantische Fürstenpartei den Sechsstädten der Oberlausitz ihre sämtlichen Privilegien fort, legte ihnen hohe Strafgelder und Steuern auf, entriß besonders Görlitz den großen städtischen Landbesitz und verlangte die Abgabe aller Waffen. Es handelte sich um einen Angriff der Zentralgewalt, die das Haus Habsburg zu errichten versuchte, um die Schaffung eines auf die katholische Kirche gestützten Weltstaates einzuleiten. Anlaß zu diesem Eingriff, der die alte Görlitzer Stadtmacht zu Boden warf, war die Selbstauflösung der Truppen des Sechsstädtebundes im Schmalkaldischen Krieg gewesen. Diese

98 *Erdgeschoßhalle, Haus Untermarkt 3.*

Situation muß zum Verständnis des weiteren Verlaufes der Görlitzer Renaissance-kunst vorausgesetzt werden.

Es wäre jedoch falsch, wollte man den Pönfall einer völligen Verarmung der Stadt gleichstellen. Der Rat hatte es verstanden, dem geldgierigen Hause Habsburg bis 1564 den konfiszierten Landbesitz als wirtschaftliche Rohstoffquelle für die Textilgewerbe und einige wesentliche Rechte wieder abzukaufen, wobei sich die großen, der Konfiszierung entzogenen Privatvermögen als stille Reserven erwiesen hatten. Nun freilich waren Anleihen bei Augsburger und Nürnberger Kaufleuten gemacht worden, die mehr und mehr wirtschaftlichen Einfluß auf Görlitz erlangten. Der Görlitzer Kaufmann wurde zusehends der Agent und Unterhändler der süddeutschen Handelsunternehmungen. Gleichzeitig hatte die Indigofärberei die Waidfärberei abgelöst, war das Görlitzer Waidmonopol, eine wichtige Quelle des Reichtums der führenden Geschlechter, bedeutungslos geworden.

Alte Ratsrechnungen berichten, daß Wendel Roskopf d. J. in den Jahren 1565/66 auf dem Untermarkt einen Tugendbrunnen mit einem wappentragenden »Riesen« – wohl einem Roland – schuf, der im 17. Jahrhundert wieder abgebrochen wurde. Jene epigonenhafte Richtung läßt sich am besten am Süd-

99 Hölzerne Portalarchitektur im Kleinen Ratssitzungssaal, Hans Marquirt, 1564–1566.

flügel des Rathaushofes mit dem kraftvollen Gerichtserker (Abb. 92) fassen, laut Inschrift 1564 errichtet. Die Architekturformen sind hier viel schwerer, klobiger als am anstoßenden älteren Archivflügel. Der Vergleich zwischen beiden Bauteilen drängt sich besonders auf. Zwei mächtige ionisierende Achteckpfeiler stemmen die schweren Formen des Erkers empor. Wie plump sind die Schmuckformen seiner unteren Gebälkzone und erst recht der Brüstung! Die flachen Kapitele des dreifach gekoppelten Hauptfensters sind unorganisch in die Profilierung der Laibung geplättet. Hier handelt es sich nicht nur um geringeres Können oder um die Frage der Stilwandlung zwischen zwei Generationen, sondern vielmehr um den Absturz aus sommerlicher Blütezeit in herbstliches Welken.

Zu welchen baulichen Leistungen das Görlitzer Großbürgertum durchaus noch fähig war, belegen die seit Mitte des 16. Jahrhunderts errichteten Renaissancebauten, mit denen die Bauherren ihre Gelder der Zwangsanleihe des Rates entzogen. Feiner und eleganter als am Gerichtsflügel des Rathauses macht sich die Epigonenrichtung am Eckhaus Untermarkt 24, Ecke Peterstraße, von 1550–1552 bemerkbar (Abb. 26). Anstelle der älteren Pilastergliederung ist die Halbsäulenordnung getreten, die in der Vertikalen die beiden Obergeschosse in Gemeinschaft mit schwächlichen Gesimsen in große Felder aufgliedert. Kraftvoller kommen dagegen die gekoppelten Fenster der Fassadengestalt zugute, besonders aber der Eckerker, der die künstlerischen Absichten des Schönhofes wiederholt, ohne allerdings dessen harmonische Gediegenheit zu erreichen. Bauherr war der reiche und einflußreiche Sebastian Schütze, ein Anhänger des Liegnitzer Reformators Caspar Schwenkfeld von Osseg. Von dem 1999 / 2000 freigelegten und restaurierten prachtvollen Portal waren bislang nur die Schauseiten der äußeren Pfosten und das Gesims über einem mit Girlanden verzierten Fries zu sehen (vgl. Abb. 102). Das gegenüberliegende Haus Peterstraße 17 entspricht gleichfalls der Richtung des jüngeren Roskopf und stammt aus der Zeit um 1560. Alle drei Obergeschosse werden von ionisierenden Halbsäulen kräftig taktiert, Fußbodenlagen und Sohlbankzonen durch starke, um die Vertikalen gekröpfte Gesimse voneinander abgehoben.

100 Hof des Hauses Peterstraße 4.

101 Überdachung des Hofes Peterstraße 4.

Ehemals dürfte auch diese Fassade einen Giebel besessen haben. Später wurde sie von einem barocken Dachhäuschen abgeschlossen.

Portale   In die Gruppe dieser Fassaden gehören auch die beiden nicht in ursprünglicher Form erhaltenen Häuser Peterstraße 10 von 1578 und Nikolaistraße 10 von 1583. Die Feingliedrigkeit der älteren Portale ist einer derben Plastizität gewichen. Besonders markant sind die in der schrägen Archivolte angebrachten großformigen Reliefblüten. Die Portallaibungen sind in beiden Fällen gekehlt. In der Bekrönung dieser nischenartigen Gewände schweben weibliche allegorische Gestalten in der reichen Frauentracht der Hochrenaissance. In der linken derartigen Figur des Portals Peterstraße 10 und in der rechten von Nikolaistraße 10 ist jeweils die Justitia zu erkennen. Das Portal in der Peterstraße besitzt als Zwickelfüllungen auch die beiden vollplastisch vortretenden bärtigen Männerköpfe, die an Bauten der Renaissance in Sachsen und Thüringen des öfteren vorkommen und offenbar von gleichzeitig in Görlitz wirkenden sächsischen Bildhauern hierher übertragen wurden. Das Haus Nikolaistraße 10 besitzt außer einem gekoppelten Fensterpaar mit reicher Renaissancelaibung einen zierlichen Erker mit der gleichen kräftigen Bildung des Eierstabes wie der Rathauserker. Das Schönhofportal mit der Jahreszahl 1617 und den beiden kräftigen Frauenköpfen über den Gewändenischen schließt sich dieser Gruppe als spätestes schwer nachweisbares Glied der Entwicklung an. Nach dem erhaltenen Bestande fällt die Richtung, die dem jüngeren Roskopf zugewiesen werden muß, in die Zeit zwischen 1550 und 1585. Ihr parallel lief die schon erwähnte akademisch-klassische Strömung, die seit Mitte des 16. Jahrhunderts, von Dresden angeregt, für die besonders reichen Gebäude von Görlitz als geziemend angesehen wurde. Typisch für sie ist die Verwendung korinthischer Kapitelle, die Portalarchitektur mit vollrunden Stützen, antikischem Gesims und feiner flä-

Rathaus chiger Füllornamentik. Der Rathauseingang Untermarkt 8, 1556 datiert, ist das charakteristischste Beispiel (Abb. 91). Das Haus war 1548 vom Rat verkauft worden. Das Portal gehörte also einem Privatgebäude an. Die leicht schräg zurücktretende äußere Laibung unmittelbar hinter den mehr vorliegenden als tragenden Säulen ist noch ein Erbstück der älteren Roskopfperiode. Desgleichen sind die drei Konsolen, die das Gebälk tragen, dem Rathauseingang an der Prunktreppe nachgebildet. Dennoch spürt man deutlich in allen Formen den Geist eines neuen akademischen Antikeverständnisses. Die Proportionslehre Vitruvs, die Kenntnis der antiken Baukunst traten damals mit dem Humanismus in Görlitz in Erscheinung. Am Rathausportal Untermarkt 8 geschieht es denn auch, daß geflügelte Genien in der plastischen Zwickeldekoration erscheinen. Deutscher Phantasie entspricht dagegen der nach links gewendete Wächterkopf, der mutwillig das antikisierende Gebälk durchbricht und die Schwere der Mitte betont, die von der Schlußsteinkonsole besonders unterfangen werden mußte.

In bemerkenswerter Weise hat sich diese akademische Richtung der Renaissance der Innenarchitektur des Rathauses mitgeteilt. Der kleine Ratssitzungssaal ist zum Glück vollkommen in seiner ursprünglichen Innenausstattung von 1564 bis 1566 erhalten. Hans Marquirt war der Kunstschreiner, der die reichen Wandvertäfelungen samt dem prachtvollen hölzernen Portal in toskanischer Ordnung vollbrachte (Abb. 99). Während die Täfelung der Wände oberhalb einer sockelartigen Bank aus hohen Feldern besteht, die von kannelierten Pilastern eingerahmt werden, besteht das Portal aus massiven Holzsäulen, je drei zu beiden Seiten. Die Gebälkanordnung mit Metopen und Triglyphen, der feine Zahnschnitt und die edlen Proportionen der Umrahmung samt dem tempelartig antikisierenden Aufsatz in ähnlicher Anordnung für zwei Kartuschen mit dem Künstlermonogramm F.M. und der Jahreszahl 1566 finden in sächsischen Epitaphen in der Mitte des 16. Jahrhunderts die nächsten Parallelen. Flankiert wird das Portal von zwei korinthischen Säulen, deren rechte die auf einer Kugel balancierende Justitia trägt, die linke – ebenfalls auf einer Kugel – die Glücksgöttin Fortuna oder die Personifizierung der günstigen Gelegenheit Occasio. Die rundbogige Tür innerhalb des architektonischen Rahmenwerkes ist in Intarsia ausgeführt. Das Ruinenmotiv darauf, das sich in beiden Türfeldern wiederholt, verrät seine Abkunft von Dürerschen Perspektivstudien. Die Deckenvertäfelung von 1564 stammt von Peter Riese.

Noch ein weiterer Renaissanceraum, 1568 von Hans Marquirt ausgeführt, hat sich im Rathaus erhalten: Das ehemalige Prätorium, heute Arbeitsraum des Ratsarchivs. Hier befindet sich eine großartige, reich mit Intarsien versehene Decke mit sternenförmigen Kassetten.

Das »Biblische Haus« Neißstraße 29 (Abb. 96) von 1570 für den aus Weimar zugezogenen Waidhändler Hans Heinze ist die reifste und prachtvollste Leistung jener akademischen Richtung und überdies die einzige vollständig skulpierte Fassade, die sie uns hinterlassen hat. Der sie einst krönende Giebel wurde 1726 Opfer des Stadtbrandes. Sie ist mit ihrem kleinteiligen Reliefschmuck besonders von einer schlesischen Renaissancerichtung der Mitte des 16. Jahrhunderts abhängig, die das Piastenschloß zu Brieg in der gleichen Weise schmückt. Als Bildhauer ist 1568 bis nach 1590 Hans Kramer d. J. in Görlitz nachweisbar, während 1569 Michael Kramer in Brieg und Christoph Kramer 1561 bis 1580 in Pirna tätig waren. Alle drei nahen Verwandten gingen aus der Dresdener Werkstatt der Bildhauerfamilie Walther hervor. Der Görlitzer Tradition entspricht die Anordnung kleiner Pilaster zwischen den Fenstern. Selbst die Säulen des antikisierenden Portals sind völlig mit zartem Reliefornament bedeckt, das in der ursprünglichen Ausführung stark farbig behandelt war. Farbreste lassen sich noch in den Rillen und Aushöhlungen der Oberfläche wahrnehmen. Seinen Hauptschmuck erhielt das Haus durch die figürlichen Reliefs in den Brüstungszonen der beiden Obergeschosse: Szenen aus dem Alten und Neuen Testament. Jeweils eine Szene des Neuen Testaments der oberen Zone entspricht dem darunterliegenden Feld mit einer Darstellung des Alten Te-

Biblisches
Haus

102 Detail des Portales der Ratsapotheke.

staments. In der oberen Folge reihen sich nach rechts aneinander: Verkündigung des Engels an Maria, Geburt Christi, die Jordantaufe, das letzte Abendmahl und die Kreuzigung Christi. Diesen Reliefs entsprechen in der unteren Zone von links nach rechts: Die Erschaffung der Eva, der Sündenfall, Abrahams Opfer, Moses empfängt die Gebote und die Errichtung der ehernen Schlange.

Über den hohen künstlerischen und kulturellen Wert des historischen Hauses war man sich seit Beginn des 20. Jahrhunderts allgemein bewußt und unterließ Verunstaltungen durch Reklame. 1907 wurde die durch Ladenausbau geschändete Fassade wieder hergestellt, das Innere erst 1952 einer Sanierung unterzogen, während in den folgenden Jahrzehnten die skulpierte Fassade durch »sauren Regen« immer mehr geschädigt wurde. Für Vernachlässigungen im Inneren sorgte die Gleichgültigkeit der Mieter. Langumstritten war die Methode der Fassadenrestaurierung, die seit 1991 diskutiert wurde. Endlich nahm die Wüstenrot-Stiftung das für Görlitz höchst repräsentative Haus in ihr Denkmalpflegeprogramm auf. Seit 1999 laufen die Arbeiten, die sich über den gesamten Bau erstrecken.

Auch das Innere des Biblischen Hauses hat sich in seiner ursprünglichen Anordnung erhalten. Im Erdgeschoß liegt die Eingangshalle über die ganze Hausbreite ausgedehnt. Eine schmale, aber sehr hohe eindrucksvolle Treppenhalle (Abb. 97) erweist sich als späte Nachfolge der Görlitzer Zentralhallen. Unter der veränderten wirtschaftlichen Situation der Stadt nach dem Pönfall hat sich der einstige Hauptraum des Görlitzer Bürgerhauses reicher Kaufleute auf die Zweckform des Treppenhauses zurückgezogen. Aber noch ist die Raumanordnung in der herkömmlichen Weise, das halbgeschoßweise Versetzen der vorderen gegen die hinteren Etagen zu beobachten. Bemerkenswert ist eine im Kaisertrutz erhaltene Brüstung dieses Hauses. In Art der Akanthus-Querfüllungen ausgeführt, ist das Sandsteinwerk gitterartig durchbrochen und von zwei Kriegern im Zeitkostüm flankiert. Vielleicht stammt vom gleichen Bildhauer aus demselben Jahre 1570 auch die große, einst den Unterzug des prunkvollen Hauptwohngemaches tragende Säule im Hause Brüderstraße 10. Auf ihr sind die Bildnisköpfe des Martin Moller von Mollerstein und seiner Gattin plastisch angebracht. Engelsbüsten und Frauenköpfe bereichern beschlagwerkartig den Säulenschaft.

Vorkragende Gänge auf wuchtigen Konsolen, wie sie die Halle des Hauses Neißstraße 29 kennzeichnen, erscheinen auch in dem allerdings barock umgebauten und seit 1997 durch ein Glasdach geschützten Hof des Hauses Peterstraße 4 (Abb. 100 f.), wo 1570 bis 1614 Bartholomäus Scultetus (1540–1614), der bedeutendste Görlitzer Humanist, wohnte. Scultetus ist der Schöpfer der ersten Landkarte der Oberlausitz aus dem Jahre 1593, der Konstrukteur der Rathausuhr von 1584, der Verfasser wichtiger astronomischer und mathematischer Bücher. Er war Mathematiklehrer am 1565 gegründeten Görlitzer Gymnasium, Inhaber hoher Ratsämter und mehrfach Görlitzer Bürgermeister und außerdem als Astronom we-

sentlich an der Gregorianischen Kalenderreform beteiligt. Seit 1958 erinnert eine Gedenktafel im Hause Peterstraße 4 an diesen bedeutenden Sohn der Stadt Görlitz, der in der Neißevorstadt 1540 als Kind unvermögender Ackerbürger geboren war und 1614 als Bürgermeister und bedeutender Wissenschaftler starb. In seinem Wohnhaus Peterstraße 4 tagte auch die akademische Musikvereinigung »Collegium convivium«, die für die Geistesschaffenden um Scultetus eine Art humanistischen Klub darstellte, in dem sich eine freireligiöse Meinung bildete, die bald als sogenannter »Kryptocalvinismus« den härtesten Verfolgungen durch die orthodoxe Rich-

103 Südliche Eingangshalle der Peterskirche, 1557.

Bartholomäus Scultetus

104 Fassade der Waage, Jonas Roskopf, 1600.

tung der lutherischen Kirche ausgesetzt war. Im Hause Peterstraße 4 dürfte auch der berühmte Astronom Johannes Kepler geweilt haben, als er 1607 Bartholomäus Scultetus in Görlitz besuchte.

Aus dem letzten Drittel des 16. Jahrhunderts hat sich das Portal Jüdenstraße 1 erhalten. Es stammt ursprünglich vom Brauhof Fischmarkt 15, der 1895 abgebrochen wurde. 1902 wurde es an die gegenwärtige Stelle verbracht und stark überarbeitet. Die Rosenblüten, die gleichzeitig als derbplastische Formen an den Portalen Peterstraße 10 und Nikolaistraße 10 vorkommen, sind hier hauchzart in die Fläche gebettet, mehr Jugendstil als alte Substanz. Die Bogenzwickel werden von fein verästelten Lorbeerzweigen ausgefüllt. Der Schlußstein trägt in einem Oval den Kopf des dornengekrönten Christus. Innerhalb der Görlitzer Renaissance besitzt dieses Portal keine Parallele.

Jonas Roskopf   Um die Wende des 16. zum 17. Jahrhundert tritt der Name Roskopf in der Görlitzer Baukunst ein drittes Mal in Erscheinung: Jonas Roskopf, ein Nachkomme der Stadtbaumeisterfamilie, stand damals im Amt seiner bedeutenden Vorfahren. Von ihm stammt die Waage am Untermarkt (Abb. 104), im Jahre 1600 über dem spätgotischen Untergeschoß errichtet. Eine architektonische Besonderheit in der Görlitzer Renaissance ist der über glatten und überlängten Dreiviertelsäulen und Konsolen vorkragende dreigeschossige Oberbau mit friesartiger Fensteranordnung. Die Säulen besitzen ionische Kapitelle, die Konsolen sind mit plastischen Köpfen verziert (Abb. 24 f.). Unter den Konsolbüsten sind drei Bildnisse dargestellt: Jonas Roskopf, mit Zirkel als Baumeister ausgewiesen, der Maurermeister Elias Ebermann mit einer Kelle und der Waagemeister Andreas Alert mit einem Gewicht, ein jeder durch sein Monogramm gekennzeichnet. Die hochstelzige ionische Säule tritt bereits an der südlichen Eingangshalle der Peterskirche von 1557 auf (Abb. 103). Jonas Roskopf leitete auch die Renovierung der Peterskirche und besonders der Unterkirche St. Georg, wo sich sein Monogramm und Steinmetzzeichen an einem Pfeiler mit der Jahreszahl 1597 erhalten hat. Offensichtlich stand er der akademischen Renaissancerichtung fern.

Ziergiebel   Neben der bisher aufgezeigten Entwicklung der Görlitzer Renaissance bestand noch eine ganz andere Richtung, die aus den slawischen Ländern, insbesondere aus Polen und Böhmen, einströmte. Ihre Kennzeichen sind die reichgegliederten Ziergiebel mit oft phantastischen Konturen über schlichten Hauswänden, Mangel an konsequenter Axialität und Konzentration der Schmuckformen auf den Giebel, der oft ohne Rücksicht auf die hinter ihm liegende Dachgestalt reine Zierform ist. Als Baumaterial diente in der Regel Backstein. Die in Görlitz einst häufig auftretenden Merkmale jener östlichen Renaissance sind der rundliche Staffelgiebel und die Schwalbenschwanzzinnen. Die zahlreichen Beziehungen Görlitzer Kaufmannsfamilien nach Posen, Danzig, Thorn und Krakau dürften die Übernahme jener Bauformen gefördert haben. Der gegenwärtige Baubestand hat davon allerdings nur noch spärliche Reste aufzuweisen; etwa die beiden Ziergiebel

des Wächterhäuschens hinter der Peterskirche von 1539 (Abb. 28) geben eine Vorstellung von der Eigenart dieser Bauweise. Die rundlich getreppten Giebel des
Waidhauses (Abb. 4) sind 1936 nach Vorbild der Darstellung auf dem Holzschnitt
von Metzker und Scharffenbergk ersetzt worden. Dieser zeigt mehrere solcher
Giebel, die 1565 das Stadtbild kennzeichneten. So etwa an der Neißbrücke, der
1536 umgebauten Ochsenbastei und am Aufbau des Neißturmes von 1539. Mit
Ausnahme einiger kleiner Häuser am Steinweg und in der Bogstraße ist der Haupt-
bestand der Bauten jener slawischen Renaissance den Bränden des 17. und 18.
Jahrhunderts zum Opfer gefallen oder den Abbrüchen des 19. Jahrhunderts gewichen. Auf einigen Blättern des Zeichners Johann Gottfried Schultz vom Ende
des 18. Jahrhunderts blieben uns bemerkenswerte Beispiele jener Stilrichtung
überliefert. Besonders charakteristisch ist der östliche Fassadenteil des einstigen
Brauhofes Obermarkt 3 von etwa 1530 (Abb. 18): Über dem dreigeschossigen Unterbau mit ganz unregelmäßiger Fensterverteilung erhebt sich ein Backsteingiebel, der von drei Schwalbenschwanzzinnen und zwei Halbkreisen bekrönt war.
Prächtiger noch nahm sich der gleichfalls nur in einer Zeichnung von Schultz
erhaltene Doppelgiebel des ehemaligen Hauses Obermarkt 8 (Abb. 105) von etwa
1540 aus. In die durch Lisenen und Simse vorgegebenen Rechteckfelder waren
Blendarkaden eingestellt. Die gestaffelte Giebelzier bestand aus Halb- und aus-
wärtsgekehrten Viertelkreisen. Wie aus Zeichnungen der Mitte des 19. Jahrhunderts zu entnehmen ist, besaß auch die Brüderstraße in ihrer südlichen Häuser-
zeile derartige Giebel, wovon einer – wenngleich stark verändert – am Hause
Brüderstraße 17 erhalten ist.

Nach 1600 trat ein weiterer Wandel in der Görlitzer Renaissancebaukunst ein:
Sie verlor ihre spezifisch Görlitzer Note und schloß sich der allgemeinen deutschen Renaissance des 17. Jahrhunderts an. Maßgeblich an dieser Entwicklung
war die Beteiligung süddeutscher Kaufleute am Görlitzer Fernhandel. Das Pel-
lerhaus zu Nürnberg kann als Prototyp der Entwicklung gelten. Kennzeichen dieser Spätrenaissancebauten war der von Obelisken und Kleinarchitekturen in den
Konturen bereicherte hohe Giebel. Leider sind sämtliche bedeutenden Bauten dieser Richtung in Görlitz verschwunden. Der schönste von ihnen war das Emmerichsche Haus Untermarkt 1 (Abb. 86). Ein hoher Doppelgiebel verlieh der jetzt
so toten Ecke zur Weberstraße großartige kraftvolle Betonung. Asymmetrisch war
vor der Fassade auf zwei zierlichen Säulchen ein zweigeschossiger Erker angeordnet. Die einfassenden rustizierten Ortsteine sind innerhalb der bisher darge-
legten Görlitzer Renaissanceentwicklung ebenso neuartig wie die außerordentlich belebende rhythmische Wiederholung von Voluten und Obelisken an den
Giebeln, ein für die gesamte deutsche Renaissance seit dem ausgehenden 16. Jahrhundert kennzeichnendes Motiv. Ein weiterer Hauptbau war die ehemalige Post
am Obermarkt 6, Ecke Steinstraße (Abb. 106), nach Ausweis der Urkunden erst
gegen 1680 erbaut, was für eine ungewöhnlich konservative Haltung der Görlit-

Das Emme-
richsche Haus

zer Baumeister sprechen würde. Die Sepiazeichnung von Christoph Nathe, die dieses Postgebäude darstellt, zeigt das Nachbarhaus als gleichartigen Spätrenaissancebau mit drei Straßengiebeln über zwei älteren, nachträglich zusammengelegten Hausorganismen mit zwei gotischen Portalen, offenbar Resultat eines Umbaus der Mitte des 17. Jahrhunderts.

Gerade als Görlitz aufhörte, in der Architektur und bildenden Kunst schöpferisch an der deutschen Kultur teilzunehmen, schrieb in dieser Stadt 1612 der Bauernsohn aus Seidenberg, der Schuhmachermeister Jacob Böhme (1575–1624) seine »Aurora oder die Morgenröte im Aufgang«. Dies war der Anfang der neueren deutschen Philosophie und zugleich der Beginn eines Kampfes zwischen dem mystischen Theosophen und dem orthodoxen lutherischen Kirchenregiment. In Görlitz war – wie überall in der Oberlausitz – die Reformation nicht durch den Landesherrn eingeführt worden, sondern ein Resultat der sozialen Kämpfe vom Beginn des 16. Jahrhunderts. So bildeten sich hier verschiedene sich tolerierende Bekenntnisformen heraus, die das Evangelium nach ihrer Auffassung auslegten wie die sich auf den schlesischen Reformator Caspar Schwenckfeld (1489–1561) Berufenden, die Philipp Melanchthons (1497–1560) reformatorischen Einigungsbestrebungen Folgenden, die als Philippisten oder Kryptokalvinisten verrufen wurden, oder sich auf Calvin (1509–1564) beziehenden Reformierten. Da die Oberlausitz keinen den Glauben bestimmenden Landesherren kannte, galt auch hier nicht der Augsburger Religionsfrieden von 1555 zwischen Lutheranern und Ka-

105 Die Häuser Nummer 7–10 am Obermarkt. Sepiazeichnung von J. G. Schultz, 1796.

tholiken. Jacob Böhme verwarf die Glaubensspaltungen und bezog sich nur in seinen Schriften auf den ewigen Christus, der dem Menschen in der göttlichen Schöpfung eingegeben sei. Seine philosophische Grundfrage, wie in der von einem Gott geschaffenen Welt Gutes und Böses zugleich bestehen könne, löste er dialektisch durch das wechselseitige Erhellen der Gegensätze als eine in der Schöpfung begründete Tatsache. Natur als Produkt der Schöpfung war für ihn ein ewiges Gebären und andauerndes Sterben, der Mensch ein Mikrokosmos aus dem Makrokosmos des Weltganzen. Unter diesen Voraussetzungen fand Jacob Böhme eine Anhängerschaft innerhalb und außerhalb der Stadt, auf die sowohl die weltliche als auch die geistliche Obrigkeit mit Mißtrauen schaute. Trotz des Verbotes des Rates und der Kirchenleitung, weitere Schriften zu publizieren, veröffentlichten Böhmes Freunde 1623 in Görlitz andere seiner Werke, deren Niederschrift durch sie veranlaßt worden war. Frühe Drucke erfolgten ab 1631 besonders im bürgerlichen Holland. Dort erfolgte auch 1682 erstmals der Druck sämtlicher Schriften Jacob Böhmes. Von England aus verbreiteten sich Böhmes theosophische Werke auch in den amerikanischen Kolonialstaaten, so daß sie noch innerhalb des 17. Jahrhunderts weltweite Resonanz erfuhren. Jacob Böhme starb 1624 nach einem an Entbehrung und Verfolgung reichen Leben in Görlitz. Doch sein Grab wurde von Fanatikern geschändet. Der große Grabstein wurde 1868 von der Oberlausitzischen Gesellschaft der Wissenschaften aufgestellt. Eine umfangreiche Sammlung seiner Werke in Editionen aus vielen Ländern und aus vier Jahrhunderten besitzt die Oberlausitzische Bibliothek der Wissenschaften im Haus Neißstraße 30, wo auch eine museale Ausstellung sein Leben und Wirken doku-

106 Renaissancehäuser des 17. Jh. zwischen Steinstraße und Klosterplatz am Obermarkt. Sepiazeichnung von Chr. Nathe, 1800.

mentiert. Sein Denkmal von Johannes Pfuhl am Stadtpark aus dem Jahre 1898 und seine Grabstätte auf dem Nikolaifriedhof mit der modernen Grabplatte von 1922 (Abb. 107) sind die späten Erinnerungsstätten, die Görlitz für den bedeutendsten seiner Bürger aufzuweisen hat. Durch Jacob Böhme wurde die Stadt Görlitz weltbekannt und zu einem geographischen Fixpunkt der Philosophiegeschichte. Das hat sie aber erst im 20. Jahrhundert begriffen.

Der Dreißigjährige Krieg bezeichnet einen großen Einschnitt, der die Bautätigkeit großen Umfangs zum Erliegen brachte. Görlitz hat in den dreißig Kriegsjahren entsetzlich leiden müssen, da es zur Etappe Wallensteins gehörte und 1623 an Kursachsen mit der Ober- und Niederlausitz verpfändet wurde, die 1635 unter Beibehaltung ihrer alten Ständeverfassung als Reichslehen in die Hände der Wettiner kamen. Görlitz war dafür der erst von den Habsburgern zu Schweden, dann wieder zu Habsburg überwechselnden sächsischen Politik mit ihren kriegerischen Folgen ausgesetzt, die sich mit der Beschießung und Erstürmung durch Wallenstein und Illo 1633 und der schwedischen Verteidi-

107 Grab Jacob Böhmes auf dem alten Nikolai-friedhof.

gung gegen die Sachsen und Kaiserlichen 1641 besonders verhängnisvoll auswirkte. Bei Ende des Krieges 1648 war Görlitz eine bedeutungslose, verarmte und verelendete Stadt. Ihren abermaligen wirtschaftlichen Aufstieg hat sie durch ihren reichen Landbesitz erreicht, wo nun anstelle der an Bedeutung zurückgegangenen Tuchmacherei der Stadt die Leinenweberei als Hausindustrie betrieben wird, die den Görlitzer Kaufleuten im 18. Jahrhundert wieder Ansehen und Wohlstand zuführt.

Der Übergang in die neue Landesherrschaft hat am Brunnen auf dem Obermarkt (Abb. 108) eine höchst geistreiche Interpretation gefunden. Der Baluster inmitten des Granitbeckens trägt die Sandsteinfigur eines phantastischen Kriegers aus der in den Frühbarock übergehenden Spätrenaissance. Den Wimpel seiner Lanze ziert das Görlitzer Stadtwappen. Mit der Linken stützt er einen Schild mit kursächsischem Wappen, während der böhmische Löwe im Hintergrund die Zunge bleckt. Sicher ist dieses Werk nicht ohne beabsichtigte Ironie geschaffen worden. Er deutet die tatsächlichen, widersprüchlichen Verhältnisse beim Übergang der Lausitz von der böhmischen in die sächsische Landeshoheit recht drastisch und volkstümlich aus. Der Brunnen wurde 1590 vor der nördlichen Häuserfront am Ostende des Obermarktes aufgestellt. Von seiner künstlerischen Aus-

gestaltung berichten Urkunden der Jahre 1668 und 1673/
74. 1668 wurden die Wappen
der vier derzeitigen Bürgermeister angebracht; sie sind
längst verschollen. 1673 bis
1674 arbeiteten der Görlitzer
Maler Johann Geysius, der
uns aus Urkunden und erhaltenen Werken bekannt ist, der
Bildhauer Johann Anton und
der Steinmetz Hans Pfüster an
diesem Brunnen. Ob Anton
der Schöpfer der stilistisch
sehr interessanten Brunnenfi-
gur ist, läßt sich nicht nachweisen. Wir kennen ihn von
keiner anderen Arbeit her. Der
Brunnen wurde nach dem
1853 erfolgten Abbruch der
Fleischbänke nach dem Klosterplatz in Nähe des Schwibbogens versetzt. 1938 erhielt er
an der Südseite des Ober-
marktes am Chor der Dreifaltigkeitskirche seinen dritten
Standort. 1957/58 mußte die
Kriegerfigur, die durch Ver-

witterung und Beschädigungen Entstellungen erfahren hatte, durch den Dresdner
Bildhauer Werner Hempel kopiert werden. Das Original kam in die Obhut der
Städtischen Sammlungen und wurde 1959 in der Einfahrtshalle des Barockhauses Neißstraße 30 aufgestellt. Schon Ende der siebziger Jahre wurde die Verset-
zung des Brunnens an seinen alten Platz in der Hauptachse des Obermarktes
diskutiert. Erst 1999 erfolgten Maßnahmen für die Brunnenversetzung im Jahr
2000. Nur ist der Chemieregen ab 1959 der Kopie Hempels in 40 Jahren weitaus
schlechter bekommen als zuvor die normale Witterung in fast 400 Jahren. Baluster und Sandsteinfigur mußten deshalb einer gründlichen Restaurierung unterzogen werden.

*108 Brunnen
auf dem
Obermarkt,
1590 und
1668–1674.*

BAROCKBAUKUNST

Wenn in der Spätgotik und noch deutlicher in der Frührenaissance von einer Görlitzer Baukunst gesprochen werden konnte, so ist dies im Zeitalter des Barock, im 18. Jahrhundert nicht mehr möglich. Noch ein weiteres Moment kommt zur Beurteilung der baulichen Leistungen in Görlitz während des Barock hinzu: Die Kunstwerke und Kulturzeugen, die es hier zu überschauen gilt, drängen sich in ihrer Entstehung auf die kurze Zeitspanne von etwa drei Jahrzehnten, von 1700 bis 1730 zusammen. Ferner muß bedacht werden, daß Görlitz in dieser Zeit nicht die größte, wirtschaftlich führende Stadt der Oberlausitz war. Es stand hinter Zittau und Bautzen zurück. Nichts veranschaulicht dies deutlicher als ein rein quantitativer Vergleich: In Zittau und Bautzen eine stattliche Zahl barocker Häuser mit drei Obergeschossen und reicher Stuck- und Hausteinzier. In Görlitz dagegen nur ein bis zwei Obergeschosse und viel zurückhaltendere Fassaden. Bei diesem Kräfteverhältnis leuchtet es ein, daß nach den katastrophalen Stadtbränden von 1691, 1717 und 1726 der barocke Wiederaufbau in der Wahl der Mittel bescheiden bleiben mußte. Erneute wirtschaftliche Bedeutung erhielt Görlitz, seit die Oberlausitz als Durchgangsgebiet des sächsisch-polnischen Handels fungierte. Aus dem Durchgangszoll bestritt die Stadt einen wesentlichen Teil ihrer ständigen Einnahmen. Dazu kam die allgemeine Oberlausitzer Konjunktur der Leinen- und Damastweberei, die sich freilich mehr auf den Zittauer Ratsdörfern entwickelte. Doch traten auch hier die Görlitzer Kaufleute als Konkurrenten der Zittauer auf. Die Dorfweberei wurde im Verlagssystem betrieben, wobei der Weber mehr und mehr Schuldner des Kaufmanns wurde, der die Preise bestimmte und mit den Rohprodukten spekulierte. Die Zünfte sanken in ihrer Bedeutung dagegen immer weiter herab. Zwischen dem Nordischen Krieg (1700–1721) und dem Ausbruch der drei Expansionskriege, die Friedrich II. um den Besitz Schlesiens gegen Österreich und Sachsen (1740–1742, 1744/45 und 1756–1763) führte, liegt die zweite Blütezeit von Görlitz, in die allerdings 1733 der harte Eingriff des sächsischen Kurfürsten fällt, der damals durch ein rigoroses Revisionsverfahren die verworrenen Görlitzer Finanzverhältnisse ordnete und den Rat der Stadt Görlitz seinem Beamtenapparat teilweise eingliederte und die noch weitgehenden städtischen Selbständigkeiten erheblich reduzierte.

Eine frühbarocke Kunst ist in Görlitz kaum ausgeprägt. Als Fragment der sich anbahnenden neuen Barockbaukunst läßt sich der Erker des Hauses Peterstraße 3 benennen, der nach der Inschrift zu einem Neubau des Jahres 1685 gehört. Das genutete Portal mit den beiden ionischen Flankenpilastern stammt aus derselben Bauzeit. Über ihm erhebt sich der Erker auf einem großen gemuschelten Kissen. Charakteristisch für diese Periode der Baukunst sind

110 Haus Neißstraße 20, Ende 17. Jh.

die Knorpelwerkkartuschen an den Erkerbrüstungen. Ähnlich scheint das Portal des ehemaligen Postgebäudes am Obermarkt, Ecke Steinstraße, ausgesehen zu haben, das als letztes Beispiel der Renaissancebaukunst in Görlitz genannt wurde (Abb. 106).

Gänzlich außerhalb der nachfolgenden, relativ einheitlichen Entwicklung steht die bei einer Renovation 1953 freigelegte bemalte Fassade Neißstraße 20 (Abb. 110). Dieses Haus ist städtebaugeschichtlich für Görlitz deshalb bemerkenswert, weil von ihm aus am 13. April 1726 der zweite große Brand des 18. Jahrhunderts seinen Anfang nahm, der die südöstlichen Viertel der Altstadt einäscherte. Jene Fassade stammt ihrem Stilgepräge zufolge aus dem ausgehenden 17. Jahrhundert. Der Farbendekor besteht ganz und gar aus gelb und rot aufgemaltem spiraligem Akanthuslaubwerk, das sich in streng symmetrischer Anordnung um die Fenster beider Obergeschosse rankt. Es handelt sich um die einzige bemalte Fassade eines Stadthauses in der Oberlausitz. Dies gab den Ausschlag bei der Freilegung von 1953, der die jüngere Fassade, die nach 1726 angetragen wurde, geopfert werden mußte. Die Fassadenmalerei wurde im Jahre 2000 nach Rekonstruktion des Hauses erneuert.

111 Wohnhaus des Bartholomäus Scultetus, Peterstraße 4, Barockumbau um 1720. Zustand vor 1945.

Die abwechslungsreiche Folge hochbarocker Architektur in Görlitz beginnt mit dem Neuen Kaufhaus – auch einst »Börse«, später Amtshaus genannt – am Untermarkt (Abb. 112). Für die Görlitzer Kaufleute erbaut in den Jahren 1706 bis 1714. Seine palastartige Lagerung, die die Nordseite der Zeile völlig einnimmt, erlaubte eine großzügige Komposition. Ein relativ schmaler Mittelrisalit tritt nur wenig vor die großflächige Front. Die glatt verputzte Fassade erhält durch die Fensterreihen dreier Geschosse mit schlichten Rahmungen ihren ernsthaft-nüchternen Charakter. Gediegene Fensterkörbe des Erdgeschosses und das Oberlichtgitter des Portals verraten einen vorzüglichen Kunstschmied. Der ganze plastische Schmuck drängt sich auf dem voluminösen Mittelportal zusammen (Abb. 126). Seine Halbsäulen sind samt ihren Rücklagen derb rustiziert und noch im Sinne des Frühbarock des 17. Jahrhunderts empfunden. Der gesprengte Giebel mit seiner repräsentativen Kartusche und den beiden weiblichen liegenden Allegorien spricht dagegen bereits die pathetische Sprache des Hochbarocks. Dieser Portalaufsatz wurde erst 1714 durch Caspar Gottlob von Rodewitz geschaffen, also mindestens acht Jahre später, als der Entwurf zu diesem Gebäude entstanden ist. Diese Zeitdifferenz macht sich in einem erheblichen Stilunterschied bemerkbar: Anstelle der gelagerten tektonischen Strenge ist die Bewegung plastischer Massen getreten.

Inwieweit das Portal Peterstraße 4 (Abb. 111), das durch seine wuchtigen Formen mit dem von Neißstraße 30 (Abb. 109) verbunden ist, auf einen nach 1691 urkundlich belegten Neubau zurückgeht, kann nicht klar entschieden werden. Die Monogramm-Kartusche des Portalgiebels und die Zier der Fenstergruppe darüber verbindet die 1880 umgestaltete und 1958 erneuerte Barockfassade eng mit Görlitzer Baugepflogenheiten von etwa 1720. Daß es sich bei diesen schlichten Fassaden um eine handwerklich solide, wenngleich provinzielle Barockbaukunst lokalen Gepräges handelt, beweist eindeutig der im Original erhaltene Fassadenaufriß des »Armen-, Zucht- und Waisenhauses« vom Jahre 1725 (Abb. 113), das ehemals bei der Annenkapelle dem 1900 erbauten Schulhaus vorrausging. Charakteristisch sind Putzquaderung im Erdgeschoß und die genuteten Lisenen mit betontem Mittelrisalit und dessen Giebel und Fensterbekrönungen.

Nach dem verheerenden Brand vom 31. Juli 1717, der die nördlichen Viertel vom Reichenbacher Turm bis zur Peterstraße und die Nikolaivorstadt befiel und 403 Häuser vernichtete, begann die erste große Folge hochbarocker Neubauten. Für die sogleich einsetzende umfangreiche Bauperiode ist kennzeichnend, daß wesentlich ältere Hausteile wieder verwendet wurden: Am Untermarkt, dessen Nordseite betroffen war, wurden die Renaissancefassaden schmucklos erneuert. In allen Fällen richteten sich die Neubauten nach den alten Grundstücksbreiten und -tiefen. Alte Keller und Erdgeschosse wurden in vielen Fällen beibehalten. Daher auch blieben nennenswerte Grundzüge der älteren Geschoßeinteilung bestehen. Nur die wohlhabendsten Hausbesitzer konnten sich weitgehende Neuplanungen leisten. Grundsätzlich neu eingeführt wurde das Mansarddach.

*barocker
Neubau nach
1717*

Schon 1716, ein Jahr vor dem großen Brande, wurde der Bauinschrift zu folge, der vordere Teil und die Fassade des Hauses Untermarkt 3 (Abb. 19) – damals im Besitz des Bürgermeisters Ehrenfried Scheffer – neu errichtet. Früher stand hier ein Renaissancebau von 1535. Die vierachsige Fassade ist schlicht gehalten. Das Dachhäuschen in der Breite des stets nur zwei- bis dreiachsigen Mittelrisalits wird fortan typisch für die Görlitzer Barockfassaden. Es ist interessant und lehrreich, die Bauten in ihrer Entstehung zu betrachten. Bauinschriften geben dabei meist die Jahreszahlen an. Für die Neubauperiode nach 1717 mag die Anwesenheit des großen Dresdner Baumeisters Daniel Pöppelmann am 1. November 1717 in Görlitz von erheblicher Bedeutung gewesen sein. Die bis etwa 1720 errichteten Häuser zeigen unverkennbare Einflüsse der von Baumeister Pöppelmann tiefgehend geprägten Dresdner Barockarchitektur.

Für den Wiederaufbau abgebrannter Städte war damals in Sachsen der Baumeister bei der Generalakzise maßgebend. Dies war zu jener Zeit der Architekt Johann Christoph Naumann, von dem sich nicht ausgeführte Pläne in den Städtischen Sammlungen Görlitz erhalten haben. Die Regierung war daran interessiert, die wirtschaftlich wichtigen Städte nach den Verwüstungen des Dreißigjährigen und den Nöten des Nordischen Krieges schnell aufzubauen und richtete Darlehen ein, die aus der Generalakzise, der landesherrlichen Verbrauchssteuer für eingeführte Waren, gegeben wurden. So muß Johann Christoph Naumann ein beträchtlicher Anteil als entwerfendem Architekten beim Neuaufbau der Görlitzer Brandviertel nach 1717 zugesprochen werden.

Handwerk 22   Die Jahreszahl 1717 erscheint am Hause Handwerk 22 (Abb. 116). Die Grundform dieser schmuckformenreichen Fassade ist wiederum die gleiche, die das Haus Untermarkt 3 kennzeichnete: Zwei Obergeschosse, vier Achsen Frontbreite, ein zweiachsiger Dachausbau. Aber welch plastischer Reichtum hingegen hier! Das Erdgeschoß und die Vertikalglieder der beiden Obergeschosse sind genutet. Pilaster kommen erst gegen 1720 auf. Die wuchtigen vorkragenden Giebelbekrönungen des ersten Geschosses mit schweren Kartuschen finden in Görlitz nicht wieder ihresgleichen. Das Portal nimmt im Erdgeschoß die beiden Mittelachsen ein. Die nach unten sich verschmälernden Einfassungspfeiler sind als Hermenschäfte über Eck gestellt: eine Verdeutlichung sich öffnender Bauglieder. Im Innern des Hauses sind vorzügliche Stuckdecken mit figürlichem Dekor und Bandwerkornamentik erhalten, wie sie nach dem Brande von 1717 in Görlitz Aufnahme fanden. Sie lösten die älteren mit Akanthuslaub bemalten Holzdecken ab, die bei Hausabbrüchen in der Rathaus- und Peterstraße (Nr. 11) noch zum Vorschein kamen, jetzt eingebaut in die Erdgeschoßhalle Brüderstraße 16. Weitere schöne farbige Barockdecken wurden im Waagegebäude Untermarkt 14 freigelegt. Die auch an den Fassaden sichtbare Arbeit der Stukkateure schuf im Stil der Regence ein Dekorationssystem aus Muscheln, Bandwerk und Blütengehängen, das bis zum Ende der hochbarocken Bauleistungen um 1730

112 Neues Kaufhaus am Untermarkt, 1706–1714.

in Görlitz ständig wiederkehrt. Ausgesprochene Rokokoformen fehlen dagegen gänzlich.

Nicht unbeachtet bleibe der kleine Hof des Hauses Handwerk 22. Er gehört zu den ganz wenigen Görlitzer Höfen, die noch Spuren architektonischer Barockgestaltung tragen, während die meisten durch Einbauten des 19. Jahrhunderts verdorben worden sind. Am östlichen Seitenflügel fällt eine feine Balusterbrüstung auf, die im Zusammenhang mit den Arkaden einer Loggia noch recht gut eine Vorstellung vom einstigen Charakter des schmucken Hofraumes gibt. Ein besonders schöner Wohnhof der Renaissance und der Umgestaltung des Barock mit zwei übereinanderliegenden Umgängen konnte 1958 im Zuge einer denkmalpflegerischen Sanierung im Hause Petersstraße 4 zurückgewonnen werden (Abb. 100). Unverkennbar der gleichen architektonischen Richtung gehört das über drei noch erkennbaren älteren Grundstückseinheiten errichtete Haus Brüderstraße 3 an. Abgesehen von der erst Mitte des 19. Jahrhunderts aufgestockten dritten Etage und dem leider häßlich durch Ladeneinbauten aufgerissenen Erdgeschoß liegt hier eine qualitätvolle Leistung der Jahre 1717 bis gegen 1720 vor. Der dreiachsige Mittelteil mit plastisch bewegten Fensterbekrönungen besaß offenbar ursprünglich einen Dachaufbau. Die gleichfalls dreiachsigen, aber breiteren Seitenflügel sind flächiger behandelt, jedoch von den nun immer wiederkehrenden Kolossalpilastern flankiert. Die Ornamentik ist durch den Umbau des 19. Jahrhunderts gestört.

Höfe

113 Das Armen-, Zucht- und Waisenhaus. Zeichnung 1725.

Die nach der Bauinschrift 1718 nach Plänen von Naumann errichtete, 1945 abgebrannte Löwenapotheke, ehemals Ecke Obermarkt 31 – Fleischerstraße 1, gesellte sich in die gleiche Gruppe. Auffallend war der Mittelpilaster der sechsach-

114 Barockhäuser Obermarkt 30–31, Anfang 20. Jh.

sigen Fassade, vor dem die Sandsteinplastik einer Hygieia von C. G. von Rodewitz stand, die nun ihren Platz im Museumshof Neißestraße 30 gefunden hat (Abb. 114). Die in gleicher Höhe mit jener Göttin der Gesundheit auf den Seitenpilastern des Erdgeschosses ruhenden Löwen, die der Apotheke ihren Namen verliehen, hatte man damals in den Grünanlagen des Nikolaizwingers aufgestellt. Ihre Kopien wurden auf dem Portal des Neubaus Obermarkt 30 angebracht (Abb. 227).

Das schönste 1974 bis 1976 restaurierte Haus dieser barocken Richtung in Görlitz ist das Gebäude Obermarkt 29 von 1718, durch seinen vorgeschwungenen Balkon auf dem säulenflankierten Portal markant von allen anderen Görlitzer Barockbauten unterschieden. Auch hier ist die Schrägstellung der Säulenpostamente und -kapitelle als Motiv triumphalen Sichöffnens der festliche Auftakt für den Eintretenden. Die Form der Anordnung von Portal und Balkon scheint vom

Pöppelmannschen Taschenbergpalais in Dresden Anregungen erfahren zu haben. Über dem dreiachsigen Mittelrisalit erhebt sich ein ebenso breiter Dachaufbau mit flachem Giebel. Während die Achsen des Mittelteils von vier Pilastern mit gediegenen Stuckkapitellen flankiert sind, werden die Seitenflügel durch genutete Lisenen eingefaßt. Die besonders reich ausgestatteten Fenstergiebel des ersten Stockwerkes zeigen seitlich das beliebte Barockmotiv der antithetisch gelagerten weiblichen Symbolgestalten. Die bei der Restaurierung erfolgte Untersuchung ergab, daß die plastisch reich belebte Fassade ursprünglich nur durch aufgemalte Lisenen und Schmuckformen gestaltet war. An den Stuckdekorationen im Innern fanden sich die Jahreszahlen 1719 und 1722.

Das 1719 errichtete Barockhaus Nikolaistraße 3 führt die bisher genannten Eigentümlichkeiten dieser festlich-heiter gestimmten Architektur fort . Über dem genuteten Erdgeschoß stehen die flankierten Kolossalpilaster mit üppiger Kapitellzier. Der zwei Achsen breite Mittelrisalit besitzt im Erdgeschoß ein Portal zwischen zwei Pfeilervorlagen, im ersten und zweiten Obergeschoß wieder die gekoppelte Fenstergruppe unter gemeinsamem Giebel, die untere mit vorgeblendeter Balusterbrüstung. Die Wappenkartusche im Giebelfeld darüber weist auf einen Bildhauer, der ähnliche Schmuckwerke an der Portalbekrönung der Häuser Peterstraße 4, Langenstraße 37, Untermarkt 25 und Neißstraße 30 gestaltet hat.

An diese aufwändigen Fassaden um 1720 schließen kleinere Bauten an: Das schlichte Haus Nikolaistraße 7, mit dreiachsigem Mittelrisalit und zweiachsigen Seitenteilen, besonders aber das schmucke kleine Haus Langenstraße 43 mit nur

115 Barockhaus Langenstraße 43, um 1720. Sepiazeichnung von J. G. Schultz, 1780.

einem Obergeschoß (Abb. 115). Dieses letztere, bekannt als das Wohnhaus des Gründers der Oberlausitzischen Gesellschaft der Wissenschaften zu Görlitz, Karl Gottlob von Anton (1751–1818), daher das »Antonsche Haus« genannt, verrät in seinen qualitätvollen Sandsteinschmuckformen die geübte Hand eines geschulten Steinmetzen. Die inschriftlich eingetragene Jahreszahl 1717 bezieht sich wohl auf den Brand, nicht auf den fertigen Neubau. Der im Obergeschoß vierachsige Mittelteil nimmt im Erdgeschoß unter einem muschelartigen Schlußstein und zwischen zwei Seitenfenstern die Einfahrt auf. Diese Gruppierung, die der Dielenbelichtung zufolge angeordnet wurde, ist bei einer Reihe Görlitzer Bauten derselben Zeit wiederholt zu beobachten, so z. B. am Hause Langenstraße 37 und an dem, dem Antonschen Hause äußerst ähnlichen, Hause Fleischerstraße 15 vom Jahre 1718.

Nicht in jedem Fall ist die kulturgeschichtliche Bedeutung eines Bürgerhauses mit seiner künstlerischen Ausstattung identisch. Nikolaistraße 12, nach dem Brand von 1717 von Grund auf neu errichtet, war 1639–1644 Sammelstelle für die Naturalabgaben. Hier hatte der Kriegskommissar und kursächsische Proviantmeister

116 Haus Handwerk 22, 1717.

Christoph von Tschirnhaus, Herr auf Kieslingswalde, sein Stadtlogis. Beim Brand von 1642 wurde dieses Haus schwer betroffen. Der später berühmte Sohn des Vorbenannten, Ehrenfried Walther von Tschirnhaus (1651–1708), besuchte das Görlitzer Gymnasium. Mit seinen Brennspiegeln zur Metallschmelze erwarb er sich die Mitgliedschaft der Pariser Akademie und leistete im Dienst Augusts des Starken wesentliche Voraussetzungen zur Erfindung und Herstellung des Meißner Porzellans. Teile seines wissenschaftlichen Nachlasses wurden in diesem Hause versteigert.

Wer aber waren die Bauherren dieser prächtigen Bürgerhäuser? Oft waren es von auswärts zugezogene reiche Kaufleute, die nach dem Brande von 1717 als neue Hausbesitzer auftreten. So wurde das Haus Obermarkt 29 von dem Berliner Kaufmann Johann Wilhelm Schaumburg, das Haus Brüderstraße 4 vom dänischen Sekretär und Auditor Tobias Schnitter, das später zu behandelnde Haus Neißstraße 30 von dem aus Zittau zugezogenen reichen Leinen- und Damastkaufmann Christian Ameis erbaut. In fast all den großen Barockhäusern wohnten sonst Ratsherren, sächsische Beamte, Akademiker, die ein oder mehrere Rittergüter und Dörfer besaßen. Hinzu kommt, daß die alten Brauhöfe noch im 18. Jahrhundert im vollen Umfange von ihrem Braurecht Gebrauch machten und den Besitzern ein beträchtliches Einkommen allein aus ihrem städtischen Grundbesitz zufließen ließen.

Die zweifellos stark von der Pöppelmannschen Baukunst in Dresden beeinflußte schmuckfrohe Richtung der Görlitzer Baukunst um 1720 blieb aber nicht die einzig bestimmende des Hochbarock. Für die Görlitzer Barockbaukunst dürfte nicht unerheblich gewesen sein, daß der sächsische Oberlandbaumeister Johann Friedrich Karcher 1722 bis 1725 Besitzer des Hauses Neißstraße 30 war, das ihm als Erbe seiner Frau zugefallen war und 1726 niederbrannte. Es findet sich gleichfalls eine etwas nüchterne Form, die von der schlichten handwerklichen Lokaltradition wie auch von der hochbarocken Richtung beeinflußt war, aber eine besondere Persönlichkeit als Architekten zu verraten scheint. Wir fassen sie wohl am besten am Portal des sonst leider völlig umgestalteten Hauses Sporergasse 8 (Abb. 117). Über zwei

(rechte Randspalte) Johann Friedrich Karcher

117 Hausportal Sporergasse 8, 1720.

gedrungenen Pilastern mit Kompositkapitellen und schlichten Kämpfern legt sich ein schwerer segmentbogenartiger Giebelaufsatz. Innerhalb dieser Umrahmung wirkt das eigentliche korbbogige Portal mit dem großen Schlußstein im Scheitel gedrückt und niedrig. Die einstige Hausinschrift – jetzt in der Einfahrt des Museums Neißstraße 30 angebracht –, eine ovale Steinplatte, bezieht sich auf den Bauherrn, den Ratsmaurer Samuel Suckert, der sich dieses Haus 1720 errichtete. Offensichtlich baute der Ratsmaurer nach eigenen Plänen. Von seinem Schaffen ist urkundlich nur gesichert, daß er 1736 die Bedachung des Reichenbacher Turmes verändert, 1737 die des Neißturmes und 1742/43 die des Rathausturmes errichtet hat. Bei allen Zuschreibungen barocker Bauten an einen bestimmten Architekten ist das außerordentlich komplizierte Planungs- und Bauverfahren jener Zeit zu berücksich-

Neißstraße 30

tigen. Neben der entwerfenden oder korrigierenden Hand des Landbaumeisters in Dresden oder eines anderen Beamten des Oberlandbauamtes stehen Einflüsse von Gutachtern aus dem hauptstädtischen Architektenkreis. Vor- und Mitplanender war einerseits der oft baubeflissene Bauherr. Ausführender andererseits der technisch wie künstlerisch trefflich geschulte Ratsbaumeister.

Offenbar griff Suckert bei dem Portal seines Hauses auf die ältere ortsübliche Steinmetztradition zurück, die sich in Verbindung mit gewissen Reminiszenzen der Spätrenaissance an den Portalen Nikolaistraße 12 und Peterstraße 15 – beide kurz nach der Katastrophe von 1717 errichtet – und Handwerk 20 erkennen läßt. Diese Portale besitzen ein gerades Gebälk über der korbbogenartigen Öffnung und stets einen auffallend schweren Schlußstein. In diese handwerkliche Richtung gehört auch das Portal Langenstraße 2 in strengen edlen Formen von 1719. Die in korinthischer Ordnung errichteten Portale Peterstraße 3 von etwa 1720 und Peterstraße 11 mit der Jahreszahl 1765, aber offenbar von einem älteren Bau übernommen, schließen sich gleichfalls dieser Gruppe an. Schwungvoller, mit gesprengtem Giebel, Kartusche und kompliziertem Spiegelmonogramm ausgestattet ist das Portal Langenstraße 37 ausgeführt. Die ionischen, sehr flachen Kapitelle lassen an Sporergasse 8 denken. Die Quastengehänge und die Kartusche stellen es in die Reihe jener zweiten großen Bautengruppe, die mit der Neubautätigkeit nach dem Stadtbrand von 1726 begann. Ihr Wesensmerkmal ist der Verzicht auf Pathos und starke

Dresdener Baukunst

Plastizität zugunsten einer sparsamen markanten Linienführung. Stilgeschichtlich handelt es sich hier um einen provinziellen Ableger der großen Wandlung der Dresdner Baukunst jener Jahre, in denen die bisher führende hochbarocke Richtung Pöppelmanns durch die klassische Zacharias Longuelunes und Joh. Christoph Knöffels abgelöst wird. Am prägnantesten ist diese neue Richtung in Görlitz durch die Hauptfassade des großen Eckhauses Neißstraße 30 repräsentiert (Abb. 109), das sich der Leinen- und Damastgroßhändler Christian Ameis in den Jahren 1726 bis 1729 auf den Brandstellen von vier älteren Häusern errichten ließ. Schon die Grundrißanlage verrät eine großzügige Planung: Dem Hauptgebäude schließen sich zwei lange Seitenflügel an, die den Hof flankieren und sich mit dem Hinterhaus vereinen. Die ursprünglichen Ziele des Bauherrn gingen noch weiter: Es sollte auch das ganze Gelände des heutigen Grundstücks Handwerk 2 in der gleichen Weise bebaut werden, wie sie das ausgeführte Haus Neißstraße 30 darlegt. Geplant war also die Anlage eines von der Leipziger Bautradition angeregten »Durchhauses« mit zwei Höfen und teils offenen loggienartigen Umgangskorridoren, die der Dresdner Barockbaukunst entlehnt sind (Abb. 118). Neben der geräumigen Einfahrtshalle befanden sich die Kontore, anschließend in den Seitenräumen nach der Weberstraße die große Handelshalle, die noch heute die bedeutenden Zittauer Damasthandelshäuser kennzeichnet, sowie die Brauräume, Stallung, Remise und andere Wirtschaftsgelasse im Ostflügel. Im ersten Obergeschoß lag an der Hauptfassade nach Norden die Wohnung des Hausherrn, weitere vermietbare Wohnungen befanden sich in den Seitengebäuden und im zweiten Obergeschoß. Kunstgeschichtlich bemerkenswert ist die Hauptfront an der Neißstraße. Hier fällt besonders die Höhe des Erdgeschosses auf. Ältere erhalten gebliebene Bauteile veranlaßten, die bodenständige Tradition der steilen Erdgeschoßfenster fortzuführen, wie sie auch an den Häusern Peterstraße 3 und 5, Untermarkt 22 sowie Brüderstraße 11 und 12 wiederkehren. Dem daher gleichfalls stark gestelzt wirkenden Portal sind zwei kleine Bogenfenster mit reizvoller Vergitterung beigestellt. Auch hier wurden die flankierenden Pilaster schräg nach auswärts gestellt. Schlußstein, Kapitelle, Kämpfer und Postamente der Portaleinfassung sind der nachgewiesenen ortsüblichen Steinmetztradition entnommen, jedoch unter dem Einfluß eines Bildhauers künstlerisch weiterentwickelt (Abb. 109). Das Motiv des gesprengten Giebels mit Mittelkartusche und zwei Liegefiguren ist sichtlich dem Rodewitzschen Vorbild am Untermarkt nachgeahmt. Als neues Schmuckelement tritt das Bandwerk in den Zwickeln auf, das dem Schmied offensichtlich Anregungen für seine Türbeschläge gab. Die zwei oberen Etagen sind bei neun Fensterachsen Frontbreite in der Vertikalen durch vier Kolossalpilaster zusammengefaßt, die sich auf dem umlaufenden Gesims über dem Erdgeschoß erheben. Von den Seitenteilen der Hauptfassade sind nur die Mittelfenster durch Bekrönungen hervorgehoben, im Mittelteil dagegen die Dreifenstergruppen beider Etagen. Überraschenderweise tragen die wohlgebildeten Kapitelle nur ein zurückhaltendes Gebälk über einem dreistufigen Schmuckband, während das Hauptglied des Gebälks ein Triglyphenfries ist. Ein solcher kennzeichnete auch das Gebälk des früheren Hauses Obermarkt 30 (Abb. 114). Die flächigen Putzfelder unterhalb der Fenster sowie in den Nischen der gesprengten Fenstergiebel stehende Büsten verraten Dresdner Einflüsse. Es entspricht der sparsamen Linienführung dieser Fassadenkomposition, daß auf das sonst übliche Mansardendach verzichtet ist. Man gab einem schlichten Satteldach den Vorzug. Die Nebenfront der Weberstraße mit 13 Fensterachsen beschränkt ihren Aufwand auf je zwei Pilaster zu seiten der ersten und der letzten Achse sowie auf vier weitere, die die drei Mittelachsen zu einem knappen Risalit verbinden. Im Zuge einer umfangreichen denkmalpflegerischen Restaurierung erhielt 1995 der ursprünglich durch Erdgeschoßarkaden und Loggiabögen auf beiden Langseiten angelegte Hof seine in beiden Obergeschossen aufgemalte Balusterbrüstungen zurück.

Diesem edlen Gebäude zunächst verwandt und ihm direkt gegenüber, 1722 am Untermarkt errichtet, ist der auf gotischen Lauben stehende ehemalige Brau- und Gasthof »Brauner Hirsch«. Auch hier die einfachen Pilaster über dem Erdgeschoßsims, ein jeder von einer schmiegsamen Konsole unterfangen. Die Gebälkzone – hier ohne Triglyphenfries – ist ähnlich der des Hauses Neißstraße 30 gebildet. Ebenso entspricht diesem Bau die Aufteilung der dreiachsigen Mitte.

Weiterhin findet sich an der Fassade Neißstraße 19, erbaut 1727, eine gleichartig verhaltene lineare Struktur der Gliederung; hier jedoch vereint mit der Arbeit des Stukkateurs, der die Giebelzier zweier schwebender Genien zu seiten eines

»Ochsenauges« anbrachte und wohl auch die formenschönen, reichausgebildeten korinthischen Kapitelle der den Mittelteil flankierenden Pilaster schuf. Drei
den Giebel einst akroterartig abschließende allegorische Figuren sind leider nicht
mehr an ihrer alten Stelle erhalten.

Ein schwächlicher Ableger des Portals von Neißstraße 30 ist das des Gebäudes
Neißstraße 24, gleichfalls 1727 datiert. Hier war offensichtlich ein weniger gut
geschulter Geselle oder Nachahmer des Portalmeisters von Neißstraße 30 am Werk.
In der Mitte des gesprengten Giebels steht eine Minerva, ihr zu seiten ruhen auf
den Schrägen zwei weibliche Figuren in faltenreichen Gewändern.

Das interessante Eckhaus Neißstraße 7 ist 1726 datiert. Das Gelände schrieb
eine unsymmetrische Ausbildung der Hauptfassade vor. Die der langen Front
des angegliederten Nebenhauses Neißstraße 8 angeputzten Pilaster mit feinen
Gehängen kennzeichnen Merkmale der zweiten Görlitzer Hochbarockwelle.

Hinsichtlich der Ornamentzier bildet das Haus Neißstraße 27 (Abb. 16, rechts)
einen köstlichen Höhepunkt. 1728 lautet die inschriftlich genannte Jahreszahl seiner Erbauung. Unverkennbar wiederholt sich hier die Pilasterordnung von Neißstraße 30 und Untermarkt 26, jedoch
gepaart mit dem hervorragenden Können eines erstklassigen Stukkateurs,
der offenbar auch die Decken des ersten Obergeschosses des Hauses Neißstraße 30 (Abb. 137) schuf. Die äußerst
reich ausgebildete Kartusche über
dem gekoppelten Mittelfensterpaar
des ersten Stockwerkes zeigt noch die
ältere Rollwerkform, die häufig an
Görlitzer Portalen anzutreffen ist. Das
darüberliegende Fensterpaar ist bereits von Bandwerkformen geziert,
wie sie ganz ähnlich am Portal Neißstraße 30 vorkommen.

*118 Hof
Neißstraße 30,
1726.*

Selbst an den schlichtesten Barockbauten zeigt sich, wie sehr deren Fassadengestalt vom Plastiker mitbestimmt wird, und es ist weitgehend
von ihm abhängig, inwieweit die Fassade einer älteren oder einer jüngeren Richtung folgt. Mit anderen Worten: Der Modernitätsgrad einer Barockfassade wird
nicht allein vom Architekten und seinem Entwurf festgelegt, er wird erheblich
durch die selbständig schöpferisch arbeitenden Baukünstler – Bildhauer, Stukkateure, Schmiede usw. – mitbestimmt. Mitunter ist eine Fassade, wie die des Hauses Brüderstraße 4 mit ihrer reichen Bandwerkornamentik, geradezu von der Ar-

beit des Stukkateurs beherrscht. Als hier 1923 das dritte Obergeschoß aufgesetzt
wurde, hat man wahrscheinlich die Ornamentik in sehr starrer Weise überholt.
Bandwerkmotive der Zeit um 1730 schmücken die Fassade der schräg gegenüber-
liegenden Häuser Brüderstraße 12 und 13. Hier tritt auch vereinzelt das sonst an
Görlitzer Barockfassaden nicht wiederkehrende Gitterwerk des Rokoko als
Schmuckform auf.

Intermezzo unter den Görlitzer Barockbauten bleibt das mit vier Obergeschossen ausgestattete – und schon darin Ausnahme bedeutende – Haus Untermarkt
13 (Abb. 119), das sich der Oberälteste der Seidenkrämer, P. Chr. Hilliger aus

*119 Hausfassa-
de Untermarkt
13, um 1725.*

Schneeberg, um 1725 errichten ließ. Die drei unteren
Geschosse sind noch Relikte eines Renaissancebaues.
Ganz ungewöhnlich ist der über vier Fensterachsen aus-
ladende Balkon des dritten Obergeschosses, der sich auf
plastisch reich durchgebildeten Konsolen vor die
schmalbrüstige Fassade schwingt. Hauptzier dieses
Hauses ist die Stuckkartusche mit Merkur und Occasio
– Handel und günstige Gelegenheit –, ein echtes Kauf-
mannssymbol! Der Stukkateur scheint derselbe zu sein,
der den Schmuck der Fassade Neißstraße 27 fertigte.

Am Wohnhaus Langenstraße 41, 1721 bereits im Bau,
glauben wir Suckerts Hand wiederzuerkennen: Die
schlanken ionischen Pilaster – diesmal um leichte Girlanden bereichert – sind ganz offensichtlich die Fortsetzung jener Portalarchitektur vom Hause dieses Baumeisters in der Sporergasse. Vier solcher Pilaster he-
ben das dreiachsige Mittelrisalit hervor. Die Fenstergiebel im ersten Geschoß sind in diesem Teil in der üblichen schlichten Art – ähnlich denen des »Braunen
Hirsch« – gebildet, in den Seitenteilen derselben Etage
besitzen sie Muschelaufsätze, und im zweiten Obergeschoß werden die Schlußsteine der Fenster zu einer flächigen Muschelzier ausgedehnt und in die Gebälkzone hinaufgeschoben, ohne dabei in das Rokoko über-
zuleiten. Das Portal dieses Hauses wirkt in seinen
knappen Formen dagegen altertümlich. Es ist ganz die
Suckertsche Form. Besonders interessant ist dieses Gebäude wegen seiner barocken Deckengemälde des großen Saales im ersten Stock. Das ovale Mittelfeld der
reichausgestatteten Stuckdecke besitzt ein Fresko »Dia-
na und ihr Gefolge«, eine trockene und leider übermal-
te Arbeit. In vier muschelartigen Eckmedaillons sind

Putten aufgemalt. Von der einstigen Wanddekoration fand sich 1957 unter den Farbschichten zweier Jahrhunderte dicht unter der Decke der Rest eines aufgemalten inzwischen restaurierten Girlandengehänges aus Rosen.

Einen ähnlichen Deckenplafond – vielleicht sogar vom gleichen Maler – besitzt das einstige Prachtzimmer des Hauses Nikolaistraße 3, Venus und Amor darstellend und um 1720 entstanden. Außer dem genannten Breidt, der die perspektivische Deckenmalerei der Nikolaikirche schuf, ist kein Görlitzer Maler jener Zeit bekannt. Der Görlitzer Dekorationsmaler Christoph Büttig, der 1708 bis 1716 als Vergolder für Joachim Sigismund von Ziegler und Klipphausen am Schloßbau von Joachimstein in der Nähe von Görlitz tätig war, kommt offenbar als Urheber der Deckenbilder nicht in Betracht. In Joachimstein waren jedoch Dresdener Maler zur Gestaltung der Plafonds hinzugezogen worden. Von ihnen kennen wir Georg Sebastian Michorn, Christian Sigismund und Johann Gottfried Krause. Möglich ist immerhin, daß einer von ihnen auch für Görlitzer Bürger tätig war.

Während dieser relativ kurzen hochbarocken Bauperiode erhielt Görlitz innerhalb weniger Jahre – im wesentlichen sind dies die Jahre 1717 bis 1730 – ein fast heiteres Gesicht. Die alte steinerne Wucht und die Schwere des städtebaulichen Charakters wurde durch die feinere Struktur der neuen Fassaden wesentlich gemildert. Dennoch tragen derbe Provinzialismen dazu bei, daß der barocke Schwung nicht allzu stark brilliert. Immer wieder rufen ihn massive Mauern, starke Pfeiler und schwere Gewölbe zur Erde zurück. Reizvoll wird das barocke Concerto grosso durch das Gegenspiel heimischer Baumeister, Dresdener Vorbilder und weitgewanderter Stukkateure und Bildhauer. Besonders erstaunlich ist die künstlerische Fähigkeit der barocken Bauhandwerker, die sämtlich anonym blieben.

Görlitz lag in den Schlesischen Kriegen in der Frontlinie der streitenden Parteien. Der Wohlstand seiner Bürger zerging unter den häufigen großen Kontributionen, die besonders Friedrich II. von Preußen der Stadt auferlegte. Das gesamte sächsische Wirtschaftsleben, vor den Schlesischen Kriegen im damaligen Deutschland am weitesten entwickelt, war zusammengebrochen. Görlitz hat sich im Laufe der zweiten Hälfte des 18. Jahrhunderts von diesem vernichtenden Schlag nicht wieder voll erholen können. Die Bevölkerungszahl stagnierte bei etwa 9000 Einwohnern. In der Zeit der Befreiungskriege hatte das zu Rheinbund-Sachsen gehörende Görlitz die furchtbare Härte der napoleonischen Besatzungszeit und die Kämpfe der Jahre 1812 und 1813 schwer zu spüren bekommen. Bis in die Mitte des 19. Jahrhunderts folgte daher auf die hochbarocke Periode keine nennenswerte Bautätigkeit. So hat der Barock bis heute der Altstadt als letzter großer Kunststil neben der Renaissance und der Spätgotik das Gepräge verliehen.

Nur noch einmal tauchte vorübergehend ein Barockplan auf, als der Rathausflügel an der Brüderstraße umgebaut wurde. Die Baurisse haben sich erhalten, darunter ein sehr qualitätvoller Fassadenentwurf, der die Stilmerkmale des Dresdener Spätbarock um 1780 verrät. Da es sich um einen offiziellen Bau handelte, war das Dresdener Oberlandbauamt die entwerfende Instanz. Der dreiachsige Mittelrisalit des langgestreckten Baues verrät in seiner feinen Reliefierung der Putzfelder und der kraftvollen Betonung der Konsolen, die den Mittelbalkon tragen, klassizierende Eigenschaften der Dresdener Architektur, wie sie unter Johann Christoph Knöffel charakteristisch war. Jedoch gehören die schon klassizistisch gestalteten ionischen Pilaster und die krönende Attika in den Formenkanon der Spätzeit. Es verraten sich Eigenschaften der Dresdener Architektur, wie sie unter der Leitung des Oberlandbaumeisters Friedrich August Krubsacius seit den siebziger Jahren des 18. Jahrhunderts üblich wurden. Wahrscheinlich war Geldmangel die Ursache, daß die Ausführung unterblieb. Sie hätte die Preisgabe des einzig schönen Rathaushofes, des Meisterwerkes der beiden Wendel Roskopf bedeutet. So endete bezeichnenderweise das Kapitel des Görlitzer Barock mit einem unausgeführten Plan!

Außerhalb der Reihe großbürgerlicher Häuser des Hochbarock verlangt die architektonische Anlage des alten Nikolaifriedhofes eine besondere Würdigung. Hier klingen – ähnlich den großen Parkschöpfungen dieser Zeit – Kleinbauten und Plastik aufs engste zusammen. Hinzu kommt das landschaftliche Element und der Versuch, ein Totenreich repräsentativ und festlich in einer architektonischen Anlage darzustellen.

Nikolaifriedhof

Reichausgestattete Gruftkapellen (Abb. 120) sind für barocke Kirchhöfe charakteristisch. Ihre Erscheinung verdichtete sich in der Oberlausitz und in Schlesien. Kreuz- und Klosterfriedhof in Zittau, der Gnadenfriedhof zu Hirschberg, der katholische Friedhof in Schmiedeberg und der Friedhof zur Heiligen Dreifaltigkeit in Landeshut bilden mit dem Görlitzer Nikolaifriedhof eine besondere Gruppe, deren Eigenart in der Anlage peripherer Gruftreihen besteht. Görlitz jedoch besitzt die älteste Schöpfung dieser Art.

Der Nikolaifriedhof ist heute eine idyllische Welt der Romantik, seit der Baumwuchs ihm immer mehr den Charakter eines Landschaftsparks verlieh und man ihn als Bestattungsort 1847 ganz aufgab. In der scheinbaren Regellosigkeit des Hanggeländes deutet fast nichts mehr darauf hin, daß der Barock hier einst eine axiale architektonische Schöpfung plante, die nie fertig wurde, weil der Reichtum der einstigen Gruftinhaber schwand und die Idee der letzten Ruhestätte sich schon im 18. Jahrhundert gewandelt hatte.

Urkundlich wird der Nikolaifriedhof schon 1305 genannt. Er ist die älteste Begräbnisstätte von Görlitz, angelegt auf dem ältesten Siedlungsgelände. Die mittelalterlichen Grabsteine sind in der Hussitenzeit zur Verstärkung der Stadtmauern verwendet worden, die der Renaissance vernichtete der Dreißigjährige Krieg. Grabsteine des 17. Jahrhunderts haben sich vereinzelt an den Außenmauern der Nikolaikirche erhalten, wohin sie meist erst später versetzt wurden. Als Grundform kehrte die antikisierende Ädikula mit Pilastern oder Säulen, die ein Gebälk tragen und eine Reliefdarstellung aufnehmen, immer wieder. Besonders gut läßt

120 Barocke Grüfte der Nordseite des Nikolaifriedhofes.

sich an den meist rein handwerklichen Sandsteinarbeiten der Übergang zum Barock erkennen. Seitenwangen mit Roll- und Knorpelwerk und Darstellungen des Alten Testamentes oder der Verstorbenen bereichern gegen Ende des 17. Jahrhunderts die tektonische Grundform. Auch ovale Grabplatten tauchen auf. Die Inschriften werden aufwandreicher. Kostümgeschichtlich interessant ist der Grabstein des Tuchknappen Benjamin Beyer von 1675, 1965 wegen Gefährdung ins Nordschiff der Peterskirche versetzt.

Um die Mitte des 17. Jahrhunderts entstand die Sitte, daß sich die vornehmsten Familien Grufthäuser als Erbbegräbnisse zulegten. Die ältesten von ihnen liegen auf der Westhälfte des Friedhofes – die erst 1624 hinzugewonnen worden war –, und zwar noch willkürlich im Gelände verstreut, jetzt jedoch mit den Bäumen und umliegenden Gräbern zu malerischen Gruppen vereint. Die Gruft der Familie Gobbius von 1635 inmitten des westlichen Teiles und die der Familie Gehler von 1676 – es ist die zweite am Wege links – verraten noch ganz das Fortbestehen der Bautraditionen der Renaissance, besonders an den Profilen der Tür- und Fenstereinfassungen. Man möchte sie für Gartenhäuschen halten.

Am Anfang einer planvollen peripheren Anordnung in Art eines Campo santo – schon seit dem 16. Jahrhundert in Deutschland für städtische Friedhöfe, wie in Halle, verwendet – stehen die nördlichen Grüfte auf der Höhe des Abhanges (Abb. 120).

Noch vom Ende des 17. Jahrhunderts stammt in der Nordgruppe die Doppelkapelle der Familien Schön und Wiedemann. Die schlichte Architektur mit einem
Mittelrisalit, das eine Nische für das Denkmal einer »Christognosia« aufnimmt,
und zwei seitlichen Portalen mit je einem keilförmigen schweren Schlußstein verrät
sich als Glied jener Stilrichtung, die bei Betrachtung der Bürgerhäuser als die bo-
denständig-handwerkliche erkannt wurde.

Die völlig gleichartig gebildeten Grüfte der Familien Zobel und Hänisch vom
Beginn des 18. Jahrhunderts öffnen sich in der Front arkadenartig mit je drei gleich
großen schlichten Korbbögen, in die eine Balusterbrüstung eingestellt ist. Hervorragende Leistungen der Handwerkskunst sind hier – wie in allen folgenden
Grüften – die bewundernswerten Schmiedeeisengitter. Freilich stehen diese hin-

*121 Grabdenk-
male auf dem
Nikolaifriedhof.*

ter den etwas späteren Schöpfungen der Grüfte des Zittauer Kreuzfriedhofes weit
zurück, jedoch ist die Häufigkeit derartiger Meisterwerke an einer Stelle bemerkenswert.

Auch die östlichen Grüfte der Nordreihe, die der Familien Linke von etwa 1710
bis 1720 und Nicht von 1724 erhalten durch ihre vorzüglichen Eisengitter das
charakteristische Gepräge. Es ist lohnend, diese Schmiedearbeiten auf ihre Entwicklung hin zu untersuchen. Sie führt von der spiraligen Blattzier der Rundstäbe zu der senkrecht-parallelen Stabführung mit aufgelegtem Bandel- und Gitter-
werkornament.

Epitaphien

Von den oft bemerkenswerten Epitaphen, die sich im Innern der Grüfte weit
besser erhalten haben als die im Freien aufgestellten Grabdenkmale, erhält der Besucher des Friedhofes leider keine Vorstellung. Es würde den Rahmen dieses Buches sprengen, sollten sie alle mit in die Betrachtung einbezogen werden. Ab und
an erhascht der spähende Blick eine geringe Vorstellung von den einst mit Stuck
und Malerei reichausgestatteten Grufträumen, die in Ermangelung ständiger Pflege leider lange Jahrzehnte hindurch dem Verfall preisgegeben worden sind.

Als Kleinarchitektur mit reichem Steinwerkdekor und Figurenschmuck ist die
Jacobische Gruft besonders hervorzuheben. Sie steht frontal links am Wege, der
vom Eingang her gerade auf die nördliche Anhöhe führt. Sie ist im zweiten Jahrzehnt des 18. Jahrhunderts erbaut worden. Eine so frohlockend-jubelnde Architektur besitzt Görlitz an keiner anderen Stelle. Der loggiaartige Bau öffnet sich
mit drei reichgeschwungenen Bogenstellungen, deren mittlere das Portal unterhalb eines antikisierenden Giebels bildet. Die seitlichen Bögen besitzen Schlußsteine mit bandwerkartigen Spiegelmonogrammen. Die Pilaster sind kanneliert,
worin sie sich von der sonst üblichen Görlitzer Architektur unterscheiden. Die
Bogenzwickel füllen rankenartige gefiederte Blattgebilde in feinem Relief. Über
dem Eingangsgiebel erhebt sich der leider so arg verwitterte Torso eines trium-
phierend auferstehenden Christus.

Auch die beiden Langseiten des Friedhofes besaßen oder besitzen noch Reihen von Gruftkapellen. Die der nach Nordwesten abbiegenden Mauer sind verfallen und abgebrochen worden, ihre Grabdenkmale liegen frei und werden von
Unterholz überwuchert. Auf der gegenüberliegenden Ostseite hat sich dagegen
noch eine geschlossene Gruftfolge erhalten. Als festlich-pompöser Ausklang der
Görlitzer barocken Grabkapellen liegt hier die Gruft Granz-Fröhlich, deren Tri-
umphportal des Todes 1744 wohl einer älteren Anlage vorgelegt wurde. Auf den
Kompositkapitellen des Torbogens mahnen die Symbole Wiege und Sarg an die
Vergänglichkeit. Engelsputten tragen schwebend das Doppelwappen, zwei Lö-
wengruppen auf den Giebelschrägen vollführen den Todeskampf. Die benachbarte Hörcknersche Gruft von 1751 mutet mit ihrem geschwungenen Giebel dagegen renaissancehaft an. Der gegenwärtige Bau ist offenbar das Resultat eines
Umbaus nach dem Brand der Kirche von 1717.

Auch an den beiden Außenseiten der Nikolaikirche wurden Grufthäuser angelegt. Nördlich, gegen den Friedhof zu, das Emmerichsche von 1721, gegen Süden das der Scholz von Schollenstern von 1727. Beide Grüfte unterscheiden sich von denen der Nord- und Ostseite, da sie pavillonartig zwischen den Strebepfeilern der Kirche angelegt wurden und nicht auf eine systematische Reihung berechnet sind. Sie entstammen der Blütezeit der bürgerlichen Barockarchitektur in Görlitz und weisen Stilmerkmale auf, die sie als Schöpfungen derselben entwerfenden und ausführenden Hand erweisen: Die Kapitelle der Pilaster sind aus je zwei Totenköpfen gebildet, zwischen denen sich ein Leichentuch als Gehängewerk dehnt. Die im Gegensatz zu den Hausportalen schräg einwärts gestellten Pilaster entsprechen dem Symbolgehalt der Ornamentik, die sich auch in den lappigen Gehängen der Bahrtücher seitlich der majestätischen Wappenkartusche zu erkennen gibt. An dieser Kartusche vermeinen wir den Bildhauer wiederzuerkennen, der am Hause Neißstraße 27 die Schmuckformen schuf.

Erhalten blieben die massiven Grüfte und steinernen Grabmonumente der »Honoratioren«. Die einfachen Holz- und Eisenkreuze der Handwerker sind längst verfallen. Die künstlerische Atmosphäre des Nikolaifriedhofes erhält nicht zuletzt durch die Gegensätzlichkeit von Natur und Architektur, von Plastik und Bauwerk, von aufrauschendem Barock und gradlinig hartem Klassizismus ihre besondere Note. Der Zauber der Stimmung wandelt sich mit der Jahreszeit, mit dem Laubwerk und Geäst der Bäume, die hier ebenfalls ihre Geschichte haben, wie die Mollerlinde links beim Eingang.

122 Orgelpro-
spekt der
Peterskirche von
Joh. Conr.
Büchau, 1703
vollendet.

BAROCKPLASTIK

Keine Epoche bedurfte zur künstlerischen Aussage ihrer öffentlichen wie privaten
Repräsentation, ihrer wirklichen wie erträumten Macht, ihrer transzendenten und
spekulativen Ideen so sehr der Plastik im Sinne monumentaler Denkmalsabsichten
wie der Barock. Hauptträger dieser Kunst waren die katholische Kirche und der
kleinstaatliche Absolutismus. Die evangelische Kirche mußte den Wettstreit der
Künste innerhalb dieser Bestrebungen annehmen, wollte sie – zumal in Sachsen,
das von einem katholisch gewordenen Fürstenhaus regiert wurde – sich rechte
Geltung verschaffen. Das reiche Bürgertum strebte in dieser Zeit nach Rängen, Ti-
teln und Würden innerhalb des sächsischen Kurstaates und des Königreiches Polen und besonders nach der Vergrößerung seiner ökonomischen Basis. Sein – längst
nicht mehr selbständiges – Machtorgan, der Rat und seine Repräsentanten, wettei-
fern mit den zahlreichen Potentaten. Aus dieser Situation sind auch die künstlerischen Aufträge, Absichten und Leistungen des barocken Görlitz auf dem Gebiet
der Plastik zu verstehen. Im Wetteifer mit dem Barockprunk der römisch-katholi-

schen Kirche nahm die evangelisch-lutherische Kirche unter Begünstigung des katholisch gewordenen Landesherrn neue Maßstäbe in ihren Bau- und Kunstanfor-
derungen an. In Görlitz gab der Brand der Peterskirche von 1691 Anlaß, an dieser
Stelle diese Ideen glanzvoll hervortreten zu lassen, wobei sich die Machtansprüche
des Rates als Kirchenpatron durch Stiftungen und Aufträge eine Erweiterung ihres
weltanschaulichen Rückhaltes sicherten. Der Kaufmann errichtete sich an seinen
Hauseingängen Triumphtore der Handelsmacht, um der Öffentlichkeit seine Bedeutung zu dokumentieren. Die gesamte finanzkräftige »Ehrbarkeit«, Träger ge-
künstelter Titel und Würden, überbot sich im Errichten von Familiendenkmalen in
Gestalt von Grüften, Epitaphen und Grabsteinen.

Als erster namentlich bekannter Barockbildhauer erscheint Johann Conrad
Büchau aus Naumburg am Queis in Görlitz, nachdem er 1692 den Kohlfurter Al-
tar errichtet hatte. Der 1703 vollendete Prospekt der großen Orgel (Abb. 122) von
Eugenio Casparini in der Peterskirche ist sein Görlitzer Hauptwerk, aber wohl

*123 Ratsgestühl
der Peterskirche,
um 1695.*

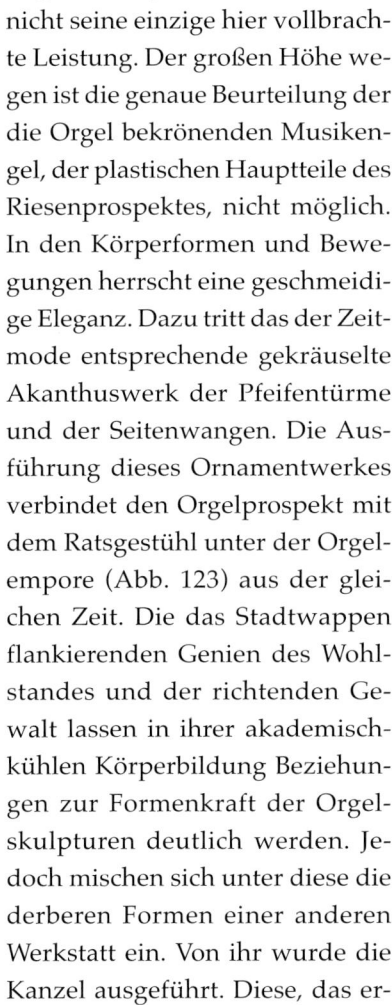

nicht seine einzige hier vollbrachte Leistung. Der großen Höhe wegen ist die genaue Beurteilung der
die Orgel bekrönenden Musiken-
gel, der plastischen Hauptteile des
Riesenprospektes, nicht möglich.
In den Körperformen und Bewe-
gungen herrscht eine geschmeidi-
ge Eleganz. Dazu tritt das der Zeit-
mode entsprechende gekräuselte
Akanthuswerk der Pfeifentürme
und der Seitenwangen. Die Ausführung dieses Ornamentwerkes
verbindet den Orgelprospekt mit
dem Ratsgestühl unter der Orgelempore (Abb. 123) aus der gleichen Zeit. Die das Stadtwappen
flankierenden Genien des Wohl-
standes und der richtenden Ge-
walt lassen in ihrer akademisch-
kühlen Körperbildung Beziehungen zur Formenkraft der Orgel-
skulpturen deutlich werden. Jedoch mischen sich unter diese die
derberen Formen einer anderen
Werkstatt ein. Von ihr wurde die
Kanzel ausgeführt. Diese, das er-

ste nach dem Brande beschaffte Inventarstück von 1693, glänzt durch voluminö-
ses Akanthuswerk, das reichvergoldet aus Sandstein gehauen ist. Das Können
ihres unbekannten Schöpfers läßt sich an der Trägerfigur des Kanzelkorbes und
an den vier Evangelistenfiguren, den Propheten und Aposteln sowie den Putten
des Schalldeckels bewerten.

Etwas provinzieller, noch aus der Formenwelt des 17. Jahrhunderts schöpfend,
sind die beiden Beichtstühle der inneren Nebenapsiaden von 1694. Charakteristisch dafür ist die gedrungene Statuarik der Baldachinträger, auf dem südlichen
Beichtstuhl Saul und David, auf dem nördlichen Johannes der Täufer und Eusta-
chius (?). Auch diese Beichtstühle tragen die Bekrönung aus kraftvoll schwingen-
dem Akanthuswerk, das sich in all den genannten Werken als zeittypische
Schmuckform erweist. Jedoch müssen die Putten auf dem Baldachin dieser Beichtstühle von einem besonderen Bildhauer stammen, der sich auch an verschiedenen Grabsteinen der Zeit um 1700 in Görlitz nachweisen läßt, u. a. am Grabmal
Hamann von 1709 auf dem Nikolaifriedhof. Charakteristisch für ihn ist das fülli-
ge Kinn, das breite Lächeln des Mundes, die weich vorgewölbte Stirn der Putten
und das Akanthuswerk. Kanzel und Beichtstühle dürften jedoch aus ein und derselben entwerfenden Hand hervorgegangen sein. In ihrer Ausführung können
drei verschiedene, aber eng zusammenarbeitende Kräfte erkannt werden. Haupt-
künstler dieser Gruppe war der Schöpfer der Kanzelplastik. Die allegorische Statue der Christognosia an der Gruft Schön-Wiedemann vom Ende des 17. Jahrhunderts auf dem Nikolaifriedhof scheint vom Schöpfer der plastischen Bekrönung des Ratsgestühls abhängig zu sein.

Gleichzeitig wirkte beim Ausbau der Peterskirche noch ein weiterer bedeuten-
der Barockbildhauer in Görlitz: George Heermann, der laut Inschrift 1695 den
Altar in einer imposanten Stuckmarmorarchitektur und leidenschaftlich bewegte
Holzskulpturen schuf. Heermann kam aus Dresden. Sein Hauptwerk ist der pa-
thetisch bewegte Skulpturenschmuck der prunkvollen Schloßtreppe von Troja bei
Prag. Der Görlitzer Petri-Altar folgte dem Streben nach klassischer Ruhe und Küh-
le, das in der protestantischen Kunst des ausgehenden 17. Jahrhunderts die von
Frankreich beeinflußte Richtung vertritt. Das Altarbild mit der Himmelfahrt Christi
von Ernst John aus Breslau wird von marmorierten Säulen in Doppelstellung flankiert und von einer konvex vorschwingenden Architektur umfaßt. Die seitlichen
Abschrankungswände, die den Hochaltar mit den Chormauern verbinden, besitzen Durchgänge mit rustizierter Rahmung. Oberhalb dieser Sockelwand ragen
seitlich auf Konsolen zwei kraftvolle Engelsgestalten hervor (Abb. 124). Über den
Durchgängen sind geflügelte pausbäckige Engelskinderköpfchen angebracht. Auf
dem Hauptsims thronen vier Propheten in lebhafter Gestikulation. Den Giebel
bekrönen die allegorischen Frauengestalten Glaube, Liebe und Hoffnung, erstere
mit dem Attribut des Kreuzes, letztere mit einem Anker. Heermanns Gestalten
sind leidenschaftlich, kraftvoll und muskulös, männlicher als Büchaus Orgelen-

gel. Durch die 1990 erfolgte Restaurierung wurde die Originalfassung wiederhergestellt.

1709 ist Johann Conrad Büchau nicht mehr in Görlitz nachweisbar. Es ist unklar ob er verzogen oder verstorben ist. Vergegenwärtigt man sich den Bedarf an Bildhauerarbeiten in einer Stadt von etwa 9000 Einwohnern, wie sie Görlitz damals zählte, selbst bei Berücksichtigung der hohen bildnerischen Anforderungen des Barock, dann dürfte es einleuchten, daß kaum mehr als nur eine leistungsfähige Werkstatt in Görlitz tätig sein konnte. So erklärt sich wohl auch folgerichtig, daß mit

124 Altarengel aus der Peterskirche von G. Heermann, 1695.

dem Verschwinden Büchaus und dem vorübergehend in Görlitz tätigen Heermann hier ein neuer Bildhauer auftritt. Es ist Caspar Gottlob von Rodewitz, ein Schüler Balthasar Permosers. Er erwarb am 20. April 1709 in Görlitz das Bürgerrecht. Sein Herkunftsort ist Oderwitz, wo er 1680 geboren wurde. Als sein erstes Werk mit sicherem Datum ist in Görlitz der Hochaltar der Dreifaltigkeitskirche von 1713 entstanden (Abb. 125). Diese Kirche war damals der Heiligen Dreifaltigkeit neu geweiht worden. In seiner ganz aufgelockerten Architektur verrät der Altar die innige Vertrautheit seines Schöpfers mit der Pöppelmannschen Bauweise, wie sie etwa am Kronentor des Dresdner Zwingers in Erscheinung tritt. Festliche korinthische Säulen tragen paarweise stark verkröpfte Gebälke, über denen sich triumphal der Mittelbogen spannt. Er rahmt die plastische Gruppe »Christi Gebet am Ölberg«, die von den hohen gotischen Chorfenstern Seitenlicht empfängt. Von Putten begleitet tragen Engel auf Wolken den Kelch und das Leidenskreuz herbei. Moses und Johannes der Täufer ergehen sich auf den seitlichen Volutenausladungen in inbrünstiger Pathetik. Auf den Gebälken sitzen beiderseits des Bogens Engel, deren rauschender Flügelschlag mit den Goldstrahlen der Gloriole wetteifert, die sich von der aufjubelnden Hauptbekrönung mit dem auferstandenen Christus als

Weltrichter ausbreiten. Quirlende Wolkenmassen und Kinderengel zerstäuben die architektonische Wucht ins Atmosphärische. Es bleibt zu bedauern, daß die Originalfassung dieses überaus prächtigen Werkes durch einen späteren Weißanstrich verlorenging. Die Rodewitz-Werkstatt schuf 1715 die nicht erhaltene südliche Eingangshalle dieser Kirche mit den antithetisch gelagerten Sandsteinskulpturen von Gott-Vater und Jesus Christus mit der Taube des Heiligen Geistes inmitten. 1902 kam der einstige Portalaufsatz in eine vermauerte Fensternische des Chorinneren.

Sicher für Rodewitz ist der 1714 geschaffene Portalaufsatz des »Neuen Kaufhauses« (Abb. 126) am Untermarkt. Die auf den Schrägen des gesprengten Giebels ruhenden weiblichen Allegorien von Wohlstand und Selbsterkenntnis tragen unverkennbar Permosersche Züge. Feinfiedriges Palmetten- und Schuppenwerk ziert die mächtige Kartusche zwischen den Giebelteilen. Das Großartig-Festliche dieser Giebelzier ist ein Höhepunkt der sonst relativ bescheidenen Görlitzer Hochbarockplastik.

Das Epitaph des Stadtrichters Moller, gestorben 1715, an der nördlichen Innenwand der Peterskirche steht der Eigenart der künstlerischen Handschrift des Altars der Dreifaltigkeitskirche nahe. Andererseits ergeben sich auffallende Beziehungen zum Werk des Nachfolgers des Rodewitz, J. M. Oberschall, der dieses anspruchsvolle Epitaph wohl noch in der Werkstatt des Meisters vollbrachte. Der 1717 geschaffene Beichtstuhl des Subdiakons in der äußeren Nordapsis der Peterskirche ist zweifellos aus dieser Werkstatt hervorgegangen, bemerkenswert durch die Freilegung der marmorierten Barockfassung. Seine großblattige Akanthuskrone und besonders die baldachintragenden Figuren des reuigen Petrus und der büßenden Magdalena (Abb. 128) stehen als reife Werke der Altarplastik der Dreifaltigkeitskirche nahe.

In Temperament und Struktur wesensverwandt und in der künstlerischen Handschrift eng an das Kaufhausportal anzuschließen ist die Statue der Hygieia (Abb. 127) von der ehemaligen Löwenapotheke, jetzt im Museum Neißstraße 30, aus dem Jah-

125 Hochaltar der Dreifaltig-keitskirche von C.G. v. Rodewitz, 1713. (nebenstehend)

126 Portal vom »Neuen Kaufhaus«, Plastik von C.G. v. Rodewitz, 1714.

re 1718, eine Sandsteinplastik, von der siegesbewußte Koketterie des weiblichen Antlitzes ausstrahlt. Die gleiche Eigenart kennzeichnet das Epitaph Kretzschmar an der westlichen Außenwand der Nikolaikirche. Der hier angebrachte, leider nur fragmentarisch erhaltene weibliche Flügelgenius erscheint wie eine Schwester der Hygieia. Die seitlich Monogrammschilde haltenden Putten gesellen sich formal denen des Altars der Dreifaltigkeitskirche zu. Schließlich kann auch C. G. von Rodewitz das Grabmahl Seibt vom Nikolaifriedhof zugewiesen werden, 1717 datiert. Ein auferstandener Christus erscheint auf dem sarkophagartigen Unterbau, ihm zur Linken ein kleiner Engel, zur Rechten ein Totenschädel. Auch die rauschend pathetische Gewanddraperie entspricht den Figuren des Dreifaltigkeitsaltars.

Es ist im Rahmen dieser Darstellung nicht möglich, eine vollständige Geschichte der Barockplastik in Görlitz zu geben, zumal sich die Hände und Werkstätten nach 1720 schwerlich unterscheiden lassen. Wichtig für die weitere Entwicklung war der Schloßbau Joachimstein im benachbarten Radmeritz in den Jahren 1717 bis 1731, wo Görlitzer Meister mit Dresdener Künstlern zusammentrafen. Der Dresdener Bildhauer Johann Christian Kirchner (1691–1732) war in den Jahren 1720 bis 1731 permanent für Schloß Joachimstein tätig, um den Skulpturenschmuck für das Treppenhaus und den Park zu vollbringen. Auch C. G. von Rodewitz lieferte 1717 – anscheinend als Vorbild für andere Steinmetzen – ein Kapitell für die Schloßfassade. Aufträge dürften auch von Gutsherren der Umgebung häufig an die Rodewitz-Werkstatt herangetragen worden sein, so daß ständig eine Reihe von Gesellen beschäftigt werden mußte. Von diesen ist nur Johann Matthäus Oberschall bekannt, der 1722, nach dem Tode des Meisters, Görlitzer Bürger wurde und durch Eheschließung mit der Witwe die Rodewitz-Werkstatt übernahm. 1730 ist er noch in Görlitz nachweisbar. Seit 1731 weilte er in Dresden, wo er 1735 das ehrenvolle Amt eines Hofbildhauers erhielt. Von den gleichzeitigen Bildhauern in Görlitz ist namentlich nur der Holzschnitzer Christian Ulrich bekannt, der 1713 für den Orgelprospekt in Radmeritz tätig war.

Diese Verhältnisse hat man zu berücksichtigen, wenn man den Einfluß der Rodewitz-Werkstatt und ihrer Nachfolge untersuchen will. Das Doppelgrabmal Dietrich auf dem Nikolaifriedhof, das 1727 entstanden ist, zeigt auf der einen Seite oberhalb der von Palmzweigen gerahmten Schriftta-

127 Büßende Magdalene von einem Beichtstuhl der Peterskirche, 1717.

fel eine Caritas, dern Faltenwurf von Rodewitzscher Art zeugt. Als Hauptzier dient eine Sonnengloriole mit Puttengesicht in einem Wolkenkissen. Die Hauptschauseite verrät deutlich die Handschrift eines Epigonen. Die Gewandung der vier etwas in die Fläche gedrückten weiblichen Allegorien, die unten und seitlich die Schriftkartusche begleiten, ist kleinknittrig und unselbständig. Dagegen weisen der Salvator mundi und die weibliche Gestalt einer Auferstehenden des Jüngsten Gerichts in der Bekrönung auf den Altar der Dreifaltigkeitskirche und das Grabmal Seibt. Rodewitz war 1721 gestorben. Ganz auffällig läßt jetzt die Qualität der Görlitzer Barockplastik nach. Zwar ist die Portalzier vom Hause Neißstraße 30 um 1729 (Abb. 109) in Idee und Formgebung noch Rodewitzsches Schulgut, jedoch von merklich schwächerer Qualität als das Vorbild am Neuen Kaufhaus am Untermarkt. In dieselbe Rodewitz-Nachfolge gehört die Statue des Grabmals Scultetus. Ob das prachtvolle Doppelgrabmal Schäfer von 1738 zur Rodewitz-Nachfolge (Oberschall) gehört, läßt sich nicht mit Sicherheit behaupten. Die Qualität ist auffallend gut. Das hölzerne Hängeepitaph Knorr von Rosenroth in der Dreifaltigkeitskirche, das 1720 entstanden ist, und die ehemalige Kanzel der Nikolaikirche, von der sich ein Trompetenputto in den Städtischen Kunstsammlungen befindet, bezeugen eine besondere Werkstatt.

Mit der Beendigung der Aufträge für Schloß Joachimstein (1731) und der großen Finanzschröpfung und Kassenrevision des Rates (1733) durch die Landesregierung hört Görlitz auf, für auswärtige und heimische Bildhauer Aufträge größeren Stils zu vergeben. Als Nachfolger Oberschalls darf der Görlitzer Bildhauer Hennig Christoph Schröter gelten, der bis 1731 für Joachimstein gearbeitet hat. Allerdings können wir ihm keine gesicherte Arbeit zuschreiben. 1736 starb Schröter im Alter von 54 Jahren. Er war also ein nur wenig jüngerer Zeitgenosse von Rodewitz und vielleicht auch aus dessen Werkstatt hervorgegangen. Gute Leistungen der barocken Bildhauerkunst der vierziger Jahre des 18. Jahrhunderts besitzt die Gruft Granz-Fröhlich auf dem Nikolaifriedhof.

Als letztes Glied reiht sich in diese Entwicklung der Neptunbrunnen (Abb. 129) des Untermarktes ein, ein Werk Johann Georg Mattauschs, der nicht einmal Görlitzer Bürger war, sondern den Auftrag 1756 in Wenig-Rackwitz bei Löwenberg ausführte. Der Neptun erhielt nach seiner Aufstellung eine sehr abfällige Kritik und wurde als »Skandal der Bildhauerkunst« bezeichnet. Das vorn und seitlich ausschwingende Brunnenbecken wird von Rokokoornamenten geziert.

Der Hubertusburger Frieden beendete 1763 den Siebenjährigen Krieg und zugleich auch Sachsens Glanzzeit. Preußen

128 »Hygieia« von der ehem. Löwenapotheke von C.G. v. Rodewitz, 1718.

sperrte durch Abwehrzölle den Handel zwischen Sachsen und Schlesien. 1784 schloß der Kaiser die böhmisch-sächsische Grenze für den freien Warenaustausch. Das hieß für Görlitz auf Handelsprivilegien verzichten, die seit 1329 bestanden hatten. Ober- und Niederlausitz bewahrten ihre relative Selbständigkeit und wurden nicht in die sächsischen Staatsreformen einbezogen. Der Görlitzer Handel war auf das friedliche Verhältnis zwischen Sachsen, Preußen und Österreich angewiesen.

129 Neptun-brunnen auf dem Untermarkt, von J. G. Mattausch, 1756.

KUNST- UND WISSENSCHAFTSSAMMLUNGEN
UND IHRE ENTSTEHUNG

Das Sammeln von Gegenständen der Kunst, von Produkten der Natur und Zeugen der Geschichte war in der Renaissance an den Fürstenhöfen und bei Gelehrten aufgekommen. Sammlungen, bunte mannigfaltige Vereinigungen von Raritäten und Schöpfungen der Kunst und des Kunsthandwerks, sollten der Erhöhung
des persönlichen Ansehens des Besitzers dienen. In den Schloßneubauten des 18.
Jahrhunderts entstanden als Spezialsammlungen die Galerien und Kunst- und
Naturalienkabinette. In der Zeit des Hochbarocks strebte auch das vermögende
Bürgertum nach einer Glorifizierung seiner eigenen Interessen, Ausweis seiner
Bildung, seiner Berufsatmosphäre durch den Glanz von Sammlungen der Dinge
des Geisteslebens, wie Bücher, Handschriften, Münzen, Siegel. Kaufleute brach-

ten Raritäten aus fremden Ländern zur eigenen Freude mit nach Hause. Dazu
kam das durch die Aufklärung geweckte wissenschaftliche Interesse, das aus dem
zufälligen Vielerlei der Kunst- und Wunderkammer die Arbeitssammlung der
Gelehrten formierte.

Milichsche
Sammlung

Im Jahre 1727 kam Görlitz unverhofft in den Besitz einer derartigen bürgerlichen Sammlung, die der Schweidnitzer Jurist Johann Gottlieb Milich dem Görlitzer Gymnasium testamentarisch hinterließ. Die Stadt hatte noch in langwierigen
Verhandlungen und Streitigkeiten diese Sammlung, der eine beachtliche Bibliothek zugehörte, gegen die Ansprüche der Wiener Hofbibliothek zu verteidigen,
da sich unter den Skripten auch solche befanden, die Glaubensfragen behandelten und die der katholische Kaiserhof nicht in den Händen einer protestantischen
Stadt wissen wollte. So kam leider nicht alles nach Görlitz, das ausersehen war,
hier den Grundstock für eine erste öffentliche Bibliothek und ein erstes Museum
abzugeben. Die Bücherbestände der Sammlung von Johann Gottlieb Milich wurden mit den Resten der ehemaligen Klosterbibliothek vereint, heute noch eine
besondere Abteilung der Oberlausitzischen Bibliothek der Wissenschaften an den
Städtischen Sammlungen für Geschichte und Kultur. Zunächst wurden der Bü-
cherschatz und die Sammlungen von Kupferstichen, Münzen und Naturalien nebst
dem zugehörigen Mobiliar provisorisch im Rathaus untergebracht. 1784 zogen
sie in das ehemalige Kaufhaus am Untermarkt (Abb. 112), wo seither sogar die
Portalinschrift mit Hinweis auf die einst hier beheimatete Sammlung verändert
wurde (Abb. 126). Jedoch blieb der erhoffte Erfolg dieser ersten öffentlichen Kul-
tureinrichtung aus, da sie den Bildungsansprüchen des 19. Jahrhunderts nicht
mehr zu entsprechen vermochte.

Der maßgebende neue Anstoß zur Erneuerung des Geisteslebens kam infolge
der überalterten Verfassung der Oberlausitz aus den Forderungen nach einer stan-
desübergreifenden Aufklärung und ihrer Vereinigung mit der Neubelebung der
Laienaktivitäten innerhalb des Pietismus, besonders aus der östlichen Oberlausitz. Juristen, Geistliche, Gutsherren und Ökonomen aus Bürgertum und Landadel kritisierten eine nur vernunftbetonte und standesabhängige Aufklärung. Die
vielgetadelte Rückständigkeit der Oberlausitzer Untertanenverhältnisse führte
zum Abwandern vieler fähiger Köpfe an auswärtige Universitäten und aufge-
klärte Fürstenhöfe. Völlig vernachlässigt blieb die Volksbildung, vor allem auf
dem Lande.

Adolf Trau-
gott von
Gersdorff

Karl Gottlob
von Anton

Mit dem zunächst bescheidenen Plan der Gründung einer Gesellschaft zur Beförderung der Natur- und Geschichtskunde trat der 1751 in Lauban geborene
Görlitzer Oberamtsadvokat, Rechts- und Sprachhistoriker Karl Gottlob Anton an
den 1744 in Rengersdorf bei Görlitz geborenen und ansässigen Gutsherrn, Ökonomen und Naturforscher Adolf Traugott von Gersdorf heran. Innerhalb weniger Wochen gewann dieser Plan 18 weitere Freunde. Am 21. April 1779 wurde
unter der Geschäftsleitung Antons die Oberlausitzische Gesellschaft der Wissen-

schaften gegründet, die sich bereits 1780 den Charakter einer Provinzialakademie aneignete. Wesentlich trug dazu ihr erstes Preisausschreiben bei, das der Verbesserung der Landschulen und der Errichtung von Lehrerseminaren galt, einer Forderung, die durch die preisgekrönten Schriften von Samuel August Sohr (1751–1838) in Görlitz, dem späteren Görlitzer Bürgermeister, und dem Leipziger Ökonomieprofessor Nathanael Gottfried Leske (1757–1786) in den »Provinzialblättern« der Wissenschaftsgesellschaft mit dem Ruf nach Volksaufklärung und Befreiung der Bauern aus der gutsherrlichen Hörigkeit verbunden war. Da sich diesem Apell die Rechte der Gutsherren auf ihre Untertanen und die Oberlausitzer Verfassung in den Weg stellten, mußten die beiden Gesellschaftsgründer bis 1790 selbst ihre wissenschaftlichen Befähigungen unter Beweis stellen, Anton als Vertreter der rationalen Landwirtschaft und Rechts- und Sprachforscher, von Gersdorf als Mineraloge und Erforscher der atmosphärischen Elektrizität.

Oberlausitzische Gesellschaft der Wissenschaften zu Görlitz

Anfangs hielt die Gesellschaft ihre Zusammenkünfte im »Braunen Hirsch« am Untermarkt ab, 1792 bis 1804 im Neuen Kaufhaus, ebenfalls am Untermarkt gelegen (Abb. 112). Als die beiden Stifter 1801 eine gemeinsame Bestimmung über den Verbleib ihrer privaten umfangreichen wissenschaftlichen Sammlungen verfügten, die im Falle ihres Todes in den Besitz der Oberlausizischen Gesellschaft der Wissenschaften übergehen sollten, erwies sich das bisherige Heim der Gesellschaft als zu klein. Anton überließ ihr aus diesem Grunde 1804 sein eigenes Wohnhaus Neißstraße 30 (Abb. 109) für die Unterbringung der wissenschaftlichen Sammlungen. Nach dem Tode Gersdorfs 1807 trat das Legat in Kraft, und fortan wurde das Haus Neißstraße 30 als Stiftung Antons Mittelpunkt der Wissenschaftspflege der Oberlausitz. Dieser hochherzigen Taten, die inmitten notvoller Zeiten geschah, in denen wissenschaftliche Arbeit Verzicht und Opfer bedeutete, verdankt Görlitz den Ruhm, für das ganze 19. Jahrhundert Mittelpunkt der Oberlausitzer Forschung, besonders der Geschichtswissenschaften, geworden zu sein. Die schon zu Beginn des 19. Jahrhunderts recht ansehnlichen Sammlungen, besonders die Bibliothek (Abb. 130), vergrößerten sich durch weitere Stiftungen. Hatte Anton seine Privatbibliothek mit 12000 Bänden der Gesellschaft übergeben, Gersdorf die seine und dazu seine umfangreichen naturwissenschaftlichen Sammlungen, so folgten bald Münzen, Siegel, Kupferstiche und Zeichnungen.

Neißstraße 30

Eine der interessantesten Teilsammlungen bildet das physikalische Kabinett Gersdorfs, das Instrumente und Apparate zur Erzeugung, Untersuchung und Anwendung der Elektrizität enthält und heute, nach der 1952 erfolgten Wiederaufstellung im nunmehr als Museum dienenden ehemaligen Gesellschaftshaus Neißstraße 30, über den Forschungsstand der Elektrizitätslehre vom Ende des 18. und vom Beginn des 19. Jahrhunderts vortrefflich unterrichtet. Neben einer großen Amsterdamer Scheibenelektrisiermaschine von 1793, einer ebensolchen des Schwertaer Mechanikus Traugott Weise von 1798, einer Londoner Zylinder-Elektrisiermaschine für medizinische Anwendung, von Nairne um 1800 konstruiert, ist die 1795

131 Schrein der Görlitzer Tuchmacherzunft, 1664.

132 Sargschild der Töpfer, 1780.

von Johann Gotthelf Studer (1762–1832) in Freiberg konstruierte Luftpumpe zu sehen, zu der Johann Friedrich Wilhelm Charpentier (1728–1805), Goethes mineralogischer Berater, das Gehäuse entwarf. All diese Apparaturen legen die weitreichenden Beziehungen des Oberlausitzer Wissenschaftslebens um 1800 eindringlich dar. Es mag verblüffen, innerhalb der Gersdorfschen Sammlungen zu erfahren, daß ihr Stifter im Jahre 1786 Augenzeuge der Erstbesteigung des Montblanc war und eine hochinteressante Sammlung alpiner Anschauungsobjekte hinterließ, darunter die Modelle des Montblanc- und des St.-Gotthardmassivs von Charles Francois Exchaquet, von denen das erste auch die Route der Erstbesteigung des höchsten europäischen Gipfels darstellt. Eine umfangreiche Mineraliensammlung kam im Laufe von Gersdorfs vielseitigen, merkantil bestimmten Versuchen mit Steinen, Glasflüssen und Erden zustande – in Verbindung mit den Reisetagebüchern ein kulturgeschichtlicher Zeuge goethezeitlichen Wissenschaftslebens.

Im Museum Neißstraße 30 wurde in den Jahren 1952 bis 1954 für all diese kultur- und sammlungsgeschichtlich bedeutsamen Bestände eine wissenschaftsgeschichtliche Abteilung der Städtischen Sammlungen eingerichtet. Zu alledem erhielt sich auch das klassizistische Mobiliar der Beratungs- und Forschungsräume. Dies alles ist aber nicht nur als Zeugnis stiller Stubengelehrsamkeit zu betrachten, sondern als Denkmal fortschrittlicher Forschungen, die, in der Oberlausitz mit einem philanthropischen Idealismus verbunden, wesentliche Sozialreformen zustande brachte, wie auf den Gütern Carl Adolf Gottlob von Schachmann (1725–1789) und Adolf Traugott von Gersdorf Befreiung der Gutsuntertanen aus der Leibeigenschaft und eine weitreichende Gesundheitserziehung, auf deren Gebiet sich der Görlitzer Arzt Christian August Struve (1754–1807) mit der Einführung der systematischen Kuhpockenimpfung gegen die Blatternseuche und mit zahlreichen Aufklärungsschriften höchste Verdienste erworben hat. Über Struves Wirken unterrichtet gleichfalls die wissenschaftsgeschichtliche Abteilung des Hauses Neißstraße 30, wo auch die Porträts jener verdienstvollen Männer der Oberlausitz vereinigt sind.

Das ursprünglich gehegte Ziel einer Provinzialakademie mußte jedoch mit der zunehmenden Spezialisierung der Wissenschaften aufgegeben werden. 1811 gründeten Ornithologen in Görlitz eine Vereinigung, aus der 1823 die Naturforschende Gesellschaft zu Görlitz hervorging, die den Grund für das heutige Staatliche Naturkundemuseum legte. Auch die ursprünglich von der Oberlausitzischen Gesellschaft der Wissenschaften gepflegte Urgeschichte verselbständigte sich 1830 in einer Altertumssektion der Naturforschenden Gesellschaft. Schließlich verzichtete die Oberlausitzische Gesellschaft der Wissenschaften auch auf ihre

133 Silberleuchter, Meister A. R., Görlitz 1696.

134 Schleifkanne der Görlitzer Tuchmacherzuft, 1657.

anfangs so mutig verfochtenen ökonomischen Bestrebungen, als sich 1830 der Gewerbeverein konstituierte. Sie beschränkte sich als Mutterorgan des Oberlausitzer Wissenschaftslebens mehr und mehr auf die Geschichtsforschung, die weit über den Rahmen der örtlichen Geschichtsvereine hinaus landesgeschichtliche Grundlagenforschungen betrieb und ihre Ergebnisse in Urkundeneditionen und ab 1821 im Neuen Lausitzischen Magazin, einer der bedeutendsten historischen Zeitschriften des 19. und der ersten vier Jahrzehnte des 20. Jahrhunderts, der deutschen und internationalen Forschung vorlegte.

1990 riefen die Bewahrer

135 Model der Peterskirche, von D. T. Nicolai, 1761.

des bedeutenden Erbes zur Weiterführung der 1943 abgebrochenen und 1945 rechtlich aufgehobenen Arbeit der Oberlausitzischen Gesellschaft der Wissenschaften zu Görlitz auf und fanden dazu viele Freunde in ganz Deutschland und im Ausland.

Das Sammlungswesen dagegen erfuhr im 19. Jahrhundert nach langer Stagnation seine weitere Entfaltung, aber auch Zersplitterung, als 1873 das städtische Museum für Altertum und Kunst am Jüdenring (heute Hugo-Keller-Straße) entstand. Mit der Aufhebung der Zünfte und Verkündung der Gewerbefreiheit von 1846 fiel dem 1831 gegründeten Gewerbeverein die Aufgabe zu, das Kulturgut der Zunftstuben zu sammeln und auszustellen, das 1873 vom städtischen Museum übernommen wurde (Abb. 133–133). Die Öffentlichkeit verlangte nun nach bürgerlichen Bildungsinstitutionen, die nicht nur dem Wissenschaftler als Arbeitssammlungen, sondern der Allgemeinheit zur Belehrung dienen sollten. Die 1888 ins Leben gerufene »Gesellschaft für Anthropologie und Urgeschichte der preußischen Oberlausitz« verselbständigte unter wesentlicher Anteilnahme Rudolf Virchows (1821–1902) dieVorgeschichtswissenschaft, die bereits inerhalb der Oberlausitzischen Gesellschaft der Wissenschaften glückliche Ansätze gefunden hatte, von denen heute noch der interessante bronzezeitliche Urnenfund von Königswartha (Abb. 136) nödlich Bautzen zeugt, der schon 1797 in den Besitz der Oberlausitzischen Gesellschaft gelangt war.

Es ist nicht alltäglich, daß eine Stadt ein Sammlungswesen aufweist, das trotz enormer Verluste im zweiten Weltkrieg noch heute, nach so wechselvollen Besitzverhältnissen, ihre kulturhistorisch interessante Entstehungsgeschichte erkennen läßt. Dies erklärt auch die besondere Eigenart des Museums Neißstraße 30, das als kunst- und kulturgeschichtliches Sammlungsgebäude 1951 neu eingerichtet wurde, nachdem das bedeutsame Barockhaus innen und außen eine grundlegende denkmalpflegerische Restaurierung erfahren hatte. Seither umfaßt es in den festlichen Barockräumen eine Kunsthandwerksschau mit Kulturzeugen des 17. und 18. Jahrhunderts, bestehend aus kunstvollen Möbeln, Fayencen, Zinn und einer besonders reich ausgestatteten Glassammlung, die neben den geschnittenen und geschliffenen Gläsern des Barock, den Transparent-, Überfang- und Milchgläsern des Empire und der Biedermeierzeit auch gediegene Beispiele für die Glaskunst des 20. Jahrhunderts enthält, so daß eine lehrreiche Übersicht über die Geschichte des Glases sächsischer, böhmischer, schlesischer, thüringischer und brandenburgischer Hütten vom 17. bis zum frühen 19. Jahrhundert und über das formenschöne Industrieglas aus Oberlausitzer Hütten bis zur Gegenwart und aus den Werkstätten der Kunsthandwerker erreicht wurde. Im zweiten Obergeschoß des Museums Neißstraße 30 vereinen sich die wissenschaftsgeschichtliche Sammlung und das Graphische Kabinett mit dem Bedeutungsgehalt des Hauses als einstiger traditionsreicher Mittelpunkt des Wissenschaftslebens der Oberlausitz. Strenges klassizistisches Mobiliar bietet dafür das historisch geeignete kunstgeschichtliche Gewand. Die im Westflügel des gleichen Stockwerkes untergebrachten Sammlungen für Volkskunde muß hier besonders ihrer farbigen Möbel wegen erwähnt werden.

Die bedeutendste und umfangreichste Sammlung des Hauses Neißstraße 30 ist die bereits erwähnte Oberlausitzische Bibliothek der Wissenschaften, die als Haupterbe der Oberlausitzischen Gesellschaft die bedeutendste wissenschaftsgeschichtliche Bücherei der Oberlausitz darstellt. Hier hat sich eine enzyklopädische Arbeitsbibliothek der Aufklärungszeit noch in ihren barocken Räumen, auf barocken Bogenregalen erhalten, ein bedeutsames Denkmal deutscher Kultur- und Geistesgeschichte (Abb. 143). Mit der eifrigen Sammlertätigkeit kam seit 1873 ein städtisches Museum zustande, das das Sammeln von Kunstgegenständen und Kulturgütern der Oberlausitz in seinen Hauptaufgabenkreis einbezog. Seit 1932 fanden die Zeugen der Stadtgeschichte und die große Sammlung für Ur- und Frühgeschichte im Kaisertrutz ihre Heimstätte; seit ihrem Wiederaufbau ab 1998 sind sie im untersten freigelegten Rundgang ausgestellt. Das Obergeschoß enthält eine Gemäldegalerie, die mit Werken von vorwiegend Oberlausitzer Künstlern vom Ausgang des 18. Jahrhunderts bis zur Gegenwart führt, somit die kunstgeschichtliche Schau des Museums Neißstraße 30 für die Perioden des Spätbarock, Klassizismus, der Romantik

Oberlausitzische Bibliothek der Wissenschaften

136 Ansicht von Görlitz. Ölgemälde von Johann Alexander Thiele, 1745.

erweiternd fortsetzt und mit charakteristischen Schöpfungen die Geschichte der deutschen Malerei des 19. Jahrhunderts belegt. Von den hier vertretenen Künstlern mögen einige wenigstens erwähnt werden, da ihr Schaffen die deutsche Kunst in

137 Bronzezeitliche Gefäße aus einem Grab, gefunden 1797 bei Königswartha.

beachtlicher Weise bereichert. Der älteste von ihnen, Johann Eleazar Zeisig, nach seinem Geburtsort Großschönau »Schenau« genannt (1737–1800), war der erste deutsche Direktor der Dresdener Akademie. Sein um 1760 gemaltes Porträt Friedrich Augusts des Gerechten als Kurprinz zeigt diesen Maler noch als Vertreter des Barock. Durch seine Pariser Jahre, in denen er sich der Fin-de-Siecle-Malerei eines Jean Baptiste Greuze (1725–1805) anschloß, wurde er veranlaßt, zum bürgerlichen Genre überzugehen. Das »Ehepaar in der Laube« von etwa 1770 in der Görlitzer Sammlung ist charakteristisch für die Frühform dieser Richtung. Gegen 1800 schloß sich Schenau schließlich dem Klassizismus an, wobei eine beträchtliche Qualitätsminderung in seinem Schaffen zu verzeichnen ist, wie ein Familienbild aus dieser Zeit darlegt.

138 Barocksaal im Museum Neißstraße 30.

Johann Eleazar Zeisig, gen. Schenau

Franz Gareis

Als Schenau-Schüler ist der unter dem Einfluß Anton Graffs (1736–1813) stehende 1775 in der Klosterfreiheit Marienthal geborene Tischlersohn Franz Gareis (gest. 1803) einer der liebenswürdigsten Maler der Oberlausitz. Von ihm besitzen die Städtischen Sammlungen in ihrem Graphischen Kabinett eine beträchtliche Handzeichnungskollektion. Als Maler ist er im Kaisertrutz u. a. mit dem in niederländischer Art gehaltenen Porträt seines Vaters von 1799 und einem vorzüglichen Damenporträt vertreten.

Christoph Nathe

Als Frühromantiker nimmt Christoph Nathe (1753–1806) eine ganz hervorragende Stellung in der deutschen Kunstgeschichte ein. Als einer der ersten schuf er eine Landschaftsmalerei mit weitgespanntem Horizont, wie sie dann für Caspar David Friedrich (1774–1840) typisch wurde. Sein gesamtes Schaffen vollzog sich auf dem Gebiet der Aquarellmalerei und der Sepia- und Bisterzeichnung. Als Direktor der Görlitzer Zeichenschule hat er zu Beginn des 19. Jahrhunderts eine Zeitlang eine lokale Schultradition begründet, über die die Bestände des Graphischen Kabinetts Auskunft geben.

Heinrich Theodor Wehle

Von den Zeichnern der Goethezeit in der Oberlausitz verdient auch Heinrich Theodor Wehle (1778–1805) besondere Beachtung. Sein graphisches Œuvre mutet als eine Vorwegnahme der Hochromantik an. Bedeutende Zeichnungen seiner Beteiligung an einer russischen Kaukasusexpedition der Jahre 1801 bis 1804 werden im Graphischen Kabinett verwahrt.

Philipp Hackerts (1737–1807) 1806 geschaffene Ideallandschaft »Acta vita ritu fluminis« vergleicht durch den einem Grabmal beigegebenen lateinischen Sinnspruch das tätige Leben mit dem Lauf eines Flusses und verweist auf den naturveredelnden betont literarisch interpretierenden Kulturgedanken der Goethezeit.

Adolf Zimmermann

Der aus Niesky stammende Adolf Zimmermann (1799–1859), anfangs Vertreter der religiösen Kunst der Nazarener und Deutsch-Römer der Romantik, ist mit einem Ölbildnis des ersten Görlitzer Oberbürgermeisters Gottlob Ludwig Demiani vertreten. Aus Görlitz selbst gebürtig ist Johann Karl Rösler (1775–1845), von dem ein vorzügliches Männerbildnis im Kaisertrutz hängt. Ernst Moritz Fiebiger, gleichfalls ein Görlitzer (1810 bis 1834), ist hier mit einem Selbstbildnis und einem typisch nazarenischen Gemälde »Daniels Speisung« repräsentiert.

Gotthold Theodor Thieme

Über die Mitte des 19. Jahrhunderts hinaus führt das Schaffen des Görlitzer Malers Gotthold Theodor Thieme (1823–1901), das in der Galerie im Kaisertrutz mit seinem Selbstbildnis und dem vorzüglichen Porträt seiner Gattin zu beurteilen ist. Die Landschaftsmalerei der zweiten Hälfte des 19. Jahrhunderts ist durch die aus Zittau stammenden Brüder Albert August und August Richard Zimmermann zu belegen.

Außerhalb der Oberlausitzer Malerei, die im weiteren Verlauf des 19. Jahrhunderts die landschaftsgebundenen Traditionen verläßt, sofern es sich nicht um ausgesprochene Heimatkunst handelt, ist – neben Werken von Ferdinand von Rayski (1806–1890) und Karl Friedrich Lessing (1808–1880) – die gleichfalls im Kai-

sertrutz befindliche Kollektion deutscher Malerei des Impressionismus hervorzuheben. Robert Sterl (1867–1932) und Gotthard Kuehl (1850–1915) sind mit frühen Bildern vertreten, außer ihnen weitere Hauptrepräsentanten des deutschen
Impressionismus mit typischen und qualitätvollen Werken. Görlitzer Maler des
20. Jahrhunderts runden die Galerie nach der Gegenwart zu ab. In ihrem Schaffen
ragt besonders die Richtung »Neue Sachlichkeit« der zwanziger Jahre hervor, die
durch Alexander Kanoldt (1881–1939) als Lehrer angeregt wurde, der selbst mit
einem seiner bekannten Olevano-Bilder vertreten ist. Die Görlitzer Maler Arno
Henschel (1897–1945) und Arthur Ressel (1896–?) mögen hier als seine besten Schüler genannt sein. Der gleichen Richtung schließt sich auch das Schaffen des als
mutiger Antifaschist im Widerstandskampf gefallenen und als Schriftsteller, Kup-
ferstecher und Maler verdienten Görlitzer Johannes Wüsten (1896–1943) an, dessen gesamtes druckgraphisches Œuvre im Graphischen Kabinett verwahrt wird.

Seit Herbst 1976 ist der Öffentlichkeit im Museum Neißstraße 30 im Erdgeschoß eine ständige Ausstellung zugänglich, die über das Leben und das künstlerische Gesamtwerk des Görlitzer bildenden Künstlers und Schriftstellers Johannes Wüstens unterrichtet. Hier befindet sich der größte Teil des erhaltenen malerischen Œuvres und ausgewählte Werke seines Schaffens als Stecher und Kera-
miker, sowie Übersichten über seine veröffentlichten schriftstellerischen Arbeiten, Fotos von Aufführungen seiner Bühnenwerke und Kataloge seiner Ausstellungen. 1998 wurden die kulturgeschichtlichen Museen – seit 1936 städtische
Kunstsammlungen – mit der Oberlausitzischen Bibliothek und dem Ratsarchiv
als Städtische Sammlungen für Geschichte und Kultur zusammengeschlossen.

Johannes
Wüsten

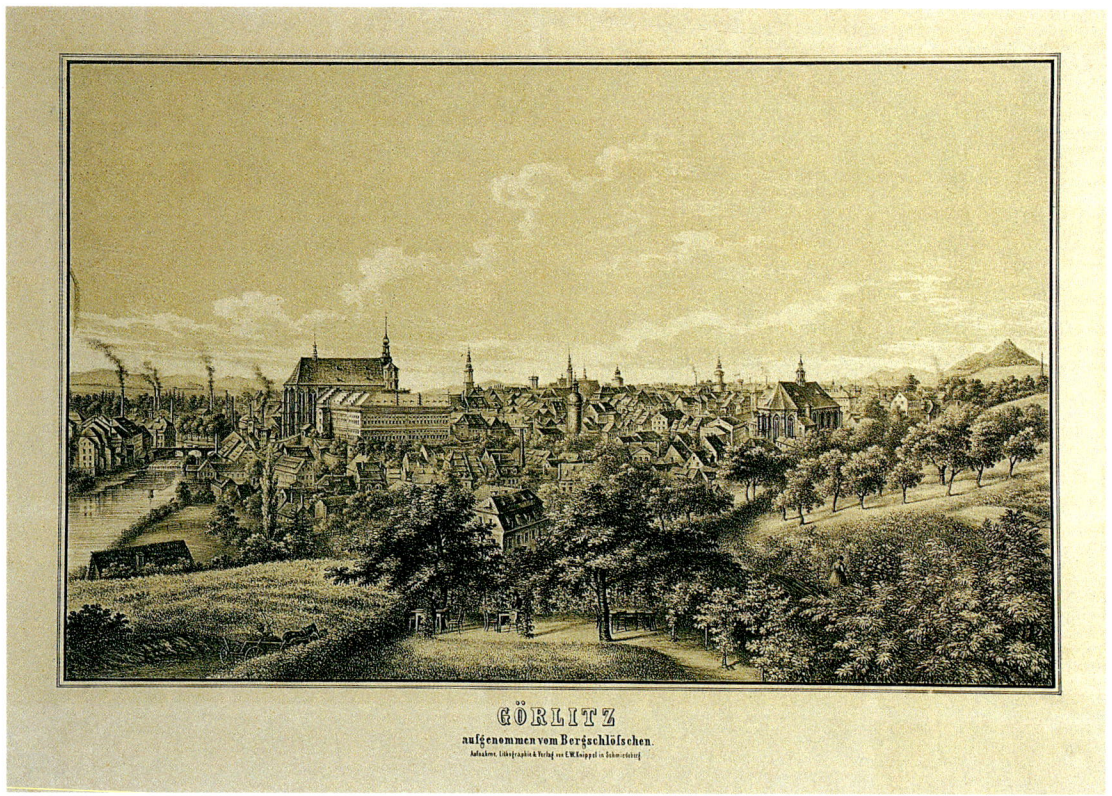

GÖRLITZ
aufgenommen vom Bergschlößchen.

GÖRLITZ IM 19. JAHRHUNDERT

1. Historische Voraussetzungen

139 Görlitz von
Norden.
Lithographie von
E.W. Knippel,
um 1860.

Zwischen 1806 und 1815 hatte die zum rheinbündischen Sachsen gehörende Oberlausitz sowohl unter der napoleonischen Fremdherrschaft schwer zu leiden, wie
auch für den nationalen Befreiungskampf große Opfer zu bringen gehabt. Görlitz
wurde dabei hart betroffen. Jegliches Wirtschaftsleben war 1813 zusammengebrochen, die Stadt durch Truppenversorgungen, Kontributionen, Erpressungen
ebenso verarmt wie die einst reichen Bürger. Im Wiener Frieden war die Oberlausitz 1815 zwischen Sachsen und Preußen ungeachtet ihrer alten wirtschaftlichen
und politischen Einheit geteilt, Görlitz mit der Ostoberlausitz zu Preußen geschlagen und dem schlesischen Regierungsbezirk Liegnitz unterstellt worden.

Stadtansichten und Einblicke in die Straßen und Plätze auf Bildern zwischen
1800 und 1848 erwecken den Eindruck, in Görlitz sei die Zeit stehengeblieben.
Die Stadt des Biedermeier gibt sich beschaulich und selbstzufrieden hinter ihren
beengenden mittelalterlichen Mauern und Stadttoren. Dennoch mußten sich die

Görlitzer mit vielen über sie verhängten Neuerungen abfinden und vertraut machen: 1816 mit der preußischen Regierungs- und Gerichtsverfassung, dem Allgemeinen Preußischen Landrecht, 1818 mit preußischen Maßen und Gewichten und schließlich auch mit der preußischen Währung. 1820 wird die zunächst interimistische Stadtverwaltung von der staatlichen Justizverwaltung getrennt und die Polizeiverwaltung gesondert geregelt, was auch die Einführung der Baupolizei zur Folge hatte, mit der sich der Staat Eingriffe in die städtischen Bauvorhaben sicherte.

1826–1830 erfolgte durch den Staat der Neubau des Vogtshofes als Garnisonskaserne und Strafanstalt, nach dem der noch in kursächsischer Zeit begonnene Bau eines Zucht- und Arbeitshauses an dieser Stelle wegen des Krieges nicht mehr zur Ausführung gekommen war. Auf den Abbruch der morschen hölzernen Wehrgänge auf den Stadtmauern der Süd- und Südwestseite folgte 1830 die Kabinettsorder, die Stadtmauern zu erhalten. 1826 wurde die amtliche Benennung der Straßen und Plätze eingeführt, 1829 die Hutungsrechte auf der Viehweide aufgehoben und mit der Anlage des Stadtparks begonnen. 1831 mußten die städtischen Zollstationen an den Staat abgegeben werden. Der Chausseebau wurde seit 1833 bis an die Stadttore vorangetrieben und gleichfalls 1833 die preußische Städteordnung eingeführt, womit die Selbstverwaltung der Stadt sichere Grundlagen erhielt. Um sich dem zunehmenden Straßenverkehr zu erschließen, mußten ab 1834 die Stadttore breitere Zufahrten aufnehmen. 1836–1841 wurde der Verkehrsbeengung wegen der ganze Neißturm mit dem Neißetor abgebrochen, nachdem schon 1824 der Spitalturm am östlichen Brückenkopf Opfer der Spitzhacke geworden war.

Trotz all dieser staatlichen Initiativen bewiesen Görlitzer Bürger, nicht nur in den Amtsstuben, sondern vor allem in den hier vertretenen Gewerben und Wirtschaftsgebieten, daß sie den Aufbruch in das werdende Industriezeitalter gestalten wollten. 1830 gründete der Görlitzer Baurat Friedrich Wilhelm Weinhold (1784– 1876) den hiesigen Gewerbeverein, der zunächst als »Technischer Leseverein« der gewerblichen Weiterbildung diente, aber bereits ab 1831 mit eigenen Ausstellungen hervortrat. Der Gewerbeverein hatte, bevor er sich 1871 am Demianiplatz sein eigenes Gebäude schuf, sein Domizil in der Waage am Untermarkt. Durch seine Förderung entstand 1852 die Görlitzer Gewerbeschule. Weinhold machte sich durch seine 1862–1865 angelegte Bauchronik um die Erforschung der Geschichte und Topographie von Görlitz höchstverdient.

Gottlob Ludwig Demiani (1786–1846), seit 1814 im Dienst der Stadt, hatte ab 1820 als Stadtkämmerer den großen Forstbesitz von 34.600 Hektar für Görlitz wirtschaftlich nutzbar gemacht. Görlitz konnte sich als landbesitzreichste deutsche Stadt ausweisen. Sie zählte 1816 8786 Einwohner, was nur Stagnation seit Ende des Mittelalters beweist, aber 1830 deren 11 116. Der relativ bescheidene Zuwachs ist aus der Entwicklung von der rein handwerklichen Produktion zur einfachen Maschinenproduktion zu erklären, die noch auf Wasserradantrieb der alten Mühlen oder auf Göpelwerke und Treträder mit Pferde- oder Menschenkraft angewiesen war. 1816 bestand in Görlitz erst eine derartige mechanische Wollspinnerei. In den dreißiger und vierziger Jahren des 19. Jahrhunderts fand die Tuchindustrie den Weg zur Fabrikarbeit durch die Dampfkraft und mechanische Webstühle. 1837 stellte die Tuchfabrik der Gebrüder Bergmann und der Gebrüder Krause auf dem Baugrund der alten Teichmühle am Nikolaigraben / Ecke Rothenburger Straße die erste Dampfmaschine in Görlitz in Betrieb. Eine weitere folgte 1845 für die auf dem Gelände der einstigen Pulvermühle am Grünen Graben / Ecke Lunitz gelegene Tuchfabrik derselben Firma.

Gottlob
Ludwig
Demiani

Unter Gottlob Ludwig Demiani, ab 1833 Bürgermeister und 1844 vom König Friedrich Wilhelm IV. zum Oberbürgermeister ernannt, rückte Görlitz in den Rang einer großen preußischen Stadt auf. In dieser Zeit vollzog Görlitz die ersten gewichtigen Schritte von der noch überwiegend handwerklichen Produktion zur maschinellen Fabrikproduktion. Das bedeutete für die folgenden Jahrzehnte, die Stadt als Industrie- und Verkehrsschwerpunkt der preußischen Oberlausitz auszubauen und damit den Umbau der alten und den Neubau einer modernen Stadt. Hatte man anfangs noch die Mühlenwerke an der Neiße für die Tuchproduktion und -veredlung genutzt, so erforderten Dampfmaschinen in großer Zahl bald die Zulieferung von Steinkohle auf dem Schienenweg, auf dem auch in einer nicht erwarteten Weise die Zuwanderung einer ständig wachsenden Bevölkerung zustandekam.

Eisenbahnbau

Demiani war bereits vor 1845, d. h. vor Beginn des Bahnstreckenbaus von Dresden und Berlin nach Schlesien, bemüht, Görlitz als Streckenkreuzung auch in südlicher Richtung auf Prag und Wien auszugestalten. Diesem Plan stellten sich jedoch erhebliche geographische, finanzielle und politische Hindernisse in den Weg. Die Streckenführung Görlitz–Zittau erhielt erst 1871 die »allerhöchste Konzession« und wurde bis 1875 ausgeführt, so daß man von Berlin über Görlitz nach Zittau und von da nach Reichenberg / Liberec reisen konnte.

Mit der Gründung des Deutschen Zollvereins 1833 und vor allem mit den Anschlüssen an die sächsischen und preußischen Eisenbahnen 1847 sicherte sich Görlitz in der industriellen Entwicklung einen vorrangigen Platz unter den preußischen Industriestädten. Schon 1849 begann der Sattler- und Wagnermeister Christoph Lüders an der Brunnenstraße westlich des Demianiplatzes im Auftrag der Stadt mit dem Bau von Eisenbahnwagen. Dieser Industriezweig wurde immer mehr das wirtschaftliche Rückgrat der Stadt und zog große Scharen landarmer Bauern, verelendeter schlesischer Arbeiter und technischer Arbeitskräfte aus anderen Städten nach Görlitz. Die aufschnellenden Zahlen der Einwohnerschaft belegen diese rapide Entwicklung: um 1850 etwa 20 000, um 1870 etwa 40 000 und um 1900 gegen 81 000 Einwohner. Diesem schnellen Aufstieg konnte die notwendige städtebauliche Entwicklung kaum folgen. Ab Mitte des 19. Jahrhunderts entstanden die neuen Viertel zwischen Altstadt und Bahnhof, bis zum Ende des Jahrhunderts die ausgedehnten Wohngebiete im Süden und Westen der Stadt. Seit Mitte des 19. Jahrhunderts verlagerten sich die Schwerpunkte der Industrie in westliche Richtung, der Eisenbahn entgegen.

2. Vom Klassizismus zur Stadtbaukunst

In Anbetracht des totalen wirtschaftlichen Zusammenbruchs, den die Stadt Gör-   Klassizismus
litz infolge der napoleonischen Kriegführung und der hohen Kontributionen er-
leiden mußte, nimmt es nicht wunder, wenn die Periode des Klassizismus hier
keine bemerkenswerten Denkmale hinterlassen hat. Nur wenige klassizistische
Grabstellen auf dem Nikolaifriedhof blieben inmitten der Überzahl barocker Grabsteine erhalten, unter ihnen die des Görlitzer Apothekers Benjamin August Struve und seiner Frau von 1789 und die ihres berühmten Sohnes, des Arztes Christian
August Struve, der 1807 in Ausübung seiner Amtspflicht »den Tod durch Wohl-
tun fand«, wie die Grabinschrift in Erinnerung seiner aufklärenden Gesundheitserziehung und Einführung der Pockenimpfung in der Oberlausitz besagt.

Als Ersatz für die den Denkmalkult und zugleich alles Klassisch-Antike ver-
ehrende Kunst des frühen 19. Jahrhunderts diente eine anläßlich der Huldigungs-
feier für den preußischen König Friedrich Wilhelm III. 1815 geschaffene hölzerne
Festarchitektur. 1840 zu einer dorischen Tempelfront umgestaltet, erhielt sie als
»Portikus« (Abb. 140) auf der ab 1829 neu angelegten Promenade – jetzt Dr.-Kahl-

140 Der 1840
errichtete
Portikus an der
Promenade,
heute Kahlbaum-
allee.

baum-Allee – beim Abzweig der Schützenstraße ihren Platz, von dem sie erst in der bitteren Notzeit des Winters 1945/46 als Heizmaterial verschwinden sollte. Mit der Promenade schuf sich das biedermeierliche Görlitz aus der maueruumwehrten Enge seine Flaniermeile in die mit Lindenallee und werdendem Stadtpark veredelte Natur zum 1833 seiner Bestimmung übergebenen Wilhelmsbad, dem späteren »Tivoli«.

Bauliche Neuerungen konzentrierten sich nach 1815 auf Ordnung und Sauberkeit, das hieß zeitweilig mehr Abbruch als Neubau. Die reich verzierten Giebel auf der Südseite des Obermarktes wurden niedergerissen oder wichen nüchternen Zweckformen. 1834 beschloß der Magistrat, alle nicht mehr genutzten massiv erbauten Verkaufsstände und Marktgebäude auf Ober- und Untermarkt abzubrechen. Die Maßnahme erforderte aber viel Zeit, da Besitz und Interessen der Zünfte zu berücksichtigen waren. 1847 wurde die alte Hauptwache auf dem Obermarkt vor dem Salzhaus abgebrochen, das 1851 gleichfalls aufgegeben wurde, erst 1852/53 die Fleischbänke, die zur Niederreißung erst vom Magistrat den Eigentümern abgekauft werden mußten. Auch die Verkaufsstände an der Nord- und Westseite der Dreifaltigkeitskirche wurden beseitigt.

141 Die ehemalige Ressource an der Johannes-Wüsten-Straße.

Ein nüchterner Spätklassizismus kennzeichnet die zaghaft einsetzende Bautätigkeit zunächst außerhalb der Stadtmauern. 1824 begann die damalige Ressource-Gesellschaft mit dem Bau ihres Veranstaltungs- und Erholungsgebäudes an der Kahle, jetzt Johannes-Wüsten-Straße, ein zwischen älteren Gärten eingebettetes, langgestrecktes Gebäude.

Entscheidend für das Altstadtbild wurde der Wechsel vom Repräsentativbau zum reinen Zweckbau, d.h. zum Mietshaus. Charakteristisch für diesen Wandel sind die schlichten, aber gut proportionierten Fassaden der Häuser Obermarkt 3 – 1804 erneuert und 1827 umgestaltet – und Nr. 4 von 1838. Ein hervorragendes Beispiel für spätklassizistisches Bauen ist das ansehnliche Schulhaus am Fischmarkt, 1836 bis 1838 als Mädchenschule erbaut, seit Mitte des 20. Jahrhunderts Musikschule (Abb. 142). Wie bei den vorgenannten Wohnhäusern, wurde der Außenputz in Quaderimitation genutzt, wie es schon Karl Friedrich Schinkel am Bau seines Neuen Schauspielhauses in Berlin aus Gründen der Sparsamkeit beispielgebend ausgeführt hatte. Damit erwecken die so behandelten Fassaden den Eindruck von

Massivität und Würde. Bemerkenswert ist an diesem Schulbau das sorgfältig ausgeführte Terrakottaportal (Abb. 143). Seine Rahmenpilaster erinnern an Bauten der italienischen Frührenaissance. Die weitüberstehende Traufe verbirgt das nur sanft ansteigende Dach. Diese Stilvorgabe wirkte sich auf die anstoßenden Gebäude der Bäckerstraße aus und auch auf das 1846 vollendete Schulhaus an der Langenstraße/Ecke Breite Straße, seit 1990 Volkshochschule (Abb. 144).

Die Anlagen des Stadtparks an der Promenade (Dr.-Kahlbaum-Allee) gaben Anlaß zum Bau von Sommerhäusern und Villen. Die ältesten von ihnen

142 *Schulhaus am Fischmarkt 1836–38, heute Musikschule.*

blieben an der Schützenstraße – damals noch Schützenweg – erhalten, der den Rademarkt (ab 1846 Demianiplatz) und Viehmarkt (Postplatz) mit dem Schützenhaus an der Neiße verbindet. 1840/42 schuf sich der Wagenfabrikant Christoph Lüders, 1849 Begründer des Görlitzer Waggonbaus, im Grundstück Schützenstraße 9 sein Sommerhaus, eine nur eingeschossige Villa mit Dachterrasse und Oberlichtaufbau

für die zentral gelegene Diele. Die Gliederung der vier Fassaden erfolgt durch die Betonung der Mitte als knapper Risalit, an der Gartenseite durch eine Loggia zu drei Bogenöffnungen, zu der eine breite Freitreppe emporführt.

Von 1845 stammt die spätklassizistische Villa im Nachbargrundstück. Mit flachgegiebeltem Mittelrisalit ist auch hier Symmetrie herbeigeführt. Der Eingang erhielt seitlich einen von Pilastern flankierten Portalvorbau. Dieselbe Pilasterform verleiht dem Obergeschoß mit korinthischen Kapitellen die nachdrückliche Betonung. Ge-

143 *Terrakotta-Portal des Schulhauses am Fischmarkt.*

simse unterschiedlicher Profilierung in Fußboden- und Sohlgesimslage setzen Erd-
und Obergeschoß voneinander ab. Das mittels kleiner Konsolen betonte Traufgesims und der flache Risalitgiebel mit seinen Gesimsschrägen verleihen der Fassade
die ernste Würde eines kleinen Palais. Eine feine Nutung ist bestrebt, Quaderbau-
weise anzudeuten. Das Schwergewicht der gliedernden Schmuckformen liegt im
Obergeschoß, dessen Deckgesimse
über den Fenstern und Kapitelle des Ri-
salits diese Gewichtung unterstreichen.
Zu dieser spätklassizistischen Land-
hausgruppe zählt auch das 1849 erbau-
te und heute zum Tierpark gehörende
wohnlich anmutende Gebäude links
vom Eingang.

144 *Schulge-*
bäude in der
Langenstraße,
1848, heute
Volkshochschule.

Das 1849 errichtete Lüderssche
Wohn- und Geschäftshaus am Eingang zur Waggonbaufabrik in der
Brunnenstraße erscheint im Detail weniger aufwandreich, dafür markanter
in der wirkungsvollen Nutung des
Verputzes. Auch der Bau von gediegenen Reihenhäusern schloß sich der spätklassizistischen Richtung um die Jahrhundertmitte an. Charakteristisch ist der
Tempelgiebel über einem knappen Mittelrisalit mit korinthischen Pilastervorla-
gen als Gebälkstützen, Leitformen des Baukanons, wie sie an der Fassade von
Blumenstraße 4 wirkungsvoll in Erscheinung treten.

Spätklassi-
zismus

Der mit diesen Familienhäusern für Görlitz bezeichnende biedermeierliche
Spätklassizismus war lange stilprägend für Görlitzer Wohn- und Mietshäuser,
teilweise bis Ende des 19. Jahrhunderts. Bevor die Stadtmauern fielen, beschränkte sich die Bautätigkeit innerhalb der Altstadt auf vordringliche Erfordernisse.
Diese bestanden infolge von Zuzügen hauptsächlich im sozialen Strukturwan-
del. Die in Fabriken und im Bauwesen arbeitenden Bevölkerungsteile benötigten
nicht nur gemietete Räume in alten Häusern, sondern Mietwohnungen unterschiedlicher Größe und Kosten. Das Reihenmietshaus wurde zunehmend die wichtigste Bauaufgabe, begleitet von der Einrichtung von Verkaufsläden für den
täglichen Bedarf und gelegentlichen Erwerb. Mit ihnen zu ersetzen war der aus
der Stadt verdrängte Marktbetrieb. Unerläßlich für den erhöhten Fahrverkehr,
besonders durch schwere Fuhren, wurde die Verbreiterung enger Altstadtgassen,
indem z. B. die Westseite der Weberstraße 1838/39 zwischen Krischel- und Elisabethstraße und 1852 zwischen Bäckerstraße und Untermarkt etwas zurückgenomm-
en wurde. An Straßenkreuzungen begann man, die Hausecken zu schrägen.

Die alten Kaufgewölbe des Obermarktes und der Warenvertrieb unter den
Arkaden des Untermarktes entsprachen nicht mehr der Qualität, der Angebots-

vielfalt und der Kultur. Noch mit bie-
dermeierlichem Maßhalten wurde
1840 das langgestreckte Gebäude Klosterplatz 3 für zehn aneinandergereih-
te Kaufläden mit zwei Obergeschossen
ausgeführt (Abb. 145). Die 20 Rund-
bögen des Erdgeschosses erinnern an
den Verkauf unter Kolonnaden, wie er
bis um 1900 noch in den Pilzläuben am
Untermarkt üblich war.

Für die neuen Formen des Kaufla-
denbetriebes waren natürlich die ver-
kehrsreichsten Stellen begehrt. Steinstraße und Obermarkt boten sich dazu
an. An der Gelenkstelle zwischen beiden trat auch das 19. Jahrhundert mit seinen
Verkaufsmöglichkeiten und Kaufansprüchen am schnellsten in Erscheinung. Zum
Bau von Geschäftshäusern wurden die beiden Eckhäuser Steinstraße / Obermarkt 6
und 7 abgebrochen. An der Westecke erfolgte 1838 ein Neubau mit drei Obergeschossen, der jedoch durch einen Neubau vom Ende des 19. Jahrhunderts ersetzt
wurde. Der Abbruch Obermarkt 6 betraf die alte Post, an deren Stelle 1844 ein Ge-

*145 Ehemalige
Kaufläden am
Klosterplatz,
1840.*

*146 Steinstraße/
Obermarkt mit
Bebauung des
19./20. Jahr-
hunderts.*

schäftshaus errichtet wurde, dessen Struktur trotz vieler Umbauten an den zum Obermarkt gerichteten Ecktürmchen deutlich erkennbar ist (Abb. 146). In den folgenden Jahrzehnten veränderte der Obermarkt seine alten Proportionen. Die Nordseite erhielt durch Aufstockungen der barocken Häuser ein stark verändertes Gesicht, während die Südseite zu einer Musterkarte der Architektur vom Klassizismus bis zum Ende des 19. Jahrhunderts geriet, abgesetzt durch den breiten Einschnitt des Klosterplatzes vom mittelalterlichen Bau der Dreifaltigkeitskirche. 1847/48 wur-

de schließlich der einzige Bau einer Arbeitermietskaserne auf dem Grundstück Hainwald 1/Ecke Neißstraße in das historische Altstadtgebiet gesetzt, ein stattlicher Bau mit vier Wohnetagen für 44 Mietparten im Stil eines maßvollen Spätklassizismus, für jene Zeit zweifellos eine Notwendigkeit für die Erfordernisse der noch sehr bescheidenen Zahl der in den Neißevierteln tätigen Arbeiter kleiner Fabriken und Werkstätten. Auch als 1845 in der Hotherstraße die Häuser 32 bis 34 Opfer eines Schadenfeuers wurden, ersetzte man sie durch Mietshausbauten (Abb. 147). Der Brand des Hauses Weberstraße 13 wurde 1849 genutzt, um an seiner Stelle auf knapper Grundfläche einen Baukubus zu vier Obergeschossen zu errichten. Mit dem Bedarf an Mietwohnungen stieg auch an den

147 Hotherstraße 32–34.

Rändern der Altstadt im Bereich Demianiplatz und Grüner Graben die Zahl der Geschosse. Aufstockungen von Wohnetagen sind seit den sechziger Jahren selbst bei noch damals neuen Mietshäusern in den unterschiedlichsten Gegenden der ganzen Stadt zu erkennen.

Wasserversorgung

Neu stellte sich bei der bedeutenden Erhöhung der Wohndichte die Frage der Wasserversorgung. Sie bestand 1830 aus 24 von Quellen außerhalb der Stadt gespeisten Brunnen, 39 öffentlichen Rohrbütten und 20 Pumpen auf den Straßen, sämtlich versorgt von 17 hölzernen Rohrleitungen, die teilweise schon im Mittelalter verlegt worden waren. Zwischen 1829 und 1848 wurden erhebliche Strecken davon durch Eisenrohre ersetzt. Das Baustatut von 1848 berücksichtigte nicht die Wasserversorgung von Gebäuden außerhalb des Mauerringes und seiner unmittelbaren Umgebung. Wer weiter außerhalb angebaut hatte oder neu anbaute, mußte Brunnen, Fäkaliengrube und Zufahrt selbst anlegen und mit dem Straßenbau warten, bis die Stadt dazu bereit war. Nicht minder groß war das Problem der Abwasserführung. Vielfach war man noch auf die mittelalterlichen Abzugskanäle angewiesen. Zur Hebung der hygienischen Verhältnisse wurden die alten Spitäler aufgelöst. Zum Bau eines städtischen Krankenhauses kam es 1843/44 auf dem Grundstück der späteren Sparkasse an der Einmündung der Berliner Straße – damals Kleine Biesnitzer Gasse – in den Postplatz, damals Viehmarkt.

Mit der industriellen Erschließung des südwestlichen Geländes vor den Toren der Stadt durch die Wagenbauanstalt Christoph Lüders veränderte sich ab 1848/49 die Stadt ganz wesentlich. Zu respektieren war hier die Einmündung der Bautzener Straße als staatliche Chaussee. Noch unter Demiani hatte Carl Eduard Maximilian Richtsteig (1809–1879) als Stadtkämmerer sich mit einem Baustatut für Görlitzer Neubauviertel beschäftigt, das 1847 dem Bebauungsplan als kommunaler Aufgabe die Richtung weisen sollte und staatlich zu bestätigen war. Ziel war, den südwestlichen Teil der neuen Stadtanlage als einheitliches geschlossen zu bebauendes Gebiet zwischen den von der Südwestecke der Altstadt fächerförmig abstrahlenden Straßenzügen zwischen Jakob- und Bautzener Straße auszuweisen. Der preußische Staat genehmigte das Statut mit erheblichen Einschränkungen, besonders hinsichtlich der zum Straßenbau erforderlichen Geländes, die dem unmittelbaren Zugriff der Stadt nicht unterstanden. 1848 konnte mit den Nivellements zum Straßenbau und mit der Festlegung der Baufluchtlinien begonnen werden. Mit dem Ausbruch der Revolution im März 1848 schoben sich aber Schranken zwischen Stadt und Staat.

148 *Neiße-viadukt.*

Auf eine sich eben erst abzeichnende Entwicklungstendenz gegründete Stadtplanung waren weder der Magistrat noch das ansässige Bürgertum vorbereitet. Man hatte sich allzusehr daran gewöhnt, daß erforderliche Neucrungen von der königlichen Regierung ausgelöst werden und wartete in Ergebenheit ab. Eine solche Neuerung war 1845 die Einführung des Katasteramtes und der Gewerbeordnung, die jedem Einwohner Gewerbefreiheit versprach und alle Zunftbindungen auflöste. Bis 1847 hatte aber der Eisenbahnbau Tausende von Arbeitskräften aus Schlesien, Sachsen und Brandenburg gebunden, in Görlitz zumal durch den Bau des gewaltigen Neißeviaduktes (Abb. 148), dessen Ausführung 1844 bis 1847 dem Görlitzer Bauunternehmer und Baumeister Gustav Kießler (1806–1883) übertragen worden war, ein erstaunliches technisches Denkmal aus der Frühzeit des deut-

Stadtplanung

schen Eisenbahnwesens. Die riesige steinerne Brücke mißt 475,48 Meter Länge mit 32 Bögen, deren Mittelpfeiler sich 35,13 Meter über dem mittleren Wasserstand der Neiße erhebt. Zu ihrer Ausführung wurde in den Königshainer Steinbrüchen der halbe Limasberg abgebrochen. Die Großzügigkeit der Architektur vermied die Stilnachahmungen der Entstehungszeit, die die stilbildende Kraft des technischen Bauens erst erkunden mußte.

Am 1. September 1847 nahm der Eisenbahnverkehr in Görlitz seinen Dienst auf. Der seit 1916 nicht mehr bestehende alte Bahnhof (Abb. 149 f.) war gleichzeitig seiner Bestimmung übergeben worden. Für seinen Standort wählte man, wie damals üblich, die respektvolle Entfernung von einem Kilometer südlich der Altstadt, einerseits, weil man mit einer Stadtentwicklung nach Süden rechnete, andererseits, weil man zu Ruß und Rauch der Lokomotiven den Abstand dichtbebauter Wohngebiete verlangte. Die Bahnhofsanlage erfolgte nach dem insularen System, beiderseits der Längsfronten zu Bahnhof- und Sattigstraße. Die Gleisführung lag damals noch niveaugleich mit Fahr- und Fußwegen. Da der Bahnhofsbau durch eine sächsische und eine preußische Aktiengesellschaft betrieben wurde, waren zwei Verwaltungsbauten gefordert, verbunden mit einer allgemeinen Empfangshalle.

Gegen Osten wurde der dreigegliederte Bau mit zwei zinnenbekrönten achteckigen Signaltürmen kastellartig gestaltet, während sich die langen Fassaden in kubischer Schlichtheit mit drei Geschossen in Putzquaderung präsentierten. Die preußische Streckenführung erfolgte damals noch über das östlich von Görlitz gelegene Kohlfurt. 1852 wurden die preußische und die sächsische Streckenführung verstaatlicht. Der Direktverkehr von und nach Berlin über Cottbus kam erst 1867 zustande, nachdem ein Anschluß an die schlesische Gebirgsbahn 1865 erfolgte und der Görlitzer Bahnhof einen stadtseitigen Vorbau erhalten hatte, der das Überqueren von Gleisen durch deren Erhöhung und Untertunnelung erübrigte. Mit den Bahnanlagen wurde der Stadtentwicklung nach Süden allerdings eine bedenkliche Schranke gesetzt. Bis zur Reichsgründung von 1871 mußte dem Stadtbau das somit zugemessene Areal genügen.

Nach dem von Preußen gegen Österreich 1866 geführten Deutschen Krieg behauptete das preußische Eisenbahnwesen seine Vor-

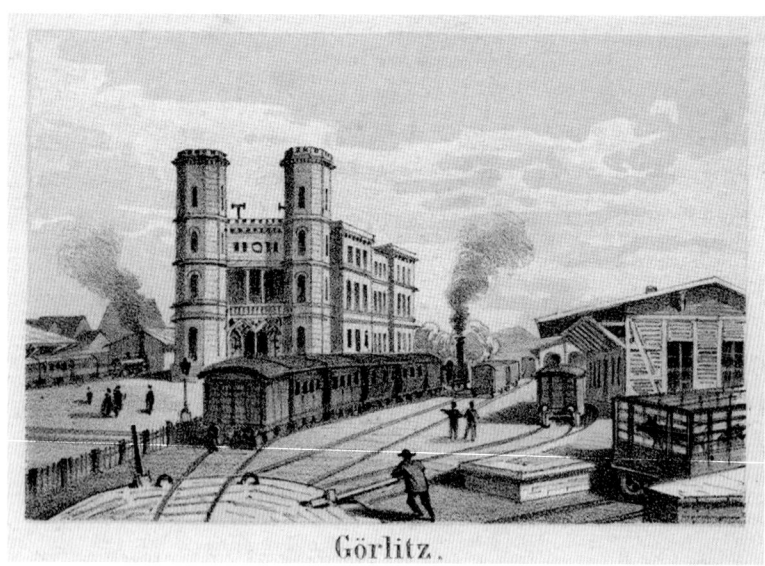

149 Der alte Bahnhof. Lithogrphie 19. Jh.

herrschaft durch die Errichtung eines Inspektionsgebäudes auf markanter Hö-   Bahnhof
henlage vor dem Zusammenschluß von Zittauer und Sattigstraße (Abb. 151). Das
spätklassizistische Gebäude von 1867–1869 ist der Stadt mit einer repräsentativen Freitreppe zugekehrt. Die städtebauliche Entwicklung umging allerdings das
parkartige Grundstück und beließ es in seiner insularen Lage.

Nach Fertigstellung der Bahnanlagen von 1847 blieben buchstäblich Tausende von Arbeitskräften »auf der Strecke«. Görlitz stand zum ersten Mal dem Problem der Massenarbeitslosigkeit gegenüber. Ihm begegnete die Stadt mit dem
Einsatz vieler Arbeitsuchenden zum Abbruch der Stadtmauern und Befestigungen, die ohnehin der Verkehrsöffnung hinderlich geworden waren, die aber im
Gegensatz zum Magistrat die königliche Regierung immer noch als militärische
Anlagen betrachtete und daher 1844 Strafen bei Beschädigungen angekündigt
hatte. Die Notlage der Arbeitslosen beschleunigte 1848 das schon 1847 an der
Südseite begonnene Abbruchunternehmen, das nun auch auf die Westseite über-
griff. Nur der Dicke Turm am ehemaligen Frauentor, der Reichenbacher Turm
und der Nikolaiturm blieben als alte Stadtwahrzeichen verschont und als Böschungsschutz die meist doppelt geführten Stadtmauern um den Burgberg und
entlang der Abhänge zur Neiße mit Ochsen- und Hotherbastei.

Die Revolution verschärfte den Gegensatz von Stadt und Staat, der mit den
Eisenbahnbauten gerade noch harmonisiert worden war. Das Baustatut von 1848
gab lediglich die Grundzüge für die südliche Stadterweiterung bis zur Bahnstrecke
zwischen Neiße und Krölstraße vor.

3. Stadt und Staat 1848–1871

Gottlob Jochmann (1799–1856) war 1847 Nachfolger Demianis im Amt des Oberbürgermeisters geworden. Als königstreuem Beamten fiel ihm die Aufgabe zu, die Gegensätze auszugleichen. 1848 standen sich in Görlitz ein überwiegend konservativer Magistrat und ein vorwiegend liberal gesonnener Bürgerverein gegenüber, beiden aber auch die noch unberechenbare Kraft sozialer Probleme, die mit der zunehmenden Industrialisierung wuchsen. Indem die aus dem Handwerk hervorgegangenen Unternehmer wie Christoph Lüders verstanden, ihre Betriebe gewissenhaft zu leiten und ihren Arbeitern mit einem patriarchalischen Verhalten zu begegnen, wurden Hungerrevolten und Widerstand gegen die Monarchie bald wieder vergessen, so daß nach der Jahrhundertmitte ein allgemeiner Aufschwung einsetzte, an dem auch das Bildungswesen einen erheblichen Anteil hatte, u. a. durch die 1852 erfolgte Gründung einer Gewerbeschule.

151 Die ehem. Preußische Bahnverwaltung an der Sattigstraße, 1867–1869.

Nachdem 1847 der seit 1820 im Hinterhaus Neißstraße 26 bestehende Theatersaal baupolizeilich geschlossen werden mußte, ergab sich die Aufgabe, einen Theaterbau zu errichten. Als Baugelände bot sich der in unmittelbarer Stadtnähe gelegene 1846 Demianiplatz genannte alte Rademarkt vor der eben niedergerissenen westlichen Stadtmauer an. Gustav Kießler wurde die Bauausführung übertragen. Wert wurde auf schlichte Einfachheit gelegt, auf antike Säulen verzichtet. Vom alten 1850 errichteten Theater blieb nach mehreren Umbauten nur der Ostgiebel erhalten, Relikt eines dem klassizistischen Vorbild folgenden Baukörpers mit antikisierendem Tempelgiebel und Zahnschnitt über dem von Pilastern getragenen Gebälk, jedoch mit den die Jahrhundertmitte kennzeichnenden Rundbogenfenstern im Hauptgeschoß (Abb. 152). Die Ausgestaltung besorgte Carl Grobius. Die feierliche Eröffnung fand am 2. Oktober 1851 mit einer Aufführung von Schillers »Don Carlos« statt.

Das Ringen zwischen Stadt und Staat um die vorherrschenden Bauplätze ist für den deutschen Städtebau nach 1848 charakteristisch. Dazu gehört auch die 1851 begonnene und 1855 vollendete Errichtung des königlich-preußischen Postamtes auf dem bis 1845 als Viehmarkt dienenden Postplatz, Vorläufer des 1889 vollbrachten Neubaus, und der Bau der preußischen Staatsbank am Ostende der über dem alten Rahmhof mit doppelter Kastanienallee 1853/54 ausgestatteten Elisabethstraße. Beide Bauten, von denen nur die ehemalige Bank erhalten blieb, wurden unmittelbar vor alten Stadttoren errichtet.

Wesentlich tiefer schnitten staatliche Bauauflagen in die sich gerade neu belebende Stadtarchitektur ein: Die Stadt sollte für ihr staatsfeindliches Verhalten nach dem von ihr verschuldeten Abbruch der alten Wehranlagen bestraft werden. Zunächst mußte der Kaisertrutz als militärische Repräsentanz für den Ausbau der Garnision umgestaltet werden. 1850 bis 1852 erhielt er zwischen den neu aufgeführten Eckpylonen die rundbogige Vorhalle und die Erhöhung der Außenmauern und des Turmes um je ein Geschoß, während gleichzeitig die unterste

152 Das Stadttheater. Lithographie, um 1850.

Das Stadt-Theater auf dem Demianiplatz in Görlitz.

Kasematte mit dem Stadtgraben verfüllt wurde. Der ehemalige Wehrgang wurde massiv ausgeführt und die nun als zweites Obergeschoß dienende Etage mit Rundbogenfenstern dem Zeitstil angepaßt. Zum Zeichen seiner militärischen Würde erhielt der Kaisertrutz um alle Dachkanten einen Zinnenabschluß. Das Bauprogramm war auf seine Funktion als Hauptwache, Zeughaus und Militärgefängnis abgestellt.

Wehrbauten

Diesem Vorspiel folgte der Bau einer martialischen Kaserne am Jüdenring – jetzt Hugo-Keller-Straße – und Grünen Graben, auf der hoch gelegenen Nordwestecke der Altstadt. Der düstere Bruchsteinbau folgte nach damaliger Vorstellung dem Schema eines römischen Kastells (Abb. 153). Er sollte in der Lage sein, die Stadt bei Erklärung des Ausnahmezustandes unter militärischer Kontrolle zu halten, was nur einmal, 1920 während des Kapp-Putsches durch das Freikorps Fauppel versucht wurde. 1854 war mit dem Bau begonnen worden, 1858 übernahm ihn die Garnison. Die seit 1945 nicht mehr militärisch genutzte Jägerkaserne mußte bis 1994 vielerlei Funktionen gerecht werden, zuerst als Obdach für Kriegsflüchtlinge und Heimatvertriebene, später Wohn- und Gewerbezwecken. Nach 1990 folgte einer gründlichen Sanierung der Einzug verschiedener städtischer Ämter, die bisher in verstreut gelegenen Stadtgebieten untergebracht waren. Bis 1997 wurden hier das Sozialamt, das Jugendamt, die Wohngeldstelle, das Umweltamt, das Sportamt und

153 Die Jägerkaserne, Hugo-Keller-Straße/Grüner Graben.

die Ortspolizeibehörde arbeitsfähig. Mit Vollendung des zweiten Bauabschnittes folgten im Juni 2000 Teile des Ordnungsamtes, das Planungs- und das Stadtbauamt, das Bauaufsichts- und das Bauordnungsamt sowie die Untere Denkmalschutzbehörde. Es entstand somit ein zweites Rathaus für die Ämter vorwiegend technischer Dienste. Der Um- und Ausbau erfolgte aus Mitteln der Städtebauförderung des Bundes und des Landes Sachsen. Das rauhe Äußere blieb als Geschichtsdenkmal bestehen.

Die Verwendung von Granitbruchstein aus den Brüchen der Königshainer Berge und der bodenständigen Grauwacke wurde charakteristisch für die staatli-

chen Bauten und Eingriffe in die Görlitzer Zivilbauweise. Auch das 1857 errichte-
te, später mehrfach um- und ausgebaute Blockhaus am Neißesteilufer, wo die
Bahngleise zum Viadukt führen, war ursprünglich als militärische Anlage zum
Betreiben eines Zeigertelegraphen geschaffen worden, erwies sich aber weder dem
Eisenbahnverkehr noch der Landesverteidigung als nützlich. Daher wurde das
Blockhaus bald zur Ausfluggaststätte.

Das Zustandekommen der betont staatlich verordneten Bauweise blieb in der
Erinnerung der Görlitzer lange mit dem Abbruch der Stadtbefestigungen verknüpft, und manchem Görlitzer Bruchsteinbauwerk wurde nachgesagt, es sei aus
dem Abbruchmaterial errichtet worden. Dieses wanderte in den Straßenbau, während die Steinbruchbesitzer reich wurden. Schon gleich nach 1815 war der preußische Staat daran gegangen, den Stadtbürger zum Staatsbürger zu erziehen.
Staatliche Verordnungen banden den Magistrat an Amtspflichten, staatliche Äm-

ter drangen in das Zivilleben ein und behaupteten nach dem Mauerfall von 1848
bevorzugte Bauplätze. Die Militärdienstpflicht in der preußischen Armee bestimmte die Erziehung des Staatsbürgers. Parallel zum Kasernenbau erfolgte der vollständige Neubau des Gymnasiums Augustum am Klosterplatz, zwar durch die
Stadt, aber unter Kontrolle des Staates.

König Friedrich Wilhelm IV., der »Romantiker auf dem Thron«, hatte 1844 die
baufälligen alten Klosterbauten besichtigt, in denen seit 1565 das Görlitzer Gymnasium untergebracht war, und wünschte eine romantisierende Restaurierung
im Stil der von ihm bevorzugten Neugotik. Nach verschiedenen Vorschlägen Karl

*154 Das
Gymnasium
Augustum am
Klosterplatz.*

Friedrich Schinkels, der als preußischer Oberbaurat bereits 1837 das staatliche Bauvorhaben auf dem Vogtshof und das einstige Franziskanerkloster inspiziert hatte, und seiner Schüler Ferdinand Quast und August Stüler verzichtete man auf einen kapriziösen Umbau und entschloß sich nach Jahren des Hin- und Herreichens von Kostenanschlägen zwischen planenden Stadt- und untersuchenden Regierungsbehörden 1854 für den totalen Abbruch und legte den Grundstein für einen Neubau, der noch heute seinem Zweck dient. Von der damals gefundenen neugotischen Gestaltung (Abb. 154) sind nur die Fialen über den Gebäudeecken zugunsten der Dachdeckung um 1965 abgenommen worden.

155 Heilig-Kreuz-Kirche in der Struvestraße, 1853.

Man hielt an der Hauptfront eine betont akademische Neugotik ein, indem man den Mittelrisalit mit Eingang und den Aulafenstern darüber mit Spitzbogen, Maßwerk und Fialen ausstattete, die weder im stilistischen noch im bautechnischen Zusammenhang mit dem Baukörper aus außenseitig glatt bearbeitetem Bruchstein stehen. Aus Quadern gefügte Strebepfeiler an den Gebäudekanten und im dreifach gegiebelten Risalit, ursprünglich alle mit ragenden Fialen besetzt, kennzeichnen die quasi sakrale Würde der Klosternachfolge. Die nüchternen Fensterformen, in den beiden Obergeschossen dreifach senkrecht geteilt, nehmen in Nähe der Dachtraufe durch Segmentbogenstürze und Maßwerk an der würdevollen Distanziertheit zur Umgebung teil. Ein wenig Tudorstil englischer Colleges war offensichtlich gewollt. Der neugotische Charakter wird am achteckigen Turmbau für ein astronomisches Observatorium am Ostflügel nochmals unterstrichen. Man wird an den Schloßbau von Babelsberg bei Potsdam erinnert.

156 Das Gebäude der Oberlausitzer Landstände in der Dr.-Kahlbaum-Allee, 1853/54.

Für den tatsächlichen Kirchenbau brachte die Jahrhundertmitte der Görlitzer Architektur eine neue Aufgabe. Seit 1835 war infolge vieler Zuzüge aus Schlesien eine neue katholische Gemeinde wirksam. Nach dem Entwurf von August Soller aus der Schinkel-Nachfolge wurde 1853 die aus Bruchstein errichtete Kreuzkirche an der Struvestraße geweiht (Abb. 155). Das Äußere erscheint im Rundbogenstil der Romanik angenähert, das Innere im Sinne einer Hallenkirche mit konsequenter Anwendung des Rundbogens. Es lag an der Geländebeschaffenheit, daß die Heilig-Kreuz-Kirche nicht wie üblich geostet wurde, sondern ihr Altarraum nach Sü-

157 Das Steuerkontrollhaus in der Zittauer Straße.

den weist. Der Anbau einer Vorhalle erwies sich 1893 als erforderlich, um die große Zahl der Andächtigen aufzunehmen. Eine Restaurierung erfolgte in den Jahren 1992 –1995.

Die betont konservative Haltung äußerte sich gleichzeitig noch von einer anderen Seite: Die Oberlausitzer Landstände empfanden sich noch immer als staatstragend und daher der Monarchie Preußens verbunden. Die Errichtung des Ständehauses an der Promenade – heute Dr.-Kahlbaum-Allee – erfolgte 1853 / 54 (Abb. 156) wiederum als Bruchsteinbau mit halbrunden Fensterstürzen in allen

drei Etagen nach Plänen von Carl Ferdinand Busse. Die Mitte der Hauptfront zum Stadtpark wurde als Risalit gestaltet und über der rundbogigen Vorhalle durch drei große Fensteröffnungen hinter dem Altan zur Betonung der Lage des Festsaales ausgezeichnet. Der das Flachdach umlaufende Zinnenkranz verleiht dem Verwaltungsbau burgartigen Charakter, denn gemäß der alten Oberlausitzer Verfassung tagte hier die Ritterschaft, der Adel des preußischen Markgraftums. Seit der Auflösung der Stände 1940 diente das Gebäude unterschiedlichsten Zwecken: noch während des zweiten Weltkrieges als Sendestation und für militärische Zwecke, ab 1945 der Sozialversicherung, der Politik, der Verwaltung und wieder dem Militär, bis es schließlich 1990 dem Leerstand überlassen wurde. Seit 1999 erfolgt der Umbau zu einem privaten Alten- und Pflegeheim. Das vorhandene Gartengrundstück und die Parknähe bieten sich dazu an.

Die Einflußnahme des Staates auf das städtische Baugeschehen erreichte 1852 mit der Erweiterung des Mahl- und Schlachtsteuerbezirkes von Görlitz eine weitere Festigung. Die alten Torhüterhäuschen an den Stadttoren verloren ihre Bedeutung. Neue Steuerkontrollgebäude wurden an den Ausfallstraßen rings um das zur Bebauung freigegebene Gelände als schmucklose Bruchsteinbauten errichtet, jeweils mit Erd- und Obergeschoß unter schlichten Satteldächern. Von ihnen blieben die Gebäude Heilige-Grab-Straße 41, Rothenburger Straße 36 und

158 Das Hospital in der Krölstraße, im Hintergrund die Lutherkirche.

Zittauer Straße 19 (Abb. 157) sowie Laubaner Straße, heute Lubańska in Zgorcelez, erhalten. Auch das ehemalige Haus der Baupolizei auf der Hugo-Keller-Straße, gegenüber der Einmündung der Fleischerstraße prägte die Stilmerkmale des preußischen Hoheitsanspruchs innerhalb der Stadt.

Schließlich übernahm die Stadt selbst in den sechziger Jahren die immerhin eindruckheischende Bauweise für ihre Großbauten, zunächst 1861–1863 für die Errichtung ihres Zentralhospitals, nachmals Alters- und Pflegeheim an der Krölstraße (Abb. 158). Der flachgegiebelte Mittelrisalit der Hauptfassade wurde als Attribut des darunter gelegenen Kirchensaales mit einem bogigen Glockengehäuse verkrönt. 1869 folgte als weiterer Bruchsteinbau die Errichtung der Volksschule an der Schulstraße für die südlich in Richtung Bahnhof wachsenden Viertel. Baugelände war das des aufgelösten Jakobshospitals. Mit dem Aufbau des dritten Obergeschosses in Backstein wurde 1896 der ganze Schulbau mit rustizierendem Putz versehen. `Hospital`

Die hoheitsbeflissene zyklopatische Bauweise im Streit zwischen Stadt und Staat wurde nicht zuletzt aus wirtschaftlichen Gründen aufgegeben, aber auch, weil sich dem preußischen Staat durch die für ihn siegreichen Kriege von 1864 und 1866 die Zielstellung der Reichseinigung ergab und das Wachsen der Städte Voraussetzung für das Gedeihen des Staates war, der sich auf die hier aufblühenden Industrien mindestens ebenso stützen mußte wie auf die ihm vom flachen Lande zuwachsenden Potenzen.

Verkehrsströme, industrielle Entwicklung und Bewältigung der rapide steigenden Einwohnerschaft bewirkten in Deutschland während der zweiten Hälfte des 19. Jahrhunderts eine ungeahnte Entwicklung der Städte, auf deren Ausmaß man nicht vorbereitet war. Dazu kam die ganz überwiegend bürgerliche Aufgabe der Kulturrepräsentanz, zumal in Städten – wie Görlitz –, die niemals Residenz waren. Diese Aufgabe war vorrangig von Baukunst und Städtebau im komplexen Umfang zu leisten.

In Görlitz war während der fünfziger und sechziger Jahre des 19. Jahrhunderts die Zivilbaukunst zur Stadtbaukunst gereift, getragen von einer schlichten spätklassizistischen sparsamen Gesinnung und einer dennoch heiteren Freundlichkeit. Für die neu zu bebauenden Viertel bestimmte das Mietshaus in geschlossener Bauweise fortan den Stadtcharakter. In den meisten Fällen wurden die Erdgeschosse für den Einbau von Läden, Werkstätten und Büros genutzt und zwei bis drei Etagen für Wohnungen. Mit der Trennung von Wohn- und Arbeitsstätte ergaben sich neue innerstädtische Verhältnisse, ebenso aus der Minderzahl von Hausbesitzern gegenüber einer überwiegenden Zahl von Mietern. Die Beschaffung von Versorgungsgrundlagen ging in Anbetracht der technischen Entwicklung schnell über das hinaus, was der traditionelle Markt zu bieten vermochte. `Stadtbaukunst`

1852 beschlossen Magistrat und Stadtverordnete den Bau einer Gasanstalt zum Betreiben der öffentlichen Straßenbeleuchtung, ausgeführt in den Jahren 1853/54 zwischen dem Grünen Graben und Lunitz. Der Betrieb wurde 1854 aufgenommen. Aus dieser Zeit stammt das Verwaltungsgebäude im Stil des zu einer schlichten Neurenaissance tendierenden späten Klassizismus, der bis zu 1870 für alle Zweckbauten in Görlitz, vorrangig für den Mietshausbau, angewendet wurde. Ihn kennzeichnen glatt geputzte Fassaden mit zurückhaltender Fensterumrahmung auf knapp vorstehenden Sohlbänken, überdeckt von horizontalen Simsen. Nach Mitte des 19. Jahrhunderts trat die Etagengliederung zwischen Erd- und erstem Obergeschoß mittels umlaufender Gesimsbänder in Erscheinung, die architektonisch ein Friesband über der in der Putzstruktur zuweilen reicher behandelten Erdgeschoßzone betonen, aber zunehmend Schriftträger zur Angabe von Eigentümern oder Inhabern der Läden, Werkstätten und Büros und ihrer Angebote wurde.

159 Weberstraße 12, 1851.

Mehr zur öffentlichen Sicherheit der Stadt als zu ihrer Belebung trug die Gasbeleuchtung der Straßen und Plätze bei. Als Laternenform auf Gußeisenmasten, Kandelabern und Wandarmen hatte sich die auf Schinkels Entwürfen für Berlin beruhende durchgesetzt, die um 1900 auch noch die Umstellung auf die elektrische Beleuchtung erfuhr, aber selten geworden ist und im letzten Viertel des 20. Jahrhunderts Denkmalwert erlangte.

Mit der Niederlegung der Stadtmauern hatten die bisher in ihrem Schatten gelegenen Grundstücke der Altstadt zwar Licht und Luft gewonnen, keinesfalls aber an Ansehnlichkeit. Die Baulandgewinnung durch das Verfüllen der Stadtgräben ermöglichte entlang der Südseite der Altstadt die Anlage der mit vier Kastanienreihen bepflanzten Elisabethstraße und ab Mitte der fünfziger Jahre deren Bebauung unter Einschluß der Häuser der Krischelstraße und der Westseite der Weberstraße bis zum Untermarkt. Aber erst nach schwierigen Verhandlungen mit dem preußischen Staat in den Jahren 1850 bis 1853 gelang es der Stadt, die Verfügungsgewalt über ihr altes Vorgelände zurück zu erlangen.

Die Häuser an der Nordseite der Elisabethstraße hatten am frühesten die Chance, die ganze Bauflucht für eine Mietshausreihe zu nutzen. 1851 wurde damit am Eckhaus Weberstraße 12 begonnen (Abb. 159). Der Einsturz des alten Marstalls erbrachte 1853 die Gelegenheit, den Klosterplatz zur Elisabethstraße zu öffnen. 1853/54 wurde das Eckhaus Klosterstraße 2/3 errichtet. Um dieselbe Zeit begannen die neuen Grundstücksbesitzer, den Marienplatz dreiseitig zu umbauen. Zur Begrünung dienten Robinien. Mit dem Bau des Museums der Naturforschenden Gesellschaft wurde 1859/60 die Westseite des Marienplatzes geschlossen. Als am 5. Juli 1862 das von Johannes Schilling (1823–1910) geschaffene Bronzestandbild Gottlob Ludwig Demianis (Abb. 160), das einzige erhaltene Vollfigurendenkmal eines Görlitzers, inmitten des Marienplatzes aufgestellt wurde, war die Bebauung zwischen Steinstraße und Jakobstraße im wesentlichen abgeschlossen. Das Denkmal mußte im Zuge der Umgestaltung des Marienplatzes vor Beginn des zweiten Weltkrieges an die Rückwand des Bühnenhauses des Theaters versetzt werden, auf den nach Demiani 1846 genannten einstigen Rademarkt. Hundert Jahre nach seiner Entstehung wich das Demianidenkmal der Verkehrsplanung und erhielt seinen gegenwärtigen Standort zwischen Theater und Kaisertrutz neben der Freitreppe, immerhin

noch auf dem durch seine Baugeschichte und das Einspringen der Südwestecke der Altstadt eingeschnürt erscheinenden Demianiplatz. Hatte schon der Kaisertrutz einen Riegel gegenüber den ehemaligen Radeläuben ergeben, so hatte man mit dem Bau des Theaters den alten Rademarkt endgültig geteilt. Die Be-

160 Das Denkmal Gottlob Ludwig Demianis von Johannes Schilling, 1862.

161 Die Kahlbaumsche Nervenheilanstalt an der Dr.-Kahlbaum-Allee.

bauungsfronten wurden auch nach Abbruch der alten Vorstadthäuser nicht verändert.

Noch ehe das künftige Stadtzentrum zwischen Marien- und Postplatz Gestalt annahm und noch bevor die historisierenden Monumentalbauten der Jägerkaserne und des Gymnasiums ihren Baubeginn erfuhren, legte 1854 Dr. med. Hermann Reimer auf dem Obermühlberg seine Nervenheilanstalt an, die 1867 von Dr. med. Karl Ludwig Kahlbaum übernommen wurde (Abb. 161). Die schrittweise erweiterte Gebäudeanlage trägt den Stilcharakter des späten Klassizismus, wie er für Kurorte und Seebäder damals üblich war, zweifellos Resultat von Sparsamkeit, Nützlichkeit und Hygiene, aber ebenso der damals in Görlitz befolgten zielgerichteten Zivilbaukunst. Die Gebäude und die Parkanlage dienten nach 1945 als Lungenheilanstalt. Nach Überwindung der seuchenhaft verbreiteten Tuberkulose entstand hier die II. Medizinische Klinik des damaligen Bezirkskrankenhauses, heute Klinikum. Die von hier aus zur Neiße parallellaufende Fernverkehrsstraße wurde unter Einschluß der ehemaligen Promenade 1990 in Dr.-Kahlbaum-Allee umbenannt.

162 Das Wohn-
und Geschäfts-
haus von Eduard
Schultze.

Inzwischen hatte man die Gräben an der West- und Nordwestseite der Altstadt verfüllt. Am Grünen Graben wurden Robinien gepflanzt, und die ersten Wohnhäuser entstanden an der von der Altstadt abrückenden Westseite als Häu-

serreihung mit nur einem Obergeschoß, womit man sich an die hier gegebenen noch vorstädtischen Maßverhältnisse richtete (Abb. 164).

1863 hatte der Kaufmann Eduard Schultze das alte Frauenhospital zur Neubebauung der gesamten Nordseite des Postplatzes erworben. Es entstand ein palastartiges Wohn- und Geschäftshaus (Abb. 162), das durch seine Abmessungen und seinen der Renaissance folgenden Formenaufwand als privater Monumentalbau die Stadt aus der Richtung des Bahnhofes repräsentiert. Der von Karyatiden getragene Loggia- und Balkonvorbau im ersten und zweiten Obergeschoß zeigt einen Formenaufwand, der erst von den später angebauten viergeschossigen Eckbauten mit Säulen und Gesimsen wieder aufgegriffen wird. Die Teilnutzung als Hotel entsprang einer für Görlitz neuen Bauaufgabe. Aber der architektonische Aufwand fand im Eckhaus Marienplatz-Elisabethstraße ein zeitgleiches Gegenstück (Abb. 163).

Die weitere Bauentwicklung am Postplatz erfuhr zunächst mit dem roten Klinkergebäude des Kreisgerichtes (Abb. 165) an seiner Westseite 1865 durch C. F. Busse eine wesentliche Ernüchterung, trotz des markant vorspringenden Mittelrisalits und der Fenstergiebel des ersten Obergeschosses. Hinter dem Gerichtsbau entstand gleichzeitig das Gefängnis. Kein anderer Bau in Görlitz besagt so deutlich: Hier ist Preußen. Eine Gedenktafel an diesem Gebäude erinnert an die Opfer der terroristischen faschistischen Militärjustiz am Ende des zweiten Weltkrieges, eine weitere

163 Ehem. Deutsche Bank am Marienplatz, heute Volks- u. Raiffeisenbank.

an den Volksaufstand vom 17. Juni 1953, durch den hier politische Gefangene befreit wurden.

Mit der Gestaltung des Postplatzes war es an der Zeit, die Kleine Biesnitzer Gasse zur Fahrstraße Richtung Bahnhof auszubauen, die sich in den folgenden Jahrzehnten als Berliner Straße zur Hauptgeschäftsstraße des Stadtzentrums entwickeln sollte.

Indessen galt es auch, die nordwestliche Altstadtecke, wo die Kaserne neue Maßstäbe gesetzt hatte und die Nordflanke um den Burgberg in die neue Stadtbebauung einzubeziehen. Als geographisch bedingte Schwierigkeit stellte sich die Wasserführung der Ponte und ihrer Nebenläufe, von denen die Fischhälter und Teiche zwischen Reichenbacher Turm und Schanze ihren Zulauf erfuhren, wie auch die Lunitz im

164 Die Westseite des Grünen Grabens.

Norden dem Häuserbau in den Weg. Bezeichnend ist, daß Grüner Graben und Nikolaigraben die Erinnerung an die alten wasserführenden Stadtgräben in der Namensgebung beibehielten.

165 Das Kreisgericht am Postplatz, 1865.

Im Norden setzte das ansteigende Gelände der Bebauung der Nikolaivorstadt Grenzen. Problematisch war die durch sie führende Verbindung zur Rothenburger Straße. Schon seit den dreißiger Jahren war der Magistrat bestrebt, die Anbindung des Fuhrverkehrs von und nach Norden zu verbessern. Daher wurde die alte Strecke über die Große Wallstraße in Fortsetzung des Steinweges begradigt und verbreitert. Andererseits genügte der Nikolaifriedhof we-

166 Grab des Oberbürgermeisters Gottlob Ludwig Demiani, 1847.

gen Überbelegung den Anforderungen der wachsenden Stadt nicht mehr. An seiner Nordseite wurde 1847 Gelände für den Städtischen Friedhof gewonnen. Der erste, der hier seine Grabstelle fand, war nach interimistischer Bestattung der 1846 verstorbene Oberbürgermeister Gottlob Ludwig Demiani (Abb. 166). Die Nikolaischule (Abb. 167) war 1848/49 der erste Schulbau in einer Görlitzer Vorstadt, ein schlichter glattverputzter Zweckbau mit zwei Obergeschossen, der allein durch seine Rundbogenfenster und die Putznutung im Erdgeschoß seine eigene Würde erhielt.

167 Die Nikolaischule, 1848/49.

Bis über die Jahrhundertmitte hinaus wahrte die Nikolaivorstadt ihr altertümliches Gesicht, das von schmalbrüstigen, aber tiefen Giebelhäusern in Boggasse, Lunitz und Steinweg geprägt war, von denen nur wenige ihr altertümliches Aussehen gewahrt haben, als hier noch die handwerkliche Tuchweberei zu Hause war.

Die Verfüllung der Stadtgräben hatte die zu ihrer Wasserführung im Mittelalter angelegten Stauanlagen beseitigt oder geschädigt, so daß Ponte und Lunitz unterirdisch kanalisiert werden mußten. An den die einstige Pulvermühle versorgenden Teich erinnert die nordwestlich des Demianiplatzes gelegene Teichstraße. Die Pulvermühle war schon ab 1832 von der

168 Das Garnisonslaza-rett, 1870/71.

Tuchfabrik Bergmann und Krause über-baut, 1833 der Lunitzbach mit Granitplat-ten überdeckt.

Zur Anbindung des Nikolaigrabens »Am Stockborn« an die Rothenburger Stra-ße galt es, den von der Lunitz verursachten Geländeeinschnitt unterhalb des Burgber-ges zu verfüllen, womit man 1855 zum Ab-schluß kam. Der östliche Teil der Lunitz mußte durch einen 9 Fuß hohen und 12 Fuß breiten Kanal überwölbt werden, ehe Niko-laigraben und Rothenburger Straße 1863 auf einer Ebene verbunden werden konnten.

Durch die Einbindung der Steinstraße in das neue Stadtzentrum gewann die Altstadt relativ wenig Belebung, denn die kapital-kräftigen Bürger folgten den Entwick-lungstrends der Verkehrsströme und der Industrie in die Neubauviertel Richtung Bahnhof. Der Industrieschwerpunkt verlagerte sich von der Neiße zum westli-chen Stadtgebiet mit Waggonbau und Maschinenbau beiderseits des Gleiskörpers. Damit veränderte sich die Sozialstruktur der Altstadt erheblich zum Stadtteil der Kleingewerbe und Gasthöfe. Die einst hier zur Bürgerelite gehörenden Brauhofbe-sitzer mußten im Konkurrenzkampf mit unbegrenzter Wareneinfuhr einen Brauhof

169 Landskron-brauerei, 1869.

als Belastung empfinden. Daher ging man ab 1834 dazu über, sich die Brauberechtigung abkaufen zu lassen, womit der Wert der einstigen Brauhöfe erheblich sank. Die 1845 in Wirkung getretene Gewerbeordnung sicherte jedermann Gewerbefreiheit zu, forderte aber nun diejenigen Braubürger zum Protest gegen die Abkaufregelung auf, die gern auf Gesetzesgrundlage die Privatbrauerei weiterbetreiben wollten. Die davon ausgelöste Prozeßwelle kam erst 1864 dadurch zur Ruhe, daß sich der Staat entscheiden mußte, die Entschädigungssumme zu tragen. Durch die nun folgende Gründung einer Aktienbrauerei konnte Görlitz seinen Ruf als traditioneller Brauort erhalten.

Mit dem Gerichtsgebäude am Postplatz hatte der Staat Preußen eine neue Form seiner Bauhoheit innerhalb der Stadt geprägt, den Klinkerbau. Als 1868 mit dem Bau des Garnisonslazaretts (Abb. 168) auf dem Grundstück Girbigsdorfer / Ecke Zeppelinstraße begonnen wurde, geschah dies wieder in derselben Bauweise, nun in einer Mischung von florentiner Frührenaissance und preußischer Ordensburg im ausgeprägten Rundbogenstil. Zum Zeichen der militärischen Nutzung wurden über den Gebäudeekken imitierte Pechnasen und als Trauffries ein Zinnenkranz aufgesetzt. Seltsam mutet es an, daß ab 1869 am Neißehang des Weinberges die Aktienbrauerei im gleichen Stil mit ihren Fabrikationsgebäuden begann (Abb. 169). Zum allgemeinen Industriebaustil des unverputzten Ziegelrohbaus wahrte die bürgerliche Zivilbaukunst auch in Görlitz Abstand.

Das preußische Toleranzedikt von 1847 und die Gesetzesgrundlage von 1869 hatten die Voraussetzungen für die

170 Alte Synagoge, 1853.

Gründung einer jüdischen Gemeinde in Görlitz geschaffen. 1853 entstand an der Langenstraße neben der gegenwärtigen Volkshochschule im Hofgelände von Obermarkt 17 anstelle einer Reithalle mit Erweiterung von 1868 die hier bis 1911 genutzte Synagoge (Abb. 170), ein spätes Glied des Rundbogenstils in Kombination von Putzausführung und Haustein. Unter dem getreppten Giebel bemüht sich ein Spitzbogenfries um sakrale Würde. Im Zusammenhang mit dem alten Synagogenbau ist der Jüdische Friedhof (Abb. 171) an der Biesnitzer Straße als Kulturdenkmal zu nennen, für den das Grundstück Nr. 37 bereits 1849 von der Görlitzer Synagogalgemeinde erworben wurde. Zu ihr gehörten auch die Kreise Lauban, Hoyerswerda und Rothenburg.

Ernst Ludwig Thorer hatte 1866 seinen Fluchtlinienplan für die bauliche Entwicklung der Stadt südlich des Bahngeländes fertiggestellt. 1868 wurde er bereits durch einen neuen Plan überholt. Ausgeführt werden sollte eine südliche Ringstraße, von der nur die Goethestraße zwischen Blockhaus und Zittauer Straße angelegt, aber erst viel später bebaut werden sollte.

Man hatte in Europa erst nach der Jahrhundertmitte gelernt, Städtebau auf den neuen technischen Voraussetzungen und Grundlagen im gewaltig angeschwollenen Kern der wachsenden Großstädte neu zu entwickeln: In Paris ab 1852 durch Georges Eugen Hausmann, in Wien ab 1857/58 durch Ludwig Forster, in Berlin 1858–1862 durch James Horbrecht. Städtebau war nicht mehr Bauen auf vorgegebenem Terrain, sondern erforderte mehr als die Festlegung von Trassen, Baufluchten und Nivellements. Zu berücksichtigen waren Kanalisationen, Wasser- und Gasleitungen, die mit Straßenbreite festzulegenden Bürgersteige, Fahrstraßen, Straßenbeleuchtungen und die Vorsorge für die Anschlüsse künftiger Grundstücksbebauung an die Leitungssysteme. Der heutige Bewohner oder Besucher einer Stadt wird kaum danach fragen, wie und wann eine beidseitig bebaute Straße mit ihren Bürgersteigen, Bordkanten und Entwässerungsvorrichtungen entstanden ist. Die mittleren Jahrzehnte des 19. Jahrhunderts haben auf diesem Gebiet Voraussetzungen geschaffen, die auch noch dem motorisierten Straßenverkehr des beginnenden 21. Jahrhunderts gerecht werden, eine erstaunliche Leistung auf noch rein handwerklicher Grundlage, meist in Schwerarbeit. Eine störende Verzögerung setzte sich in Görlitz der schnellen Entwicklung der Stadtausweitung entgegen: die Grundstücksspekulation. Geschäftstüchtige Unternehmer kauften

171 Jüdischer Friedhof.

auf Grund der niedrigen Bodenpreise Gelände auf, um es nach Festlegung einer Bauflucht zum mehrfachen Preis an Bauherren zu verkaufen.

Im Gegensatz zu Zittau war es in Görlitz nicht gelungen, einen Grünring um die Altstadt zu führen, obgleich Elisabethstraße, Grüner Graben und Nikolaigraben dazu Ansätze boten. Mit dem Theaterbau auf dem Demianiplatz und dem Kasernenbau war die Möglichkeit dazu vergeben worden. Auch der nach Süden ausgreifende Plan einer Ringstraße mußte vor der nach Südwest drängenden Stadtausweitung schon an der Zittauer Straße kapitulieren.

Von der Reichsgründung 1871 bis zur Jahrhundertwende

Mit der Reichsgründung von 1871 und dem Geldregen der Frankreich nach dem Deutsch-Französischen Krieg auferlegten Kontribution von fünf Milliarden Gold-franc waren Wohlstand und Reichtum in Deutschland entstanden. In Görlitz zeigte sich eine Stadtentwicklung mit explosiver Bautätigkeit. Sie führte in zwei unter-schiedliche Richtungen: Einerseits war bereits mit der Umwandlung der Lüders-schen Waggonbaufabrik in eine Aktiengesellschaft 1869 ein kapitalistischer Großbetrieb entstanden, dem weitere folgen sollten, so daß eine große Zahl von Industriearbeitern in Görlitz ihr Glück suchten; andererseits wurden pensionierte preußische Beamte und Offiziere angezogen, denen Berlin oder Potsdam ein zu teures Pflaster war, um »standesgemäß« leben zu können. Diese divergierende so-ziale Entwicklung teilte sich auch dem Charakter der Stadt mit. Der Magistrat war bestrebt, diese Divergenz nicht in dem Maße in Erscheinung treten zu lassen, wie

172 Villa Ecke Joliot-Curie-Straße/ Lindenweg.

es in Berlin bereits geschehen war. Vielmehr war er bemüht, daß der städtebauliche Charakter von Görlitz die Großlinigkeit einer großen Provinzstadt mit der Beschau-lichkeit einer erholsamen Pensionärsstadt vereinte. Neue Industrieanlagen und ihre Folgebauten, hauptsächlich Mietshäuser für die Arbeiterschaft, folgten den Haupt-verkehrsachsen. Dem Bau von vornehmen Villen und schlichten Privathäusern blie-ben die Nähe des Stadtparks, das Neißetal zwischen Stadtpark und Obermühle, die Dr.-Kahlbaum-Allee, die Querstraße und die landschaftlich anziehende Gegend zwischen dem Ostende der Goethestraße und der Landskronbrauerei reserviert.

Die architektonische Gestaltung knüpfte für die einfachen Familien- und Miets-
häuser an die ortsübliche vom späten Klassizismus geprägte Bauweise an. Der
Formenaufwand begrenzt sich auf schlicht profilierte Gesimse über dem Erdge-
schoß, wo gewöhnlich einfache Kaufläden eingerichtet wurden, und ebensolche
Traufzonen und gerade Gesimse über den Fenstern. Für die aufwandreicheren
Bauten galt die der italienischen oder französischen Renaissance angenäherte
Mietshausgestaltung mit zwei bis drei Obergeschossen, deren Fenster durch ge-
radlinige Simse, flachdreieckige, später seit den achtziger Jahren durch segment-
bogenförmige Giebelaufsätze auf volutenförmigen Konsolen gekennzeichnet sind.
In der Regel wurden die Fensterbrüstungen durch umrahmte Putzfelder, zuweilen mit Reliefzier, ausgestaltet. Hervorragende Beispiele findet man in »herrschaft-
lichen« Reihenhäusern in der Joliot-Curie-Straße (Abb. 172), Ecke Lindenweg und
in der Bismarckstraße. Die vornehmen Häuser waren noch für den Gebrauch von
Pferdekutschen eingerichtet, was auch eine entsprechende Einfahrtsbreite und
im Hof die Anlage eines Pferdestalls mit Kutscherwohnung forderte. Unverkennbar ist bei derartigen Häusern, die z. T. auch noch ihre ursprüngliche Innenarchitektur mit Parkettfußböden und Stuckdecken aufweisen, das Bestreben, sich als
kleine Palais zu präsentieren, für die sich die Vorbilder in der Berliner Wilhelm-
straße befanden. Kennzeichnend sind die architektonischen Bereicherungen mit
Schmuck-   Säulen oder Halbsäulen in den Fassaden.
formen   Der Aufwand an Schmuckformen setzte deren vielfältig angewendete Re-
produzierbarkeit voraus. Mittels Terrakotta, Stuck und seit den achtziger Jahren auch Kunstgußstein gewann man wetterfeste Versatzbauteile, die längst ihre
Jahrhundertbewährung hinter sich gebracht haben. Als nicht witterungsbestän-
dig erwiesen sich Konsolen, die mit Holzkonstruktionen verbunden wurden,
besonders an vorspringenden Traufzonen oder mit Eisenschienen unter Erker-
und Balkonvorbauten. Da in Berlin abstürzende Konsolen die Görlitzer Presse
schon 1873 veranlaßt hatte, vor einem künftigen »Konsolenregen« zu warnen,
war man hier vorsichtig geworden und verlieh den Traufgesimsen eine mehr
friesartige Gestalt. Dies kam der zunehmend angewendeten Konstruktion des
französischen Mansarddaches entgegen, in dem sich ein ausbaufähiges viertes
Obergeschoß verbergen ließ. Nach der Bauordnung von 1868 waren in Görlitz
nur drei Obergeschosse gestattet, ein viertes nur bei großer Straßenbreite und
über den abgeschrägten Kanten der Eckhäuser an Straßenkreuzungen. Zur Dachdeckung wurde im zunehmenden Maß Schiefer verwendet, der aus Thüringen
eingeführt wurde. Die bodenständige Dachdeckung mit Biberschwanz-Ziegeln
blieb den weniger steilen Dächern vorbehalten. Darüber hinaus entfaltete sich in
Görlitz eine keramische Industrie, deren Produkte sich ab 1871 in der Gestaltung
von Dachbalustraden und deren figuraler Ausschmückung zeigten. Das Resultat
der aus unterschiedlichen Kombination dieser Zierformen nach antikisierenden Vorbildern schaffenden Industrien war eine Neurenaissance im städtebaulichen Um-

fang, wie sie seit den dreißiger Jahren Gottfried Semper für den Monumentalbau geprägt hatte.

Baufluchten, Trassierung und Nivellierungen waren für ein beträchtliches Stadtareal um 1870 abgeschlossen und ein umfangreicher Straßenbau zeigte Fortschritte. Der Sieg von 1871 und die Gründung des Deutschen Kaiserreiches wurde in Görlitz Anlaß zur Benennung neu erschlossener Straßenzüge und Plätze. Der Wilhelmsplatz, die Augusta-, Bismarck- und Moltkestraße erhielten die Namen des ersten Kaiserpaares, des Reichskanzlers und des siegreichen Feldherrn. Zwischen Jakob- und Konsulstraße wurde entlang der Fluchtlinien von Hospital- und Blumenstraße der 1848 für Marktzwecke eingerichtete und erst 1860 planierte Wilhelmsplatz langseitig von doppelten Baumreihen eingefaßt. Die Planungen für die Kernstadt und auch darüber hinaus zeigen, daß man in Görlitz bestrebt war, ein abwechslungsreiches Stadtbild zu schaffen, dessen Straßenzüge durch begrünte Plätze unterbrochen werden sollten, um kilometerweite Straßenfluchten zu vermeiden. Bodenspekulationen und Besitzansprüche erschwerten dieses Bestreben, das an den Ausfallstraßen von der Entwicklung überholt wurde. Aber es gelang weitgehend, die umbauten Viertel vor einer Überbebauung durch Hinterhäuser frei zu halten und den Wohnhäusern Hof- und Gartenflächen zuzuordnen.

Neue architektonische Wertakzente setzten zu Beginn der siebziger Jahre drei repräsentative Bauten: Das heutige Humboldt-Haus am Demianiplatz zwischen Reichenbacher Turm und Grünem Graben, das jetzige Gymnasium am Wilhelmsplatz und das mächtige Schulgebäude an der Elisabethstraße. Das gegenwärtige Humboldt-Haus wurde 20 Jahre nach dem Theaterbau 1870/71 für den Görlitzer Gewerbeverein errichtet (Abb. 173). Während die zweiachsigen Seitenflügel in die Flucht des Reichenbacher Turmes zurücktreten, springt der Mittelteil in die Flucht des Grünen Grabens mit einem flach geneigten antikisierenden Tempelgiebel vor. Durch hohe säulengefaßte Rundbogenfenster kennzeichnet die Hauptfassade den beide Obergeschosse einnehmenden Saal, der den Vorträgen des Staatlichen Museums für Naturkunde und der Naturforschenden Gesellschaft dient. Bezeichnend für die Görlitzer Monumentalbauten der Neurenaissance ist die Balustrade über dem Traufgesims, hinter der sich das flach geneigte Dach verbirgt. Ursprünglich besaß das Erdgeschoß Verkaufsräume mit Schaufenstern, die erst 1953 der Fassade angeglichen wurden. Die Ausführung des wohl einem Berliner Vorbild folgenden Baues übernahm der Görlitzer Baumeister Edmund Koritzky. Trotz seines körperhaft greifbaren Vorsprunges macht das einstige Gewerbevereinshaus deutlich, daß die Stadtbaukunst des 19. Jahrhunderts auf Wirkung abzielende Fassadenkunst ist, die die Frage nach Rück- und Seitenfronten gar nicht erst aufkommen läßt, sofern es sich nicht um ein Eckhaus handelt. Nach dem ersten Weltkrieg änderte sich die Funktion des Gewerbe-Vereinshauses. 1919 erscheint es als Volkshaus. 1923 erwarb es die Freimaurerloge »Zum ewigen Licht«. 1933 kam es in den Besitz der Naturforschenden Gesellschaft und erhielt den

Namen des Physikers und Nobelpreisträgers Philipp Lenard, der sich nach 1945 nicht rechtfertigen ließ. 1949 erscheint das stattliche Gebäude als Humboldthaus, genannt zu Ehren des großen deutschen Naturforschers Alexander von Humboldt. Seither ist es Vortrags- und Funktionshaus des Staatlichen Museums für Naturkunde. Die ursprünglich hervorgehobene Lage an der Randzone der Altstadt gegenüber der Einmündung der Bautzener Straße ist durch die Bebauung des nördlichen Demianiplatzes verwischt worden.

1872/73 wurde für die Provinzial-Gewerbeschule an der nördlichen Langseite des Wilhelmsplatzes das schloßartig wirkende Gebäude errichtet (Abb. 174), in das 1882 die höhere Mädchenschule, das Lyzeum, einzog, nach 1945 folgte die erweiterte Oberschule »Frederic Joliot-Curie«, seit 1990 Gymnasium. Der ein Jahrzehnt nach seiner Entstehung um ein Geschoß erhöhte Bau läßt die Seiten flügelartig mit den dreifach gegliederten Eingängen hervortreten und gliedert den Haupttrakt durch ein Mittelrisalit. Die nachträgliche Umgestaltung bereicherte die Dachzone mit einem Attikageschoß in der Mitte und Lukarnen über den Seitenflügeln, womit die Dachbalustrade in das Gegenteil ihrer Wirkungsabsicht verkehrt wurde. Die Beunruhigung der Dachzone sollte bald ein Kennzeichen des Mietshausbaues entlang der langen nach Südwesten ausgreifenden Fernstraßen werden.

173 Humboldt-Haus, 1870/71.

Eine noch mehr platzbeherrschende Lage erhielt der große Schulbau an der nördlichen Langseite der Elisabethstraße, vollendet 1875 (Abb. 175). In den Abmessungen und seiner architektonischen Gestaltung erhielt er den Charakter eines Monumentalbauwerkes. Dafür sorgten besonders die kraftvolle Nutung des Erdgeschosses mit seinen hohen Bogenfenstern für die hier untergebrachte Gewerbe- und Berufsschule, die Palastfenstergestaltung beider Obergeschosse, die bombastische Betonung der Gebäudemitte und die Dachbalustrade mit plastischem Figurenbesatz in Terrakotta. Für den Entwurf hatte die Stadt schon 1871 einen Architekturwettbewerb ausgeschrieben. Es gab einen Berliner und einen Görlitzer Preisträger, doch unter Leitung des Stadtbauamtes wurden beide Entwürfe kombiniert und 1873–1875 für die Mädchen-Mittelschule ausgeführt. Den Zweck des Gebäudes symbolisieren die über dem Eingang angebrachten plastischen Köpfe der großen deutschen Erzieher Johann Heinrich Pestalozzi (1746–1827), Friedrich Adolf Wilhelm Die-

174 *Gymnasium am Wilhelmsplatz, 1882.*

sterweg (1750–1866), Johann Gottlob Fichte (1762–1814) und Friedrich Ludwig Jahn (1778–1852).

Nicht die Repräsentativbauten in pompöser Gestaltung prägten nach 1871 den Charakter der Stadt, sondern die Masse der Wohnbauten, deren Häufung nicht

175 *Schulgebäude Elisabethstraße, 1875.*

denkbar gewesen wäre ohne die vorantreibende Entwicklung von Industrie und Verkehr. Neben die Bautätigkeit der Aktienbrauerei trat zeitlich 1872 südlich der Bahngleise an der Lutherstraße die Maschinenbau-Anstalt und Eisengießerei als weiterer Zweig der Görlitzer Schwerindustrie. Mit der Teilung des Görlitzer Landes in einen Stadt- und Landkreis waren 1873 neue Steuer- und Bebauungsgrenzen wirksam geworden. Durch die 1875 dem Verkehr übergebene Reichenberger Brükke waren Voraussetzungen gegeben, die östlich der Neiße gelegenen Stadtgebiete parallel zum Ausbau der Südstadt zu modernisieren und gänzlich neu zu bebauen. 1878 trat die städtische Wasserleitung in Funktion. Für die immer weitläufiger werdende Stadt bedeutete 1882 die Eröffnung der Pferde-Straßenbahn eine wesentliche Erleichterung des innerstädtischen Personenverkehrs. Die erste Görlitzer Gewerbe- und Industrieausstellung von 1885 repräsentierte neben der heimischen Produktion auch die Handelsbeziehungen der Stadt zu In- und Ausland. Als Ausstellungsgelände diente das noch nicht bebaute Viertel zwischen Leipziger Straße und Krölstraße. Von der prächtigen Zimmermannsarchitektur der Ausstellungsgebäude blieb bis in die Gegenwart der Aussichtsturm am Weinberghaus erhalten. Nach Abriß der Ausstellungshallen wurde 1889 der Lutherplatz angelegt, vormals Dresdner Platz.

Alle diese Umstände trugen dazu bei, daß sich in den achtziger Jahren eine wesentliche Beschleunigung der Bautätigkeit abzeichnete, die an Schmuckformen des architektonischen Historismus sich steigerte und die Fassadengestaltung Ausdruck des Konkurrenzkampfes der vordrängenden privaten Bauherren wurde. Natürlich bemühte sich der Staat dabei, im Stadtgebiet an Führung nichts einzubüßen.

Post

Das schlichte klassizistische Postgebäude genügte nach Mitte der achtziger Jahre für die zentrale Platzgestaltung nicht mehr den technischen Anforderungen für Telegraphie und Telephonwesen. Das den Platz und seinen Namen bestimmende kaiserliche Postamt sollte platzbeherrschend in Erscheinung treten (Abb. 176). 1889 vollendet, erscheint es in fast neubarocker Üppigkeit als Kombination von rotem Klinker- und hellem Natursteinbau. Die Fassadengliederung geschieht durch zwei Seitenrisalite, die von je einer bewegten Plastikgruppe über der Zone der Dachbalustrade besonders hervorgehoben werden. Sie symbolisieren rechts die traditionelle, links die moderne Nachrichtenübermittlung, bemerkenswert durch

176 Kaiserliche Post, 1889.

die Verbindung von antikisierenden Symbolgestalten und Personifizierung von Telegrafie und Telefonie, da das neue Hauptpostamt auch Telegrafenamt und Telefonzentrale zu berücksichtigen hatte. Die beiden rückseitigen Türme führten die ersten Telefonleitungen über die Dächer der Stadt. Der im Halbrund schließende Hof erhielt für Ein- und Ausfahrt der Postfuhren zwei prächtige geschmiedete Gittertore. Alle Gebäudekanten wurden mit bossierten Quadern ausgebildet, die Fenster der Seitenrisalite im Erdgeschoß durch Quadern und Keilsteine, die des Obergeschosses durch gegiebelte Stürze mit plastischen Schmuckformen betont. Neben den Skulpturen der Dachzone bringt die mächtige Kartusche im Giebel der Portalvorhalle die neubarocken Elemente zum Vorschein.

Mit der Materialverbindung von Klinker- und Haustein befruchtete die Erscheinungsform dieses Postgebäudes den Profanbau des ausgehenden 19. Jahrhunderts in Görlitz, zumal im Mietshausbau. Es wurde üblich, die Gebäudefassaden durch knappe Seitenrisalite zu gliedern, um je zwei gleichwertige Wohnungen pro Etage zu erlangen. Anstelle des Natursteins wurde der Kosten wegen allerdings Verputz als Fensterumkleidung, Simsbildung und etagenübergreifende Lisenen angewendet, der in unterschiedlichsten Strukturen der Quaderimitation stets den Erdgeschossen den Eindruck der Massivität zu geben hatte. Mit erheblichem architektonischen Formenaufwand wurde im letzten Jahrzehnt des 19. Jahrhunderts von dieser kombinierten Fassadengestaltung Gebrauch gemacht.

Noch ehe das Hauptpostamt fertiggestellt war, wurde 1887 der die Platzmitte beherrschende Kunstbrunnen von Robert Toberentz eingeweiht (s. Abb. 162), ein Skulpturenwerk aus carrarischem Marmor und der bronzenen Hauptfigur der römischen Naturgöttin Flora, die über ihrem Haupt eine mächtige Muschel emporstemmt, der das belebende nasse Element entrinnt, das außerdem aus vier Wasserspeiern des Sockels fließt und wieder über Marmormuscheln in das Hauptbecken rieselt. Dem Wasser sind auch die vier an den Sockelecken sitzenden allegorischen Gestalten, zwei männliche und zwei weibliche, zuzuordnen. Der Künstler bezeichnete sie als »Romantik, Nutzen, Veränderlichkeit und Kraft«. Die bronzene Flora und ihre Muschel wurden 1942 der Kriegswirtschaft geopfert. Nach verschiedenen Zwischenstadien erlebte der Zierbrunnen auf dem Postplatz 1992 seine Wiederauferstehung durch die Kopie der in Erinnerung gebliebenen volkstümlichen »Muschelminna«, die seither symbolisch geworden ist für die zugleich begonnene Erneuerung der Stadt, und alljährlich feiern die Görlitzer ihr Muschelminnafest.

»Muschelminna«

Der Postplatz eroberte sich seinen Rang als Stadtmittelpunkt, nachdem 1883 mit dem Ausbau der Berliner Straße und ihrer Parallel- und Querstraßen sich ein neues Geschäfts- und Verkehrszentrum ergeben hatte. Seit den achtziger Jahren entstanden die teils noch das erste Obergeschoß einbeziehenden Schaufenster der Geschäftshäuser, unter ihnen das von Otto Straßburg (Abb. 177, 179) in der Berliner Straße

1889, das die Fassade bis ins zweite Obergeschoß durch hohe Fensterbahnen aufriß, und gleichzeitig die Geschäfte um das ehemalige Wilhelmtheater. Allein, die Berliner Straße endet mit den Hotelbauten um den Bahnhofsplatz. Nur die Jakobstraße konnte durch Unterführung des Gleiskörpers und über die Sattigstraße die Zittauer Straße erreichen und damit die Südstadt in die Bautätigkeit eines homogenen Stadtkörpers einbeziehen. Um so mehr galt die Aufmerksamkeit des Stadtbauamtes der Südwestecke, wo der Maschinenbau seine Hallen errichtete. Als Gelenkstelle der von der Bahnhofstraße und ihrer Fortsetzung gen Westen, der Reichenbacher Straße, be-

177 Straßburg-
passage.

178 Brautwie-
senplatz.

stimmten Ost-West-Achse sowie der Nord-Süd-Verbindung über die Cottbuser zur Lutherstraße war dem Brautwiesenplatz (Abb. 178) und seiner architektonischen Gestaltung besondere Aufmerksamkeit zu widmen. Die Einmündung weiterer Straßen ergab für ihn die Kreisform. 1899 war die Umbauung vollendet. Die von Erker-

türmchen flankierten Eckbauten der Nordhälfte verleihen dem Brautwiesen- platz seinen besonderen städtebauli- chen Reiz. Für seine Gestaltung wurde ein von Bäumen umgebenes Rasenron- dell angelegt, das schon bald von der elektrischen Straßenbahn durchquert werden sollte, eine Sünde, die erst ihre Ausmaße erkennen ließ, als die Platz- mitte Straßenbahnhaltestelle wurde und der Kraftverkehr die Zugänglich- keit erschwerte, was dazu führte, daß der konsequente Ringverkehr auch den Omnibus einbezog, der seither die Stra- ßenbahn ablöste. Folgerichtig mußte man sich wieder zur Herstellung des ursprünglichen Zustandes entscheiden, nachdem er hundert Jahre Stadtge- schichte hinter sich gebracht hat.

Daß eine Privathausfassade mit ih- rer Firmenreklame Kulturgeschichte und Denkmalabsicht verbindet, ist sel-

179   Kaufhaus Straßburg, 1889.

ten und nachdenkenswert. Ein solcher Fall besteht für die Fassade des Hauses Löbauer Straße 7 (Abb. 180). Hier hatte die Firma Ernst Herbst & Firl 1891 ihr »Central-Magazin für Photographenbedarf« eingerichtet. Sie gehörte zu den al- ten Herstellern von Fotoapparaten in Görlitz. Dies war Anlaß, die Büsten der Pioniere der Fotografie Joseph Nicephore Niepce, Louis Jacques Daguerre und Henry Fox Talbot in Monumentalformat auf Konsolen vor Ovalnischen im ersten Obergeschoß zwischen den Fenstern aufzustellen. Diese Sonderheit gab Fotofreun- den Anlaß, dieses Gebäude für ein künftiges Fotografie-Museum zu erwählen, um dem seit 1990 in Görlitz nicht mehr bestehenden traditionellen Kamerabau ein Denkmal zu erhalten und neu zu stiften.

Am Ende des 19. Jahrhunderts wurde für die Südstadt an der Biesnitzer Stra- ße zwischen Kamenzer und Kunnerwitzer Straße der Sechsstädteplatz quadra- tisch angelegt, leider aber auch von der Straßenbahn diagonal durchschnitten, was zur Vernachlässigung und zum Anwachsen eines hohen Baumbestandes führ- te. Die Vielfalt der Fassadengestaltungen zeigt eine sich andeutende Unsicher- heit in der stilistischen Haltung, die aus historisierenden Vorgaben einen sehr freien Umgang ableitete. Nur die von der Kombination aus Klinker- und Putzbau bestimmten Fassaden bewahrten im harmonischen Wechsel von tragenden Glie- dern und füllenden Wandflächen strenge Ordnung und städtebaulichen Maßstab.

Dies zu betonen ist für die Görlitzer Monumentalarchitektur um die Jahrhundertwende erforderlich, denn die großen Bauten um 1900 sind Backsteinbauten, die einerseits von der historischen Tradition dieser Bauweise geprägt waren, anderseits aber sich auch von den neuen Erfordernissen leiten ließen.

Zur Wiederaufnahme des Backsteinbaus entschied sich am Ausgang des 19. Jahrhunderts als erster Bauherr die katholische Gemeinde zum Bau ihrer Jakobuskirche auf der Anhöhe südlich des Bahnhofs, geweiht 1899 (Abb. 182). Vorbilder für die Weiterführung der in Preußen nie abgebrochenen Backsteintradition gaben zahlreiche neugotische Kirchenbauten in Großstädten. Für das Innere entschloß man sich, die Tradition der deutschen Hallenkirchen aufzugreifen. Der an der Nordseite aufgeführte Turm mit steilem Helm, die apsidial geschlossenen Querhausarme und die schlanken Spitzbogenfenster rücken den Sakralbau würdevoll von der gesamten übrigen Stadtarchitektur ab.

Nach Grundsteinlegung vom 10. November 1898 wurde am 6. Mai 1901 als erster evangelisch-lutherischer Sakralbau seit der Reformation die Lutherkirche (Abb. 158, 181), auf dem damals Dresdner Platz geweiht, der seither Lutherplatz heißt. Als Baugrund diente der hier frei zutage tretende Felsenuntergrund, im Volksmund »Drachenfels« genannt. Wieder wurde ein Backsteinbau errichtet, dessen Ziegelrot durch Glasursteine in mehreren Farben dekorativ bereichert wurde. Stilistisch entschied man sich für die von Kaiser Wilhelm II. bevorzugte Romanik deutscher Kaiserdome am Rhein, allerdings hier nun als Zentralbau. Material und Bautyp entsprachen jedoch nicht den angestrebten Vorbildern. Man ging zugleich einer Idee nach, die 1888 zu Ehren des damals verstorbenen Kaisers Wilhelm I. in Görlitz vorgeschlagen wurde, nämlich wie in Berlin eine Kaiser-Wilhelm-Gedächtniskirche zu erbauen. Das gedrungene Langhaus und das Querschiff kreuzen sich in dem raumbeherrschenden Achteckraum mit Rippenkuppel, der mit seinem wuchtigen Turmbau unter dem steilen Turmhelm, begleitet von vier Treppentürmen, die geballte Wucht des komplizierten Baukörpers überragt. Mit Ausnahme des Altarraumes wurden die drei übrigen Kreuzarme mit Emporen ausgestattet, die westliche für Orgel und Chor. Rundbogige Fenstergruppen und Radfenster prägen die Kuppel- und Giebelseiten. 1904 wurde vor dem Haupteingang das dem Wormser Vorbild folgende Lutherstandbild Ernst Rietschels (1804–1861) aufgestellt. Das Denkmal kam 1942 mit den gleichzeitig demontierten Bronzen in den unersättlichen Schmelztiegel der Rüstungsindustrie. Das Gipsmodell blieb in Lauchhammer erhalten. Wie auch einst das Görlitzer Denkmal Luthers von einem Verein gestiftet worden war, sollte es durch einen solchen in der Bundesrepublik Deutschland neu entstehen. Am 30. Oktober, zum Reformationsfest 1983, fand die Aufstellung des Nachgusses in Anwesenheit von ca. 2000 Görlitzer Einwohnern, Vertretern von Stadt und Kirche und des stiftenden Fördervereins statt, ein damals nicht unproblematisches Hoffnungszeichen sieben Jahre vor der deutschen Wiedervereinigung.

Als Stadtbaurat wirkte 1876 bis 1900 Oskar Kubale. Unter seiner Leitung entstand zu ganz wesentlichen Teilen das neuere Görlitz, das die Leistungsfähigkeit einer Industriestadt mit den Annehmlichkeiten einer kultivierten Bürger- und Pensionärsstadt vereinte. Mit einem wohldurchdachten Straßennetz und gut proportionierten Wohn- und Geschäftsbauten, aber auch mit einer markanten neuen Stadtsilhouette endete die umfangreichste Bauperiode, die Görlitz erlebt hat. Geprägt wurde die Fernsicht auf die Stadt besonders durch die 90 Meter an Höhe messenden Türme der Hauptpfarrkirche St. Peter und Paul, die 1889–1891 im Sinne der Hochgotik in Kunstgußstein dem spätromanischen bis frühgotischen Westriegel aufgesetzt wurden (vgl. Abb. 34). Eine neue Technik setzte damals im Bauwesen der Stadt ein: Die Bauteile wurden aus Betonmasse in Schalungen oder Hohlformen vergossen, ehe sie im traditionellen Verfah-

182   Kadethrale St. Jacobus, 1899.

Ophrinn-Villa 1905/1909

ren versetzt wurden. Allerdings war diese Technik mit der Herstellung gotischer Zierformen und Maßwerke überfordert. Bruchschäden und Abstürze machten zu Beginn des 21. Jahrhunderts eine gründliche Renovation der Türme erforderlich.

Der Kunstgußstein eröffnete dem Backsteinbau neue Kombinationsmöglichkeiten im Wetteifer mit Natursteinquadern. In dieser bereicherten Backsteinbauweise wurde 1897 die katholische Gemeindeschule am Fischmarkt nach dem Entwurf des Regierungsbaumeisters Paul Schröder errichtet. Städtische Großbauten führten den Backsteinbau in unterschiedlichen Kombinationen im 20. Jahrhundert fort. Für die Südstadt wurde 1902–1903 die Melanchthonschule (Abb. 184) durch den Görlitzer Architekten August Kämpffer geschaffen. Ihr großer Baukörper ist durch einen Hauptbau mit vier Obergeschossen und die beiden dreigeschossigen Flügel gegliedert und durch turmartige Gestaltung an den Ecken des Hauptblocks bereichert. Um die Höhe aufragender tiefroter Ziegelwände zu mindern, wurden zwischen den gliedernden Simsen und Lisenen die obersten Stockwerke durch Putzfelder abgesetzt. In gleicher Weise verfuhr die Architektur Heino Schmiedens 1901–1905 beim Bau des Stadtkrankenhauses an der Girbigsdorfer Straße (Abb. 183), später Bezirkskrankenhaus, jetzt Klinikum. Der lange Gebäudetrakt differenziert die unterschiedlichen Gebäudefunktionen nach Dimensionen, wobei der in der Mitte gelegene Hauptbau die dominierenden Maße erhielt. Unter Verwendung von Formsteinen sind Fenster und Türlaibungen der Fassaden als rahmende Rundstäbe ausgebildet. Die handwerkliche Qualität der Maurerarbeit verdient höchste Bewunderung.

Ideen und Erfordernisse, die noch im Geist der nach 1871 mächtig emporschießenden Entwicklung und Gestaltung des deutschen Kaiserreichs geboren worden waren, wirkten noch über die Jahrhundertgrenze hinaus. Der trotz seiner Vielfalt der Fassadenbereicherungen die Wohnungen und Wohnverhältnisse uniformierende Mietshausbau setzte dem Individualismus der Besitzenden in Repräsentanz und Luxus Grenzen. Gerade das letzte Jahrzehnt des 19. Jahrhunderts gab dem Villenbau einen enormen Aufschwung. Die Villa war damals in Deutschland weit von der Vorstellung eines Landhauses abgekommen und vor allem geprägt von den Ansprüchen und Ideen der Bauherren. Görlitzer Beispiele finden sich u. a. an der Goethestraße, sehr bezeichnend Nr. 5 von 1897 (Abb. 185), auf ein Jahrzehnt bis 2001 zur Hochschule für Technik, Wirtschaft und Sozialwesen gehörend, weitere an Lindenweg, z. B. hier Nr. 3 bereits von 1872, und Bergstraße / Ecke Ochsenbastei-Zwinger.

Unter den anspruchsvollen Villen der Jahrhundertwende ist die des Großkaufmanns und Kommerzienrates Martin Ephraim (1860–1944) – Goethestraße 17 – von 1905 in ihrer Hanglage zum Neißetal und in ihrer gediegenen Raumgestaltung die bemerkenswerteste (Abb. 186). Martin Ephraim war der großzügigste unter den bürgerlichen Stiftern der Gedenkhalle. Ihm verdankte das Kaiser-Friedrich-Museum seinen Gründungsfond. Als Jude gehörte er in der Zeit des nationalsozialisti-

gegenüberl. Seite:
183 Stadtkrankenhaus, heute Klinikum, in der Girbigsdorfer Straße.

184 Melanchthonschule, 1902/03.

185   *Villa*
Goethestraße 5.

186   *Villa*
Ephraim, 1905.

schen Terrors der zu vernichtenden Rasse an. Er wurde 1944 im Konzentrationslager Theresienstadt umgebracht. Seine 1978 zur Jugendherberge eingerichtete Villa übernahm die Verpflichtung, sein Andenken zu wahren, nicht zuletzt durch die Pflege der handwerklich und künstlerisch repräsentativen Räume, unter denen die zwei Stockwerke durchmessende Halle mit dem leider nicht vollständig erhaltenen buntverglasten Treppenfenster der eindruckvollste ist.

Lebhaft am Export Görlitzer Erzeugnisse im Außenhandel beteiligt, beschloß die Görlitzer Kaufmannschaft die Gründung einer Handelskammer, deren schloßartiges Gebäude am Mühlweg (Abb. 187) sich dem Vorbild französischer Stadtpalais annähert. Ein welterfahrener und wohlhabender Kaufmannsstand sollte repräsentiert werden. Funktional ergab sich eine Verbindung von Klub- und Geschäftshaus, wobei auch der typisch deutsche Biergarten nicht fehlen durfte. Mit nur einem Obergeschoß verbindet der Baukörper die Behaglichkeit des reichen

Bürgerhauses mit dem offiziellen Charakter der Einrichtung. Zwischen den
beiden kräftig vorspringenden poly-
gonalen Erkern liegt die Vorfahrt, über
deren Säulen ein Altan vor der als Risalit die Traufzone überragenden Saal-
fassade. Pilaster, Friesglied, Gesims
und Attika gebieten respektvolle Di-
stanz. Phantasievoll ist die Dachzone
gestaltet mit Kuppeln über den Erkern, französischem Steildach hinter
ihnen und dem flachen Abschluß der
Mitte. Schöpferischer Reichtum und
Qualität dieses Bauwerkes finden in Görlitz keine Parallele.

187 Handels-
kammer,
Mühlweg.

Kaiser Wilhelm I. war 1888 gestorben, bald nach ihm sein Sohn und Nachfolger Friedrich III. Die deutschen Großstädte, insbesondere die preußischen,
wetteiferten mit Denkmalprojekten zur Heroisierung Wilhelms I. als Reichsei-
niger. Görlitz wollte unbedingt dazu gehören. Hier standen drei Ideen zur Wahl:
Ein den Kaiser darstellendes Denkmal, eine Ruhmeshalle für die von ihm begründete Reichseinheit oder nach Berliner Beispiel eine Gedächtniskirche. Ein
Komitee von Magistrat und Bürger-
schaft entschied sich für das Denkmal. Der Auftrag wurde dem Berliner
Bildhauer Johannes Pfuhl zuteil: Ein
Reiterstandbild von Bronze auf hohem Sockel, an dessen Seiten In-
schrifttafeln und in verkleinertem
Maßstab der Reichskanzler Otto von
Bismarck und der Generalstabschef
Helmut von Moltke vollplastisch in
die Gestaltung einzubeziehen waren
(Abb. 188). Am 18. Mai 1893 weihte
Kaiser Wilhelm II. unter großem
Pomp das Denkmal seines Großvaters
auf der Westseite des Obermarktes
ein. In Anbetracht der damaligen
Platzgestaltung war dies kein sonder-
lich geschickter Standort. Bei der
Neuregulierung der Verkehrsführung
wurde das Denkmal 1939 auf den Wil-
helmsplatz versetzt und mit den mei-

188 Ehem.
Kaiser-Wilhelm-
Denkmal auf
dem Obermarkt.

sten Görlitzer Bronzedenkmalen 1942 der Metallgier des zweiten Weltkrieges geopfert.

Unter Vorsitz des Bürgermeisters Johannes Heyne hatte sich Ende 1888 ein Komitee zur Errichtung einer Ruhmeshalle zusammen gefunden. Dazu wurde die Devise propagiert: »Den Begründern des Deutschen Reiches Wilhelm I. und Friedrich III. – Die dankbare Oberlausitz.« Damit wurde der deutschen Öffentlichkeit ein idealisierendes Programm unterbreitet, das nach Ergänzung verlangte. Denn es waren ja nicht die zwei Kaiser allein Reichsbegründer. Beteiligt an der Reichseinheit waren ja alle deutschen Fürsten. Außerdem war die »dankbare Oberlausitz« kein Staatsgebilde mehr. Mit der staatlichen Genehmigung einer das ganze Reichsgebiet erfassenden Lotterie gewann das Komitee die finanzielle Grundlage von 400 000 Reichsmark. Für den Bau waren mancherlei Plätze erwogen worden. 1893 spalteten die Ansichten Magistrat und Bürger, denn es war die Idee aufgekommen, für die 1876 von Hans Heinrich XIV. Bolko Graf von Hochberg gegründeten Schlesischen Musikfeste eine Konzerthalle zu erbauen und mit der Grundstücksfestlegung zu verbinden. Inzwischen reifte auch der Plan, in die Ruhmeshalle das städtische Museum für Altertum und Kunst einzubeziehen. Mit Ankauf des Baugeländes war die Stadt bereit, 1895 den Bau der Ruhmeshalle auf

189 Ruhmeshalle.

Grund einer weiteren Lotterie zu übernehmen. Der Plan einer Konzerthalle wurde auf spätere Zeit verschoben. 1897 wurde der Architekturwettbewerb für die Ruhmeshalle ausgeschrieben. Sieger wurde der Architekt Hugo Behr, damals Oberlehrer an der königlichen Baugewerbeschule in Höxter.

Das 1898–1902 ausgeführte Raumprogramm gründete sich auf die Idee, über einem annähernd quadratischen Sockelgeschoß eine die beiden Hauptetagen durchlaufende zentrale Denkmalhalle zum Ruhme der beiden Kaiser und der vereinten deutschen Landesfürsten zu errichten, umgeben von Sälen, die der deutschen Kunst und der Geschichte und Kultur der Oberlausitz gewidmet waren und Reichsdenkmal und Provinzialmuseum ideell, architektonisch und künstlerisch zusammenführen sollten. Die äußere Gestalt und der Zentralraum mußten in einem das Reich repräsentierenden Stil in Erscheinung treten. Das Reichstagsgebäude Paul Wallots in Berlin lieferte architektonische Vorbildmotive, besonders für den Säulenportikus jonischer Ordnung als respektgebietende Eingangsouvertüre und die von einem Stahlgerüst getragene vierseitige Glaskuppel. Die seitlich der zentralen Denkmalhalle in Erd- und Obergeschoß gelegenen Ausstellungssäle mußten das städtische Museum, den 1901 gegründeten Kunstgewerbeverein und den 1902 erneuerten Kunstverein der Oberlausitz berücksichtigen. Da das Obergeschoß durch Dachverglasungen sein Tageslicht empfing, wurde es an den Außenfronten Träger einer wuchtigen Attika mit allgorischen Skulpturen und Schrifttafeln. Die Widmungsinschrift der »dankbaren Oberlausitz« erhielt außen am Sockel des Kuppelunterbaus ihren Platz. Das Programm der die Architektur bereichernden Bildhauerarbeiten konzentrierte sich auf die Hauptfront: Beide Seiten des Portikus flankieren Hugo Lederers Monumentalskulpturen »Krieg« und »Sieg«, verkörpert von weiblichen Genien, ihnen zu Füßen dramatisch bewegte Menschengruppen. Die Reliefs über diesen denkmalhaften Ideenträgerinnen gelten den Schrecken des Krieges und dem Segen des Friedens. Die Einheit des deutschen Volkes wurde zum Thema des Frieses der Vorhalle. Das Innere der zentralen Denkmalhalle bestimmte das überlebensgroße Marmordenkmal der beiden Kaiser Wilhelm I. und Friedrich III. in der beide Geschosse durchlaufenden Bogennische am Treppenaufgang dem Portal gegenüber. Die hermenartig angelegten Büsten von sechs deutschen Landesfürsten standen zu beiden Seiten. Die Reichspaladine Bismarck, Moltke und Roon erhielten dem Zweikaiserdenkmal gegenüber in Höhe des Obergeschosses überlebensgroße Statuen.

Es ist überflüssig, hier den ganzen Skulpturenaufwand historischer und allegorischer Gestalten zum Ruhm des deutschen Kaiserreiches im Inneren des Denkmalbaues zu schildern, denn er besteht seit 1945 nicht mehr.

Die in Anwesenheit Kaiser Wilhelm II. am 28. November 1902 vollzogene Eröffnung war mit der Übernahme des Denkmalbaues durch die Stadt verbunden. Die offizielle Benennung lautete »Oberlausitzer Gedenkhalle mit Kaiser-Friedrich-Museum«. Der Kaiser hatte nämlich tadelnd bemerkt, ein Hohenzoller rühme sich sei-

ner Ahnen nicht, er gedenke ihrer. Dennoch
erhielt sich der Begriff »Ruhmeshalle« im um-
gangssprachlichen Gebrauch. – Als das Gebäude und Denkmal der Öffentlichkeit übergeben
wurde, ahnte niemand, daß es 1918 mit der
Kaiser- und Fürstenherrlichkeit in Deutschland vorbei war und der Monumentalbau ab
1945 auf polnischem Boden stehen sollte: als
Kulturhaus der östlich am Neißeufer gelegenen Stadt Zgorzelec, der einstigen Görlitzer
Oststadt.

Der am Gedenkhallenbau vielfältig betei-
ligte Johannes Pfuhl schuf 1898 das in Lauchhammer gegossene bronzene Jakob-Böhme-
Denkmal (Abb. 190), das ehemals – zugleich
als Brunnen dienend – an der westlichen Auf-
fahrt zur Reichenberger Brücke stand und von
dort 1976 dem Bau der Zoll- und Grenzstati-

on nach dem Park des Friedens auswei-
chen mußte. Der Görlitzer »Philosophus
Teutonicus«, der deutsche Philosoph und
Schuhmachermeister Jacob Böhme (1575–
1624) ist auf dem Schuhmacherschemel sit-
zend dargestellt; die Bibel auf die Knie
gestützt, blickt er in die Unendlichkeit. Auf
der Rückseite liest man die Inschrift »De-
mut und Liebe – unser Schwert«.

Bis zur Jahrhundertwende hatte Görlitz auf einen Rathausneubau verzichten
müssen. Die Einführung der preußischen
Städteordnung (1833) hatte schon 1847
zum Rückkauf des Nachbarhauses Untermarkt 8 gezwungen, wo sich seit Um- und
Neubau der Haupteingang befindet. An
der Rückfront des einstigen Münzhauses
wurde der Stadtverordnetensaal angebaut, der sein Tageslicht von drei großen
Rundbogenfenstern erhält und bis zur Gegenwart seiner Aufgabe gerecht wird.
Doch das Anschwellen der behördlichen
Obliegenheiten zwang seit der Trennung

192 *Vestibül Blumenstraße 19.*

von Justiz und Verwaltung den einstigen Gerichtssaal an der Brüderstraße 1871 in Büroräume zu parzellieren. Seine ornamental bemalte Balkendecke der späten Renaissance wurde 1999 wieder entdeckt. Der Trakt an der Brüderstraße und das einstige Münzhaus Untermarkt 7 erhielten 1873 neue Fassadengestaltungen im Sinne der Italienischen Hochrenaissance. Die Bevölkerungszahl der Stadt war in der zweiten Hälfte des 19. Jahrhunderts unentwegt gewachsen: 1864 zählte man 32 053 Bewohner, 1871 bereits 42 732 und 1895 schließlich 70 173. Es erwies sich in Anbetracht dieser Entwicklung als unumgänglich, einen Erweiterungsbau zu planen und auszuführen. 1895 wurde dafür der Architekturwettbewerb ausgeschrieben. Vorgesehen war der Abbruch der alten »Pilzläuben« und die Neubebauung der Westseite der Jüdengasse. Es gab zwar drei Preisträger, doch die Ausführung folgte nicht deren Entwürfen, sondern den Plänen des Architekten Jürgen Kröger aus Wilmersdorf, worüber Ende 1900 die Stadtverordneten beschlossen.

193 *Blumenstraße, Südseite.*

1901–1903 wurde der Flügel an der Jüdenstraße für das Polizeigefängnis errichtet. Darauf konnte man das alte Polizeigefängnis Untermarkt 8 zum Ausbau eines neuen Treppenhauses mit Erhaltung und proportionaler Höhenstreckung der Renaissancefassade zur Anpassung an die Etagengliederung des Neubaus umgestalten, der gemäß Inschrift in den Jahren 1902 und 1903 erfolgte (Abb. 191).

Seine mächtige Giebelfassade zum Untermarkt sprengt die von den alten Bauten vorgegebenen Proportionen. Der historisierende Formenaufwand

folgt Gestaltungsprinzipien der deutschen Spätrenaissance um 1600. An die Stelle der einstigen Pilzläuben trat eine von mächtigen Rundpfeilern mit ionischen Kapitellen getragene Arkade mit Durchgang zur Langenstraße als Sockel der darauf lastenden wuchtigen Fassade. Das erste Hauptgeschoß war als großzügig angelegte Schalterhalle für die städtische Sparkasse, entsprechend dem damals üblichen Barzahlungsverkehr eingerichtet. Sie wurde erst nach 1960 zugunsten weiterer Büroräume verändert. Das zweite und dritte Obergeschoß wurden zugunsten der Giebelentfaltung von fünf Dreiviertelsäulen zusammengefaßt, eine jede hoch gesockelt auf kraftvollen skulpierten Konsolen mit je einem Wappenhalter für die Embleme der einst mit Görlitz verbündeten Städte. Der dreigeschossige Giebel folgt samt seiner seitlich ihn begleitenden Lukarnen der Achsialität der drei unter ihm liegenden Etagen und lenkt in seiner feineren Gliederung durch reich skulpierte Voluten und Obelisken – zu oberst das Görlitzer Wappen – die Blicke des Betrachters auf sich. Mit dieser Hauptfassade des »Neuen Rathauses« spielte der Historismus des späten 19. Jahrhunderts letztmalig in Görlitz unter Berufung auf eine große stadtbürgerliche Geschichte seinen Triumph aus.

Das Stadterlebnis von Görlitz wurde und wird weit bis in die später eingemeindeten Vororte von den Fassaden des 19. Jahrhunderts geprägt, vorrangig von jenen seiner letzten zwei Jahrzehnte. Von der zugehörigen Raumkunst blieben allenfalls die Stuckdecken, in Resten die Parkettfußböden, noch einzelne Beispiele der turmartigen Berliner Öfen. Das Mobilar, lange wegen seines »Staubfängerstils« verachtet, wurde nach Kriegsvernichtung anfangs als verbilligtes Gebrauchsgut gehandelt, um schließlich hohe antiquarische Preise zu erlangen. Verschwunden ist aber die Gesamtheit der einstigen bürgerlichen Wohnkultur mit den schweren Portieren und Gardinen, das schattige Dämmerlicht der Räume mit den prunkvollen Goldstuckrahmen der im Galerieton gehaltenen Gemälde, die auch durch Öl- oder Lichtdrucke ersetzt werden konnten. Die etikettierte Bürgerlichkeit wollte mehr repräsentieren und residieren als wohnen, andererseits aber auch außerhalb der von Männern bestimmten Berufswelt Behaglichkeit. Nicht nur der äußerlich angeeignete Aufwand wurde um die Jahrhundertwende als altmodisch durch eine neue Mode verdrängt. Die Lebenshaltung änderte sich und gebar einen neuen Lebensstil. Was um die Wende des 19. zum 20. Jahrhundert als alt- und als neumodisch galt, ist längst kulturgeschichtlich als tiefgreifende Wandlung universeller gesetzlicher Veränderungen erkannt. Kunstgeschichtlich vollzog sich ein Stilumbruch, der jenseits und diesseits seiner Grenzen seit dem Ausklang des 20. Jahrhunderts Arbeitsfeld der Denkmalpflege geworden ist.

Die sich zu historisierenden Straßenfronten formierenden Mietshausreihen überraschen in ihren imposantesten Bauten durch aufwendige Gestaltungen ihrer Vestibüle und Treppenhäuser (Vgl. Abb. 192). Die meist durch spätere Übermalungen und Putzerneuerungen beseitigten Wand- und Deckenmalereien gingen nahtlos in den Jugendstil über. Der hohe Stand des am Kulturschaffen beteiligten

Handwerks repräsentierte den Hausbesitzer wie seine Mieter, namentlich in den öffentlich zugänglichen Vestibülen und an Treppenabsätzen, wo Wand-, Decken- und Glasmalerei zu eindrucksvollen Kombinationen zusammenfanden. In der Blumenstraße kann man heute noch oder wieder an Einzelbeispielen sich ein Bild von dem handwerkskünstlerischen Niveau des Mietshausbaus der achtziger und neunziger Jahre des 19. Jahrhunderts machen: Kunstvoll geschmiedete Eisengitter an schweren teilverglasten Hausportalen, heitere figürliche und dekorative Deckenmalereien, eingebettet in reiche Stuckornamentik, freigelegt von Restauratoren am Ende des 20. Jahrhunderts. Von den alten Laden- und Geschäftseinrichtungen sind nur Fragmente erhalten. Vom Glanz eines Geschäftshauses bietet der zwei Etagen verbindende Treppenaufgang Obermarkt 7 nach der Restaurierung ein schönes Beispiel.

Nicht allein der Umbruch des Lebensstils um 1900 setzte dem Mietshausluxus an Fassaden und im Inneren ein Ende, vielmehr trug dazu die sozialkritische Haltung gegenüber der sich verfestigenden Wohnhausballung in den Großstädten bei, sei es aus der Sicht von oben in der Perspektive des zum Villenbesitzer gewordenen Nutzers der Belletage oder der Sicht der Wohnungsnot Erleidenden von unten. Nach 1918 wurde der Hausbesitz durch Vermögensverfall und Verarmung hart getroffen. Es sollte lange dauern, bis man sich des Verlustes an Urbanität in Görlitz bewußt wurde.

Was Görlitz durch ansässige bildende Künstler im 19. Jahrhundert an Leistungen hervorgebracht hat, ist hier nicht aufzulisten. Ein allgemeines Erscheinungsbild möge Ersatz schaffen. Die rein handwerklich orientierte Wirtschaftsbasis der Stadt war im ersten Drittel des 19. Jahrhunderts zu schwach, um aus der im späten 18. Jahrhundert bestehenden Zeichenschule künstlerische Kultur zu entwickeln. Junge Talente suchten an der Kunstakademie in Dresden ihre persönliche Entfaltung, später auch in München und Berlin. Seit etwa 1830 teilte sich Görlitz der deutschen Öffentlichkeit durch zahlreiche Stadt- und Gebäudeansichten in Kupfer- und Stahlstichen und besonders durch die viel größere Produktion an Lithographien mit, deren Autoren und Verleger nur zum Teil Bürger der Stadt waren und die wie Eduard Sachse und W. Starcke hier lithographische Anstalten betrieben. Persönlichkeiten des öffentlichen Lebens ließen sich in Dresden porträtieren, wie 1846 Gottlob Ludwig Demiani durch Adolf Zimmermann (1799–1859), der immerhin gebürtiger Oberlausitzer war. Auch Demianis Bronzestandbild entstand unter den Händen des Bildhauers Johannes Schilling in Dresden. Der 1823 in Görlitz geborene Porträtist und Genremaler Gotthold Theodor Thieme malte in den sechziger Jahren im Galerieton gehaltene Bildnisse von beachtlicher Qualität, darunter das seiner Frau, das in der Gemäldegalerie im Kaisertrutz zu sehen ist, wie auch sein Selbstbildnis von 1852. Auch er verlegte sein Schaffen nach Dresden. Fortgesetzt wurden die Bildnisserien der Oberbürgermeister im Rathaus, der Hauptpastoren in der Peterskirche und der Präsidenten der wissenschaftlichen

Bildende
Kunst

gegenüberl.
Seite:
194 Grabdenk-
mal mit
ursprünglichem
Landschaftsaus-
blick.

Fotografie

Robert Scholz

Literatur

gegenüberl.
Seite:
195 Feierhalle
an der Grenze
zum Niko-
laifriedhof.

Gesellschaften, allerdings in recht konventioneller Art. Liebevolle Detailschilderungen finden sich noch nach der Jahrhundertmitte auf Görlitzer Altstadtdarstellungen nach biedermeierlicher Art, u. a. zwei Darstellungen vom Abbruch des Franziskanerklosters. Ähnlich wie auf dem weitläufigen Gebiet der Lithographie als Reiseandenken, wurden Motive nach Görlitzer Bauten der Mitte des 19. Jahrhunderts als Miniaturmalerei auf Porzellantassen dargestellt.

Dem Nachlassen auf dem Gebiet der Malerei steht in Görlitz in der zweiten Jahrhunderthälfte das Aufblühen der Fotografie gegenüber, vorangetrieben besonders durch den von mehreren handwerklichen Werkstätten betriebenen Kamerabau. In Görlitzer Familien, Fotografenateliers und Vereinen erhielten sich, Generationen übergreifend, seit Mitte des 19. Jahrhunderts in Alben gesammelte Porträtfotos, von denen etliche in Museumsbesitz gelangten. Der kulturgeschichtliche Wert ist um so höher einzuschätzen als nicht nur jeweils gängige Kleidermode in Erscheinung tritt, sondern ein Querschnitt durch Bevölkerungsschichten, auch weil sich die Dargestellten noch der Würde des Abbildes bewußt waren und sich nicht den Launen des Schnappschusses ausgesetzt sahen. Unter den Görlitzer Fotoateliers ist das von Robert Scholz wegen seiner Bilddokumentationen das bedeutendste gewesen. Die noch mit ausziehbaren Balgkameras in schwerer Holzausführung auf Stativ mit auswechselbaren Objektiven gewonnenen Aufnahmen auf Negativglasplatten von teils erstaunlicher Größe geben eine Überschau über Baubestand und Baugeschehen, technische Anlagen, Fabrikation und der dazu gehörenden Menschen in beachtenswerter Schärfe. Die Zeit des großen Umbruchs in der Geschichte von Görlitz im letzten Viertel des 19. Jahrhunderts bis zum Beginn des folgenden ist durch Robert Scholz in einer Gründlichkeit dokumentiert worden, die einzigartig zu nennen ist. Zum Glück konnte das Scholzsche Plattenarchiv größtenteils von den Städtischen Sammlungen erworben werden.

Eine kulturgeschichtlich ebenso aussagekräftige wie künstlerische Neubelebung erfuhr die Malerei in Görlitz durch Erna von Dobschütz (1876–1963) mit ihren Porträts, in denen sich die Vielfalt des Görlitzer Volkslebens um die Jahrhundertwende widerspiegelt. Ihr Schaffen gehört bereits ins 20. Jahrhundert. Die Schülerin von Robert Sterl und der Dresdner Akademie stellte 1904 im Rahmen der Kunstvereine der Lausitz im Görlitzer Kaiser-Friedrich-Museum aus. Sie hinterließ ihr gesamtes noch in ihrem Besitz befindliches Frühwerk den Görlitzer Kunstsammlungen, die es 1964 wieder in einer Sonderausstellung zeigten.

Vom literarischen Schaffen kann hier nur insoweit gehandelt werden, als es sich bildnerisch erfassen läßt. Eine Inschrifttafel am Hause Elisabethstraße 16 erinnert daran, daß hier der einst gefeierte Lustspieldichter Gustav Moser (1825–1903) ab 1889 bis zu seinem Tode wohnte. Mit dem Görlitzer Theater war er schon seit 1856 durch Aufführungen seiner Stücke in Verbindung. Er galt zwischen 1870 und 1890 als der meistgespielte Lustspieldichter Deutschlands. 1908 setzte ihm die Stadt Görlitz vor dem Theaterportal das ihn selbst überlebensgroß darstellende Bronzedenk-

mal, das wie die meisten 1942 der Rüstungsindustrie ausgeliefert wurde.

Wenn hier zum wiederholten Male
von nicht mehr bestehenden Bronzedenkmalen die Rede ist, so soll auch
an die 1942 demontierten Reliefs erinnert werden, die 1874 links neben der
Freitreppe am Kaisertrutz eine Exedra
schmückten, die das 1870 von Görlitzer Jägern erste erbeutete französi-
sche Geschütz, das Kanonendenkmal, um-
gab.

Der selbstbewußte Geist der unternehmerischen zweiten Hälfte des 19.
Jahrhunderts übertrug den persönlich-
keitsprägenden Charakter des öffentlichen historischen Denkmals auf die
individuelle Grabstättengestaltung her-
ausragender Persönlichkei-
ten. Somit entstand eine
besondere Friedhofskultur
als Bestandteil der großbür-
gerlich geprägten Stadtkultur. Dazu gehört auch in
Görlitz die Anlage der städtischen Friedhöfe im Norden
der Stadt. Parkartige gärtnerische Anlagen vereinen sich
hier mit den Grabstätten von
Görlitzern, von denen viele
das Geschehen ihrer Stadt in
jenem Jahrhundert in Politik,
Wirtschaft und Kultur ge-
formt und mitgestaltet haben.

Unmittelbar an den hi-
storischen Nikolaifriedhof
nördlich anstoßend folgt ihm
achsial der 1847 seiner Bestimmung übergebene ältere
städtische Friedhof. – Der Er-

ste, der hier seine letzte Ruhestätte fand, war der 1846 verstorbene Oberbürgermeister Gottlob Ludwig Demiani. Sein Grabmal ist ein großer Granitkubus an der westlichen Begrenzungsmauer. Sein Amtsnachfolger Gottlob Jochmann erhielt 1856 sein Grabmal in gleicher Gestalt, die auch für den 1881 verstorbenen Oberbürgermeister Johannes Gobbin wiederholt wurde. – Dieser ältere, schon 1858 nach Nordwesten erweiterte Friedhof zeichnet sich durch eine Vielzahl architektonisch und skulptural gestalteter Grabstätten aus, ein Teil von ihnen mit Durchblicken in die Landschaft und auf die Stadt (Abb. 195). Stilgeschichtlich reicht ihre Gestaltung vom späten Klassizismus bis zum Jugendstil, in der Materialgestaltung vom harten Granit über Muschelkalk bis zum polierten Marmor und vom Bronzeguß bis zur Galvanoplastik.

Für die Gefallenen der Kriege von 1866 und von 1870/71 errichtete die Stadt Görlitz im nordöstlichen Teil des Friedhofs einen helmgeschmückten Obelisken, umgeben von vier Inschriftsteinen. Nicht weit davon rührt das von der Goethe-Gesellschaft geschaffene Grabmal der von Goethe in seinen »Wahlverwandtschaften« als Ottilie verklärten Minna Herzlieb (1789–1865) bei einer in die Grabgestaltung einbezogenen mächtigen Linde hinter dem geschmiedeten Eisengitter. Die hier Bestattete war als Patientin in der Reimarschen Nervenheilanstalt gestorben.

Unmittelbar vor der Grenze zum Nikolaifriedhof wurde 1872/73 eine Kapelle für die Totengedenkfeiern in Backstein errichtet, ein Bau, der mit Rundbogenfenstern und einer Dachkuppel Anschluß an byzantische Kirchen sucht (Abb. 195).

Mit seinen hohen alten Bäumen ist dieser Friedhof zu einer schattigen Parklandschaft gediehen, Ort der Ruhe und Besinnung. Seine südwestliche Ausweitung mit Krematorium und Urnenhain gehört zu den eindrucksvollsten Gestaltungen des 20. Jahrhunderts.

GÖRLITZ IM 20. JAHRHUNDERT

Architektur und Baukonstruktion 1900–1918

Zu Beginn des 20. Jahrhunderts kündigt sich in Görlitz im Wohnungsbau ein Umbruch an, der mit floralen Putzornamenten in Brüstungs- und Giebelfeldern den
Tendenzen des Jugendstils folgt. Seine geschwungenen Linien eroberten sich
schnell auch die Innenarchitektur in Vestibülen, Treppenhäusern und Wohnräu-
men. Messingbeschläge und -klinken folgten der neuen Stilrichtung, die sich in
Europa um die Jahrhundertwende bildende Kunst und Kunsthandwerk unter-
warf. Wesentlich gefördert wurde die Jugendstilbewegung in Görlitz durch den
1901 gegründeten Oberlausitzer Kunstgewerbeverein und den 1902 aus älteren
bürgerlichen Bestrebungen neu gestalteten Oberlausitzer Kunstverein. Bemerkenswert für die dekorativen Neuerungen sind die Mietshäuser Joliot-Curie-Straße 4
und 5 von 1903 gegenüber der katholischen Kreuzkirche / Ecke Johannes-Wüsten-
Straße und am Ausgang der Straßburg-Passage zum Wilhelmsplatz wie auch ent-

*197 Goethe-
denkmal.*

lang der großen Ausfallstraßen, z. B. an der Zittauer Straße, doch stets in vereinzelten Beispielen relativ später Lückenschließungen. Das Görlitzer Bauwesen war zu konservativ und zu stark an seine Planvorgaben gebunden, um mit dem Abstreifen der historisierenden Architekturelemente auch die konstruktiven Grundformen anzutasten. Dieser entscheidende Schritt konnte erst mit neuen Baumethoden geschehen, die von Stahlgerüst- und Stahlbetonbau ausgelöst wurden.

Der idealisierende Symbolismus – ein Gesinnungserbe des 19. Jahrhunderts ließ auch eine neue schmucklose Monumentalwirkung entstehen: Nach Entwurf von Wilhelm Kreis, einem der führenden deutschen Architekten des frühen 20. Jahrhunderts, wurde 1901 der Bismarckturm auf der Landeskrone aus großen Natursteinquadern errichtet (Abb. 198), ein von vier Rundpfeilern umgebener Pfeiler, der auf jegliche klassische Maß- und Formenvorgabe verzichtet und auf einer Plattform einen Kubus für eine flache Feuerschale aufnimmt. Diese neue monumentale Denkmalidee verzichtet auf Personifizierung.

Jugendstil

*198 Bismarck-
turm.*

Die Form allein will ideenträchtig wirken. Nach dem Tode des Reichskanzlers Otto von Bismarck (1898) hatten patriotische Vereine mit der Errichtung von Bismarck-Türmen als Reichsdenkmale begonnen. Das damals überwiegend konservative Görlitz schloß sich der Bewegung an.

Demgegenüber fand der harmonische Linienfluß des Jugendstils am Goethedenkmal (Abb. 197) von Robert Toberentz am Beginn der Goethestraße/ Ecke Sattigstraße 1902 eine überzeugende Anwendung. Die Vorderkanten des obeliskartigen hohen Denkmalsockels für die Marmorbüste des großen deutschen Dichters gleiten in die ova-

le Umfassung des vorgelagerten Brunnenbeckens. Das fließende Wasser erhält auch hier, wie schon 1897 an J. Pfuhls Jacob-Böhme-Denkmal, die symbolische Überhöhung in der Bedeutung des sich erneuernden Geistes.

199 Gewerbe-ausstellung 1905.

200 Altstadt-brücke.

Die zukunftsweisenden Grundlagen für neue Bauvorstellungen kamen aus der technischen Baukonstruktion mit Stahlbeton, Stahlträgern und Glas. Wesentliche Vorarbeit für die Einführung der neuen Bautechnik und ihre Verbindung mit dem Jugendstil schuf die 1905 auf dem Gelände um die Gedenkhalle stattgefundene Niederschlesische Gewerbe- und Industrieausstellung (Abb. 199), auf der auch heimische Baufirmen selbstbewußt hervortraten. Rückbesinnungen auf die konstruktiven Prinzipien des Bauens führten zur Absage gegenüber dem auf Dekoration beschränkten historisierenden Formenschatz der Architektur des 19. Jahrhunderts, deren Ausklang man damals noch am Rathausneubau gegenwärtig erlebte.

Etwas gewaltsam wirkte der Einbruch der Stahlkonstruktion in das Görlitzer Altstadtbild als 1906/07 die im Frühjahr 1945 gesprengte Bogenbrücke errichtet wurde (Abb. 200). Um so erstaunlicher aber war, daß dem städtischen Hochbauamt gleichzeitig ein so einheitlicher und harmonischer Bau gelang wie die 1907 der Öffentlichkeit übergebenen Stadtbibliothek in der Jochmannstraße, damals als »Volksbücherei und Lesehalle« bezeichnet (Abb. 201). Der mit der Straße fluchtende Baukörper gliedert sich in einen erkerartig leicht vorspringenden dreigeschossigen Teil für Eingangsbereich und Verwaltung und den Haupttrakt für Bücher- und Lesesaal. Diese Assymmetrie der Fassade unterscheidet sich von der stets die Mitte durch Portal und Fenstergestaltung betonenden Symmetrie der öffentlichen Ge-

201   Lesehalle, heute Stadtbibliothek, 1907.

bäude des 19. Jahrhunderts. Über dem beide Teile durchziehenden Arkadengang erhebt sich die durch Lisenen in gleichwertige Bahnen gegliederte Fassade bis zur einheitlichen Traufhöhe. Ein Mansarddach harmonisiert den repräsentativen Zweckbau mit seiner nur wenig älteren anbindenden Nachbarschaft. Bemerkenswert ist die den Konstruktionsmerkmalen folgende Betonung der Vertikalglieder, zwischen denen die oberen Brüstungen wie eingehängt wirken, während die unteren als Attika der Erdgeschoßarkatur erscheinen. In die Glasurziegel der Arkaden wurde friesartig in typischen Jugendstillettern die Inschrift eingesetzt »Volks Buch und Lese Halle«. Über der Eingangsarkade und in der oberen Brüstungszone wechseln farbige Schmuckelemente und Wappen. Auf ein prunkvolles Portal wurde verzichtet. Nur über der Mitte des erkerartig vorspringenden Teils der Arkade zeigt sich auf einem rechteckigen Feld das Stadtwappen. Der auch auf eine künftige Erweiterung bedachte Bau zählt zu den besten Görlitzer Architekturleistungen des 20. Jahrhunderts. Die Logik der Konstruktion ist der Maßstab der baukünstlerisch gemeisterten Zweckbestimmung geworden.

1908 erfolgte der Durchbruch der technisch bestimmten neuen Baukunst, als Otto Straßburg die Fassade seines durch Ankäufe erweiterten Kaufhauses auf der Berliner Straße von den Görlitzer Baumeistern August Kämpffer und Bruno und Oskar Voigt in der Fassadengestaltung neu gestalten ließ. Hier war im älteren Kern-

202   Stadthalle.

203 Saal des abgebrochenen Wilhelm-Theaters.

bau bereits 1889 (vgl. Abb. 178) die Frontseite bis ins zweite Obergeschoß durch Fensterbahnen aufgerissen worden, die nun nach Harmonie mit dem neuen Straßenbild verlangten. Nur das dritte Obergeschoß und die Traufzone gleichen sich den Nachbarhäusern an. Gleichzeitig wurde die Straßburgpassage von ihrem mit Skulpturen bereicherten Portal an der Berliner Straße bis zum Wilhelmsplatz durch den dichtbebauten Gebäudekomplex getrieben. Überdachte und von Oberlichtfenstern erhellte Passagen durch enge Stadtviertel waren schon seit Ausgang des 18. Jahrhunderts für Reihen von Ladengeschäften in Paris als Aufforderung zum bequemen Einkaufen und Flanieren aufgekommen. Große europäische Vorbilder waren im 19. Jahrhundert in Neapel und Brüssel, aber auch in Berlin und Leipzig entstanden. In Görlitz war nicht nur die Kaufhauserweiterung Otto Straßburgs beabsichtigt, sondern die Entfaltung des Handels in einem neu entstandenen Stadtzentrum mit Möglichkeiten für das Mieten von Ladengeschäften und Büros, schließlich auch für Café und Kino.

Vorteile aus dem neuen konstruktiven Bauen ergaben sich besonders für weitgespannte Räume. Davon sollte in Görlitz der 1906 endlich begonnene Bau der

204 Wilhelm-Theater, im Vordergrund die Baustelle des späteren Karstadt-Kaufhauses.

Stadthalle nach dem Entwurf des Architekten Bernhard Sehring zeugen. Dafür zahlte man bitteres Lehrgeld, da die Stahlkonstruktion der großen Hallendecke über dem konventionell errichteten Monumentalbau am 9. Mai 1908 aufgrund fehlerhafter statischer Berechnung einstürzte und große Teile der Hallenwände mitriß. Fünf Todesopfer, elf Verletzte und 60 000 Reichsmark Prozeßkosten waren die traurige Bilanz. Nach dem Wiederaufbau erfolgte am 27. Oktober 1910 die festliche Einweihung. Der Bau war für 2500 Besucher eingerichtet und für Chöre, Orchester und Orgel bis zu einer tausendköpfigen Besetzung. Das war für Görlitz neben dem Konzerthaus von 1876 in der Leipziger Straße und dem Wilhelmtheater von 1889 in der Struvestraße (Abb. 203 f.) eine große Herausforderung. Mit einem anspruchsvollen Raumprogramm sollte ein die Stadt und die Provinz repräsentierender Monumentalbau gewonnen werden.

Um den mit großen Korbbogenfenstern emporragenden Saalbau wurden die zu seiner Erschließung und Nutzung erforderlichen Räume allseitig angegliedert. Der flachgegiebelte Eingangsraum mit dem Vestibül verzichtet auf Säulenpracht. Langseitige zweigeschossige Trakte nehmen die Garderoben und Seiteneingänge für das Parkett und den Rang ein. Der zum Garten gerichtete rückwärtige Teil ist durch die Seiteneingänge abgesetzt und nimmt Gaststätte und Bankettsaal auf. Putten und Vasen in Kunststeinguß besetzen im Takt der Fassadengliederungen die Traufzonen der verschiedenen Ebenen des reichgegliederten Baukörpers.

Es war von vornherein klar, daß die Musikwochen nicht die einzige Bestimmung dieses Festhallenbaus sein konnten. In der Tat bemächtigte sich das gesamte kulturelle, geistige und politische Leben der Stadt dieses Monumentalbaus. Dazu kamen Theateraufführungen, Ausstellungen und Sportveranstaltungen. 1921 war die Stadthalle Ort des Parteitages der Sozialdemokraten Deutschlands, die hier ihr »Görlitzer Programm« verkündeten. Ohne Stadthalle war das geistige und kulturelle Leben von Görlitz im 20. Jahrhundert überhaupt nicht denkbar. Und in dieser Aufgabe dürfte sie noch viele weitere Jahrzehnte Bestand haben, obgleich die Erfordernisse nach einer technischen Erneuerung rufen. Das Konzerthaus wurde nach Teilabbrüchen ab 1975 ganz abgetragen, 1985 der Rest gesprengt, und das nach 1945 zum Kulturhaus umfunktionierte Wilhelmtheater 2000/2001 für eine Neubauidee geopfert. Die Stadthalle ist aber nicht nur ein geschichtlich bedeutendes Baudenkmal. Sie repräsentiert in der Verbindung von Görlitz und der polnischen Nachbarstadt Zgorzelec eine europäische Mission.

Als direkte stilistische Fortführung der Architektur der Stadthalle erscheint   *Synagoge*
äußerlich der 1909–1911 erfolgte Bau der Synagoge (Abb. 205) an der Otto-Müller-Straße, für den die international bedeutenden Dresdner Architekten William Lossow und Max Hans Kühne gewonnen wurden. Die niederschlesische Synagogalgemeinde erhielt damit in Görlitz ein bedeutsames Zentrum. Der damalige Vorsitzende des jüdischen Gemeindevorstandes von Görlitz, Dr. Emanuel Alexander-Katz, stiftete das von ihm erworbene Baugelände. Maßgeblich finanziert

wurde der Synagogenbau durch die Stiftungen von Ephraim und Louis Friedländer. Die Baukommission wurde von Alexander-Katz geleitet.

Als Grundform wurde ein durch seine turmartige Erhöhung betonter Zentralraum gewählt, umgeben von einer ringförmig angelegten Empore, die durch die in Marmor monumental ausgestaltete Thora-Nische unterbrochen ist. Die kreisrunde flachgewölbte Decke mit vergoldeten Stuckreliefs zentriert den Feierraum auf die Mitte des gegliederten Baukörpers: Ein flach gegiebelter Eingangsbau führt an beiden Langseiten in zwei Etagen die Zugangskorridore mit den Treppenhallen zu den rückseitigen Räumen. Der außen mit Schmuckformen zurückhaltende, mit gestaffelten Eckkanten aufragende Turmklotz wird von einer mansarddachartigen Haube bedeckt. Das nur durch Gesimse bereicherte äußere Erscheinungsbild verbirgt die Konstruktion des Stahlbetonfachwerkes.

Den alle Synagogen Deutschlands überfallenden nationalsozialistischen Brandanschlag vom 9. November 1938 überstand der Görlitzer Bau glimpflich. Auf Grund des nationalsozialistischen Rassenwahns und der von ihm herbeigeführten Vernichtung der Juden in Deutschland bestand nach dem Untergang der Hitlerdiktatur in Görlitz keine jüdische Gemeinde mehr. Obgleich als Kulturdenkmal aufgelistet, wurde die Synagoge nach 1945 als Abstellgebäude profaniert und verfiel zusehends. Eine vor dem Portalaufgang 1988 aufgestellte mahnende Erinnerungstafel war ein verspäteter Reuezug. Der Verfall wurde damit nicht aufgehoben. Nach Prüfung der juristischen Grundlagen wurde mit Hilfe des Europäischen Bildungs- und Informationszentrums Görlitz und Unterstützung öffentlicher und privater Spenden die Bestandssicherung 1991 begonnen und mit dem Aufsetzen eines neuen Turmdaches und Erneuerung der übrigen Dachflächen und -konstruktionen bis 1993 abgeschlossen. Weitere Sanie-

205   Synagoge.

206 Kuppel des Kaufhàuses am Demianiplatz (Karstadt).

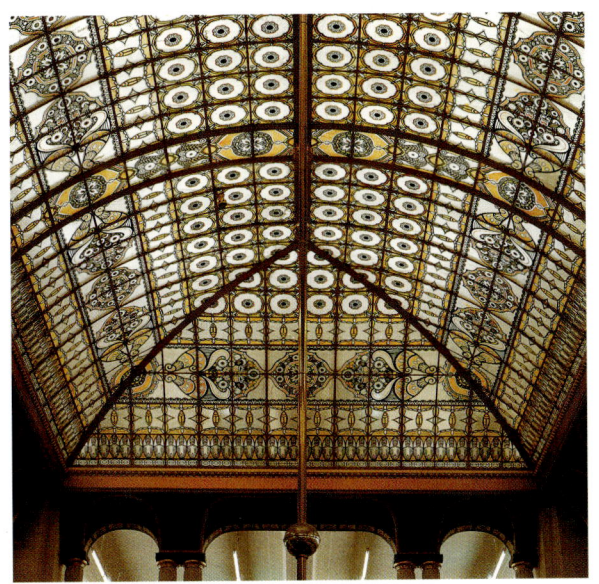

rungsabschnitte wurden in den folgenden Jahren mit Arbeitsbeschaffungsmitteln schrittweise bewältigt, so daß ab 1997 ein seriösen Kulturveranstaltungen dienender Saalbau zur Verfügung stand. Auftakt hierzu war das Festkonzert am 23. Juli unter Leitung von Sir Yehudi Menuhin.

Daß aber Stahlgerüst und bewehrter Betonbau lediglich die Hilfskonstruktionen für großdimensionierte Gebäude sein durften, lehren all diese Bauten am Beginn des 20. Jahrhunderts. Damit hielt die Architektur an der vom Steinbau abgeleiteten Konvention fest. Dies galt auch für die Errichtung des 1912 begonnenen Kaufhauses, später Karstadt (Abb. 207), zwischen Marienplatz und Frauenkirche mit seiner Hauptfassade zum Demianiplatz, Architekt war Carl Schmanns, Potsdam. Zur Ausführung mußte erst ein ganzes

207 Kaufhaus am Demianiplatz, heute Karstadt.

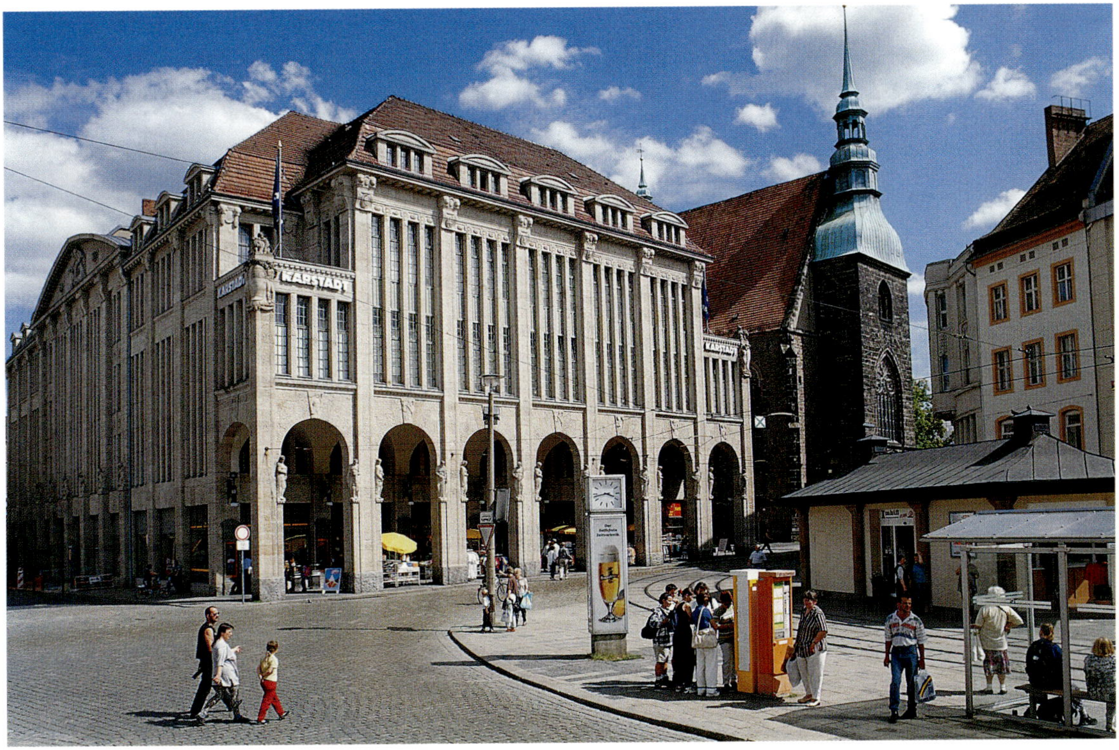

Häuserviertel abgetragen werden, darunter auch die historische Gaststätte »Zum goldenen Strauß«. Für die Fassadengestaltung gab Alfred Messels Berliner Kaufhaus Wertheim von 1897–1904 die Grundlage. Das Stahlgerüst und der in Holzverschalung vergossene Beton wurden an allen Fassaden in ein Natursteingewand eingehüllt, das Gebäudeinnere verputzt und teilweise mit Marmor inkrustiert. Indem der Bürgersteig entlang der vielbegangenen Front zum Demianiplatz von einer mächtigen Arkadenfolge aufgenommen wird, gewann der Bauherr nicht nur wettergeschützten Raum zum Betrachten der Auslagen in den großen Schaufenstern und zum Hauptein- und -ausgang, sondern auch die Möglichkeit, die vorgegebene Bauflucht erheblich zu überschreiten und dem Kaufhaus ein größeres Volumen für seine Zweckbestimmung zu verleihen. In sehr geschickter Weise wurden die Außenkanten der Arkadenpfeiler und die Schlußsteine der Bögen für Bildhauerarbeiten genutzt und somit Architektur und Skulptur in Materialeinheit verbunden.

208   Ehem. Löbauer Bank, Berliner Straße.

Mit der Arkatur war die Vertikalgliederung der Gestaltung des Baukörpers vorbereitet. Vom Straßenpflaster bis zur Traufe des mächtigen Mansarddaches geben Kolossalpilaster den Rhythmus an. Zwischen ihnen wurden die etagenübergreifenden Fensterbahnen zu je vier gebündelt. Auf diese Weise vermittelt auch die lange Fassade zum Marienplatz mehr einen ragenden als gestreckten Eindruck. Um dem massigen Bau und nicht zuletzt seinem Dach die erdrückende Wucht zu mildern, wurden die Ecken um eine Etagenhöhe gesenkt und mit einem Altan abgeschlossen.

Das Innere wurde in der bereits in europäischen Großstädten geprägten Weise unterteilt: Im Zentrum steht der große Lichthof unter dem spitzbogig gewölbten floral dekorierten Buntglasdach (Abb. 209), das mit großen neutral gehaltenen Flächen dem Tageslicht keine Hindernisse bietet. An allen vier Seiten öffnen sich die emporenartig angeordneten drei Einkaufsetagen, zu denen, der Eingangsseite gegenüber, eine ebenso kunstvolle wie zweckmäßige Treppenanlage den Zugang ermöglicht. Besonders formenreich ist die oberste Emporenarkade ausgestaltet. Der

Kommerz prägte um 1900 seine eigene Kultur aus wie auch das Hotel. 1913 wurde das Kaufhaus nach neun Monaten Bauzeit eröffnet.

Das monumentale Kaufhaus Karstadt überstand als eines der wenigen seines Typs den zweiten Weltkrieg. Trotz aller nachfolgenden gesellschaftlichen Veränderungen blieben Außen- und großenteils Innenarchitektur unangetastet. Man war sich schnell in Görlitz bewußt, hier ein einmaliges Denkmal der Kultur des frühen 20. Jahrhunderts zu besitzen, für das Stadterlebnis in einem kriegszerstörten Land unverzichtbar.

Dem selben architektonischen Erscheinungsbild schloß sich auch der stattliche Bau der ehemaligen Löbauer Bank, heute Commerzbank, Berliner Straße 53 an (Abb. 208). In beiden unteren Etagen wurden den Vertikalgliedern Halbrundschäfte vorgelegt, auf denen heroisierende Gestalten in Lebensgröße die Kräfte der modernen Wirtschaftsformen symbolisieren. Die Verwendung von Naturstein schuf in Görlitz im frühen 20. Jahrhundert diese Möglichkeit, monumentale Bildhauerkunst wirkungsvoll in die Architektur einzubeziehen.

Städtebaulich eroberten sich Kommerz und Zirkularsphäre die neuen Monumentalbaumethoden und prägten damit namentlich in den Großstädten die architektonischen Akzente. Parallel zum privaten Kaufhausbau war 1913 die städtische Sparkasse (Abb. 209) am innenstädtischen Zugang zur Berliner Straße entstanden, wo einst das städtische Krankenhaus

209 *Sparkasse, Berliner Straße.*

gelegen hatte. Die Natursteinhülle der Fassade mit Einschluß des gegen das Gerichtsgebäude vorspringenden Eingangsrisalits wurde aus kräftig gefugten Quadern mit rauh behandelter Oberfläche versetzt. Die tragenden Pfeiler führen auch hier als gedoppelte Lisenen vom Straßenbelag über drei Obergeschosse zur Traufe. Die rechteckig gebildete und zur Gebäudeecke gerückte Portalgestaltung bildet einen Kontrapunkt zu den rundbogig geschlossenen Erdgeschoßfenstern. Auch durch seine abweichende Etagenfolge wird der Eckrisalit für das Treppenhaus vom übrigen Gebäude abgehoben und mit einem Kupferhelm turmartig geschlossen. Bei-

210 Krematorium, 1913.

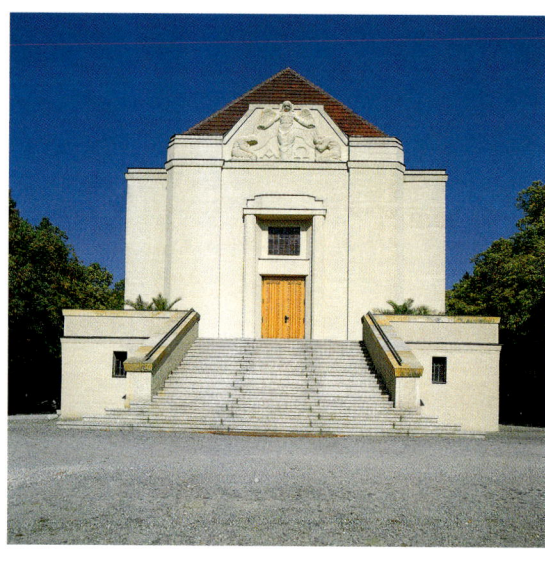

den Fassadenteilen gemeinsam sind die eingetieften hohen Rechteckfelder zur Aufnahme der dreigeteilen Fensterbahnen. Das dritte Obergeschoß bildet mit paarweise angeordneten Fenstern einen die aufschießenden Kraftlinien und -felder ausgleichenden Fries.

Zum ersten Mal wagte das städtische Hochbauamt 1913 bei der Errichtung des Krematoriums (Abb. 211 f.) auf einer Bodenerhebung nahe dem Luthersteig den unverkleideten Betonbau. Markant ragt die denkmalartige doppelte Schornsteinführung mit der von schlanken Pfeilern getragenen Überbrückung zwischen beiden Schloten über dem Steildach der schlichten Feierhalle und der rückseitigen Apsis. Fritz Schuhmachers 1912 vollendeter Dresdner Krematoriumsbau hatte zu dieser Lösung anregend gewirkt.

Betonbau

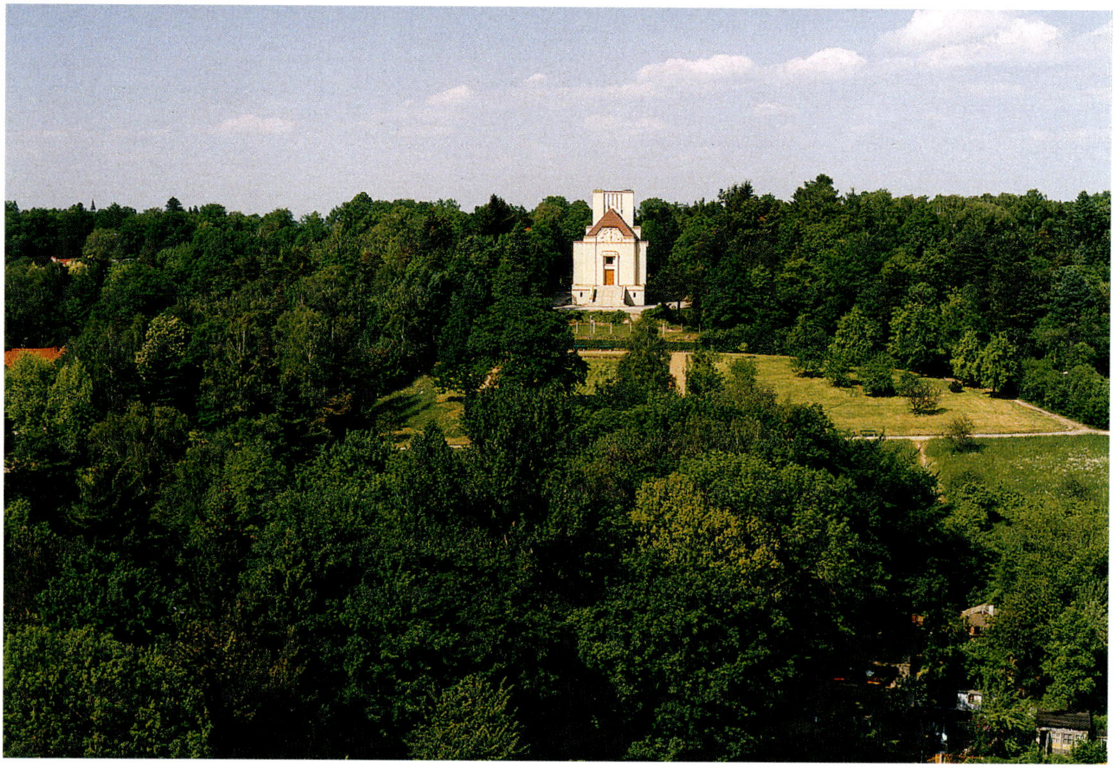

211 Blick über den Ölberggarten zum Krematorium.

Schlichte Pfeiler und schmale Fensterbahnen bestimmen die Einheit von Konstruktion und Architektur. Ein schmuckloses Gerüst von schmalen Pfeilervorlagen und Gebälk rahmt das Portal und das quadratische Fenster darüber. Die nur durch Vor- und Rücksprünge in senkrechte Bahnen gestaffelte Frontseite erscheint als Mausoleum. Ein figürliches Attikarelief mit dem Flügel und Arme ausbreitenden Todesengel zwischen den gebeugt hockenden Gestalten einer Frau und eines Mannes und den griechischen Buchstaben Alpha und Omega – Anfang und Ende – stimmt in die schweigende Feierlichkeit des Lebensabschieds und der Totenruhe ein. Die gedankenschwere Architektur erhebt sich über einem Sockelgeschoß für die technische und funktionale Einrichtung des Gebäudes und ermöglicht vorder- und rückseitig die Anlage von je einer Terrasse mit je einer monumentalen Freitreppe. Konzipiert war das Bauwerk auf sinn- und wirkungsvolle Raum- und Sichtverbindung zum Urnenhain. Die Bezugseinheit wurde 1975 durch den Bau eines rückseitigen Funktionstraktes leider gestört. Die 1993 begonnenen Sanierungsarbeiten berücksichtigen die Wiederherstellung der ursprünglichen Planung.

Die stilprägende Einheit von Konstruktion und Architektur, Modernität und Tradition bewies ihre Gestaltungsmöglichkeiten am Bau der evangelischen Kreuzkirche (Abb. 212) am Rande der inneren Südstadt zwischen Arndt- und Reuterstraße. Architekt des 1913–16 errichteten Sakralbaus war der Dresdner Rudolf Bitzan. Zum ersten Mal löst sich ein Görlitzer Kirchenbau monumentaler Dimensionen von historischen Stilvorgaben. Dennoch bleibt die achsiale Abfolge von Atrium, Turm, Langhaus und Altarplatz gewahrt. Das Gemeinde und Geist sammelnde Atrium, der von massiven Arkadengängen umgebene Vorplatz, war sogar ideell ein Rückgriff bis in die frühchristliche Architektur. Die verwendeten Bauglieder – steile Vierkantpfeiler und schlanke Fensterbahnen – waren Kennzeichen moderner Baugesinnung geworden. Der wuchtige Turmklotz ist nach Westen nur durch ein großes hohes Rechteckfenster unterbrochen, darin gliedernd das namenprägende Kreuz Christi, eindrucksvoll als sinnspendendes Architekturmotiv. Der zurücktretende obere Turmteil für das Geläut erscheint als dichte Folge von Pfeiler- und Öffnungsbahnen unter einer einfachen vierseitigen Kupferhaube.

212 Evangelische Kreuzkirche in der Arndtstraße.

Das Innere verzichtet auf Gewölbe, betont dafür mehr die technisch vorgegebene strenge Linienführung von Pfeilern und Trägern.

Hervorzuheben ist sowohl an der Raumgestaltung der Kreuzkirche wie des Krematoriums die dem Kunsthandwerk zuteilwerdende Aufgabe an Fensterverglasung, Formgebung elektrischer Beleuchtungskörper und keramischem Wanddekor. Auf diesem Gebiet hatte der Deutsche Werkbund neue Wege beschritten, indem die Form durch die Funktion bestimmt wird. Andererseits suchte auch der Jugendstil nach Ausdruck des Zeitempfindens und fand ihn in einer verklärenden Symbolistik.

Gegenüber dem konstruktionsbestimmten Modernismus, der Reform des Kunsthandwerks und den Freiheiten des Jugendstils bestand aber immer noch eine Unantastbarkeit akademischer Architektur in Theorie und Praxis. Besonders scheute sich die vom Staat beauftragte Baukunst, an öffentlichen Einrichtungen sich den neuen Richtungen anzupassen oder gar zu unterwerfen.

Zeitparallel zu den Neuerungen der Stilauffassung zeigte sich daher auch das Beharren auf akademisch vorgegebenen Grundformen der Architektur, zumal an öffentlichen Bauten, bemerkenswert als 1911 durch Anbau von offener Eingangshalle und Vestibül mit darüber gelegenem Erfrischungsraum das Theater eine neue Eingangsfront erhielt. Ihr wurde als traditionelles Sinnbild des Theaterbaus die altgriechische Tempelfront vorgeblendet in den strengen Formen der dorischen Ordnung. Es wurde nachgeholt, worauf man 1850/51 sparsam verzichtet hatte.

Zu den mannigfaltigen Erscheinungen, die die Abkehr vom Historismus des 19. Jahrhunderts nach 1900 hervorbrachte, gehört die bürgerliche Urbanitätsgesinnung, die gerade jene Bauten fast demonstrativ aufweisen, die gar nicht städtische Aufgaben im traditionellen Sinne zu erfüllen hatten. So war seit der Trennung von Stadt und Landkreis 1873 auch das Landratsamt in Görlitz heimisch geworden. Sein Neubau von 1910 an der Otto-Müller-Straße (Abb. 213), gegenüber der Synagoge, tendiert mit seinem vorspringenden Mittelrisalit zum Landschloß, mit dem geschweiften Giebel darüber zum Jugendstil. Mit nur einem Obergeschoß und dem Mansarddach spricht der sparsam ornamentierte Eckbau mit langer Seitenfront mehr für die Landschaft als

*213 Ehem.
Landratsamt,
Otto-Müller-
Straße.*

für den sich architektonisch neu orientierenden Städtebau.

Aufwandreicher gestaltete Gerhard Röhr zeitparallel das Direktionsgebäude der ehemaligen Rothenburger Versicherungsanstalt an der Furtstraße (Abb. 214), jetzt Teil der im großen benachbarten Eckgebäude zur Brückenstraße (Abb. 215) untergebrachten Hörsäle der Fachhochschule für Technik, Wirtschaft und Sozialwesen Zittau-Görlitz, das außen und innen zu den nobelsten Bauleistungen von Görlitz vor dem ersten Weltkrieg zählt. Das rückwärtige Gelände – einst zu den tüchtigsten Görlitzer Webereien gehörend – dient seit 1999 Neubauten der Hochschule.

214 Gebäude der ehem. Rothenburger Versicherung, Furtstraße.

Eine Aufgabe großen städtebaulichen Charakters war der Neubau des Görlitzer Bahnhofs in den Jahren 1913 bis 1917 zu vollbringen. Es galt, den die Stadt durchschneidenden und ihr optisch nicht vorteilhaften Bahnkörper entlang der Bahnhofstraße zwischen Kröl- und Jacobstraße architektonisch in den Charakter des Stadtzentrums einzuordnen und durch zweckmäßige und repräsentative Gebäude zu verdecken. Der tägliche Durchlauf von 184 fahrplanmäßigen Zügen hatte bereits 1909 zur Ausgrenzung des Güterverkehrs durch den neuen Verschiebebahnhof Schlauroth an der Stadtperipherie geführt. Die ab 1914 ausgeführten Bauten waren dem Regierungsbaumeister G. Eckert un-

215 Fachhochschule Zittau/ Görlitz, Furtstraße.

216 Die
Schalterhalle des
Bahnhofes.

217 Der
Bahnhof mit dem
ehem. Bahnpost-
amt (vorn).

terstellt. 1915 wurde als erstes Bauwerk des langgestreckten Bahnhofsensembles das 1913 begonnene Bahnpostamt vollendet, ein palaisartiger Bau mit gegiebeltem Mittelrisalit und mit einem Dachtürmchen auf dem großen Mansarddach. Flache Lisenen und Brüstungsfelder im Rauhputz verleihen dem äußeren Erscheinungsbild die repräsentative Würde.

Die Bahnhofsbauten sind als dreiteilige Anlage gegliedert. Die Mitte beherrscht unter steilem Walmdach mit Uhrturm die großzügig angelegte Empfangshalle mit eindrucksvollem Tonnengewölbe. Ihre dekorative Ausmalung wurde 1984 unter nachträglichen Farbkrusten freigelegt. Fünf hohe Rundbogenfenster zwischen glatten Lisenen gestalten die Außenfront und besonders den Blickfang von der Berliner Straße her. Die überdachten mittleren Zugänge wurden bis auf die beiden äußeren durch neuere Raumbeanspruchungen innerhalb der Halle zugebaut, der Ostflügel für die Bahnhofsgaststätte recht luxuriös angelegt, seit dem Jahr 2000 Veranstaltungssaal. Nach Westen reckt sich der gleichgroße Flügel für die Räume der Bahnverwaltung. Der Bau war vom ersten Weltkrieg eingeholt worden und mußte

bis 1917 abgeschlossen werden. Das westlich anschließende, aber selbständig errichtete Eisenbahnerheim für übernachtendes Bahnpersonal konnte erst später ge-
baut werden. Bis zum Brautwiesenplatz beließ man den Baumbestand.

Was die Stadt Görlitz durch ihr Stadtbauamt unter Leitung von Stadtbaumeister
Heinrich Küster vor 1914 zu leisten vermochte, zeigte sich 1911–1913 beim Bau des
Komplexes der Oberrealschule und des Reform-Realgymnasiums am Zusammen-
schluß von Lessing- und Carl-von-Ossietzky-Straße (damals Seydewitzstr.) mit dem

*218 Die ehem.
Oberrealschule
und das Reform-
realgymnasium
in der Carl-v.-
Ossietzky-
Straße.*

beide Trakte verbinden-
den Portalbau (Abb. 218).
Der an seinen Eingängen
skulptural sparsam berei-
cherte Baukörper betont
die Enden seiner beiden
Flanken durch ein zu-
sätzliches Geschoß ober-
halb der Traufe. Die über
Eck errichtete Eingangs-
halle wird von Säulen-
paaren mit figürlichen
Kapitellen getragen. Der
sorgfältig geplante und
ausgeführte Doppelbau
von hoher Sachlichkeit
und baukünstlerischer
Wirkung gehört zu den

*219 Turnhalle
der ehem. Ober-
realschule und
des Reformgym-
nasiums in der
Carl-v.- Ossietz-
ky-Straße.*

reifsten Architekturleistungen der Stadt des frühen 20. Jahrhunderts und bedarf keiner stilgeschichtlichen Anlehnung mehr, da Maß und Würde stilbildend in ihm ruhen. An den Eingangsbau schließt sich rückseitig, den Hofraum diagonal teilend, die Aula mit der darübergelegenen Turnhalle an, bemerkenswert durch die bewehrte Betonkonstruktion (Abb. 219). Bis zu den Eingemeindungen von Weinhübel 1949 und Biesnitz 1952 blieb der Realschulkomplex der letzte Görlitzer Schulbau, der das Raumbedürfnis befriedigte, aber längst nicht mehr die Bedürfnisse einer modernen Berufsschule, in die er nach 1945 umfunktioniert wurde. 80 Jahre nach seiner Vollendung wurden die noch unbebauten Fluchten des Viertels bis zur Sattig-straße durch einen modernen Berufsschulkomplex vervollständigt, nun freilich mit mehr offenen Fragen an die künftige Stadtbaukunst.

Aus der Konsequenz funktionsgerechten Bauens ergab sich auch das Beiseite-lassen des Verputzes zugunsten des roten Backsteins für die 1910 bezogene Feu-erwache auf der Krölstraße (Abb. 220), wirkungsvoll durch die großen Rundbo-genöffnungen für die Remisen der noch pferdebespannten Löschzüge und die in Naturstein eingesetzten Schlußsteine mit Reliefzier. Gegen die in der Bauflucht der Straße liegende hohe Erdgeschoßzone springt die Fassade hinter einem lan-gen Söller zurück. Nur der auf ihm fußende Erker findet Anschluß an die benach-barten Mietshäuser der Neurenaissance. Die von ihm getragene Loggia erscheint wie ein Zugeständnis an den Historismus damals jüngster Vergangenheit. Das Feuerwehrgebäude griff der architektonischen Entwicklung der zwanziger Jahre voraus.

Bauten der zwanziger Jahre

Der erste Weltkrieg von 1914 bis 1918 hatte in seinen Auswirkungen Görlitz in erster Linie sozial schwer geschädigt. Zu den mit Kriegsende heimströmenden Soldaten und den aufhörenden kriegsbedingten Beschäftigungen, besonders der Frauen, kamen die an den Versailler Vertrag gebundenen wirtschaftlichen Einengungen. Grundlegend für die Restabilisierung von Industrie und Wirtschaft war für Görlitz der 1921 erfolgte Zusammenschluß von Waggonbau- und Maschinenbau-AG, der beiden wichtigsten Arbeitgeber der Stadt, zur WUMAG. Diese Fusion bestand bis 1945.

Die dem Krieg folgenden Jahre der Revolution, der inneren Instabilität und der Inflation verursachten die Stagnation im Bau- und Kunstschaffen ganz Deutschlands.

Stagnation

Dem Wirken des Görlitzer Stadtbaurates Dipl.-Ing. Heinrich Küster in den Jahren 1909 bis 1933 ist die Kontinuität in Stadtplanung und architektonischer Gestaltung zu verdanken. Die Görlitzer Bauleistungen zeigten bis in die Kriegsjahre hinein bereits einen Wandel, der nach dem unrühmlichen Ende des Deutschen Kaiserreiches auch für die demokratische Republik repräsentativ werden konnte. Als ab 1923 die Bautätigkeit in einem das Stadtbild prägenden Umfang wieder einsetzte, knüpften städtische und private Bauvorhaben dort an, wo man wegen des Krieges abbrechen mußte. Hinzu kamen neue Erfahrungen, die man in der Entwicklung von Reihenhaussiedlungen und Gartenvorstädten der Werkbundbewegung gewonnen hatte. Bis zur Weltwirtschaftskrise, die sich ab 1930 auch für Görlitz höchst nachteilig bemerkbar machte, blieben nur wenige Jahre relativer Wirtschaftsstabilität.

Versuche, einen neuen Stil zu finden und zu begründen, unterblieben. Daher fand auch der Einfluß der Bauhaus-Bewegung hier keinen Boden. Bezeichnend ist, daß die bildende Kunst der zwanziger Jahre durch Arno Henschel (1897–1945) und Johannes Wüsten (1896–1943) maßgeblich von der neuen Sachlichkeit geprägt wurde. Die schmerzliche innere Zerrissenheit der vom Krieg geprägten jüngeren Generation dieser Jahre kam in disziplinierter Gestaltgebung nur im Schaffen des Görlitzer Malers Willi Schmidt (1895–1959) als konsequenter Expressionismus zum Ausdruck.

Bildende Kunst

Charakteristisch für Kunsthandwerk und angewandte Kunst ist das in den zwanziger Jahren geprägte keramische Schaffen Walter Rhaues (1885–1959), das sowohl für Görlitzer Innenarchitektur wie besonders für dekorative Vasen und bemalte Wandteller bis Mitte des 20. Jahrhunderts prägnant war. Von seiner Raumgestaltung mit Wandreliefs und Kachelöfen blieben leider nur Spuren in der Halle des Hotels »Vierjahreszeiten«, dem Bahnhof gegenüber, erhalten.

Im freien Kunstschaffen blieb allein die Künstlerpersönlichkeit maßgebend. In der Architektur verschwanden alle Anleihen an den Kanon der Antike wie Kapitelle, Konsolen, Gesimse und Ornamentik.

Kultur

Es war eine globale Erscheinung, daß sich nach 1918 das Kulturleben in seinen gemeinschaftsstiftenden Formen in zuvor geschaffenen Monumentalbauten abspielte, in Theatern, Musikhallen und Museen, die größtenteils Baudenkmale des 19. Jahrhunderts waren. Auch die gemeindebildende Aufgabe der Kirchen sank von ihren jahrhundertelang die ethischen Grundlagen der Kultur bewahrenden Bindungs- und Bildungsaufgaben im Bewußtsein der Massen, die sich viel leichter von dem neuen Medium des Filmes führen und verführen ließen. Das Kino als Filmtheater eroberte sich rasend schnell den Vorrang unter den auf immer mehr Wechsel bedachten kulturellen Darbietungen. Filme vermochten Illusionen zu erwecken und in jede beliebige Zeit zu versetzen, von vorzeitlicher Sagenwelt bis in die Zukunftsutopien. Von der Illusion zur politischen Propaganda und Ideologisierung des Publikums bedurfte es keiner langen Entwicklung. Kultur, im weitesten Umfang gesehen, verlor ihre lebensbestimmenden Aufgaben und wird Unterhaltung, die sich industrialisieren, manipulieren, ideologisieren läßt und in jeder dieser Erscheinungsformen noch als Fortschritt propagiert und wahrgenommen werden kann. Schallplatte und Radioempfang vermochten die künstlerische Kultur von der individuellen Leistung auf das Niveau des Massenverbrauchs zu ziehen.

Filmtheater

221 Reihen-
wohnhäuser in
der Pestalozzi-
straße.

Im Zuge dieser technischen wie auch mentalen Entwicklung lernte Görlitz binnen kurzer Zeit den Zauber der Filmwelt in mehreren Filmtheatern der zwanziger Jahre kennen, unter denen der Ufa-Palast – seit 1945 Palasttheater – Ecke Bahnhof- und Jakobstraße das größte und tonangebende bis Mitte der neunziger Jahre wurde, ein Riese unter den Kinos der Oberlausitz mit Mittel- und Seitenrängen für über 1000 Zuschauer, ausgestattet mit einer Kino-Orgel und technisch vielfach erneuert. Als Architektur trat der »Palast« nie in Erscheinung, es sei denn durch seine zurückspringende Ecklage des gerundeten Entrees mit der Reklamewand darüber.

Die vordringlichste Bauaufgabe der zwanziger Jahre war das Reihenmietshaus für genügsame Bewohner. Maßstabprägend war der Familienhaushalt mit geringem Einkommen. Damit begann eine Vereinfachung, die zwar einen Straßenzug, aber kein Stadtbild prägen konnte.

Wesentlich für die Stadtentwicklung war die 1925 erfolgte Eingemeindung von Rauschwalde, das an der Reichenbacher Straße aus dem Stadtorganismus herausgewachsen war, besonders seit der Anlage des großen Güter- und Rangierbahnhofs Schlauroth zwischen 1905 und 1909 und dem Bau einer Reihe von Eisenbahnerwohnhäusern. Seit 1921 ist Rauschwalde durch die Straßenbahn mit dem Stadtzentrum verbunden. 1929 folgte die Eingemeindung von Moys östlich der Neiße, wo sich schon seit der Jahrhundertwende ein bevorzugtes Wohngebiet entwickelt hatte und sich seither Möglichkeiten zum Eigenheimbau und der Schaffung neuer Parkanlagen boten.

Als südwestliche Stadtrandbebauung entstanden die kleinen Reihenwohnhäuser mit Vorgärten an der Pestalozzistraße (Abb. 221) zwischen den Stadtteilen Biesnitz und Rauschwalde, vorzugsweise für Kriegsinvaliden. Mit Erd- und Obergeschoß ausgestattet, auf knapp bemessener Grundfläche sind diese gemütlichen Einfamilienhäuser ein Musterbeispiel für die vom Deutschen Werkbund (1907–1934) hervorgebrachte vorstädtische Gartenstadtbewegung. Nur hatten sich die sozialen Voraussetzungen seit dem ersten Weltkrieg verändert: Was zuvor als Ideal für Industriebelegschaften außerhalb der Stadt gedacht war, wurde hernach Ideal bescheidener Kleinbürgerlichkeit.

Bereits 1920 hatte die Stadtverwaltung für ihre Angestellten mit den genossenschaftlichen Mietshausbauten »Am Hirschwinkel« begonnen, deren Errichtung sich wegen der Nachkriegskrisen bis 1927 hinzog, als auch die Turnhalle mit ihren zeittypischen Fensterstürzen vollendet war. Die städtebaulich beachtenswerten Eckhäuser zur Rothenburger Straße lassen den ursprünglich anspruchsvollen Charakter der Architektur erkennen. Ein Runderker und eine zurückspringende Ecke gegenüber greifen das raumschaffende Motiv der Untermarkteinmündungen von Brüderstraße und Peterstraße wieder auf. Die Absicht, mit Erker und Giebel an Traditionen deutscher Stadtbaukunst anzuknüpfen, ist erkennbar, wurde aber im Verlauf der auf Sparsamkeit drängenden Zeit zugunsten schlichter Mietshausgestaltung aufgegeben. Charakteristisch für die zwanziger Jahre sind Bebauungen bisheriger Randlagen. Um das noch frei gelegene Krankenhaus-Gelände entstanden in Richtung Flugplatz Reihenmietshäuser an der Zeppelin-, Lilienthal- und Parsevalstraße und mit sichtlicher Sparsamkeit an Bauaufwand bis 1930/31 im Gebiet zwischen Reichert- und Frauenburgstraße mit Daniel-Riech- und Johannes-Haß-Straße.

Mietshausbauten der zwanziger Jahre paßten sich in Trauf- und Firsthöhe den städtebaulichen Vorgaben an, sofern sie durch Bauten vor und um die Jahrhundertwende bestimmt worden waren. Man war bestrebt, die Wirtschaftlichkeit der Mietshäuser den finanziellen Möglichkeiten der Mieter anzupassen. Die Wohnungen wurden kleiner, die Geschoßhöhen reduziert und der Wohnungskomfort auf das Nötigste begrenzt. Statt drei Obergeschossen wurden deren vier ermöglicht, indem entweder das Erdgeschoß ohne Kellersockel den Charakter eines »Souterrains« erhielt oder indem das Dach als Fassadenerhöhung hinter einem als Fassadenabschluß wirkenden Balkon ausgebaut wurde. Beide Möglichkeiten zeigen die Häuser 25 und 26 in der Biesnitzer Straße. Beachtung verdient auch die

genossenschaftlicher Wohnbau

Einführung breiter Fenster, die den Rhythmus der Fassaden neu gestalten. Auch in der Carl-von-Ossietzky-Straße werden die vom Schulblock vorgegebenen schlichten Fronten übernommen. Das von plastischen Schmuckformen der Renaissance bestimmte Palastfenster wird grundsätzlich als unnützer Aufwand verworfen. Für das ästhetische Erscheinungsbild der neuen Architektur gilt allein die Zweckbestimmung.

Bank- und industriebauten

Mit höherem Aufwand zu bauen war nur besonders finanzkräftigen Einrichtungen möglich. Ein bezeichnendes Beispiel gibt das 1923 am Höhepunkt der Inflation errichtete Gebäude der Disconto-Gesellschaft – später Deutsche Bank – in der Berliner Straße / Ecke Dr.-Friedrichs-Straße, ehemals Mittelstraße. Das ursprünglich dem Geldinstitut dienende Erdgeschoß soll durch die Putz- und Oberflächengestaltung den Eindruck des Quaderbaus und damit der Stabilität und Zuverlässigkeit vermitteln. Die Fassade der oberen drei Geschosse wird zwischen den Fensterachsen durch angeputzte Lisenen zwischen Erdgeschoßsims und Traufe bestimmt. Die Brüstungszonen zwischen den Geschoßlagen sind mit floralen Schmuckelementen plastisch verziert. Der Architekt Alfred Hentschel war bereits

222 Krankenhaus St. Carolus.

1922 mit dem Bau des neuen Produktionsgebäudes für die optisch-mechanische Anstalt Hugo Meyer an der Fichtestraße hervorgetreten. Die Überwindung der Scheu, konstruktive Elemente der Fassadengestaltung dienstbar zu machen, führt hier zugleich den Fabrikbau in eine neue Architekturästhetik. Ähnlich wie am Sparkassengebäude in der Berliner Straße werden Eingang und Treppenhaus in einem turmklotzartigen seitlich angeordneten Baukörper untergebracht und die ganze Fassade vom Sockelgeschoß bis zur Traufe durch pfeilerartige Vertikalglieder in Bahnen zu je drei Fensterachsen aufgeteilt. Das vierte Geschoß wird durch ein breites Brüstungsband abgesetzt. Sein Gesims überschneidet die Pfeilerkonstruktion und setzt

dadurch das oberste Geschoß friesartig von den übrigen Etagen ab, obgleich der vertikale Rhythmus bis zum Dach fortgeführt wird.

Zwischen die formenreichen Mietshausfassaden der Hospitalstraße mußte sich der von einer Reihe von Firmen geschaffene und 1925 eingeweihte Handelshof auf den Grundstücken 13–16 einfügen. Über dem mit Schaufenstern besetzten Erdgeschoß erhebt sich zwischen stark vorgezogenen Simsen die Fassade mit zwei Obergeschossen, ein drittes erscheint als Friesband. Mit einem vierten Stockwerk wurde der Dachraum ausgebaut. Die mittleren und seitlichen Fensterachsen treten risalitartig etwas hervor, die seitlichen flankiert von Pilasterpaaren, während die übrigen Fensterachsen von Putzlisenen eingefaßt sind. Ihre Brüstungsfelder werden durch den Wechsel von Rauh- und Glattputz hervorgehoben. Es gelang hier, eine lange Fassade lebendig zu gliedern und einen harmonischen Zusammenhang mit dem Straßenbild herzustellen.

Auch die Umgestaltung der Fassade des ehemaligen Hotels »Stadt Dresden« in der Berliner Straße vollzog sich 1924 im Anschluß an die Lisenengliederung unter Verzicht auf Kapitelle und Kämpfergesimse. Die Fensterbogenfolge im Erdgeschoß hatte – wie auch die Nutung – ältere Vorgaben zu berücksichtigen. Wie beim Handelshof werden zwei Risalite zur Flankierung der mittleren Fensterachsen, hier jedoch unter einem sehr breiten flachen Tempelgiebel, zur Fassadenbelebung angeordnet. Das Gebäude dient nach der Umgestaltung von 2001 der Barmer Ersatzkasse.

Einer ganz anderen Neugestaltung stand der Umbau des ehemaligen Gutshauses von Rauschwalde zum katholischen Krankenhaus St. Carolus gegenüber. Einerseits war ein äußerlich schlichter Baukörper zu gestalten, andererseits eine moderne medizinische Einrichtung zu schaffen, der Dr. Max Herford als Stadtmedizinalrat 1919–1931 vorstand. Auch hier wurde das dritte Obergeschoß bei einheitlicher Achsialität der Fenster durch das Traufgesims friesartig abgesetzt

223 Denkmal für die Gefallenen des 1. Weltkrieges, 1926.

und darüber ein Dachgeschoß mit Mansardfenstern angeordnet. Ein Portalvorbau und ein dem First aufsitzender Turm betonen die Gebäudemitte. 1927 wurde das Carolus-Krankenhaus seiner Bestimmung übergeben (Abb. 222).

Das Gymnasium am Wilhelmsplatz erhielt 1927 sein drittes Obergeschoß und damit eine beruhigte Dachzone. Auch seine dominierende Stellung wurde innerhalb der langen Mietshausreihe zwischen Konsul- und Jakobstraße durch diese maß- und taktvolle Fassadenerhöhung betont.

Der Theaterbau von 1850/51 erfuhr in den Jahren 1925–1927 durch Anbau von Hinterbühne und Kulissenhaus sowie durch die Neugestaltung seiner westlichen Langseite eine seinen Zwecken entsprechende Veränderung. Das Verpachten des Theaters an Schauspielgesellschaften war durch die Inflation nicht mehr möglich. Daher übernahm die Stadt 1923 die Betriebsführung und entschloß sich zu dem umfangreichen Umbau, in den auch das Innere einbezogen wurde. Die damalige Gestaltung des Zuschauerraumes mit gestalterisch bemerkenswerten Beleuchtungskörpern wich leider in den sechziger Jahren einer Vereinfachung. Untersuchungen zur Zurückgewinnung der alten Raumgestaltung fanden in den neunziger Jahren statt, ab 2000 folgte die Restaurierung.

Für die schlichte Haltung der kommunalen Bauten ist die damalige städtische Haushaltungs- und Gewerbeschule Konsulstraße 23 – jetzt Schule für Lernbehinderte – von 1928 ein Beispiel.

Industriebau

In den zwanziger Jahren blieb die Beibehaltung der traditionellen Ziegeldachgestaltung und ihre Einordnung in die Gesamterscheinung des Stadtbildes maßgebend. Ausnahmen konnte es nur für Industriebauten außerhalb der vorgegebenen dichten Bebauung im Straßenraster geben. Die 1927 fertiggestellten Produktionsgebäude der Konsum-Genossenschaft an der Rauschwalder Straße sind ein Beispiel. Der Industriebau war aber auch maßgebend für die unverputzte Ziegelbauweise öffentlicher Einrichtungen. In der Gobbinstraße folgte dem Backsteinbau der Feuerwehr von 1926 das 1930 seiner Bestimmung übergebene damalige Arbeitsamt gegenüber, ein den Zeitverhältnissen entsprechender unverputzter Ziegelbau, der sich durch seine einheitlichen Breitfenster dem Typus des Bürohauses anpaßt. Nur die keramische Gestaltung der nüchternen Eingangsarchitektur genießt das Vorrecht, von dekorativen Formen Gebrauch machen zu dürfen.

Wer sich kein Einfamilienhaus am Fuß der Landeskrone, an der Promenadenstraße oder in Moys leisten konnte, aber dennoch Wohnung, Garten und Landschaft als angemessene und erstrebenswerte Form der Lebens- und Umweltgestaltung wünschte, nutzte die Möglichkeit des Mehrfamilienhauses mit Garten am Stadtrand. In der Regel wurden zwei identische Hauseinheiten seitenverkehrt aneinandergebaut, jeweils mit Erd- und Obergeschoß. Stadtrandbebauungen dieser Art an der Fröbelstraße und an der Biesnitzer Straße waren 1926/27 entstanden, ergaben aber in der Wiederholung desselben Typs mit einheitlichen Abständen der Nachbarhäuser städtebaulich keine befriedigende Lösung.

Insgesamt brachte die kurze Periode der zwanziger Jahre, insbesondere der zweiten Hälfte des Jahrzehnts, eine erstaunliche Bauleistung hervor, die auch zur Beförderung des Görlitzer Kulturlebens ganz erheblich beitrug. Beteiligt waren die unterschiedlichsten Einrichtungen und Organisationen des gesellschaftlichen und sozialen Lebens in seiner Gestaltung vom Stadtzentrum bis zum Stadtrand.

Neißeufer

Besonders zu berücksichtigen war die Pflege der reichen Forstbestände und der Parkanlagen zwischen Landeskrone und Moys. Arbeitsbeschaffungsmaßnahmen, die der wachsenden Zahl der Arbeitslosen Einhalt gebieten sollten, galten dem Abriß stillgelegter Werkstätten und Fabrikgebäude entlang der östlichen Stadtmauer. Am Ostufer der Neiße bot der Brand der Dreiradenmühle 1925 Möglichkeiten einer Klärung der Bebauung, die nicht genutzt wurden. Bestehen blieben hier einige der alten Gerberhäuser in ihrer charakteristischen Bauweise, die bereits die älteste Stadtansicht von 1565 zeigt. Dagegen wurde mit den Abbrucharbeiten unterhalb der Peterskirche ein gediegenes altes Stadtbild zurückgewonnen.

Die riesige Zahl von 2,5 Millionen gefallener deutscher Soldaten und Offiziere im ersten Weltkrieg wurde in den zwanziger Jahren auch für Görlitz Anlaß, seiner Kriegsopfer zu gedenken. Die bereits seit der Reformation dem Bestattungsgottesdienst dienende Nikolaikirche erfuhr 1925 als Denkmal der im Krieg gefallenen Görlitzer durch den Architekten Martin Elsässer eine Umgestaltung. Anstelle der spätgotischen Achteckpfeiler wurden die sich nach unten verjüngenden Stützen mit sternförmigem Querschnitt und anstelle der bemalten Flachdecke ein pseudogotisches Rabitzgewölbe eingeführt. Spätere Wassereinbrüche erlaubten jedoch bei der Restaurierung in den siebziger Jahren nicht, die Wandgestaltung vollständig zu erhalten. Sie war durch die Verzeichnung der Görlitzer Gefallenen des ersten Weltkrieges ein sprechender Beweis für die Bekundung des Gedenkens. Neu eingesetzt wurde die aus Hartklinkern errichtete Westempore mit den Trauer und Andacht symbolisierenden bronzierten Eisengußfiguren an ihren Ecken. Leider erwies sich die Raumgestaltung wegen des starken Nachhalls für Predigt und Musik als verfehlt.

1926 folgte auf dem jüngeren Teil des städtischen Friedhofs das Denkmal der Kriegsopfer (Abb. 223) in roh belassenen Granitquadern in Gestalt eines vierseitigen Torbaues mit seitlichen Pfeilerverstärkungen und dreieckig zugespitzten Toröffnungen, die den Einblick in das Innere mit einer trommelförmigen Stele für eine Flammenschale freigegeben. Zu diesem Denkmalbau führt ein Ehrenfriedhof für jene, die als Kriegsopfer in heimischer Erde bestattet werden konnten. Ein von Ludwig Engelhardt geschaffenes skulpturales Denkmal eines sterbenden antiken Kriegers fand im Stadtpark nahe dem Goldfischteich seinen verfehlten Platz. Die von einem Chemnitzer Bürger gestiftete Gestaltung wurde als Schmuckfigur mißbraucht. Der Bildhauer Engelhardt war Jude.

Die zuweilen idealisierten zwanziger Jahre stellten Görlitz vor neue stadtplanerische Probleme. Unter Stadtbaudirektor Küster wurden wegen des zunehmenden motorisierten Straßenverkehrs Haupt- und Nebenstraßen ausgewiesen. Auch die Begeisterung für das Flugwesen gewann an Gewicht. 1925 wurde der Flugplatz an der Girbigsdorfer Straße eröffnet und reguläre Luftverkehrslinien in und aus Richtung Dresden, Halle-Leipzig, Cottbus-Berlin und Hirschberg-Breslau eingerichtet. Die Landung des Luftschiffs »Graf Zeppelin« am 5. Oktober 1930 gestaltete sich zu einem sensationellen Ereignis, das neben Tausenden Görlitzern etwa 35 000 Schaulustige anlockte, die mit 35 Sonderzügen und schätzungsweise 10 000 Kraftfahrzeugen angereist waren.

Straßenplanung

Die Weltwirtschaftskrise lähmte ab 1930 auch in Görlitz Wirtschaft, Industrie, Gewerbe und Kultur. Das Heer der Arbeitslosen wuchs. Unter diesen Schwierigkeiten erfolgte 1931 die Umgestaltung des Kaisertrutzes zu einem Museum für Stadtgeschichte und heimische Archäologie, womit ein Plan der zwanziger Jahre realisiert wurde. Vorausgegangen war der Verzicht der Reichswehr auf das historische Gebäude, dessen drittes Obergeschoß zum Hof als volle Etage ausgebaut wurde, das aber die äußere Gestalt der Mitte des 19. Jahrhunderts behielt. Bis Mitte der dreißiger Jahre kam keine das Stadtbild prägende Bautätigkeit zustande.

Von der Weltwirtschaftskrise bis zum Ende des zweiten Weltkrieges

Die Geschichte Deutschlands während der zwölf Jahre des nationalsozialistischen Regimes ist hier zur Einleitung nicht neu zu erzählen. Die Diktatur Adolf Hitlers hinterließ in Görlitz zum Glück keine dauerhaften Spuren, denen kulturgeschichtlich nachzugehen wäre, wohl aber ein gräßliches Ende an menschlichen Schicksalen und Kulturverlusten. Damit fertig zu werden, blieb der nachfolgenden Epoche vorbehalten.

Waggonbau   1933 horchte die Welt auf, als der als »Fliegender Holländer« bekanntgewordene Schnelltriebwagen die Görlitzer Werkhallen verließ und auf den Schienen 160 Kilometer pro Stunde Spitzengeschwindigkeit und 125 Stundenkilometer Reisetempo erbrachte. 1936 wurde seine Produktion eingestellt, weil die vom Regime verursachte Devisenknappheit dem Treibstoffbedarf Schranken setzte. Dem Görlitzer Baugeschehen teilte sich die kriegsvorbereitende Entwicklung 1935/36 durch den großen Baukomplex der Kleist-Kaserne in der Oststadt und der Winterfeldkaserne in Moys mit.

224 Mietshausreihe in der Büchtemannstraße.

Für die 1934 auf 94 645 Einwohner gewachsene Bevölkerung blieb die Wohnungsnot und der Zwang, sie durch Bau- und Mieterorganisationen mit staatlich geförderten Billigmietshäusern zu lindern. Daraus folgte der Rückgriff auf nicht ausgeführte Pläne der zwanziger Jahre zu uniformierten schmuck- und freudlosen Mietshausreihungen der Görlitzer Siedlungsgesellschaft 1936/37 an der Büchtemannstraße und die Folge typisierter Häuser des Beamten-Wohnungsvereins von 1935/36 »Im Bogen« an der verlängerten Sattigstraße. Eine städtebauliche Hauptaufgabe war seit 1925 die bis zu Beginn der vierziger Jahre betriebene Neubebauung des Stadtteils Rauschwalde beiderseits der Reichenbacher Straße, besonders von der Reichertstraße in südlicher Richtung. Der Verlauf des zweiten Weltkrieges bestimmte ihr Ende.

Seßhaft werden auf eigener Scholle war eine Parole der nationalsozialistischen Ideologie und ihrer »Blut-und-Boden-Politik«. Der Wohnungsbau erhielt durch die Anlagen typisierter Familienhäuser den Charakter einer Siedlerbewegung. Das war die Grundlage der ersten Häuschen der Landskronsiedlung und 1939 für die Anlage der Siedlung Königshufen (Abb. 225).

Dagegen war seit dem ersten Weltkrieg die Altstadt zunehmend der wirtschaftlichen und sozialen Benachteiligung ausgesetzt worden. Sie war als Armeleuteviertel in Verruf geraten. Eine erste Welle von Altstadtsanierung ermöglichte ab 1936 der Denkmalpflege schwache Ansätze, die drei Jahre später der Beginn des zweiten Weltkrieges beendete. In erster Linie sollten die Maßnahmen dem motorisierten Straßenverkehr zugute kommen. Untermarkt, Brüderstraße und Obermarkt erhielten eine neue Pflasterung, die breiten Bürgersteige des Obermarktes an beiden Langseiten Plattenbeläge und Fahrradwege. Zugunsten des Kraftverkehrs wurde die Straßenbahn aus der Altstadt verbannt und die elektrische Straßenbeleuchtung durch maßstäblich der Architektur angepaßte Kandelaber und Laternen vervollständigt.

225 Siedlung Königshufen.

Die denkmalpflegerischen Maßnahmen beschränkten sich auf Fassadenkosmetik. Dazu gehörte auch 1936 die Wiederherstellung der Halbrundstaffeln an den Giebeln des Waidhauses. Im Rathaus begann eine umfangreiche Umbautätigkeit. Für den großen Rathaussaal schuf Arno Henschel sein wandfüllendes Gemälde der Ansicht von Görlitz vom östlichen Neißeufer gesehen. Vom Kaisertrutz verschwand der Zinnenkranz um das Rondell. Vom Obermarkt wurde am 11. Mai 1939 das Kaiser-Wilhelm-Denkmal entfernt, um

226 Christuskirche in Rauschwalde.

Brunnen

für wenige Jahre auf dem Wilhelmsplatz mehr ab- als aufgestellt zu werden. Der historische Kunstbrunnen, seit Mitte des 19. Jahrhunderts an der Südseite des Schwibbogens, rückte an die Nordseite des Chores der Dreifaltigkeitskirche. Seine verwitterte antikisierende Kriegerfigur wurde 1957/58 durch die Kopie des Dresdner Bildhauers Werner Hempel ersetzt. 1999/2000 fand die Rückverlegung des Brunnens nahe seinem ursprünglichen Standort am Ostende des Obermarktes statt. Im Zuge der Straßenbaumaßnahmen im Stadtzentrum erfuhr auch der Postplatz zugunsten der Straßenbahnkurve eine eingreifende Veränderung durch die Anlage eines großen Rasenrondells um den kunstvollen Brunnen, womit die zu ihm hinführenden mit Mosaikpflasterung versehenen Diagonalwege verschwanden.

Bemerkenswert ist in dieser Epoche der Bau der Christuskirche Otto Bartnings (1883–1959) am Diesterwegplatz im Westen von Rauschwalde (Abb. 226). Der Grundsteinlegung vom 10. Juni 1937 folgte bereits am 17. Juni 1938 die Weihe. Bauabsichten bestanden bereits vor 1914. Bauentwürfe des Breslauer Architekten Hermann Wahrlich aus den Jahren 1925 bis 1928 liefen der ab 1934 durch Vereine betriebenen Finanzierung voraus. Nach Wahrlichs Tod gewann der 1935 gegründete Kirchenbauverein Otto Bartning zur Ausführung eines eigenen Planes. Das Ergebnis zeigt ein basilikares Langhaus, dem südlich eine offene Vorhalle und gegen Westen der Vierkant des Turmes mit Spitzhelm vorgelegt ist. Im Innern sind die Seitenschiffe vollständig durch Emporen unterteilt, die gegratete Balkendecke ist Teil der Dachkonstruktion. Der Baukörper hatte die Lage zwischen offener Bebauung und Landschaft zu berücksichtigen. Schlichte Fensterbänder der Emporen und des Obergadens belichten den kontrastreich auf weiße Wände und dunkle Decken gestimmten Raum. Die kunsthandwerkliche Ausgestaltung wurde verschiedenen Händen anvertraut. Genannt werden soll der keramische Taufstein von Heinz Grunwald. Es kennzeichnet die Zeitumstände des Baues der Christuskirche, daß der für den protestantischen Kirchenbau verdiente Architekt den Auftrag erhielt, noch vor der Grundsteinlegung einen Luftschutzkeller anzulegen, der den 420 Plätzen im Kirchenraum zu entsprechen hatte.

Konzentrationslager

Von größenwahnsinnigen Bauvorhaben der nationalsozialistischen Diktatur blieb Görlitz zu seinem Glück verschont, nicht aber von ihrem aus Menschenverachtung und Rassenwahn geprägten Terror. In dem bis 1936 Leschwitz genannten und erst 1949 eingemeindeten Weinhübel wurde ein leerstehendes Fabrikgebäude von März bis Ende August 1933 zur Einsperrung aller namentlich bekannt gewordenen Regimegegner genutzt, namentlich Funktionäre der KPD, SPD und der Gewerkschaften, von denen viele in den berüchtigten Konzentrationslagern eingesperrt wurden. Alle Vereine und wissenschaftlichen Gesellschaften mußten sich dem nationalsozialistischen »Führerprinzip« beugen und ihre demokratischen Rechte aufgeben oder sich auflösen.

Mit haßerfüllter Wut wurden die jüdischen Mitbürger verfolgt und einem unerhörten Rufmord preisgegeben, jüdische Geschäfte, Juristen, Ärzte boykottiert und speziellen Überwachungen ausgesetzt. Mit der Pogromnacht vom 9. zum 10. November 1938 erreichte dieses Kesseltreiben seinen Höhepunkt. Die Synagoge wurde in Brand gesteckt, alle jüdischen Geschäfte und Firmen gestürmt, geplündert und enteignet. Wer von den Verfolgten nicht noch in letzter Stunde ins Ausland entkommen war, geriet in die Fangarme der Terrorherrschaft. Für den jüdischen Friedhof waren schon seit 1935 nur noch Urnenbeisetzungen mit behördlicher Genehmigung gestattet. 1943 wurde seine Beseitigung erwogen. Dazu kam es nicht mehr, denn Ende 1942 hatte sich Hitlers Raubkrieg tief in Rußland festgefahren. Für die WUMAG in Görlitz wurde im Biesnitzer Grund ein spezielles Straflager für 1200 ausländische und jüdische Arbeitssklaven eingerichtet, das von 1943 bis Kriegsende 323 Todesopfer zu verzeichnen hatte. Ein weiteres Zwangsarbeiterlager bestand ab 1942/43 im Stadtteil Rauschwalde, etwa zwischen Johanna-Dreyer- und Heinrich-Heine-Straße. Es diente ab 1945 dem Auffang der Flüchtlingsströme und der aus Schlesien Vertriebenen.

[Randnotiz: Zwangs-arbeiter]

Da Görlitz zum »Durchhalten« noch am 8. März 1945 verpflichtet und von der Heeresleitung als »Festung« ausersehen worden war, liefen schon im Februar 1945 die Evakuierungen von Frauen mit Kindern, Alten und Invaliden an. Etwa 60 000 verließen die Stadt. Von Wehrmachtsverbänden wurden noch am 7. Mai sämtliche Neißebrücken gesprengt. Einen Tag später ergab sich die Stadt kampflos den einrückenden sowjetischen Verbänden. Gleichzeitig endete der fürchterliche zweite Weltkrieg mit der bedingungslosen Kapitulation der deutschen Führung.

Dieser Krieg hatte Deutschland und besonders auch Görlitz in die größte Katastrophe seit dem Dreißigjährigen Krieg geführt, eingeschlossen der Verlust an Kulturgütern. Seit 1942 war alles bewegliche Kulturgut, darunter die Justitiasäule, Olmützers Grablegungsgruppe, die Skulpturen der Annenkappelle, das wertvollste Archivgut, die Handschriften und historisch bedeutenden Druckwerke der wissenschaftlichen Bibliotheken in Depots im weiten Umkreis ausgelagert worden. An eine Rückführung war vorerst nicht zu denken, so lange es ums reine Überleben ging.

Zwischen Spaltung und Wiedervereinigung Deutschlands

Die Überwindung der Kriegsfolgen

Der Tag der Kapitulation war für die meisten zugleich Tag der Befreiung von einem unmenschlichen Terrorregime. Deutschland war in Besatzungszonen der Siegermächte aufgeteilt, ihrer Gnade oder Ungnade ausgeliefert. Mit noch etwa 30 000 Einwohnern glich die Stadt Görlitz einem verlassenen Schlachtfeld: Die Straßen von Schützen- und Panzergräben durchzogen, verstellt von dilettantisch errichteten Sperren, überall verstreut weggeworfenes Militärgerät und Flüchtlingsgut. Sieben zerstörte Neißebrücken sperrten die Stadt von ihrem östlichen Umfeld ab. Wie ein Denkmal des totalen Zusammenbruchs klaffte die zerstörte Mitte des Viaduktes mit den herunterhängenden Eisenbahngleisen. Schlimmer als alle materiellen Verluste wog das menschliche Elend. In die Stadt zurück strömten nicht nur die ca. 60 000 Evakuierten, sondern auch die verbliebenen Einwohner der Oststadt und Tausende von Kriegsflüchtlingen aus Schlesien.

Flüchtlinge

Der Druck des Zustroms stieg im Juni 1945 bis zu 20 000 Geflohenen und Vertriebenen täglich, so daß sich Stadt- und Landkreisverwaltung von Hungersnot bedroht sahen. Dieser Druck hielt bis 1947 an, da sich Polen durch den Potsdamer Vertrag in die Lage versetzt sah, seinen Gebietsverlust im Osten und Vertreibung der Bevölkerung gegen Westen mit Zwangsvertreibung der deutschen Bevölkerung auszugleichen. Durch diese Vertreibung, die besonders das stark bevölkerte Schlesien betraf, war Görlitz bei ohnehin hoher Besiedlungsdichte unter katastrophalen Verhältnissen Großstadt mit etwa 104 000 Einwohnern geworden. Ihre Ernährung war in Frage gestellt. Die immer knapper werdenden Lebensmittelrationen erfuhren ihren Tiefpunkt. Seuchen breiteten sich aus. Bis April 1946 wurden 1037 Typhusfälle und 89 an Fleckfieber Erkrankte amtlich verzeichnet. Ohne ihre landwirtschaftlich genutzten Gebiete östlich der Neiße war die Stadt auf Selbsthilfemaßnahmen angewiesen, die mit acht Lastkraftwagen bis nach Thüringen und Mecklenburg führten. Die Zahl der Todesfälle hatte sich gegenüber dem Vorkriegszustand etwa verzehnfacht. Die Säuglingssterblichkeit erreicht 90 Prozent der Geburten. Ein großes Hilfswerk zur Linderung der Not entstand durch die Organisation »Volkssolidarität«, deren Küche, Werkstätten und Lagerräume zuerst im Vogtshof, ab 1946 in der »Ressource« eingerichtet wurden. Hinzu kam die Hilfe für Heimkehrer aus der Kriegsgefangenschaft.

Stadtverwaltung

Am 10. Mai 1945 befahl der sowjetische Stadtkommandant Nesterow die Bildung einer Stadtverwaltung. Oberbürgermeister wurde der 1939 von den Nationalsozialisten seines Amtes verwiesene Alfred Fehler (1879–1945), der jedoch bald Opfer des Hungertyphus wurde. Eine ungeheure Arbeitslast und Verantwortung lastete auf den neuen Amtsinhabern. Dazu kamen das Mißtrauen der Besatzungsmacht und die internationale Abrechnung mit der deutschen Vergangenheit, in deren Schatten die Nachkriegsjahre standen.

1950 wurde in Zgorzelec der Vertrag zwischen den Regierungen der DDR und der Volksrepublik Polen im Dom Kultury (der ehemaligen Gedenkhalle) geschlossen, der die im Potsdamer Vertrag sehr zweideutig auslegbare Grenze zwischen beiden Staaten für endgültig als »Friedensgrenze« erklärte. Sie blieb allerdings für die folgenden 25 Jahre eine Sperre, die Görlitz wie Zgorzelec sehr unterschiedliche Entwicklungen im Städtebau und im kulturellen Leben beschied.

Der kulturelle Rang, den Görlitz jahrhundertelang an der Gelenkstelle zwischen Sachsen und Schlesien, Böhmen und Brandenburg / Preußen eingenommen hatte, schwand aus dem Leben, das von materiellen Sorgen geprägt war. Er lebte

allenfalls in Erinnerungen und alten Bildern, Fotos und Postkarten, die erst von
der Nachkriegsgeneration wieder entdeckt wurden.

Verglichen mit vielen im Bombenhagel kriegszerstörten deutschen Städten Kriegsverluste
blieben die unmittelbaren Kriegsschäden in Görlitz auf einzelne Gebäudeverlu-
ste begrenzt, verursacht durch Artilleriebeschuß vom 7. Mai 1945. Der aus seiner
Heimat vertriebene Zeichenlehrer Paul Seifert hielt sie mit Erlaubnis oder auf
Wunsch der Stadtkommandantur in aquarellierten Bleistiftzeichnungen fest, wert-
voll durch ihren dokumentarischen Charakter. Erst 30 Jahre später wurden diese
Blätter den Kunstsammlungen der Stadt übergeben. Zerstört waren die großen
Eckhäuser Krölstraße 35 gegen die Löbauer Straße, die hinter dem Chor der gleichfalls schwer beschädigten Jakobuskirche an der Zittauer Straße und Wohnhäuser
in der Hugo-Keller-Straße gegenüber der Jägerkaserne. Schmerzlich für die Altstadt war der Verlust der beiden Barockhäuser Obermarkt 30 und 31. Insgesamt
wurden 37 Totalzerstörungen gezählt. Schwere Schäden waren am 22. April 1945
durch Bombenabwurf an der Jüdenstraße und an der Rückfront der historischen
Häuser Obermarkt 22, 23 und 24 und an den Häusern Pontestraße 17 und 19 entstanden. Umfangreich waren die durch Sprengung der Altstadtbrücke entstandenen Schäden an der Peterskirche. Die Druckwelle hatte die Chorfenster mitsamt
dem Maßwerk durchschlagen und auch noch die großen Westfenster. Die Dreifaltigkeitskirche hatte alle Fenster ihrer Nordseite eingebüßt. Der Turm der Jakobuskirche war von Granaten schwer beschädigt und gemahnte noch jahrelang an
den verhängnisvollen zweiten Weltkrieg.

1946 wurde als erstes Denkmal der Nachkriegszeit im Stadtteil Rauschwalde Denkmale
das Ehrenmal für die 1941–1945 im Krieg gefallenen Sowjetsoldaten von Görlitzern errichtet, ein hochgesockelter Obelisk, umgeben von Gräbern von Offizieren
und Soldaten der Roten Armee und einer Quadermauer mit kannelierten Eckpo-
stamenten für Flammenschalen.

Ihren während der Hitler-Diktatur in Zwangs- und Todeslagern umgekom-
menen und umgebrachten Einwohnern errichteten die Träger der breiten antifa-
schistischen Bewegung am Ostende des Wilhelmsplatzes das schlichte Denkmal
aus Natursteinquadern mit rauh belassenen Flächen und dem großen roten Dreieck, dem einstigen Kennzeichen der politischen Gefangenen auf ihrer Sträflings-
tracht. Die Inschrift lautet: »Die Toten mahnen die Lebenden«. 1948 wurde das
Mahnmal dem Schutz der Stadt unterstellt.

Aus Bestattungslisten war bekannt, daß 323 Insassen des Konzentrationsla-
gers »Biesnitzer Grund« von ihren Peinigern ums Leben gebracht worden waren.
1948 fand man 178 von ihnen in einem Massengrab in Nähe des jüdischen Friedhofs. Eine Gedenktafel an seinem Eingang erinnert an die hierher umgebetteten
Todesopfer. Ein schlichter Gedenkstein mit Davidstern und dem Dreieck der Häft-
linge erinnert seit 1951 an die nahezu vollständige Vernichtung der Juden in Görlitz durch ein mörderisches Regime.

Den deutschen Kriegsopfern blieb lange Zeit ein Denkmal versagt. Zu schwer lastete die Verantwortung für den furchtbaren zweiten Weltkrieg auf dem deutschen Volk, das für alle Verbrechen der nationalsozialistischen Terrorherrschaft büßen sollte. In dieser verachtenden Haltung waren sich alle von der Sowjetunion geführten und kontrollierten Länder des Ostblocks einig. Nach der Gründung der Deutschen Demokratischen Republik (DDR) und ihrem vom »kalten Krieg« bestimmten Militärbündnis mit den östlichen Nachbarstaaten wurden neue Beziehungen hergestellt, unter deren Einfluß die Totenehrung deutscher Soldaten verdrängt wurde.

Kulturgut-
rettung

Für die Rettung und Rückführung des bedrohten und meist ausgelagerten Kulturgutes setzten sich Oberbürgermeister Fehler und sein Nachfolger Oehme, der kommissarische Ratsarchivar Dr. Raschke und Stadtdirektor Eberhard Giese ab Juni 1945 ein. Fehler war seit 1917 Mitglied der Oberlausitzischen Gesellschaft der Wissenschaften und noch bis zuletzt Mitarbeiter ihres leitenden Ausschusses. Auf ihn geht zweifellos die Konstituierung eines Kuratoriums zur Rettung der 1943 ausgelagerten Bestände der Gesellschaftsbibliothek zurück. Ihm ist zu verdanken, daß nach Billigung der Stadtkommandantur mit Möbelwagen die Rückführung des ausgelagerten Kulturgutes durchgeführt werden konnte, die historische Bibliothek der Oberlausitzischen Gesellschaft der Wissenschaften in ihrem Hause Neißstraße 30 (bis auf die nicht erreichbaren Bestände auf polnischem Boden) wieder aufgestellt und schon 1946 der Allgemeinheit geöffnet werden konnte. Das Kuratorium glaubte, die von der Oberlausitzischen Gesellschaft der Wissenschaften übernommenen Bestände böten ausreichend Garantie für deren Erhaltung, sah sich jedoch durch die Währungsumstellung von 1948 und die darauf folgenden staatlichen Maßnahmen getäuscht, so daß sich der Rat der Stadt 1950 veranlaßt sah, das Kuratorium aufzulösen und die Leitung den Städtischen Kunstsammlungen anzuvertrauen. Gebäude und Sammlungen der ehemaligen Wissenschaftsgesellschaft gingen in den Besitz der Stadt über. Das im ehemaligen Gesellschaftshaus schon als Mieter ansässige Schulamt bezog die alte Börse am Untermarkt, die neu geschaffene Abteilung für Kultur dafür dessen freigewordene Räume.

Museum

Inzwischen war 1948/49 durch den mit Kriegsunterbrechung seit 1936 tätigen Museumsdirektor Dr. Sigfried Asche der Kaisertrutz als städtisches Museum für Stadtgeschichte, Kunst und Handwerk neugestaltet und im zweiten Obergeschoß des Hauses Neißstraße 30 das Graphische Kabinett eingerichtet worden. Vom Herbst 1950 bis Dezember 1951 folgte die gesamte äußere und – soweit musealen Zwecken dienlich – die innere Instandsetzung des Gebäudes mit finanziellen Sonderzuwendungen des Rates der Stadt und des Landesamtes für Denkmalpflege in Dresden unter Leitung von Prof. Dr.-Ing. Hans Nadler. Viele technische Sanierungsvorgänge mußten freilich auf spätere Zeit verschoben werden, vor allem Zentralheizung und elektrische Installationen. Mit dem Raumgewinn des neuen Museums im barocken Hause Neißstraße 30 konnte annähernd Ersatz für das verlorene Kaiser-

Friedrich-Museum in der Gedenkhalle geschaffen werden, die nun Kulturhaus (Dom Kultury) der polnischen Nachbarstadt Zgorzelec geworden war.

Mit dieser musealen Neuschöpfung sollte zugleich ein Anfang zu einer systematischen Denkmalpflege in der Görlitzer Altstadt gemacht werden. Ab 1948 war es die Hauptaufgabe im materiellen Bereich der Kunst- und Kulturgeschichte gewesen, zu retten, was noch zu retten war, den Bestand an Kulturdenkmalen in Stadt und Kreisgebiet zu erfassen, Kriegsschäden und Kriegsverluste festzustellen. 1951 waren diese ordnungschaffenden Maßnahmen zu einem gewissen Abschluß gekommen. In dieser Zeit waren auch die restlichen Kriegstrümmer zu beseitigen. Als erster historischer Sakralraum wurde die Krypta unter dem Chor der Peterskirche nach denkmalpflegerischen Prinzipien wieder hergestellt, dabei das spätgotische Wandbild an der Westseite freigelegt und die 1691 als schadhaft beseitigten Maßwerke der östlichen Fenster nach den alten Bauzeichnungen rekonstruiert.

Das kulturelle Erbe

Dem Rat der Stadt stand deutlich vor Augen, daß die historische Altstadt einerseits Görlitz in der Phase des Neuaufbaus zu Ruhm und Ehre verhelfen könnte, aber andererseits eine enorme finanzielle Belastung darstellen müßte. Daher mußte bald nach der Gründung der Deutschen Demokratischen Republik nach entlastenden Wegen gesucht werden. An Tourismus war in einem Land voller Zerstörungen und am Anfang neuer Industrieentwicklung nicht zu denken. Görlitz war durch Flüchtlinge und Heimatvertriebene überlastet. Die Entwicklung lief dahin, daß die jungen Leute und viele im arbeitsfähigen Alter die Stadt in westlicher Richtung verließen und überwiegend Alte und Schwache zurückblieben. Es mußten sowohl für die Verjüngung der Bevölkerungsstruktur und besonders für die Kinder und Jugendlichen fördernde Maßnahmen ergriffen werden. Dazu gehörte die Nutzung der historischen Gebäude am Untermarkt, für die möglichst zentrale Einrichtungen interessiert werden mußten. So wurde das große Gebäude des einstigen Gasthofs »Brauner Hirsch« der Technischen Hochschule Dresden als Außenstelle ihrer Arbeiter- und Bauernfakultät überlassen, in erster Linie als Internat. Die Hochschule übernahm die Restaurierung des Gebäudes, beginnend mit den »Hirschläuben«. Die Stadtwaage gegenüber wurde als »Station junger Techniker« der sozialistischen Jugendorganisation überlassen und der Schönhof zur Jugendherberge bestimmt. Als Mensa diente die Ressource.

Diese Vergabe von Denkmalbauten blieb nicht von Dauer. Die Einrichtung im »Braunen Hirsch« wurde schon Ende der fünfziger Jahre überflüssig, da der Weg zum Abitur und zum Studium durch das allgemeine Bildungswesen geregelt war. Vorübergehend bezog das Internat der Medizinischen Fachschule des Bezirkskrankenhauses die leer gewordenen Räume, bis ihr die alte Mietskaserne Hainwald 1

(Marginal note:) Denkmalnutzung

227 Neubau Obermarkt 30.

228 Restaurierte Häuser und Neubauten in der Peterstraße.

nach Restaurierung zur Verfügung stand. Die »Station junger Techniker« wurde aufgelöst, da es an den Schulen den polytechnischen Unterricht gab und viele Kinder- und Jugendeinrichtungen zur Verfügung standen. Die Jugendherberge fand in der ehemals Ephraimschen Villa in der Goethestraße 1977 eine den Anforderungen entsprechende Unterkunft.

Die allgemeine Notlage der Zeit zwang die Denkmalpflege, sich auf den historischen Gebäudebestand der Altstadt zu beschränken. Hier war in und an den meisten Häusern seit dem ersten Weltkrieg nichts oder nur weniges zu deren Erhalt geschehen. Um die Mitte des 20. Jahrhunderts bestand noch die Hoffnung, die Zunahme der Schäden durch planmäßige Maßnahmen auffangen und eine schrittweise Altstadtsanierung in die Wege leiten zu können. Mit der inneren Instandsetzung des Biblischen Hauses Neißstraße 29 wurden 1953/54 relativ günstige Abrechnungsergebnisse erzielt. Sie gaben Anlaß, bis in die sechziger Jahre Sanierungen für preiswerter anzusehen als Neubauten auf grünem Rasen mitsamt den dazu gehörenden Erschließungsarbeiten oder an Stelle eines Abbruches unter Einkalkulierung der Trümmerbeseitigung.

Unter dem Druck des Aufstandes vom 17. Juni 1953 verkündete die Stadt ein Wohnungsprogramm, das auch den Neubau der Kriegszerstörung Obermarkt 30/31 (Abb. 227) zusicherte, ausgeführt in den Jahren 1953 und 1954 nach den Entwürfen des Görlitzer Architekten für Denkmalpflege Dipl.-Ing. Albert Mayer. Schon während der Beseitigung der Ruinen und Aushebung der Baugrube erwiesen sich die angrenzenden Häuser Fleischerstraße 1 und 2 als so beschädigt, daß sie abgebrochen und in den Neubaukomplex einbezogen werden mußten. Der Rückzug des privaten Geschäftslebens aus der Alt-

stadt ließ die Wiedererstehung der historischen Löwenapotheke an der Ecke Obermarkt / Fleischerstraße unrealistisch erscheinen. An ihrer Stelle wurde auch das
Parterre des Neubaus mit Wohnungen belegt. Das Apothekenwahrzeichen, die
von C. G. v. Rodewitz in Sandstein gemeißelte Vollplastik der Hygieia, Sinnbild
der Gesundheit, wurde im Museumshof Neißstraße 30 am Aufgang zur Oberlausitzischen Bibliothek der Wissenschaften aufgestellt. Die einst der Apotheke zu
ihrem volkstümlichen Namen verhelfenden skulptierten Löwen erhielten als Kopien über dem Portal am Obermarkt ihren Platz.

Daß einer städtebaulich nicht genügend vorbereiteten Altstadtsanierung Gren-
zen gesetzt sind, zeigte sich 1956 beim rigorosen Abbruch des Renaissancehauses
Peterstraße 11, mitten in einem von historischen Bürgerbauten gekennzeichneten
Straßenzug. Während der Abrißarbeiten brach das barocke Nachbarhaus Peterstraße 12 zusammen und begrub zwei Menschen in seinen Trümmern. Als Ersatz mußte in die erheblich große Baulücke ein moderner Wohnbau in maßstäblicher
Angleichung treten. Den Entwurf schuf Prof. Dr.-Ing. Bernhard Klemm, Technische
Hochschule Dresden (Abb. 228). Aus den Trümmern geborgen werden konnte das
Renaissanceportal des Hauses Nr. 11, das nach dem Stadtbrand von 1525 der hier
von 1519 bis zu seinem Tode 1544 wohnende berühmte Bürgermeister und Stadt-
politiker Johannes Haß schaffen ließ. Es ge-
langte wenige Jahre später an die Stelle
eines Schaufensters an das Haus Brüderstraße 10.

Zu den restaurierten Häusern berühm-
ter Görlitzer gehörte 1957 / 58 das des Bartholomäus Scultetus Peterstraße 4. Das
interessante Gebäude mit dem vierseitig
umbauten Innenhof stand bereits auf der
Abbruchliste, da es als Westberliner Privatbesitz nicht durch staatliche Mittel der
DDR vor dem Verfall gerettet werden durfte. Erst eine Gesetzesänderung gestattete
der Denkmalpflege den Zugriff und der
kommunalen Wohnungsverwaltung die
Treuhänderschaft.

Gegen Ende der fünfziger Jahre konnte Görlitz bereits auf ein Jahrzehnt auch
international beachteter denkmalpflege-
rischer Leistungen zurückblicken. Zu den
das historische Stadtbild erhaltenden und
aufwertenden Maßnahmen gehörte auch
die gärtnerische Gestaltung des Niko-

229 *Ochsen-
bastei.*

laizwingers zwischen innerer und äußerer Stadtmauer vom Nikolaiturm bis zur Peterskirche unter Leitung des Görlitzer Gartenarchitekten Henry Kraft in den Jahren 1953 und 1954 mit beachtlicher Mithilfe der Görlitzer Bevölkerung im Rahmen des Nationalen Aufbauwerkes. 1962/63 fand dieser Altstadtgrünring seine Fortsetzung von der Ochsenbastei (Abb. 229) bis zum Stadtpark, wobei die Sanierung des großen Renaissancehauses »Goldener Anker« Kränzelstraße 27 mit einer besonderen öffentlich zugänglichen Terrassenanlage einzubeziehen war.

Altstadt-
sanierung Die Görlitzer Ergebnisse der Denkmalpflege hatten das Landesamt bzw. Institut für Denkmalpflege und die Architekturfakultät der Technischen Universität Dresden ermutigt, in Görlitz das Viertel zwischen Peterstraße und Hainwald, Neißstraße und Peterskirche als Untersuchungs- und Versuchsobjekt für einen Teil der angestrebten Altstadtsanierung auszuwählen. Die Umgestaltungsentwürfe für einen historischen Häuserring um eine großzügig gedachte Grünanlage schuf Bernhard Klemm. Seine farbig angelegten Zeichnungen wurden 1958 in einer Ausstellung der Städtischen Kunstsammlungen öffentlich dargeboten und fanden den großen Beifall der Bürger.

Das Projekt scheiterte, da die Besitzverhältnisse der von ihm erfaßten Häuser völlig unterschiedlich waren. Damit entfiel auch der begrünte Gemeinschaftshof. Saniert werden konnte nur im Einzelfall, wenn die finanzielle Sicherung geklärt und ein geeigneter Baubetrieb zu gewinnen war. Mittel der Denkmalpflege konnten nur für die besonderen historischen und baukünstlerischen Restaurierungen in Betracht gezogen werden, wobei nach örtlicher, regionaler und nationaler Bedeutung zu fragen war. Unter diesen Voraussetzungen konnten in den sechziger und siebziger Jahren pro Jahr im Durchschnitt nur etwa drei Baustellen in der Altstadt in unterschiedlichen Sanierungsphasen und mit unterschiedlichen Zielsetzungen betrieben werden. Vom Projekt Peterstraße wurden die Häuser 14, 8 und 10 saniert, von denen nur das erstgenannte reines Wohnhaus in Privatbesitz war. Die beiden anderen sollten als Kommunalbesitz zur Infrastruktur der Altstadt beitragen, indem das große Renaissancehaus Peterstraße 8 teilweise bis zum 1. Obergeschoß die Zweigstelle Kinderbücherei der Stadtbibliothek, die Musikbibliothek und die Arbeitsstelle der Oberlausitzischen Bibliothek der Wissenschaften sowie Haus 10 bis ins Hinterhaus einen Kinderhort aufzunehmen hatten. Zur Belebung der Altstadt fehlten aber schon seit den fünfziger Jahren die einstigen vielen kleinen Ladengeschäfte für die Versorgung der hier ansässigen Bevölkerung, da der private Einzelhandel als nichtsozialistisch keine Förderung erhoffen konnte und die alten Besitzer und Inhaber ihr Geschäft aufgaben.

Die Denkmalpflege hatte die schon vor 1914 einsetzende Flucht des Handels aus der Altstadt erstmalig 1907 am Biblischen Haus Neißstraße 29 genutzt, um anstelle eines Ladengeschäftes die Handelshalle von 1570 ganz als Eingangshalle freizulegen. Von den fünfziger bis Ende der siebziger Jahre wurde diese Form von Rekonstruktion alter Kaufmannshäuser gestalterisches Prinzip, deutlich an den Häusern Untermarkt 3 bis 5 und 22, Peterstraße 14, Nikolaistraße 3, 5, 7, 10 und 14, Langenstraße 41 und 43 sowie Handwerk 22. Ein beträchtlicher Teil umbauten Raumes ging damit der Wirtschaftlichkeit des Hauses und der Revitalisierung der Altstadt verloren.

Wesentlich für die Bautätigkeit in Görlitz war ab 1945, daß die Stadt als nicht kriegszerstört und daher nicht als Aufbaugebiet galt. Die ansässigen kleinen privaten Baubetriebe waren für die vielen erforderlichen Reparaturen unentbehrlich, wurden aber im Rahmen der Planwirtschaft, als unwirtschaftliche Handwerkelei bezeichnet, zunehmend zu »volkseigenen« Betrieben (VEB) zusammengelegt, um an den Großbaustellen der DDR und neuen Industriestandorten eingesetzt zu werden. Bald gab es in Görlitz keine leistungsfähige Dachdeckerfirma mehr. Dazu kam der Mangel an Bauholz, Gerüsten und bauüblichen Metallen. So war der fortschreitende Verfall nicht aufzuhalten. Die Zentralisierung von restauratorischen Spezialkräften im VEB Denkmalpflege, anfangs in Berlin, dann in Dresden und ab 1974 mit einer Zweigstelle in Görlitz, ermöglichte deren Einsatz nur an besonders wertvollen Baudenkmalen, wenn auch zu extrem hohen Kosten.

Durch nachweisbare Erfolge hatte die Denkmalpflege seit den frühen fünfziger Jahren in der Görlitzer Bevölkerung Popularität erlangt. Die Bereitschaft zur Mithilfe war groß und deutliches Zeichen der Liebe der Bürger zu ihrer Stadt. Dazu zählte als Beweis ebenso wie die breite Mitarbeit bei der Schaffung der Grünanlagen zwischen den Stadtmauern auch die 1961 angelaufene Pflegearbeit auf dem historischen Nikolaifriedhof, dessen architektonische und gärtnerische Anlage als Kostbarkeit der Görlitzer Kultur- und Kunstgeschichte unbedingt zu erhalten war. Ebenso wichtig war die vorangegangene dokumentarische Arbeit über die Grabinschriften und die Erhaltung und Wiederherstellung der Grüfte und Grabdenkmäler. Die Arbeiten liefen jahrzehntelang unter der Leitung des Görlitzer Bauingenieurs Horst Kranich, zuständig für die staatliche Bauaufsicht, bevor sie zum reinen Prüfamt wurde. Ihm und einer kleinen Schar von Baufachleuten gelang auch die Bewahrung der Nikolaikirche, deren Dach die Umfassungswände des spätgotischen Baues nach außen drückte, so daß ein Einsturz in naher Zeit befürchtet werden mußte.

Denkmalpflege

Görlitz liegt als einzige deutsche Stadt auf dem für die mitteleuropäische Zeit maßgeblichen 15. Meridian. Ihn innerhalb der Ortslage zu kennzeichnen, war ein langgehegter Wunsch vieler. Der Görlitzer Steinmetzmeister und Bildhauer Carl Däunert erfüllte ihn 1961 als Schöpfer und Stifter des Meridiansteins im Stadtpark nahe der Stadthalle. Zwischen dem kreisförmigen Sockel und der gleichfalls runden Deckplatte ist ein Globus mit der Verteilung der Kontinente plastisch ausgeführt und auf der Deckplatte ein genau eingemessener Bronzebügel zur Kennzeichnung der Meridianrichtung eingesetzt. Die Inschrift verweist auf den Verlauf der Zeitzone von Skandinavien bis Afrika. Am Ende der auf die Bedeutung des Denkmals hinweisenden Inschrift liest man: »Errichtet 1961, dem Jahr des ersten

Meridian

Raumfluges des Menschen.« Damit wurde Bezug genommen auf den ersten bemannten Raumflug durch den sowjetischen Kosmonauten Juri Gagarin.

Den wertvollsten Bestand spätmittelalterlicher Profanbaukunst verkörpern die Kaufmannshäuser am Untermarkt. Die Rettung der wichtigsten von ihnen, der Häuser 4 und 5, gelang 1974/75 knapp vor dem Einsturz. Ihre früheren Besitzer hatten sich von ihnen getrennt. Die künftige Unterhaltung war der kommunalen Wohnungsverwaltung anvertraut. Als künftiger Nutzer wurde die Konsumgenossenschaft gewonnen. Allein mit der Einrichtung einer Erlebnisgaststätte war eine Nutzung der hohen Hallen im Inneren zu erreichen. Mit Kellerlokal, Speisegaststätte und Café waren die Räume bis zum ersten Obergeschoß nutzbar, die darübergelegenen Räume für Verwaltung und Personal. Die Um- und Ausbauprojektierung lieferte der vielfach bewährte Görlitzer Denkmalpflegearchitekt Albert Mayer, die Bauausführung oblag dem Görlitzer Zweigbetrieb des VEB Denkmalpflege unter Leitung von Horst Kranich. Über Umfang und Bedeutung dieser denkmalpflegerischen Rekonstruktion zweier spätgotischer Patrizierhäuser unterrichten spezielle Berichte. Es war äußerst betrüblich, daß mit der völligen Umgestaltung aller gesellschaftlichen Verhältnisse 1990 diese Gaststätte schließen mußte und die beiden Häuser Verfall und Vandalismus überlassen blieben, bis sich erst am Jahrhundertende eine neue Lösung anbahnte.

Peterskirche

Die Erhaltungs- und Restaurierungsarbeiten an der Peterskirche, dem monumentalsten historischen Baudenkmal von Görlitz, waren seit der Kriegsschadenbehebung nie zur Ruhe gekommen. 1968 war die Instandsetzung des riesigen Hallenraumes im äußeren Nordschiff begonnen worden. Schäden am Dach und Einbrüche von Regenwasser geboten Einhalt. Das Sonderbauprogramm der Evangelischen Kirche in Deutschland ermöglichte, 1978 bis 1981 die Dächer und die Außenwände bis zum Ansatz der neugotischen Türme zu erneuern. Ab 1981 erfolgte die Instandsetzung des großen fünfschiffigen Hallenraumes, wobei man sich des barocken Inventars wegen für weiße Wände und Gewölbefelder entschied, den tragenden Gliedern und Gewölberippen aber einen sanften Grauton verlieh. Freigelegt wurde die spätgotische Malerei eines Kranzes schwebender Engel um das »Himmelsloch« im Mittelschiffgewölbe und die Bemalung der Schlußsteine auf Grund der Befunde erneuert. Ein längerer Stillstand der Restaurierung im Inneren gestattete 1979–1981 archäologische Untersuchungen, die das Fundament der spätromanischen Kirche freilegten. Über spätslawischen Bestattungen des 12. Jahrhunderts konnte ein gedrungenes basilikales Langhaus mit Querschiff, Chorquadrum und Halbrundapsis erkannt und das Fundament des ehemaligen Kreuzaltares vor der Vierung freigelegt werden. Trotz der völligen Veränderung aller gesellschaftlichen Verhältnisse in Folge der revolutionären Veränderungen vom Herbst 1989 konnten alle denkmalpflegerischen Maßnahmen im Inneren der Peterskirche zügig zum Abschluß gebracht werden. Zurückgestellt wurde allein die Beschaffung eines neuen Werkes für die große »Sonnenorgel«, die schon 1978

weitgehend aufgegeben worden war. Es wurde 1995–1997 von der Orgelbaufir-
ma Hermann Mathes in Nähfels in der Schweiz ausgeführt.

Der Verfall historisch wertvoller Bürgerhäuser in der Altstadt nötigte in der   *Verfall*
zweiten Hälfte der siebziger Jahre zusehends die Mieter zum Wegzug in Neubau-
gebiete und zum Verlassen der Stadt. Privater Hausbesitz kam dadurch in äußer-
ste Bedrängnisse und sah sich vor die Notwendigkeit gestellt, leergezogene oder
vom Leerstand bedrohte Gebäude der Stadt zu überlassen. Unter diesen Voraussetzungen erfolgten die Sanierungen der Barockhäuser am Obermarkt, wo besonders das Haus Nr. 29 mit historischer und kunstgeschichtlicher Bedeutung
Bauuntersuchungen und Denkmalpflege erforderte. Wichtig war die Rettung der
aufwandreichen Fassade mit ihren Stuckreliefs und der Schmuck der Stuckdek-
ken im Inneren. Freigelegt wurde eine zentrale Treppenhalle mit reich bemaltem
Holzwerk. – Eine ähnlich aufwandreiche Denkmalpflegeleistung war an und im
Barockhaus Handwerk 22 zu vollbringen. Trotz der Lage in einer Nebenstraße
wurde hier an einem der schönsten Görlitzer Altstadthäuser eine der besten Leistungen architektonischer Denkmalpflege vollbracht.

Neustrukturierungen

Einen wesentlichen Impuls erhielten in den siebziger Jahren die Bemühungen
um die Erhaltung der Altstadt durch die Neuschöpfung der Fachschule für Elek-
tronik und Datenverarbeitung. Ihre Schüler kamen aus der ganzen DDR. Für sie
waren Unterkünfte zu schaffen. Zu den älteren Fassadenrestaurierungen der fünfziger Jahre an den Häusern Obermarkt 17 und 24 kam das Haus 23, dessen zweites Obergeschoß wie auch am Nachbarhaus 24 als Mansarde umgestaltet und somit
dem historischen Stadtbild wieder angepaßt werden konnte.

Von fundamentaler Bedeutung aber wurde die Umgestaltung des seit 1945
leer stehenden Vogtshofes zum Internat der neuen Ausbildungseinrichtung. Im
städtebaulichen Zusammenhang handelte es sich um die Rettung der Stadtkrone,
im Fernblick von Osten und Norden um den Sockel der Peterskirche. Im Mittelpunkt der hochgespannten Erwartungen stand die Revitalisierung der Altstadt.
Der Umbau des mächtigen und freudlos erscheinenden Gebäudekomplexes um
einen geräumigen vierseitigen Hof erfolgte nach dem Projekt von Prof. Bernhard
Klemm im Zusammenhang mit Erfahrungen der Technischen Universität Dresden bei der Einbeziehung des Gefängnisumbaus in der Münchener Straße in Dresden in den Hochschulbetrieb. 1976 konnte der zum Internat umgestaltete Vogtshof
seiner Bestimmung übergeben werden. Wichtig für die Bewahrung der stadtgeschichtlichen Quellen war die sich im Zwischengeschoß des Nordflügels ergebende Erweiterung des Ratsarchivs, seit 1995/96 auf wesentlich geringerer Fläche
im 1. Geschoß des Südflügels.

Sanierung

Mit der Begrenzung der denkmalpflegerischen Aktivitäten war jahrzehntelang die Erhaltung des architektonisch wertvollen Baubestandes, namentlich aus dem späten 19. Jahrhundert, unbeachtet geblieben. 1975/76 wandte sich das Stadtbauamt der Sanierung des Viertels Lutherplatz-Leipziger Straße zu. Das Ergebnis war in Hinblick auf die Kosten pro Wohnungseinheit nicht befriedigend. Mit Neubauten in modernen Montageverfahren würde man mehr erreichen, war die allgemeine Beurteilung. Tatsächlich überrundete die Neubautätigkeit seit Mitte der siebziger Jahre alle Aktivitäten an alter Bausubstanz. Was an denkmalpflegerischen Ausführungen blieb, war nur mit wirtschaftlichen und sozial vordringlichen Erfordernissen zu meistern. Dazu gehörten 1977/78 Um- und Ausbau der ehemals Ephraimischen Villa zur Jugendherberge mit Erhaltung der Innenarchitektur des Jugendstils, 1984 die Restaurierung des farbigen großen Oberlichtgewölbes im Kaufhaus am Demianiplatz und 1985 die Freilegung der Gewölbegestaltung der eindrucksvollen Empfangshalle des Bahnhofsgebäudes.

Nächst dem Wiederaufbau und der Modernisierung der demontierten WUMAG-Anlagen des Wagonbaus und des Maschinenbaus war für die Erneuerung veralteter Produktionsstätten zu sorgen, die sämtlich mit dem Kennzeichen VEB ausgestattet, sich als »volkseigene Betriebe« im Stadtbild bemerkbar machten. 1967–1970 erhielt das Feinoptische Werk sein neues Produktionsgebäude, 1970 wurde das Rechenzentrum des Waggonbaus errichtet und 1980 das Elektroschaltgerätewerk.

Wohnungsbau

Das grundsätzliche Problem von existentieller Bedeutung war für Görlitz neben seiner produktiven Leistungsfähigkeit die Abhilfe der Wohnungsnot. Zwar hatte sich seit der Übervölkerung von 1947 die Einwohnerzahl bis 1964 unter Berücksichtigung der Eingemeindungen von Weinhübel und Klingewalde 1949 und Biesnitz 1952 um ca. 16 000 auf 88 824 gesenkt, doch konnte man dies als Rückkehr zum Normalzustand der Vorkriegszeit für Görlitz westlich der Neiße ansehen, wäre nicht in derselben Zeit ein merklicher Verfall und Verlust an Wohnraum und Wohnhäusern eingetreten. Die durchschnittliche Abwanderung pro Jahr belief sich um die Tausend, in der Regel handelte es sich um Menschen im besten Schaffensalter mit Familien. Zwar war der Abwanderung nach der Bundesrepublik über Berlin 1961 ein gewaltsamer Riegel vorgeschoben worden, so daß die Abwanderung in diese Richtung wenn nicht verhindert, so doch stark erschwert war, nicht aber die Emigration in Schwerpunkte der wirtschaftlichen Entwicklung innerhalb der DDR.

Mit den Eingemeindungen war Bauland gewonnen worden, das jedoch bis 1975 nur zaghaft genutzt werden konnte, in erster Linie für die im Bergbau und in der Braunkohleverstromung in Hagenwerder Beschäftigten, d. h. im Landkreis Görlitz, außerhalb der kreisfreien Stadt. Die Mehrheit der Stadtbevölkerung mußte sich gedulden. Sie rechnete jedoch ihre Lebensqualität je später um so mehr nach dem Zustand ihrer Wohnungen und Häuser.

Dem allgemeinen wirtschaftlichen Aufschwung in den sechziger Jahren verdankt Görlitz dafür eine Reihe von Sozialbauten. Zu ihnen gehört die 1972 fertigge-
stellte moderne Kinderklinik im Areal des heutigen Klinikums an der Girbigsdorfer
Straße, bemerkenswert als Hochhausbau mit künstlerischer Gestaltung im Eingangsbereich mit dem Wandrelief der Görlitzer bildenden Künstler Karl Heinz Völker
und Georg Nawroth. Die Bronzeplastik der »schaukelnden Kinder« von Siegfried
Schreiber vor dem Gebäude bezeugt sowohl den der Kunst verordneten Optimis-
mus wie auch den Wunsch nach mehr Lebensbejahung und Frohsinn im Alltag. –
Als erforderlich erwies sich im Zusammenhang mit dem Ausbau von Spiel- und
Sportstätten im südöstlichen Stadtgebiet der Bau der Volksschwimmhalle an der
Fichtestraße von 1972. Man bedauerte zwar, daß mit ihren Maßen nicht die er-
wünschte Sportstätte olympischer Disziplinen erreicht werden konnte, aber für die
sportliche Unterrichts- und Freizeitgestaltung der Jugend erwies sie sich in Jahrzehnten als unentbehrlich, zumal das alte Freisebad, ein Hallenbad vom Ende des
19. Jahrhundert an der Dr.-Kahlbaum-Allee, mehr zur Stätte der Gesundheitspfle-
ge entwickelt wurde. In den siebziger Jahren folgte das Feierabend- und Pflegeheim im Stadtteil Rauschwalde und in den achtzigern das von Königshufen, beide
als Hochhausbauten.

Sozialbauten

Wirtschaftliche und soziale Zwänge nötigten, Neubau der Sanierung des Alt-
bestandes vorzuziehen. Aus der städtebaulichen Entwicklung von Görlitz ist ver-
ständlich, daß die Bautätigkeit sich den südlichen und westlichen Stadtteilen
zuwandte, die seit der Jahrhundertwende durch Versorgungsleitungen und Straßenbahn mit der Kernstadt verbunden waren, so daß Erschließungsarbeiten nur
kurze Strecken zu bewältigen hatten. Zugleich rückten damit auch alte Siedlun-
gen mit Jahrhunderten eigener Geschichte in den historischen Gesichtskreis, beginnend mit dem Ausheben der Baugruben, die zu archäologischen Notgrabungen
zwangen.

Das 1949 eingemeindete Weinhübel hieß bis 1936 Leschwitz. Die eindeutschen-
de Namensgebung knüpft an den die Südostecke der Kernstadt begrenzenden 1398
bereits genannten Weinberg an, von dem auch der ihn begleitende und südwärts
angrenzende tote Neißearm die Bezeichnung Weinlache erhielt, eine Reihe kleiner
stehender Gewässer, deren größtes 1909–1912 für Görlitz zum Freibad ausgebaut
wurde. Daß im Mittelalter auf dem Südhang bis in die frühe Neuzeit Wein angebaut wurde, ist sicher. Die Geländekarte von Görlitz und Umgebung aus dem Jahre
1779 nennt hier die »Weinberge«, womit eine wesentliche Verlängerung des Weinberges gemeint war, um die die Landstraße nach Zittau noch einen beachtlichen
Bogen machen mußte. Die nördliche Hangseite hatte 1869 die damalige Aktienbrauerei, die Landskronbrauerei, für ihre Werkbauten beansprucht, die südliche
erwarb 1885 die Stadt vom Dominium Leschwitz. Der hölzerne Aussichtsturm der
Gewerbe- und Industrieausstellung von 1885 verlieh dem als Ausflugsstätte viel
besuchten 1890 eröffneten Weinberghaus einen besonderen Anziehungspunkt. Ganz

Leschwitz / Weinhübel

*230 Dorfkirche
in Weinhübel.*

*231 Sanierte
Wohnblöcke in
Weinhübel.*

in der Nähe befindet sich das mit Plastik und Reliefs in Bronze reich ausgestattete Monolith-Denkmal für Robert Oettel von 1898, den international bekannten Görlitzer Rassegeflügelzüchter. Im einstigen Kranz Görlitzer Personendenkmäler ist es fern aller Historisierung zweifellos das gemütlichste und witzigste, wenngleich der Buntmetalldiebstahl nicht spurlos daran vorübergegangen ist.

1976 wurde die bewaldete Höhe durch die schnell volkstümlich gewordene Parkeisenbahn bereichert, eine Schmalspurbahn, gezogen von einer verkleinerten Nachbildung der ersten in Deutschland eingesetzten Lokomotive »Adler«, die die Strecke Nürnberg-Fürth mit ihren kutschenförmigen Personenwagen befuhr. Die Anlage war eine Leistung mehrerer Görlitzer Betriebe, insbesondere der Waggonbauer, für die Kinder der Stadt Görlitz und ihre großen und kleinen Gäste, aber nicht nur zum Mitfahren, sondern um den Eisenbahnbetrieb praxisnahe verstehen zu lernen und selbst zu betreiben.

Ende des 19. Jahrhunderts wurde die Leschwitzer Gemarkung vom Görlitzer Magistrat für die städtische Wasserversorgung und von Görlitzer Bauherren be-

ansprucht und die Zittauer Straße bis Leschwitz seit 1930 von der elektrischen Straßenbahn befahren. Südlich des Weinberges zwischen Neiße und Zittauer Straße entstand eine Freizeit- und Erholungslandschaft mit dem ab 1946 geschaffenen Volksbad, Sportstätten und Stadion.

Die seit 1875 bestehende und 1905 ausgebaute Bahnstation schuf Möglichkeiten zur Entwicklung von Gewerbe- und Wohnbauten. 1956 wurde damit begonnen, die Areale beiderseits der Zittauer Straße zwischen dem Sportplatzgelände im Norden und der alten Ortslage von Leschwitz im Süden bis 1973 mit Reihenmietshäusern zu bebauen (Abb. 231), vor allem für die in der Braunkohleverstromung von Hagenwerder Beschäftigten und die durch die Grubenerweiterung abgebaggerten und devastierten Dörfer neuen Wohnraum zu schaffen. Man baute noch in traditionellen Verfahren, mußte aber einen Wohnbautyp nutzen, der für das Winterklima der weitgehend ungeschützten Auenlandschaft ungeeignet war. Nachträglich innere Giebelwandverstärkungen und äußere Klimaschutzvorrichtungen waren die Folge, leider auch nachteilig für bereits ausgeführte künstlerische Gestaltungsarbeiten an den kahlen Ostgiebeln. Mit 4300 Wohnungen erfaßte das südliche Neubaugebiet von Weinhübel bis 1989 etwa 13 Prozent der Görlitzer Einwohnerschaft.

Das ehemalige Dorf Leschwitz, 1305 erstmalig erwähnt, liegt im Südosten des Stadtteils an einer Schleife der Neiße, wo an höchster Stelle die Dorfkirche (Abb. 230) errichtet wurde, in der äußeren Gestaltung ein spätgotischer Bau mit stark eingezogenem Chor der Mitte des 15. Jahrhunderts, der innen mit einem Sternrippengewölbe überspannt wird. Das mit Stichkappen gewölbte Langhaus deckt ein steiles Satteldach, über dem sich ein schieferverkleideter Dachreiterturm erhebt. Die Emporen gehören dem 17. und 18. Jahrhundert an. Die Ausstattung ist barock, die Taufe von 1675/80, der Altar von Jakob Riese um 1680, die Kanzel von 1725/30.

232 Halden der Grube Berzdorf. 233 Promenadenstraße.

Die alte Dorfanlage ist weitgehend modern überbaut. Zerstörungen im Oberlausitzer Hussitenkrieg, im Dreißigjährigen Krieg von 1634 und in den Kämpfen von 1813 hatten sie gründlich heimgesucht. Die sozialen Verhältnisse entsprechen der Mehrzahl der Ostoberlausitzer Dörfer. Die Rittergutsherrschaft war im frühen 19. Jahrhundert geteilt worden, so daß 1830 zwischen einem Ober- und einem Niederdorf unterschieden wurde, beide mit je einem zugehörenden Bauernhof, mehreren Gärtnernahrungen und einer überwiegenden Zahl von Häuslerstellen. Von alter Volksbauweise zeugt noch der Dreiseithof Seidenberger Straße 20 mit Fachwerkobergeschossen und einem Türschlußstein von 1814. Die beiden Gutsherrschaften wurden 1945 übersiedelt.

In einem verlassenen Fabrikgebäude hatten die nationalsozialistischen Machthaber 1933 ein sogenanntes Schutzhaftlager eingerichtet, in dem bis zu dessen Auflösung im Herbst 1933 etwa 1300 politische Strafgefangene untergebracht waren. Eine Gedenktafel am ehemaligen Kulturhaus Ecke Seidenberger-/Friedensstraße erinnert an die Opfer der Terrorherrschaft.

Archäologisch ist Leschwitz bzw. Weinhübel durch Bodenfunde bedeutsam, die die Besiedlung der Gemarkung seit der späten Jungsteinzeit belegen, besonders durch das zwischen 1878 und 1969 in mehreren Flächengrabungen freigelegte Gräberfeld, das zwischen der mittleren Bronzezeit und der frühen Eisenzeit entstanden ist.

Bergbauhalden

Dicht vor der 1949 festgelegten Südgrenze der Stadt türmen sich die schon zehn Jahre später angelegten Halden der benachbarten Grube Berzdorf entlang der östlich ausweichenden als Bundesstraße 99 fortgesetzten Zittauer Straße sowie in Richtung Schönau a. d. Eigen (Abb. 232).

Biesnitz

Die Eingemeindung von Biesnitz im Jahre 1952 schloß eine stadtgeschichtlich klaffende Lücke zwischen Görlitz und der seit 1440 zugehörenden Landeskrone mit dem Dorf Klein-Biesnitz. Bereits in Urkunden des 14. Jahrhunderts werden Klein- und Groß-Biesnitz unterschieden. Ab 1898 konnte man über die Biesnitzer Straße und Promenadenstraße bis zum Fuß der Landeskrone mit der elektrischen Straßenbahn fahren. An der langen als Allee gestalteten Promenadenstraße wurden die Grundstücke vorrangig dem individuellen Wohnhausbau, meist Einfamilienhäusern mit Gärten, vorbehalten. Eine städtische geschlossene Bauweise fand um die Jahrhundertwende im Gebiet um die Straßenbahn-Endstation statt, wo sich bald Gaststätten und Ladengeschäfte auftaten. Die ruhige und bewaldete Landschaft um die Landeskrone trug wesentlich dazu bei, daß städtische und kirchliche Heime und Gemeinschaftseinrichtungen sich anbauten und eine Erholungslandschaft entstand.

Daß Biesnitz mit der um 1015 von Thietmar von Merseburg genannten »magne urbs Businc«, der großen Burg auf der Landeskrone im Zusammenhang steht, war am Anfang dieses Buches dargestellt worden. Von der alten Klein-Biesnitzer Dorfanlage wie auch vom alten Dorf Groß-Biesnitz blieben abseits der Promenadenstraße nur Fachwerke einiger ländlicher Anwesen erhalten.

Im Norden bildete das 1949 eingemeindete Klingewalde bis 1997 die Nord-
grenze des Stadtgebietes von Görlitz. Die Struktur des sich von Ost nach West
hinziehenden typischen Straßendorfes ist von Dreiseithöfen mit Fachwerk in den
Obergeschossen gekennzeichnet. Das ehemalige Rittergut geht auf ein 1539 be-
stehendes Vorwerk zurück, wahrscheinlich auch die Ortsbesiedlung. Das für die
Mitte des 19. Jahrhunderts typische klassizistisch-neugotische Herrenhaus mit
Stufengiebel über den Mittelrisalit (Abb. 234) dient seit 1992 als Europäische Bil-
dungs-und Tagungsstätte. Nach vollständiger Restaurierung und Sanierung wurde
es 1999 als UNESCO-Haus eingeweiht und am 22. Juni 2000 für den UNESCO-
Studiengang Kultur und Management in das Lehrprogramm der Hochschule Zittau / Görlitz eingebunden. An die Kriegsereignisse von 1813 erinnert die im Giebel
von Haus Nr. 24 eingelassene Kanonenkugel. Von einer 1852 erbauten Holländer-
windmühle ist nur ein massiver Kegelstumpf erhalten. Der einstige Ziegeleibe-
trieb wurde zugunsten einer Schweinezuchtanlage aufgegeben, die seit 1953
Görlitz und das Kreisgebiet mit Fleisch versorgte, seit 1990 aber weitgehend ver-
ringert und durch Gewächshäuser abgelöst ist.

1973 beschloß das Zentralkomitee der SED ein ehrgeiziges Bauprogramm, das
im Zeitraum 1976 bis 1990 allen Wohnungsuchenden ausreichend moderne Wohnungen zusicherte. Dies konnte freilich nur durch technisch entsprechend ausge-
rüstete große Betriebe geschehen, die in der Lage waren, typisierte Hochbauten
in vorgefertigten Elementen in relativ kurzer Zeit auszuführen. Für Görlitz war
als erster Komplex der Stadtteil Rauschwalde ausersehen worden, wo in den Jahren 1975 bis 1977 Tausend Wohnungen in teils fünfgeschossiger Großblockbau-
weise (Abb. 235) und das bereits genannte Feierabend- und Pflegeheim geschaffen
wurden. Erschließungsarbeiten konnten in diesem Neubaugebiet in Grenzen gehalten werden.

Zur Anlage eines ganz neuen Stadtteils führte das Programm des »sozialistischen Städtebaus« auf dem Gelände der 1071 genannten Königshufen, die ihm
auch den Namen gaben. 1977 wurde mit der Plattenmontage nach vorgegebenen
Typen mit der Errichtung von sechsgeschossigen Miethausreihen begonnen
(Abb. 236). Die Herstellung der Bauplatten erfolgte allerdings nicht in Görlitz,
sondern in Bautzen. Für die bis 1987 errichteten 6000 Wohnungen erforderte dieser Umstand eine ganz erhebliche Transportleistung. Im Unterschied zu allen anderen Görlitzer Stadtteilen gab es für Königshufen keinen alten Siedlungskern.
Der Höhenunterschied zur tiefer gelegenen Nikolaivorstadt erschwerte die unmittelbare Verbindung der flachgedeckten Neubauten zu den älteren Vierteln an
der Heiligen-Grab-Straße. Nach Osten wird der neue Stadtteil bis zur Schlesischen Straße vom Grüngürtel der Friedhöfe begrenzt, gegen Westen von der
Nieskyer Straße als Bundesstraße 115. Die Siedlung Königshufen wurde als westliche Bebauungsgrenze genutzt. Straßenbau und Leitungssysteme waren von
Grund auf neu zu schaffen, Straßenbahn- und Omnibusverkehr stellten bald die

Verbindung dieser reinen Wohnstadt mit dem Stadtzentrum und besonders den Arbeitsstellen der hier Wohnenden her. Die relativ isolierte Stadtteillage erforderte mit Kindergärten, Schulen, Sozialeinrichtungen und Ladengeschäften eine dezentralisierte Infrastruktur, der jedoch die zentralen und traditionellen Handels-, Freizeit- und Kulturstätten fehlen, und dies unter der Voraussetzung, daß der Bedarf sich die erforderlichen Wege schafft. Da auch ein industrieller Schwerpunkt im Norden von Görlitz fehlt, entwickelte sich mehr eine Trabantenstadt als ein organisch gewachsener Stadtteil. Als Ergebnis strenger Planwirtschaft sorgte dieser neue Stadtteil für die Umverteilung von rund 25 Prozent der Görlitzer Einwohnerschaft zum großen Nachteil der älteren Viertel, denn die Neubauten waren nicht durch Zuzüge erforderlich geworden, sondern durch jahrzehntelangen Verfall, der mit vielen leer belassenen Wohnungen bis 1989 einen erschreckenden Umfang annahm, da jährlich um die tausend Görlitzer die Stadt für immer verließen.

Von den acht Königshufen, die 1071 König Heinrich IV. dem Bischof von Meißen vermacht hatte, war eine in die Pfarrwiedemut des dabei urkundlich genannten Goreliz aufgegangen. Die sieben verbliebenen hatten der Siedlung von 1939 den Namen gegeben. Für die neuen Straßen und grünen Binnenhöfe wurden Namen von Persönlichkeiten aus der Görlitzer Stadtgeschichte gewählt. So findet man südwestlich der Kreuzung der Schlesischen mit der Lausitzer Straße den Bolze-Hof und den Liebig-Hof, die an Alexander Bolze und Peter Liebig, die Anführer des Tuchmacheraufstandes von 1527 erinnern, die Wendel-Roskopf-Straße und die Scultetusstraße sowie die nach den Gründern der Oberlausitzischen Gesellschaft der Wissenschaften benannte Anton- und die Gersdorfstraße. Nordring, Ostring und Am Wiesengrund umschließen die Neubaublöcke gegen Norden.

Es war auf lange Sicht das letzte Mal, daß sich Görlitz mit einer weitläufigen städtebaulich bedenklichen Vergrößerung versah. Für diese »sozialistische Stadt« war eine Kirche nicht vorgesehen. Daß sie als Hoffnungskirche dennoch zustandekam, gehört in das mit dem revolutionären Herbst 1989 beginnende nächste Kapitel der deutschen Geschichte. 1986 war der zunächst den Landkreis Görlitz treffende Beschluß gefallen, das südlich von Görlitz gelegene Dorf Deutsch-Ossig dem Braunkohleabbau zu opfern. Kunstgeschichtlich war dessen Kirche stets als ein Kleinod unter den Oberlausitzer und niederschlesischen Dorfkirchen gewürdigt worden. Die gesamte, in ihrem Inneren vom Barock geprägte Kirche ließ sich wegen der bestehenden Brücken nicht nach Görlitz

237 Taufengel der ehem. Kirche von Deutsch-Ossig in der Hoffnungskirche Königshufen.

transportieren, wie es in Brüx mit der Stadtkirche Jahre zuvor geschehen war. Unter dem Begriff der Rettung des nationalen Kulturerbes konnte das höchst qualitätvolle Barockinventar (Abb. 237) der Bauzeit von 1717/18 durch Restauratoren des damaligen Instituts für Denkmalpflege in Dresden (Landesamt für Denkmalpflege) in der Görlitzer Nikolaikirche geborgen und auch die Turmbedeckung derselben Zeit konnte gerettet werden. 1987 wurde mit dem Abbruch der einzigartigen Kirche begonnen. Die bis 1990 währenden archäologischen Untersuchungen erlaubten, die mittelalterliche Baugeschichte zu klären. Der Grubenrand war 1991 bis auf 300 Meter an den Ortskern herangerückt, bevor ein Jahr später der Braunkohleabbau beendet wurde. – Eine Tragödie innerhalb einer viel größeren.

Die Mitte der siebziger Jahre beginnende komplexe Neubautätigkeit hatte zwar alle aufzubietenden Fachkräfte an sich gezogen, aber auch einen nicht mehr überschaubaren Nachholedarf im älteren Baubestand der Stadt geschaffen. Denkmalpflege erfolgte innerhalb der nächsten zwölf Jahre nur bei der Freilegung von Wand- und Deckenmalereien der Renaissance und Bauanalysen im seit 1977 leerstehenden Schönhof. Innerhalb der Waage wurden die Räume zur Erweiterung städtischer Ämter benötigt. Die in erster Linie Wände und Decken betreffende Erneuerung konnte zur Freilegung und Rekonstruktion alter Bemalungen von 1600 genutzt werden. Besonders benachteiligt waren mit zunehmender Zahl die Häuser abseits der altstädtischen Magistrale. In den achtziger Jahren mußten bereits ganze Straßen innerhalb der Altstadt für Stadtführungen gesperrt werden. Das Gebäudedreieck zwischen Langen-, Büttner- und Hellestraße wurde schließlich wie eine Ankündigung der allgemeinen Katastrophe der DDR niedergelegt. Es war schon eine verbissene Maßnahme, daß sich die Städtischen Kunstsammlungen daran wag-

nebenstehende Seite:
234 Schloß Klingewalde.
235 Wohnblöcke in Rauschwalde.
236 Wohnblöcke in Königshufen.

ten, die an ihr Barockhaus Neißstraße 30 rückseitig angrenzenden leerstehenden Wohnhäuser Handwerk 2 und 3 mit dem eigenen Personalbestand ab Mitte der achtziger Jahre Zug um Zug vom Dachfirst bis in die Kellerräume zu sanieren, um Räume für Magazine und technische Arbeiten zu erhalten.

Seit 1936 war die neu belebte städtische Denkmalpflege mit dem Amt des städtischen Museumsdirektors gekoppelt worden, eine Notmaßnahme, die auch 1948 unter zwingenden Umständen fortgesetzt wurde durch den Rang eines ehrenamtlichen Denkmalpflegebeauftragten, der den Haushalt der Denkmalpflege zu führen hatte, zusammengesetzt aus Mitteln der Stadt, des Bezirkes Dresden und des Staates, der über Erfordernisse und Maßnahmen zu berichten verpflichtet war, aber beruflich nur auf sein Fachgebiet als Kunsthistoriker beschränkt blieb. Von größtem Wert war in solcher Stellung die hilfreiche Zusammenarbeit mit dem Institut (Landesamt) für Denkmalpflege und der Technischen Universität Dresden. Die Unhaltbarkeit einer nebenamtlichen Denkmalpflege in einer Stadt, die als komplexes Architektur- und Geschichtsdenkmal anerkannt war, nötigte in den achtziger Jahren aus dem technischen Museumsdienst einen hauptamtlichen Denkmalpflegebeauftragten zu entwickeln. Da die geeignete Stellenbeschaffung und -besetzung gelang, konnte 1989 ein nahtloser Übergang zu einer Unteren Denkmalschutzbehörde geschaffen werden.

Grenzen

Weitaus entscheidender als unterschiedlich zu wertende Einzel- und Notmaßnahmen in den Bereichen von Baureparatur, Handel oder Kultur gestaltete sich die allgemeine Grenzlage von Görlitz. Um den staatlichen und staatlich kontrollierten Handel und die trotz des Vertrages von 1950 vielseitig gehemmten bilateralen Beziehungen zu beleben, hatte sich die DDR-Führung 1971 entschlossen, die Grenze zu Polen zu öffnen, über die hinweg bisher nur Freundschaft verkündende Delegationen ausgetauscht worden waren. Die wirtschaftliche und damit auch soziale Notlage des östlichen Nachbarn verhieß gemäß Abkommen in Görlitz ungehemmten Einkauf. Dies führte hier sehr bald zu einem Ausverkauf, namentlich von Waren des täglichen Bedarfs, so daß sich die Regierung genötigt sah, Görlitz als besonders zu stützendes Wirtschaftsgebiet mit außerplanmäßigen Beständen zu beliefern. Insbesondere erwiesen sich staatlich hoch subventionierte Waren als Verlust auf unbestimmte Zeit. Ebenso wie die Verkaufsstellen mußten sich die Görlitzer Kultureinrichtungen auf den Umgang mit polnischen Staatsangehörigen einrichten. Daher wurden polnische Beschriftungen in Verkehrswesen, Handel und Kultur vorgeschrieben, allerdings für den kulturellen Bereich ziemlich vergebens, denn er wurde von Polen am wenigsten aufgesucht. Die Sprachbarriere erwies sich trotz mancher Sprachkurse und Angebote als Hin-

Öffnung der
polnischen
Grenze

dernis. Viel schwerwiegender, da nicht örtlich begrenzbar, wirkte sich aus, daß für den Transitverkehr das Territorium der DDR als Durchgangsland für Handel und Berufsverkehr Polens mit der Bundesrepublik in Kauf genommen werden mußte. Als jedoch die Innenpolitik Polens zusehends von der polnischen Gewerkschaftsbewegung »Solidarnost« bestimmt wurde, fürchtete die DDR-Führung um ihre ideologischen Grundlagen, zumal die Görlitzer mühelos im Dom Kultury in Zgorzelec die westdeutsche und internationale Presse lesen konnten, die auch an polnischen Zeitungskiosken erhältlich war. Schließlich nutzten die Görlitzer namentlich an ihren freien Wochenenden in Massen den »Basar« in Zgorzelec zum Einkauf von Landbrot und Handwerkserzeugnissen nebst sonst unerreichbaren »Westwaren«. »Westkontakte« von DDR-Bürgern auf polnischem Gebiet wurden für die Einführung einer verschärften Grenzkontrolle ab 1980 maßgeblicher als die brüchige Planwirtschaft. Nur den Transitverkehr mit langen Autoschlangen vor der Grenze konnte die DDR-Führung nicht verhindern. Als Ersatz für den Einnahmeausfall im Görlitzer Handel entlastete man den von tschechischen Besuchern überlaufenen Dresdener Raum durch die Organisation von Einkaufsfahrten per Omnibus nach Görlitz Aber auch dies blieb eine vorübergehende Erscheinung, zumal das Verhältnis der DDR zu ihrem südlichen Nachbarn seit der Niederschlagung des »Prager Frühlings« von 1968 durch die Sowjetunion und ihre Satellitenstaaten stark belastet war. – Tröstlich blieb an dieser aufgeregten Entwicklung zwischen den Nachbarstaaten des »sozialistischen Bruderbundes«, daß die kulturellen Beziehungen, namentlich im musischen Bereich, konstant blieben, sowohl im Görlitzer Opernensemble wie an der Musikschule im gemeinsamen Musizieren von deutschen und polnischen Jugendlichen.

Von der wiedergewonnenen deutschen Einheit zur Europastadt

Im Zuge der Wiederherstellung der deutschen Einheit wurde zur Klärung der Rechts- und Eigentumsverhältnisse eine Treuhandverwaltung eingesetzt, die für die Abwicklung der einzelnen Verfahren zuständig war. Gänzlich aufgelöst wurden Industriewerke, die als veraltet, unproduktiv oder irreparabel angesehen wurden. Davon betroffen wurde der südlich an das Görlitzer Stadtgebiet unmittelbar angrenzende Braunkohletagebau und das Großkraftwerk Hagenwerder, die ab 1992 stufenweise zu bestehen aufhörten. Tausenden von Görlitzern war damit die Existenzgrundlage genommen. Unmittelbar von der wirtschaftlichen Umstrukturierung in Görlitz betroffen wurden die seit Generationen der Stadt ihr Profil gebenden Industrien. Gänzlich aufgelöst wurden die Werke der Görlitzer Volltuchfabrik und das Feinoptische Werk. Der traditionsreiche Görlitzer Waggonbau ging an den kanadischen Konzern Bombardier Transportation, den Maschinenbau übernahm der Siemens-Konzern als Spezialwerk für Turbinenbau.

Abwicklung

Mit den aufgelösten oder neu profilierten Industriewerken war auch deren sozialen und kulturellen Einrichtungen das Ende bereitet, den von ihnen getragenen Kindergärten, Kliniken, Ambulatorien, Kulturhäusern und Arbeitertheatern.

Arbeitslosig-
keit

Die unmittelbare Folge der wirtschaftlichen Umstrukturierung war eine von ihr nicht mehr zu steuernde Arbeitslosigkeit, die Facharbeiter, Techniker, Ingenieure und Spezialisten vieler Berufszweige überfiel. In Görlitz war von ihr bald jeder fünfte Berufstätige betroffen, und an vielen von ihnen hing die Existenz einer Familie. Arbeitslosigkeit und Aussichtslosigkeit für berufliche oder geschäftliche Entwicklung führten zur Abwanderung ins Innere Sachsens und besonders in die alten Bundesländer. Sie erfaßte namentlich junge und im besten Alter stehende Kräfte. Im Jahrzehnt 1989–1999 sank die Einwohnerzahl von ca. 79 000 auf 62 000, einbegriffen die wenigen Zuwanderungen dieser Jahre. Wen lockt schon eine Stadt mit Industriebrachen ringsum? Investoren am wenigsten.

Jahrelange Streitigkeiten um Eigentumsrechte früherer Privatbesitzer und die verfehlte Wohnungspolitik der Vergangenheit behinderten die mit Ende 1994 auslaufende besondere Stützung des Sanierungskonzeptes, das sich dennoch bald im ganzen Stadtbild an erneuerten Fassaden und Dächern als außerordentlich förderlich erwies. Zunehmender Wohnungsleerstand ließ jedoch den unternehmerischen Mut sinken. Wer ihn dennoch aufbrachte, bekam ihn an den Kosten zu spüren.

Weitaus bedrohlicher als die Abwanderungen wirkte sich der katastrophale Geburtenrückgang aus, der 1990 in allen fünf neuen Bundesländern zugleich einsetzte und Görlitz besonders schwer treffen mußte, da er zusammen mit der Entvölkerung der Stadt deren zunehmenden Prozentsatz an alternder und alter Bewohnerschaft in die Höhe schnellen ließ. Das Ausbleiben einer natürlichen Regeneration, wie sie nach Kriegen und Seuchen beobachtet wurde, Arbeitslosigkeit in überdurchschnittlichem Ausmaß, Abwanderung und ein unverhältnismäßig hoher Bewohneranteil an Rentnern und Pflegebedürftigen sprengen das soziale Gefüge einer Stadt. Gewiß wurden den Erfordernissen entsprechende Erweiterungen und Verbesserungen für Alten- und Pflegeheime vorgenommen und ambulante Pflegedienste eingerichtet, dafür aber erwies sich gegen Ende der neunziger Jahre die Schließung von Kindergärten und Schulen als unumgänglich, da es an Kindern fehlte.

Auf eine solche negativ wirkende Entwicklung war Görlitz nicht vorbereitet. Die in den alten Ländern der Bundesrepublik bewährten sozialen Auffangnetze griffen zwar auch hier wie auch die finanziellen Zuwendungen des Solidarpaktes zwischen West und Ost, aber die minderen Leistungen zum Bruttosozialprodukt belasteten die neuen Länder wirtschaftlich und moralisch doch ganz erheblich. Geringere Lohn- und Gehaltstarife und Renten als in den alten Bundesländern waren die Folge. Nur die Preise für Wohnen, Kleidung und Nahrung bewegten sich auf derselben Höhe.

Abwanderung, Familienverarmung und Arbeitslosigkeit wirkten sich natürlich auf den ganzen Stadtorganismus aus: leerstehende Wohnungen, nicht mehr benötigte Gebäude, schlecht besuchte Kultureinrichtungen und Veranstaltungen waren die Folge, aber auch zunehmender Bedarf an Gebäuden und Raum für die Stadtverwaltung. Görlitz verlor an Rang und Bedeutung. Nicht unbeteiligt an dieser Bedeutungsminderung war die geschichtliche Rückbesinnung auf die ehemals preußische Oberlausitz und ihre einst schlesische Zugehörigkeit, was von der sächsischen Staatsregierung sicher nicht als freundlicher Akt begrüßt werden konnte. Verständnissuche und Sprachregulierung schufen den Niederschlesischen Oberlausitzkreis, dem gegenüber sich der weitaus größere Teil der Oberlausitz als betont sächsisch zeigte. Die Jahrhunderte deutscher Kleinstaaterei erwiesen sich auch im förderalen System in hartnäckiger Beharrlichkeit.

Was für Görlitz in den zehn Jahren der Wiedervereinigung zählte und weiterhin zählen muß, ist die Besonnenheit und Tüchtigkeit seiner Bürger. Noch in der Hochstimmung einer gewonnenen unblutigen Revolution gründeten im November 1989 heimat- und problembewußte Görlitzer den »Aktionskreis für Görlitz«, der in seiner ursprünglichen Namensprägung der Rettung der Stadt galt. Er blieb seither bemüht, die Bündelung vieler Einzelinitiativen zu bewegen, um allgemeinem Nutzen zu dienen.

Aktionskreis für Görlitz

Mit Friedensgebeten hatte die evangelisch-lutherische Kirche 1989 die revolutionäre Erhebung in der DDR begleitet, auch in der Görlitzer Frauenkirche. Über den Zeitumbruch von 1990 hinweg liefen die Restaurierungsarbeiten an der Peterskirche bis zu ihrer feierlichen Wiederweihe 1992. Über die Wendeschwelle hinweg trug die Entstehung der Hoffnungskirche in Görlitz-Königshufen. Hoffnung ist nicht allein Erwartungshaltung, sondern christliche Tugend. Ermöglicht durch Opfer, Spenden, Stiftungen und nicht zuletzt durch die Emsigkeit eines Vereins erklang 1997 das neue Werk der Sonnenorgel in der Peterskirche.

Schon vor der Wende war ein Westberliner Verein um die Restaurierung des Heiligen Grabes bemüht. Die Maßnahmen an der Grabkapelle erfolgten im Rahmen der umfangreichen Altstadtsanierung. 1991 wurde die Görlitzer Altstadt unter elf Städten in den neuen Bundesländern von der Bundesregierung zum Modellfall einer umfangreichen Altstadtsanierung erklärt, sicher auch, weil hier Vorarbeiten aus vier Jahrzehnten vorlagen und nicht nur ein Chaos des Verfalls. Vom Bundeshaushalt, dem Freistaat Sachsen und der Stadt Görlitz wurden für Sanierungsarbeiten in den Jahren 1991 und 1992 bereits 27,5 Millionen DM aufgebracht, davon 80 Prozent vom Bundeshaushalt. Dies war zugleich der Auftakt für die 1991 erfolgte Gründung eines Zentrums für Handwerk und Denkmalpflege, das die Aus- und Weiterbildung von Fachkräften für die in Görlitz erforderlichen Leistungen auf dem weiten Gebiet der Denkmalpflege erbringt. Für die Lehrgänge und Lehrveranstaltungen wurde 1993 das Barockhaus Karpfengrund 1 seiner Bestimmung übergeben. Zu diesem Zentrum gehört auch das bis 1996 sanierte altehrwürdige Waidhaus mit erneuertem Dach und Außenverputz, Freilegung und Rekonstruktion bemerkenswerter Bauformen seiner Vergangenheit. 1992 begann die Untere Denkmalschutzbehörde der Stadtverwaltung mit ihrer Schriftenfolge der Jahreshefte zur Denkmalpflege in Görlitz, die bereits eine stattliche Zahl von Erkundungen und Sanierungen historischer Gebäude der Stadt publiziert hat.

Altstadtsanierung
    Die Görlitzer Altstadt zeigte sich in erstaunlich kurzer Zeit durch zahlreiche denkmalpflegerische Arbeiten verjüngt. Nicht nur die Hauptstraßen und Plätze vom Obermarkt über die Brüderstraße zum Untermarkt, die Neißstraße, Peterstraße, Nikolaistraße präsentierten sich mit erneuerten Fassaden als Resultat der erstrebten Revitalisierung, sondern auch die lange Zeit vernachlässigten Nebenstraßen und Gassen wie Hainwald, Kränzelstraße, Handwerk, Langenstraße, Büttnerstraße, Hotherstraße, Klosterplatz und Nonnenstraße erhielten bis zur Jahrtausendwende zahlreiche Sanierungen.

    Zu einer Wiederbelebung einer alten Stadt gehört die möglichst vollständige Einbeziehung des umbauten Raumes. Dazu zählen besonders die in DDR-Zeiten aufgegebenen Erdgeschoßläden. Ein neues schöpferisches Vorgehen zeigt sich im Erdgeschoß- und Hofnutzung der sanierten Häuser Untermarkt 22–24. Die Revitalisierung der Altstadtviertel ist vor allem vielen persönlichen Initiativen zu danken, die in tapferer Selbstbehauptung wieder Handwerks- und Verkaufseinrichtungen und unterschiedlichste Arten von Gaststätten schufen oder ganze Häuser als Hotels und Herbergen sicherten. Viele persönliche Opfer und manch stilles Heldentum ist hier zu rühmen. Diese Initiativen trugen in erster Linie zu Fortgang und Weiterentwicklung der Gewerbe in der ganzen Stadt bei, bis hinaus in die Vorstadtbereiche.

    Am Ende des 20. Jahrhunderts zählt Görlitz 16 Hotels, davon ein Dutzend im engeren Stadtgebiet und 9 Gästehäuser und Pensionen. Mit 118 Gaststätten im Stadtbereich und 14 Cafés ist Görlitz für einen großen Besucherkreis gerüstet. Aber Görlitz muß für einen großen Teil Deutschlands erst einmal entdeckt sein. Die Hoffnungen auf wachsenden Tourismus aus der Ferne blieben weittgehend unerfüllt. Nahtourismus scheint nur zu funktionieren, wenn in Görlitz etwas los ist: »Muschelminnafest« im Mai oder Altstadtfest zum Sommerausklang. Namentlich an den Wochenenden und an Feiertagen treibt ein bedeutender individueller Kraftverkehr an Görlitz vorbei in Richtung Schlesien. Görlitz ist dabei nur in wenigen Ausnahmefällen Ziel oder Station. Für die Deutsche Bahn-AG ist die Stadt vielmehr Endstation als internationaler Haltepunkt oder Reiseziel. Die ausgedehnten Gleisanlagen des großen Verschiebebahnhofs warten auf einen Warenumschlag zwischen Deutschland und Polen. Die 1999 mit dem Tunnel durch die Königshainer Berge vollendete Autobahn erlöst zwar die Stadt von unnötigem Durchgangsverkehr, erbringt aber außer einer beachtlichen Zollstation der Stadt nicht den wünschenswerten Wirtschaftsgewinn. Görlitz muß sich mehr denn je auf seine eigenen Entwicklungsmöglichkeiten besinnen. Das gilt ganz besonders für die kulturellen Kräfte der geistigen Erneuerung.

Seit der Gründung des Gymnasiums Augustum im Jahre 1565 war Görlitz Mittelpunkt des gelehrten Geisteslebens in der Oberlausitz. 1727 kam Görlitz durch die Stiftung des Johann Gottlieb Milich in den Besitz einer aufgeklärten Bildungseinrichtung mit Bibliothek und Museum. 1779 war die Oberlausitzische Gesellschaft der Wissenschaften gegründet und ab 1807 durch die ansehnlichen Stiftungen ihrer Gründer Karl Gottlob von Anton und Adolf Traugott von Gersdorf zu einer wissenschaftlichen Institution geworden, deren Sammlungen 1950 in Stadtbesitz übergegangen waren. Ihr Geist erlahmte aber nicht. Am 6. Dezember 1990 fand ihre Neugründung auf der Ortenburg in Bautzen statt. Ihr Sitz blieb in Görlitz. Historische Forschung und Geistesgeschichte der Oberlausitz blieben ihr Programm, in das Wissenschaftler aus den Nachbarländern Polen und der Tschechischen Republik, aus ganz Deutschland und dem Ausland eingeladen und einbezogen wurden. Seit 1991 erschienen ihre Jahresschriften unter dem Titel »Erbe und Auftrag«, ab 1998 in Fortsetzung der alten Tradition der Gesellschaftsjahrbücher das »Neue Lausitzische Magazin« und gelegentliche Festschriften.

Geistesleben

Gern hätte sich Görlitz nach der Wende von 1990 als Universitätsstadt gesehen, in erster Linie zwecks Belebung und Verjüngung der Stadt. Beispiele aus Mittelstädten der alten Bundesländer boten den Anreiz. Auf Beschluß der Stadtverordneten wurde sogar 1991 ein Universitätsverein in Görlitz gegründet. Doch die Gegebenheiten verlangten einen anderen Weg zur Hochschulstadt: Zittau hatte sich bereits vor 1989 einen geachteten Platz im Spektrum der Fachhochschulen erworben. Die Görlitzer Fachschule für Informationstechnik- und Datenverarbeitung mußte Anschluß an die Zittauer Hochschule für Technik, Wirtschaft und Sozialwesen finden und übernahm den sozialwissenschaftlichen Bereich, beheimatet nun im alten Fachschulgebäude an der Brücken- und Furtstraße sowie bis Anfang 2001 in der einstigen Villa Goethestraße 5. Nach Jahren der Planung wurde für den neuen Hochschulbereich am 12. Mai 1999 der Grundstein gelegt. Bereits Anfang April des folgenden Jahres feierte man Richtfest für den ersten Bauabschnitt des Hochschulbereiches Sozialwesen.

Bildung

Ab 1990 verfügte Görlitz bald über vier Gymnasien. Aus der Berufsschule an der Carl-von-Ossietzky-Straße und Lessingstraße entstand bis 1999 ein moderner Berufsschulkomplex, dessen Neubauten an der Lessing- und Sattigstraße sich allerdings im recht konservativ geprägten Görlitzer Stadtbild fremd ausnehmen. Man darf sie aber wohl als architektonisches Signal einer alles verändernden Wendezeit auffassen.

In allen Lebensbereichen war Öffnung statt langgehegter Abschottung gefordert. Dieser Öffnungsaufgabe nahm sich besonders das 1991 gegründete Internationale Bildungs- und Informationszentrum (EBIZ) an. Zu den ermutigenden Leistungen dieses Vereins gehört die Rettung und die erste und grundlegende Stufe der baulichen Instandsetzung der ehemaligen Synagoge, die seit dem Eröffnungskonzert am 23. Juli 1997 trotz ihres noch interimistischen Zustandes im Interieur als Stätte feierlicher Veranstaltungen dient. Während sich die Bauabteilung des EBIZ verselbständigte, nahm der ideelle Kerngedanke als »Europahaus« am Untermarkt als internationaler Informator und Bildungsorganisation die Arbeit mit einer Vielzahl von Veranstaltungen auf.

Schönhof

Im Zustand von Bauuntersuchungen war der Schönhof als international wohl bekanntestes Görlitzer Renaissancehaus im kläglichen Verfall jahrelang liegen geblieben. Seine Bestimmung als Schlesisches Museum erweckte Interesse und erbrachte die Förderung durch Bund, Freistaat, Stiftung und einen Verein. Konstruktive Maßnahmen der Bausicherung, die Erneuerung des Daches samt Rekonstruktion des 1617 bestehenden Dachtürmchens und Ergänzung eines Giebels über dem Eckerker sowie die Erneuerung der ganzen Putzhaut ließen den prachtvollen Renaissancebau von 1526 seit 1994 im historischen Stadtbild wieder erstrahlen. Der Innenausbau zum Museum ist mit Hinzuerwerbung des Hallenhauses Untermarkt 4 in absehbarer Zeit vollendet. Mit eigenen Ausstellungen zur Wechselseitigkeit der deutsch-polnischen Beziehungen um Schlesien ladet die Einrichtung schon seit 1995 ein.

Hotels Gaststätten

Alte bürgerliche Stadtkultur zu pflegen und räumlich in sich einzubeziehen, haben sich Hotels und Gaststätten innerhalb der Altstadt werbend für sich und die Stadt zu eigen gemacht. Das älteste Görlitzer Gewerbe findet im Hotel »Tuchmacher« Peterstraße 8 von 1528 ein Namensdenkmal. An alte Görlitzer Sagen knüpfen die Altstadthotels und Gaststätten »Zum Klötzelmönch«, Fleischerstraße 3, und »Dreibeiniger Hund«, Büttnerstraße 13, an. Zur Gaststätte ausgebaut

238 Vierradenmühle.
239 Dreiradenmühle.

wurde das Scultetushaus, Peterstraße 4, unter Einbeziehung seines glasüberdachten Hofes. Das im spätgotischen Interieur baugeschichtlich so bedeutende Haus Hans Frenzels, Untermarkt 5, wird als »Frenzelhof« folgen.

Unter den Gaststätten griff die »Vierradenmühle« (Abb. 238) als erste den Namen des historischen Standorts auf und erinnert an die seit dem frühen 14. Jahrhundert urkundlich genannte altstädtische Mühlenanlage, die sich nach der Zahl ihrer Wasserantriebsräder benannte, aber nicht allein zum Mahlen des Mehls diente, sondern auch der 1596 nach einem Hochwasser erneuerten Tuchwalke der Tuchmacherzunft und der 1649 erneuerten Lohmühle der Rotgerber. Ab 1826 dient das Mühlenwerk einer Tuchfabrik. Durch ein Glasfenster im Fußboden im Erdgeschoß der Gaststätte kann man die Turbine des 1928 eingerichteten, von Wasserkraft betriebenen, städtischen Elektrizitätswerkes sehen. Der alte, einst die Wasserräder betreibende Graben zwischen dem massiven Ufervorbau und der festumbauten kleinen Insel ist von der Gaststättenterrasse aus zu beschauen wie auch das Neißewehr, das seit dem Mittelalter die Vierradenmühle und ihr Gegenüber am Ostufer, die ehemalige Dreiradenmühle (Abb. 239), durch den Wasserstau in Schwung setzte.

Schon geraume Zeit vor den Umwälzungen von 1989/90 waren Görlitzer Baufachleute tätig geworden, um verlassene alte Handwerkerhäuser zu erwerben und sich als Einfamilienheime zu gestalten. Beispiele am Steinweg und im Karpfengrund zeigen überzeugende Wirkung, die nach 1990 glücklicherweise Fortsetzung fand und mit Freilegungen unterschiedlichster historischer Details die Möglichkeiten der Revitalisierung und Sanierung selbst unansehnlich gewordener altstädtischer Randgebiete beweisen.

Den glücklichen Umstand, nicht den riesigen Flächenverwüstungen des zweiten Weltkrieges zum Opfer gefallen zu sein, hatte Görlitz bis zur Wiederherstellung der Einheit Deutschlands nicht nutzen können. Die großflächige städtische Bebauung ist hier in einer selten gewordenen Einheitlichkeit durch Mietshausbauten des ausklingenden 19. Jahrhunderts geprägt. Seit ihrer Erbauung erfolgten nur in wenigen Fällen Pflegemaßnahmen, wohl aber in den meisten eine Überbelegung mit Mietern, sonderlich in den Notjahren der Nachkriegsperioden von 1918 und 1945. Durch die Verhältnisse wurde der private Hausbesitz handlungsunfähig, sein Eigentum verschuldete und herunterkam. Immer mehr Häuser fielen der kommunalen Grundstücksverwaltung zur Last. Rückübertragungen an ehemalige Besitzer oder ihre Erben und Käufe zu günstigen Preisen ermöglichten ab 1990 eine umfangreiche Reprivatisierung mit günstigen Fördermitteln für einen erheblichen Teil des gesamten Baubestandes. Unter finanziellen Begünstigungen konnte bereits bis 1994 eine bisher nicht bekannte Erneuerungswelle Straßen und Vierteln zu neuer Ansehnlichkeit verhelfen. Der Schwerpunkt der Baumaßnahmen lag in der Regel in der Rekonstruktion des Inneren der Häuser mit Wiederherstellung brauchbarer Grundrisse, Sanierung der Gebäudetechnik in Konstruktion und Installation. Wahrgenommen werden vom Passanten meist nur die bis ins Detail restaurierten Fassaden und ihre farbige Gestaltung. Es scheint, als ob die Freude am barocken Farbkleid der Altstadt sich die Bauten des 19. Jahrhunderts erobert haben, deren Putzstruktur ursprünglich eine mehr monolithe Wirkung beabsichtigte, sofern nicht das farbige Wechselspiel mit gelben oder roten Klinkerverblendungen einen zweistimmigen Kanon bewirken sollte. Mit vielen speziellen Gestaltungsaufgaben hatte sich nun auch die an Altbauten gewöhnte Denkmalpflege zu befassen, um wenigstens dem Hausherrn und Besitzer Angebote zu unterbreiten.

Für die vielen aufwandreich gestalteten Zierfassaden des späten 19. Jahrhunderts und die umfangreichen Sanierungen der hinter ihnen gelegenen Wohnungen wurden Baubetriebe benötigt, örtliche neu belebt, neue gegründet und auswärtige herbeigeholt. Baugerüste kennzeichneten bald das Straßenbild. Doch mit dem Auslaufen der Förderungen der öffentlichen Hand nahm 1995 die Regsamkeit leider wieder ab. Die Zahl der beteiligten Bauherren und der Baubetriebe verringerte sich merklich, und die Zahl entlassener Arbeitskräfte der Baufachgebiete nahm bedenklich zu. Geblieben ist in beglückender Weise die Sorgfalt der restaurierenden Leistungen, die erweckt wurde, um nicht nur den Glanz einer kostspielig bauenden Zeit an einer Vielzahl von einzelnen Beispielen zu erhalten, sondern vielmehr noch, um Görlitz zu einer lebens- und liebenswerten Stadt zu neuem Dasein zu erwecken.

Die Zurückholung des späten 19. in das späte 20. Jahrhundert ist die späte Anerkennung einer lange vergessenen und verspotteten spätbürgerlichen Kulturleistung, die geschichtlich neu gewertet werden muß. Das 19. Jahrhundert war das Zeitalter der bürgerlichen Geschichtsforschung, der Kultur- und Kunstgeschichte, der Erkundungen zwischen Mythologie und Zeitgeschehen. Geschichtskenntnis wurde Bildungsgut. Architektur und bildende Künste, Literatur und Musik fanden darin ihre großen Themen. Baukunst wurde zwischen Klassizismus und Jugendstil historisierende Architektur. Maßgeblich für das seine alten Stadtmauern sprengende Görlitz wurde in der zweiten Hälfte des 19. Jahrhunderts die stilistische Entwicklung vom Spätklassizismus zur Neurenaissance. Der Schwerpunkt des das Stadtbild prägenden Bauens liegt hier in der Zeit zwischen 1871 und dem Beginn des 20. Jahrhunderts. Im Unterschied zu Frankreich, England und anderen Ländern hat man sich in Deutschland aus historisch bedingten Gründen nie daran gewöhnt, Kunst- und Kulturepochen nach Regierungsformen und Regenten zu bezeichnen. In Deutschland müßte dementsprechend von einer Kunst und Kultur des zweiten Deutschen Kaiserreichs oder der Wilhelminischen Epoche die Rede sein. Beides hat sich nicht »eingebürgert«. Dafür tauchte in DDR-Zeiten der Begriff »Gründerzeit« auf, entliehen aus der historisch negativ bewerteten Bezeichnung der »Gründerjahre«, die der Reichsgründung unmittelbar als kurze Periode des Geld- und Goldrausches folgten, gekennzeichnet durch die berüchtigten Gründerkräche, mit denen betrügerische Spekulationsgeschäfte mit

Gebäuden, Grundstücken und Aktien aufflogen und Banken einbrachen. Das hat aber Görlitz nicht zu dem gemacht, was es in der größten Bauperiode seiner Geschichte wurde. Die Stadt nahm teil an der großen europaweiten Städtebauentwicklung, getragen von Industrie und Wohlstand einer vorherrschenden kapitalkräftigen Bürgerschicht. Gleichgerichtete Empfindungen lagen nach 1990 wohl auch nahe, als es um Rückeroberung des alten Ansehens ging.

Zum »Stadterlebnis Görlitz« tragen in erster Linie die vielen erneuerten Fassaden bei, ebenso aber auch die stilistisch vielfältigen und phantasiereich gestalteten Interieurs der Hotels und Gaststätten, von denen aus der Ortsfremde seinen Weg in und durch die Stadt nimmt. Zu diesem Stadterleben gehört in Görlitz besonders der Wechsel von Straßen, Plätzen, Alleen, Grünanlagen und Parks. Das Erlebnis Altstadt findet seine harmonische Abrundung in den erneuerten Grünanlagen zwischen den Stadtmauern und ihren Sichtbeziehungen zu Architektur und Landschaft.

Das erneuerte Görlitz besinnt sich seiner ureigenen Geschichte und Traditionen in den wissenschaftlichen, kulturellen und künstlerischen Bereichen. Vereine tragen, stützen und fördern, wo die öffentliche Hand gebunden ist. Bundesweite Sparmaßnahmen zwangen auch den Stadthaushalt, sich auf Notwendigkeiten zu begrenzen. Finanzielle Einschränkungen führen zu Spezialisierungen, nicht immer zur allgemeinen Zufriedenheit. Das Stadttheater hatte sich bereits auf Grund früherer Versuche zum speziellen Musiktheater entwickelt, bietet jedoch ein volles Programm, auch im Austausch mit benachbarten Spielstätten. Der Kulturraum der Oberlausitz greift fördernd ein, um Niveauabsenkungen zu verhindern, kann aber nicht alle Kulturbereiche gleichmäßig bedienen. Die Städtischen Sammlungen für Geschichte und Kultur vereinen seit 1998 das Geschichtsmuseum Kaisertrutz mit Reichenbacher Turm, die Kunstsammlungen und die Oberlausitzische Bibliothek der Wissenschaften im Barockhaus Neißstraße 30 mit dem Ratsarchiv zu einer vielseitigen Institution. Für die musische Bildung sorgt neben privaten Einrichtungen auch weiterhin mit Vereinsunterstützung die Musikschule »Johann Adam Hiller« am Fischmarkt. Literarische Veranstaltungen sind in der Stadtbibliothek ein unverzichtbarer geistiger Impulsgeber. Das Staatliche Museum für Naturkunde entfaltet mit der 1990 neubelebten Naturforschenden Gesellschaft der Oberlausitz eine weit über die Stadtgrenzen hinausgreifende Wirksamkeit und umfangreiche Erneuerung in seinem alten Standort am Marienplatz und im Humboldthaus. Seine wissenschaftliche Bibliothek gehört zu den großen öffentlich zugänglichen Büchersammlungen von Görlitz. Die Museumslandschaft Görlitz erweiterte sich beträchtlich mit der Gründung des Schlesischen Museums im Schönhof und bereichert vorerst mit wechselnden Ausstellungen das städtische Kulturleben. Neu im Entstehen begriffen ist das Museum für Fotografie im fotogeschichtlichen Traditionshaus Löbauer Straße 7 (Abb. 180), das an die lange Tradition der einstigen Görlitzer Kameraproduktion und Fotodokumentation erinnert.

Tradition

Schlesisches Museum

Der 1991 wiedergegründete Oberlausitzer Kunstverein beschert der Stadt zahlreiche Ausstellungen zur bildenden Kunst und zum Kunsthandwerk, vorzugsweise in der Annenkapelle, die damit ein ganz neuer Anlaufpunkt für Görlitzer
Kulturereignisse wurde.

Viele Kräfte sind an der Neubelebung des Görlitzer Kulturlebens aus ganz
persönlichem Antrieb in Görlitz wirksam, Handwerk und künstlerische Formge-
staltung, Kunsthandel und Antiquariate, Buchhandel und private Sammlungen,
heimische und gastierende Künstler. Aber auch die Wissenschaften haben wie
die Künste eine Geschichte und ein zu pflegendes Traditionsbewußtsein. Görlitz

Jacob Böhme besann sich in den Jahren 1999 und 2000 seines großen Bürgers Jacob Böhme anläßlich des 375. Todestages und der 425. Wiederkehr des Geburtsjahres des bedeutenden philosophischen Denkers und Schriftstellers und seiner philosophie-
und glaubensgeschichtlichen Bedeutung zwischen Reformations- und Aufklärungszeit. Es ist dem Kulturleben von Görlitz und Zgorzelec sehr förderlich, daß
das am Ostufer der Neiße stehende erste Wohnhaus Jacob Böhmes seit 1999 im
restaurierten Zustand dem geistigen Austausch und sonderlich den kulturellen
Veranstaltungen der kleinen Form zur Verfügung steht und daß die Universitäts-
bibliothek / Wrocław / Breslau die in ihrer Obhut befindlichen Böhme-Manuskripte
für die international bedeutende Jacob-Böhme-Ausstellung der Städtischen Sammlungen für Geschichte und Kultur in Görlitz zur Verfügung stellte.

Die benachbarten Städte Görlitz und Zgorzelec bilden zusammen einen groß-
städtischen Raum mit über 100 000 Bewohnern zweier Nationen und damit einen
besonderen Schwerpunkt im Grenzbereich beiderseits der Neiße. Die harte Realität einer Wirtschafts-, Währungs- und Zollgrenze bis zur Osterweiterung der Europäischen Union (EU) mit gegenseitigem Verständnis füreinander in Politik,
Wirtschaft, Sozialverhältnissen und kultureller Wechselseitigkeit zu überbrücken,
ist als gemeinsame Aufgabe schnell von beiden Seiten erkannt worden. Es entstand hier eine mitteleuropäische Kontaktzone begrenzter Dimensionen, die sich
als Europastadt Görlitz-Zgorzelec schon bei manchem offiziellen Anlaß zu erkennen gab, aber auch ein besonderes Verantwortungsbewußtsein im Füreinander und
Miteinander der Stadtverwaltungen und der Bürger beider Seiten erfordert. Die
Gemeinsamkeit ethisch und kulturell bestimmender Werte ist hierfür die wichtigste Grundlage. Auch die historische Forschung hat sich von deutscher, polnischer
und tschechischer Seite des Kulturraumes Neiße seit 1990 vielfältiger Thematik angenommen, um die bewährten Formen der internationalen Beziehungen in einen
europäischen Gesichtskreis einzubringen. Dem Dom Kultury in Zgorzelec und der
Stadthalle in Görlitz kommen damit weitere zentrale Aufgaben und eine erhöhte
Bedeutung zu, in erster Linie auf den Gebieten kultureller und künstlerischer Repräsentation und Gemeinsamkeit. Jegliche weitergreifende Verständigung ist jedoch nur durch wechselseitige Sprachkenntnis zu erreichen. Für Erziehung und
Bildung ist hier noch, namentlich auf deutscher Seite, ein breites Feld zu bestellen,

wenn Wirtschaft, Verwaltung und Verkehr in wünschenswerter Weise funktionieren sollen. Zudem wirft der erhebliche Bevölkerungsrückgang mit der Folge eines bedeutenden Leerstands an Wohnungen und Gebäuden in Görlitz und der gegensätzlichen Entwicklung in Zgorzelec Fragen auf, die in absehbarer Zeit nach Lösung verlangen, die erweisen müssen, inwieweit Europa eine Realität oder eine Utopie ist.

Die Kreisgebietsreform und die neuen Ortsteile

Die seit 1949 in der Bundesrepublik entstandenen Verwaltungsstrukturen erforderten nach der Herstellung der deutschen Einheit ab 1990 auch in den neuen Bundesländern eine Angleichung durch die Kreisgebietsreform. Sinn dieser Maßnahme war, den Staatshaushalt von unverhältnismäßig hohen Kosten für viele kleine selbständige Ortsverwaltungen zu entlasten, die in überschaubarer Zentralisation effektiver und sparsamer arbeiten können. Andererseits waren Dorfgemeinden von überflüssiger Verwaltungsarbeit zu entlasten. Gebietsreform sollte nicht nur Verwaltungsreform, sondern Möglichkeit zur Entwicklung leistungsfähiger Wirtschaftsgebiete sein. Görlitz gelangte damit in die größte Ausdehnung, die das Gebiet der kreisfreien Stadt jemals besessen hat, nicht um das städtisch bebaute Terrain zu vergrößern, wozu überhaupt keine Ursache bestand, sondern um ein Gebiet neu zu beleben, das eine leistungsfähige Industriestadt und ihre kulturellen Möglichkeiten benötigt.

Mit dem Ausgreifen nach Süden, Westen und Norden mußten drei wichtige Ziele angestrebt werden: Im Süden die Renaturierung der weitläufigen ausgekohlten Grubenlandschaft von Hagenwerder zur Schöpfung einer den Tourismus befördernden Erholungslandschaft, im Westen die Revitalisierung des Eisenbahnumschlagschwerpunktes Schlauroth und im Norden den Autobahngrenzübergang Ludwigsdorf, alle drei mit berechtigten Aussichten auf Belebung von Wirtschaft und Verkehr auf beiden Seiten der Neiße.

Mit der Kreisgebietsreform treten die alten Stadt-Land-Beziehungen in eine neue Entwicklungsstufe ein und werfen innerhalb einer stadtmonographischen kulturgeschichtlichen Topographie neue Gesichtspunkte in der Betrachtungsebene auf, geschichtliche, kulturhistorische, gegenwärtige und künftige.

Die seit der Völkerwanderung bestehenden slawischen und die im Zuge der deutschen Kolonistenbewegung im 12. und 13. Jahrhundert entstandenen deutschen Dörfer dienten für die Entwicklung von Görlitz als die maßgebliche Versorgungsbasis mit Lebensmitteln. Dafür genossen sie auch den militärischen und juristischen Schutz der Stadt. Die für das mittelalterliche Görlitz eigentümliche Verkettung von Stadtrecht und Lehnrecht führte bis über 1800 hinaus zu einem lebhaften Immobilienhandel mit Dörfern und Dorfanteilen, an dem die Stadt durch ihren Rat oder einzelne Bürger als Käufer beim Landadel auftraten. Seit dem 14. Jahrhundert hatte sich die Kleinfeudalität der Ritter zur Gutsherrschaft und Dorfherrschaft entwickelt. Nach dem Pönfall (1547) mußte Görlitz sich die ihm entzogenen Dörfer zurückerwerben und verkaufte sie mit Gewinn an reiche Görlitzer Kaufleute, die sich damit zu den Landständen zählten und sich Adelsbrief mit Wappen und Siegelrecht erkauften. Der alteingesessene Adel nahm dafür auf seinen Dörfern städtische Rechte in Anspruch, vor allem das Bierbrauen und Märkte, besonders den Handel mit Leder, Wolle und Leinwand. Trotz verheerender und meist ganz Europa betreffender Kriege zwischen 1618 und 1815 blieben die Stadt-Land-Beziehungen zwischen Görlitz und seinem Umland bis ins erste Drittel des 19. Jahrhunderts eng verwoben. Erst mit der industriellen Revolution setzte eine kontrastreiche Entfremdung ein. Die einst gutsherrlich betriebenen Nebengewerbe wurden stadtbürgerliche Hauptgewerbe wie die Gewinnung von Bodenschätzen unter und über Tage, in Kalk- und Steinbruchbetrieb. Die historische Entwicklung in den einzelnen neuen Ortsteilen gestaltete sich sehr unterschiedlich.

Hagenwerder und das südliche Vorfeld von Görlitz mit Berzdorf, Tauchritz, Deutsch-Ossig und Kunnerwitz

Nikrisch

Der slawische Ortsname Nickrisch wurde 1936 in Hagenwerder umbenannt. Mit den Nachbardörfern Tauchritz und Deutsch-Ossig stand Nickrisch seit dem späten Mittelalter unter Görlitzer Gerichtshoheit wie auch das in den 1960er Jahren dem Braunkohletagebau geopferte Berzdorf, das mit der Umsiedlung seiner Bewohner in die Nachbargemeinde Schönau-Berzdorf und in die Siedlung Neu-Berzdorf die Namensgebung deutscher Kolonisten des frühen 13. Jahrhunderts weitergab.

Berzdorf

Berzdorf war zusammen mit Schönau erst 1952 aus dem Kreis Löbau und dem einst zum »Eigen« des Klosters Marienstern gehörenden Besitz gelöst und dem Landkreis Görlitz zugesprochen worden. Mit der Devastierung von Berzdorf wurde auch die Kirche des 13. Jahrhunderts durch Sprengung beseitigt. Die herbeigeeilten Denkmalpflegebeauftragten von Kreis und Stadt Görlitz standen fassungslos vor der vollendeten Tatsache. Wie eine Schale lag das Mittelteil des frühgotischen Chorgewölbes mit Schlußstein und Kreuzrippenansätzen in der öden Landschaft. Der spätgotische Altarschrein war vorher in Schönau geborgen worden. Berzdorf, die Gründung eines Villikators namens Berthold, hatte nach rund 750 Jahren aufgehört zu bestehen.

Deutsch-Ossig

Im Osten hatte der Tagebau 1986 bereits den Dorfrand von Deutsch-Ossig erreicht. Bis 1990 mußte der Ort aufgegeben werden. Die Bewohner wurden in Görlitz aufgenommen. Der Deutsch-Ossig-Ring im Stadtteil Weinhübel hält die

Erinnerung an das einst idyllisch an der Neiße gelegene Dorf fest. Besonders tragisch für die Kulturlandschaft entlang der Grenze war der Abbruch der Kirche, die als die schönste des Barock im weiten Umkreis sich eines hohen kunstgeschichtlichen Ranges erfreuen durfte. Ihre Kopie entstand in der Hoffnungskirche von Görlitz-Königshufen, in der das kostbare Inventar aus den Jahren 1716–1718 aufgenommen wurde. Auch die barocke Turmbekrönung konnte im Originalzustand umgesetzt werden. Trotz dieser Rettung bedeutet der Verlust der Kirche an ihrem alten Standort eine erhebliche Einbuße an bodenständiger Landeskultur, tragisch dadurch, daß der Abbruch des charaktervollen Ortskerns nicht mehr erfolgte, da der Tagebau beendet wurde.

Das westlich von Hagenwerder gelegene Tauchritz besitzt einen massiven Schloßbau, umgeben von einem Wassergraben (Abb. 240). An seiner Rückfront ist noch der Rest eines Turmes der mittelalterlichen »veste Tucheras« erhalten. Das Innere des schlichten rechteckigen Bauwerks unter dem ziegelgedeckten Zeltdach zeichnet sich durch höchst qualitätvolle Stuckdecken mit figürlichen Reliefs aus der Blütezeit barocker Raumkultur um 1715/20 aus. Sie vor den Erschütterungen der einst das nächstgelegene Gelände befahrenden Grubenbahn zu schützen, mußten diese kunstvollen Schöpfungen durch Unterzugdecken gesichert werden. Anfänge der Rettung dieses Landschlosses hat es im letzten Jahrzehnt des 20. Jahrhunderts gegeben, doch fehlen die Mittel zur endgültigen Sicherung, solange ungeklärt ist, wer den kunstgeschichtlich bedeutsamen Bau übernimmt. Tauchritz

Vom alten Dorf Tauchritz blieb die Kirche, ein schlichter Saalbau, nach Brand von 1686 erhalten. Was aus dem noch bestehenden Kern der alten Dorfanlage nach weitgehender Überbauung durch die Kraftwerksanlagen und deren Niederlegung werden wird, ist eng mit dem weiteren Schicksal von Hagenwerder verbunden.

Hagenwerder, das alte Nickrisch, ist mit Görlitz in mehrfacher Hinsicht geschichtlich verknüpft. 1480 erwarb der reiche Görlitzer Kaufmann, Ratsherr und Bürgermeister Georg Emmerich das Dorf und die Gutsherrschaft. Das alte Gutshaus des späten 17. Jahrhunderts ist ein hervorragendes Beispiel des damals auch in Görlitz verbreiteten fränkischen Fachwerkbaus auf massivem Erdgeschoß (Abb. 241). Dieses einzigartige Denkmal ländlicher Baukunst besitzt unter seinem mächtigen, gegen die Giebel abgewalmten Dach einen farbig reich ausgestalteten Saal des 18. Jahrhunderts, der wohl in Zusammenhang mit der Entwicklung der farbigen ländlichen Möbel jener Zeit zu bewerten ist. Auch eine Stuckdecke derselben Zeit verleiht dem Inneren die Würde des Herrschaftshauses, die auch der kleine Glockenstuhl über dem frontalen Giebel unterstreicht. Die alte Dorfanlage mußte der städtischen Reihenhausbebauung der fünfziger Jahre des 20. Jahrhunderts weichen. Hagenwerder

Braunkohleabbau und Großkraftwerk Hagenwerder sind ebenso wie ihr weiteres Schicksal untrennbar mit der Industriegeschichte von Görlitz verknüpft, demzufolge auch mit der Sozial- und Kulturgeschichte der Neißestadt. Braunkohle

Die teilweise bis dicht an die Erdoberfläche tretende Braunkohle diente seit Ende des 18. Jahrhunderts dem privaten Hausbrand der Bewohner umliegender Dörfer und löste den Torfstich von Tauchritz ab. Um 1835 ging man bereits zum Untertagebau über. Mit den ersten Dampfmaschinen in Görlitz gewannen die Fabrikherren Interesse an dem billig zu erlangenden Brennstoff. Das Interesse erlahmte, als die Eisenbahn oberschlesische Steinkohle an die Industriestandorte heranführte. Rohstoffbedarf und Energiemangel schufen im ersten Weltkrieg 1917 das Verlangen, mit der Berzdorfer Braunkohle Abhilfe zu schaffen. Die Stadt Dresden erwarb das Gelände, um noch in der letzten Phase des Krieges ein Kraftwerk mit Brikettfabrik und Schwelerei aus dem Boden zu stampfen. Die Deutsche Petroleum AG übernahm den Betrieb. 1925 setzte die AG Sächsische Werke die Ar-

240 Schloß Tauchritz.

beiten fort, verlor aber rasch ihr Interesse. Die Grube füllte sich mit Grundwasser. In der letzten, schon aussichtslosen Phase des zweiten Weltkrieges wiederholte sich 1943–1945, was schon 1917/18 nicht mehr zustande kam, obgleich mit einer großen Zahl von Kriegsgefangenen und Häftlingen bis gegen Kriegsende der Bau eines gewaltigen Kraftwerkes betrieben wurde. Der Rohbau blieb im halbfertigen Zustand liegen.

1946 gebar die Not der Zeit das Wiederaufleben des Braunkohleabbaus. Das erforderte zunächst das mühselige Abpumpen der zum See angeschwollenen Grube. Bald begannen mehrere Görlitzer Privatunternehmer mit dem Handabbau und der Verlegung von Gleisen der Grubenbahn. 1953 entschied die Regierung der DDR, den weiteren Abbau durch einen neu zu schaffenden Großbetrieb

241 Herrenhaus in Hagenwerder.

zu betreiben mit dem Ziel, den 1945 aufgegebenen Bau eines Großkraftwerkes zu vollenden und in mehreren Ausbaustufen zu erweitern. Werk I nahm 1958 den Betrieb auf. Werk II folgte 1962/63 und Werk III als größtes mit einem 250 Meter Höhe messenden Riesenschornstein 1970–1977. Batterien von Kühltürmen zu je 100 Meter Höhe prägten nun eine imposante Industrielandschaft, die vom Schwarzen Berg bei Jauernick am vollkommensten zu überblicken war.

Der ungeheure Ausstoß von Kohlestaub und Schwefeldioxyd, der sich in Rußablagerungen und saurem Regen niederschlug, wurde nicht nur den Bewohnern eines weiten Umkreises lästig wie auch die schwefelhaltige Luft, sondern auch der gesamten Bausubstanz von Görlitz und Umgebung zum Verhängnis.

Bis 1987 waren in Hagenwerder, Tauchritz und Neu-Berzdorf 530 Mietwohnungen für Stammpersonal geschaffen worden. Die meisten Arbeitskräfte kamen aus den umliegenden Gemeinden und vor allem aus Görlitz. 5000 von ihnen waren täglich im Linien- und Werkverkehr zu befördern. Mit der Wiedervereinigung Deutschlands stand die Rentabilität von Grube und Kraftwerk in Frage. Die immer größeren Transportwege, die Grubentiefe, zunehmende Grubenwasserprobleme, kostspielige Kanalbauten und Rohrverlegungen, die Neuverlegung der Pließnitz und ihre Regulierung, kostspielige Brunnensysteme und Spundwandsicherungen gegen die Neiße verschlangen viel zu hohe Betriebskosten gegenüber einem Überangebot verfügbarer Elektrizität. Seit 1990 gehörte das Kraftwerk Hagenwerder zur Aktiengesellschaft Vereinigter Energiewerke (VEAG). 1991 wurde Werk I vom Netz genommen, 1996 folgte Werk II und 1997 Werk III, das noch 1992 mit Elektrofiltern zur Minderung seiner Kohlenstoff- und Schwefelemissionen ausgestattet worden war.

Mit dem Ende des Kraftwerks war auch die Braunkohleförderung durch die Lausitzer Braundkohle-AG (LAUBAG) zu Ende, obgleich noch 15 Millionen Tonnen Braunkohle transportbereit gewesen wären und weitere 35 Millionen Tonnen in der Erde zurückblieben. Die Sprengung der letzten vier Kühltürme vollendete 1999 die schrittweise Herbeiführung einer Industriebrache, von der nur noch das mächtige Maschinenhaus zurückblieb, in dem sich mehrere kleine und mittlere Betriebe seßhaft gemacht haben. Der größte Teil des Kraftwerkareals wartet auf künftige Neubelebung. Zurück blieb aber auch eine große Zahl von Arbeitslosen und eine Vielzahl sozialer Probleme.

Rekultivierung   Es erwies sich als großer Vorteil, daß schon mit dem Ausbau der Grube seit den fünfziger Jahren in die planmäßige Anlage von Halden dicht vor Görlitz-Weinhübel auch deren landschaftliche Einbeziehung betrieben worden war. Jahrzehnte vor dem Ende des Grubenbetriebes erfolgte eine zweckmäßige Beforstung parallel zu einer abschnittweisen Verfüllung ausgekohlter Grubengebiete. So konnte schon zeitgleich mit dem »Rückbau« von Grube und Kraftwerk auf einer erfahrenen Landschaftspflege aufgebaut werden, womit wenigstens einem Teil der nach neuer Arbeit Suchenden der Lebensunterhalt gewährt wurde. Das Ziel der Rückgewinnung eines angemessenen Landschaftsbildes über der aufgerissenen Erde wird beharrlich von der LAUBAG und der Lausitzer und Mitteldeutschen Bergbau-Verwaltungsgesellschaft mbH betrieben. Resultat wird eine Wald- und Seenlandschaft am Ostrand von Ober- und Niederlausitz sein, ein noch zu erschließendes Naherholungs- und Urlaubsgebiet. Zu hoffen ist, daß sich mit der zurückgewonnen Natur auch die bergmännische Kultur erhält, von der Geologie bis zu dem »Glückauf« von Chor und Kapelle.

Von der Landeskrone begleitet südwärts bis in das ehemalige Abbaugebiet der Braunkohle die Flur von Kunnerwitz mit dem als Ortsteil angeschlossenen Klein Neundorf, das östlich gelegene Gruben- und Kraftwerkgebiet von Berzdorf und Hagenwerder. Kunnerwitz ist durch seinen weithin sichtbaren Kirchturm gekennzeichnet, eher einem italienischen Campanile ähnlich als dem gewohnten Oberlausitzer Dorfbild angeglichen. Die Kirche wurde 1836–1839 im romanisierenden Spätstil Karl Friedrich Schinkels als Basilika errichtet. Ihr Innenraum war ursprünglich durch zwei übereinander angeordnete dreiseitig geführte Emporen gestaltet. 1974–1981 wurde in Höhe der unteren Empore eine Zwischendecke eingezogen und dadurch der Raumeindruck grundlegend verändert. Der Kirche unmittelbar benachbart sind die alte Schule, das Pfarrhaus und der Friedhof mit 139 Gräbern deutscher Soldaten, die in den Kämpfen des Frühjahrs 1945 ihren Verwundungen erlegen sind.

Kunnerwitz

242 Kirche in Kunnerwitz.

Das ehemalige Rittergut mit Herrenhaus und Wirtschaftsbauten wurde 1888 von der Stadt Görlitz erworben. Die alte Dorfanlage ist vornehmlich durch einstige Gärtner- und Häuslerstellen gekennzeichnet. Neu hinzugekommen sind zahlreiche Eigenheime und Wochenendhäuser. Die Landwirtschaft ist im wesentlichen auf den vom Stadtgut betriebenen Obstbau begrenzt. Die Zahl der ansässigen Gewerbebetriebe hat sich dagegen seit 1990 bedeutend erhöht.

Klein Neundorf wurde 1987 durch den Braunkohlebergbau von Deutsch-Ossig getrennt und Kunnerwitz angeschlossen. Kunnerwitz, Klein Neundorf und Klein-Biesnitz befanden sich 1349 im Besitz des Friedrich von Biberstein, dem die große Herrschaft Friedland gehörte. Diese Dörfer wurden 1440 von Görlitz erkauft. Ab 1565 erwarben vermögende Görlitzer das Vorwerk Klein Neundorf, das als Besitz des Görlitzer Bürgermeisters Bartholomäus Gehler um Mitte des 17. Jahrhunderts zur Gutsherrschaft gelangte, die 1945 mit der Bodenreform endete.

Klein Neundorf

243 Gutshaus in Schlauroth.

244 Ludwigs-dorfer Kirche.

Schlauroth

Das nordwestlich der Landeskrone gelegene Schlauroth, 1994 der Stadt Görlitz eingemeindet, wird 1285 erstmals urkundlich als »Villa Slurath juxta Landiscrone« genannt, bis 1908 ein Dorf mit Gutsherrschaft (Abb. 243), deren im Jugendstil erbautes Herrenhaus damals die Raiffeisen-Genossenschaft übernahm. Direkt an der Bahnlinie Dresden-Görlitz gelegen, erhielt Schlauroth 1905 einen Haltepunkt für den Personenzugverkehr. Mit den Plänen zum Ausbau der Görlitzer Bahnhofsanlagen entstand 1909 für den Güterverkehr ein großer Rangierbahnhof mit beachtlichem Warenumschlag. Dies gab den Ausschlag für eine Konzentration unterschiedlicher Betriebe, auch für die Versorgung von Görlitz und Umgebung mit landwirtschaftlichen Erzeugnissen, war aber auch Anlaß zur Ansiedlung von Bahnbetriebspersonal bis nach Görlitz-Rauschwalde. Der für weiträumigen Schienenverkehr angelegte Warenumschlag brach 1945 zusammen. An seine Stelle trat bis 1989 ein Reichsbahn-Ausbesserungswerk, das nach dem zweiten Weltkrieg eine Unzahl von beschädigten Waggons für den Schienenverkehr wieder instandsetzen mußte, dann aber auch für Reparatur und Verschrottung von Dampflokomotiven zuständig war, schließlich besonders für die Durchsicht des gesamten in Görlitz ein- und ausfahrenden Bestandes an Reise- und Güterzugwagen. Über die künftige Bedeutung von Schlauroth dürfte in erster Linie der Schienenverkehr über die Grenze zu Polen entscheiden.

Seit dem Beginn des 20. Jahrhunderts ist Schlauroth durch Verkehr, Gewerbe und technische Einrichtungen organisch ein Industrievorort von Görlitz geworden und bis ins Schulwesen mit dieser Stadt verwachsen, so daß die Eingemeindung nur die Konsequenz einer vielschichtigen Enwicklung war.

Der Norden mit Ludwigsdorf und Oberneundorf

Die Erweiterung des Görlitzer Territoriums entlang der Neiße in nördlicher Richtung durch das sich drei Kilometer erstreckende Ludwigsdorf und das in seiner Verlängerung anschließende Oberneundorf geschah erst 1998. Weit noch weniger von Bebauung und Wirtschaftsstruktur von Görlitz berührt als Klingewalde, erfolgte diese Ausweitung mit dem Ziel, den Grenzübergang der Autobahn, der nicht bei Klingewalde, sondern in Ludwigsdorf erfolgte, in das Stadtgebiet einzubeziehen. Mit dem Tunnel durch die Königshainer Berge war 1999 die Autobahnverbin-

245 *Schloß Oberneundorf.*
246 *Sgrafitto-detail von der Schloßfassade.*

247 *Innen-raum der Kirche in Ludwigsdorf.*

dung von Thüringen über Sachsen nach Schlesien hergestellt. Ludwigsdorf wurde als Görlitzer Ortsteil Grenz- und Zollstation. Für die Wartezeiten der Grenzabfertigung des Fernverkehrs sind weitere wirtschaftliche Geländenutzungen zu erhoffen, denn Autobahnanschlüsse haben sich stets als förderlich für Industrie, Gewerbe und Handel der Städte erwiesen. Allerdings hat der Görlitzer Norden keinen betonten Industrieschwerpunkt und nach Westen wie nach Osten führt die Autobahn weiter von der Stadt weg.

Vom Dorf des 13. Jahrhunderts erhielt sich die kunstgeschichtlich interessante Kirche, deren Ostchor mit einem vierseitigen Turm überbaut wurde (Abb. 244).

Das Langhaus ist als spättgotischer Saalbau mit inneren Wandstreben und Netzrippengewölbe um 1540 errichtet und mit einer Westempore von 1587 und Seitenemporen von 1653 ausgestattet. Die geschnitzte Kanzel mit Moses und den vier Evangelisten entstammt der zweiten Hälfte des 17. Jahrhunderts (Abb. 247). Das barocke Kruzifix ist etwa gleichaltrig mit dem 1744 datierten Taufstein. Der ovale Ring der Kirchhofmauer deutet auf einstige Wehrhaftigkeit.

1539 bis 1655 befand sich Ludwigsdorf im Besitz der Stadt Görlitz. 1665 wurde die Gutsherrschaft geteilt. Nieder-Ludwigsdorf wurde Dominium. Ober-Ludwigsdorf ging in Görlitzer Bürgerbesitz über und gelangte 1708 an den 1732 geadelten Kaufmann Christian Friedrich Fromberg, der gleichzeitig auch Erbherr von Klingewalde und Deutsch-Ossig war. Im Jahre 1900 wurde das Obergut aufgelöst. Das Herrenhaus des Niederhofes aus der zweiten Hälfte des 16. Jahrhunderts trägt steinerne Schrifttafeln von 1773 und 1880, bezugnehmend auf Besitzer und Bauherren.

Von der alten Dorfanlage sind neben vielen alten Häuslerwohnungen Drei- und Vierseithöfe erhalten geblieben. Von schon vergessener Volksbauweise zeugt der Hof Nr. 54, ein Wohnstallhaus – d. h. Wohnung und Stallung unter einem Dach – mit Kumthalle und Seitengalerie. Zwei Denkmale erinnern an die Gefallenen der Kriege von 1866 und 1870/71 sowie die des ersten Weltkrieges.

Die bei Ludwigsdorf seit dem Mittelalter abgebauten Bodenschätze waren für den Görlitzer Raum und die östliche Oberlausitz von nicht geringer Bedeutung. Seit dem 14. Jahrhundert wurde der anstehende Kalkstein gebrochen, belegt durch eine Rechnung von 1378 zum Kalkbrennen für Görlitz. Der planmäßige Abbau erfolgte bei unterschiedlichen Besitzverhältnissen von 1752 bis 1988. Wegen mangelnder Rentabilität aufgegeben, hinterließ er als technische Denkmale mehrere ruinöse Kalköfen aus der Mitte des 19. Jahrhunderts, achtseitig angelegte wuchtige Kegelstümpfe, die von Strebepfeilern gestützt werden.

Auch am Kupferbergbau war Ludwigsdorf beteiligt, nachweisbar seit dem 16. Jahrhundert. 1872 begann ein regelrecht betriebener Untertagebau, der jedoch schon 1879 wegen Unergiebigkeit wieder geschlossen wurde. Ein erneuter Versuch von 1902 bis 1905 führte zwar bis in 150 Meter Tiefe, erbrachte aber wenig Gewinn, so daß man sich bis 1909 mit noch geringerem Erfolg damit begnügte, alten Abraum auf Kupfer zu untersuchen und abzutransportieren.

Neue Perspektiven ergaben sich für Ludwigsdorf am Ende des 20. Jahrhunderts durch Energiegewinnung mit einer Anlage von Windrädern, deren mächtige weiße Masten schon das Landschaftsbild prägen, um schadstofflose Elektrizität in das Netz einzuspeisen.

Oberneundorf   Das sich lang hinstreckende Oberneundorf, seit 1950 Ortsteil von Ludwigsdorf, zeigt noch heute mit seinen vielen kleinen Wohnhäusern die Struktur einer gutsuntertänigen Häusler- und Landarbeitersiedlung. Das einstige Rittergut von 253 Hektar Bodenfläche war 1782 vom Initiator der Oberlausitzischen Gesellschaft der Wissenschaften, dem Görlitzer Provinzialadvokaten, Rechts-, Geschichts- und Sprachforscher Karl Gottlob v. Anton erworben und von ihm bis zu seinem Tode 1817 zu einem Mustergut für Futterpflanzenanbau und Rinderzucht gestaltet worden. Das einstige Herrenhaus, das dem 1802 geadelten Anton als Sommersitz diente, war nach Mitte des 16. Jahrhunderts auf T-förmigem Grundriß errichtet und seither mehrfach umgebaut worden (Abb. 245). Auf die Bauzeit verweist das Sgraffito (Abb. 246) der Südseite und die Gestaltung des Portals, während die mit Voluten geschmückten Staffelgiebel nach der Aufsiedlung 1945 dem Abbruch zum Opfer fielen. Antons Bemühungen um eine rationelle Landwirtschaft mit dem Anbau von Klee und Wicke, der konsequenten Stallfütterung, Nutzung der Brache und Abschaffung der Trift führten die Gutswirtschaft im 19. Jahrhundert zu einem anerkannten Saatgut- und Rinderherdbuch-Zuchtbetrieb. Aus der Anton-Epoche stammt das erhaltene Tonnendach des ehemaligen Inspektorhauses.

Da die Äcker und Wiesen von Oberneundorf seit 1991 von der Agrargenossenschaft Zodel aus bewirtschaftet werden, blieben die Wohnhäuser der meist in Görlitz oder Ludwigsdorf beschäftigten Bewohner frei von einer landwirtschaftlichen Zweckbestimmung. Von dieser zeugen noch das Dreiseitgehöft Nr. 187 und der Vierseithof Nr. 154, seit 1992 Gaststätte »Neuendorfer Hof«. Seit 1992 entstand auf dem Windmühlenberg, der allerdings schon seit Ende des 19. Jahrhunderts keine Mühle mehr trägt, eine Ansiedlung von Einfamilienhäusern.

Görlitz am Ende des 20. Jahrhunderts

Das einem Stadtkreis gleich erweiterte Görlitz ist nicht minder problembeladen als das ohnehin schon für die kreisfreie Stadt der Fall ist. Für Wohnen und Wirtschaft ist das Kleid ihres Baubestandes zu weit geworden, »Rückbau« durch das Niederreißen allzu vieler nicht genutzter Wohnungen, das Kappen allzu hoch geratener Neubauten zur Beseitigung von Gebäudeleerständen und unnützer Kosten kamen zur letzten Jahrhundertwende vielerorts ins Gespräch. In Görlitz weiß man und wartet darauf, daß eine Europäische Union die bestehende Grenzproblematik von Grund auf verändern kann.

Ebenso wartet auch das Umland auf Neubelebung durch Verkehr, neu zu schaffende Industrien und Handel als Motoren für Zuwanderungen, ansässiges Gewerbe, Touristik, Sport und Kultur. Vorerst scheuen kapitalkräftige Investoren die erforderlichen grundsätzlichen Aufwendungen, die lange hohe Kosten verursachen und viel Zeit erfordern, um sich zu rentieren. Das viel zitierte Nischenbesetzen ist eine Taktik des Abwartens. Es mag überbrücken helfen, zum Überdauern bedarf es der mutigen Tat. Selten in ihrer Geschichte waren die Görlitzer so zur Leistung herausgefordert, wie an der Schwelle in ein neues Jahrtausend.

Für Görlitz bedeuteten die letzten zehn Jahre des 20. Jahrhunderts als exponierte östlichste Stadt Deutschlands Umbruch zum Aufbruch in ein neues Zeitalter, Einkehr in eine neue Gegenwart mit neuen bohrenden Fragen, neuen Nachbarschaftsverhältnissen und Grenzüberschreitungen, neuen moralischen Qualitäten, Freiheiten und Verhältnissen zur Vergangenheit.

Gegenwart ist stets nach allen Seiten offen. Geschichte ist das Gewesene, das von einer jeglichen Gegenwart als das Abgeschlossene beurteilt wird. Urteile dieser Art verfestigen sich im Grundsätzlichen, im Detail schwanken sie oft lange. Vergegenwärtigung der Geschichte besteht neben der literarischen Überlieferung in der Gegenständlichkeit und Gegenwärtigkeit der Geschichtszeugen als Kulturzeugen. Das betrifft in erster Linie die Städte als monumentale Denkmale, unter ihnen Görlitz in ganz besonderem Maße. Die Stadt ist gegenwärtiger Erlebnis- und Erfahrungsraum, ebenso aber auch vergegenständlichter Raum der Erinnerung, des Gewordenseins und damit der Geschichte. Im Erinnerungswert besteht ein ganz wesentlicher Teil der Kultur. Zeugen der Geschichte leben mit der Gegenwart als Zeugen der Kultur, und in diesem Fortbestehen sind sie selbst Kultur der Gegenwart, die sie nach ihren Bedürfnissen pflegt, verwendet und wertet.

Jede Gegenwart ist beladen mit Vergangenheit in guten und bösen Erinnerungen, zugleich aber auch erfüllt von Hoffnungen auf das Zukünftige. Zukunft bezieht sich in erster Linie auf die nachfolgenden Generationen, ohne die es kein Fortbestehen gäbe. Das verpflichtet einen jeden, sich der Gegenwart tätig zur Verfügung zu stellen und die individuellen Grenzen des Vollbringbaren auszuschöpfen. Daran erinnert der alte Görlitzer Wappenspruch, der für jede Gegenwart gilt:

Invia virtuti nulla est via – Kein Weg ist der Tüchtigkeit unmöglich.

Jahrhundertausklang – Totengedenken

Zwischen dem ältesten Stadtgebiet im Süden und dem jüngstbebauten im Norden erstrecken sich auf einem annähernd 28 Hektar umfassenden Gebiet die städtischen Friedhöfe. Teils schlichte Grabsteine, teils kunstvolle Denkmale erinnern mit Namen und Lebensdaten an jene, die einst Görlitzer Bürger waren, unter ihnen Persönlichkeiten, die ihrer Stadt zu Bedeutung und Ansehen verhalfen.

Auf dem nahezu bewaldeten älteren östlichen Teil der eindrucksvollen Totenstadt, zu dessen Würdigung bereits die Betrachtungen über das 19. Jahrhundert Anlaß gaben, finden sich die Grabstätten vieler, die Görlitz den Weg ins 20. Jahrhundert gewiesen und maßgeblich gestaltet haben. Die Reihe der hier bestatteten Oberbürgermeister setzt sich fort mit Clemens Reichert (1829–1893), dessen Amtszeit 1881–1893 in die Jahre größter Bauintensität und technischer Neuerungen fiel. Ein großer Obelisk aus Syenit trägt seinen Namen. Ein ebensolches Denkmal erhebt sich über dem Grab von Paul Büchtemann (1851–1914), Oberbürgermeister 1894–1906. Für Oberbürgermeister Georg Snay (1862–1930), der in den Jahren 1906–1927 Görlitz zur höchsten wirtschaftlichen Blütezeit führte und auch in Kriegs- und Notjahren nicht verzagte, wurde an der Ostseite ein Mauergrab mit Granitkubus und von Säulen umstandenem Durchblick geschaffen. In ganz ähnlicher Gestaltung findet sich in seiner Nähe das Grabdenkmal für seinen Amtsnachfolger Georg Wiesner (1884–1931), der sich besonders für die Überwindung der sozialen Nöte in der Zeit der Weltwirtschaftskrise einsetzte. Das schlichte Grab des ersten Görlitzer Oberbürgermeisters nach dem zweiten Weltkrieg Alfred Fehler (1879–1945) entspricht der Kargheit jener Notzeit, der er nach allzu kurzer Amtsführung zum Opfer fiel.

Zu den Verdienstvollsten, denen auf dem alten Friedhof zu gedenken ist, gehört Heinrich Küster (1870–1956), Stadtbaudirektor der Jahre 1909–1933, unter dessen Leitung Görlitz sich neu ordnete und architektonisch verjüngte.

Zu den mit figürlicher Plastik reich ausgestatteten Grabstätten gehört die von Erwin Lüders (1832–1909), Sohn des Begründers der bedeutenden Görlitzer Waggonbaufabrik, deren Aufsichtsrat er präsidierte. Er war Reichstagsabgeordneter, Vorsitzender des Görlitzer Gewerbevereins und maßgeblich beteiligt an der Gestaltung der Schlesischen Musikfeste und der Niederschlesischen Industrieausstellung in Görlitz von 1905. Unter den Wirtschaftsführern ist der Geheime Kommerzienrat Otto Müller (1829–1908) als Stifter der Görlitzer Stadtbibliothek zu nennen. Sein Grabmal trägt sein goldgefaßtes Porträt. Eine Marmortafel über der von Granit gedeckten Familiengruft kennzeichnet die Grabstätte von Otto Straßburg (1862–1941), der durch seine Kaufhauspassage von 1908 zwischen Berliner Straße und Wilhelmsplatz in die Topographie von Görlitz eingegangen ist.

Genannt zu werden verdient Moritz Böttcher (1820–1907), der Görlitzer »Turnvater« und Mitbegründer der freiwilligen Feuerwehr.

Mit einer Tempelfront ionischen Stils ist die Grabstätte des Arztes Siegfried Kahlbaum (1870–1943) ausgestattet, Sohn des Begründers der einst berühmtesten deutschen Nervenheilanstalt in Görlitz und deren Eigentümer.

Unter denen, die Görlitz auf geisteswissenschaftlichem Gebiet zu hohem Ansehen verhalfen, ist Richard Jecht (1858–1945) als Historiker, Ratsarchivar und Sekretär der Oberlausitzischen Gesellschaft der Wissenschaften an erster Stelle zu nennen. Sein schlicht umgittertes Familiengrab befindet sich nahe dem Nordosteingang. Und an jene, die vor und nach 1945 für Görlitz sich humanitär verpflichtet sah, erinnert ein schwarzes Granitkreuz an Johanna Dreyer (1896–1969), die verdienstvolle Fürsorgerin der Jugend in schlimmen Jahren der Judenverfolgung und sozialer Notstände, Stadträtin in den Aufbaujahren 1946–1949.

Nicht der Aufwand an Material, Bildhauer- und Steinmetzkunst kennzeichnet den Verdienst der Verstorbenen um ihre Stadt. In Bescheidenheit meldeten sich die meisten von den Lebenden ab. Eines der Gräber auf dem alten Friedhofsteil nennt Henry Kraft (1899–1979), den Görlitzer Gartenarchitekten und Direktor der Parkanlagen 1939–1966, Schöpfer der Zwingerbegrünung zwischen den Stadtmauern. Erinnert wird der um die Stadtgeschichte Wissende an Eberhard Giese (1884–1968), Stadtrat in den schweren Jahren des Neubeginns 1945–1947, Sammler und Editor der Görlitzer Sagen, Verfasser des »Görlitzer Tagebuchs« der Jahre 1938–1947, Freund der bildenden Künste und der Künstler.

Eine neue Friedhofskultur setzte mit der ab 1911 gesetzlich geregelten Feuerbestattung ein. Mit dem Bau des Krematoriums wurde die Urnenbeisetzung die häufigste Form der Bestattung. 1915 wurde im Südwesten des alten Friedhofs der Urnenhain angelegt. Mehrere Grabstätten wurden auch hier mit künstlerisch gestalteten Grabsteinen und Stelen ausgezeichnet. Architektonisch war dieser Friedhofsteil axial zum Krematorium als ein Gartenparterre angelegt. Es setzte zu beiden Seiten, nach der Friedhofstraße wie gegen die westliche Mauer des alten Friedhofs geometrisch gegliederte Seitenabteile an. Vom alten Friedhof aus ist der Urnenhain nahe dem Grabmal für Gottlob Ludwig Demiani zu betreten. Dem Durchgang gegenüber befindet sich das Grabdenkmal des Kaufmanns Hermann Bargou (1857–1921), des Begründers des Kaufhauses an der Ecke des Marienplatzes gegen den Demianiplatz. Auf dem Urnenhain setzt sich gegen die Mauer hin die Reihe künstlerisch gestalteter Grabmäler fort mit dem für den Anwalt Bruno Alexander-Katz (1862–1927), Spender für bedeutende Bauvorhaben. Ihm folgt das Grab des Stadtrates und Unternehmers Wilhelm Mattke (1859–1935), der für seinen verstorbenen Sohn das Muschelkalkdenkmal eines sitzenden Jünglings mit gesenktem Haupt schaffen ließ. Ein in schlesischem Marmor gestaltetes Relief ziert das Grab des Arztes Walter Freise (1856–1918), Schöpfer des nach ihm benannten Bades von 1887, ab 1900 Präsident der Naturforschenden Gesellschaft. Dem bildenden Künstler und Schriftsteller Johannes Wüsten (1896–1943) ist als Grabmal ein Metallkreuz gewidmet. Es erinnert an den Erneuerer der alten Kupferstichtechnik, den Verfasser volksnaher scharf profilierter Bühnenstücke und vom Naziregime verfolgten Widerstandskämpfer, der als Häftling im Zuchthaus Brandenburg-Görden qualvoll sein kämpferisches Leben enden mußte.

Unter den im Urnenhain Beigesetzten traten im politischen Leben hervor der Görlitzer Stadtrat und Begründer der örtlichen Arbeiterbewegung Hugo Keller (1842–1924), der Redakteur der Görlitzer Volkszeitung und Reichstagsabgeordnete Paul Taubadel (1875–1937) und Kurt Prenzel (1900–1976), Oberbürgermeister von Görlitz in den Jahren 1946–1950. Hervorzuheben ist das Denkmal für Hugo Keller aus Syenit mit dem Altersporträt in Bronzerelief, das erste, das aus Spenden Görlitzer Arbeiter geschaffen wurde. Die Inschrift »Einfach im Leben, edel im Denken« sollte manch einem zu denken geben.

Bereits seit 1880 war für die stark angewachsene und weiter anschwellende Bevölkerung eine Erweiterung des Friedhofsgeländes erforderlich geworden. Man entschied sich für eine neue Anlage nordwestlich der alten an der Verlängerung der Friedhofstraße am Wiesengrund und damit für ein Gelände, das im Norden und Westen vom neuen Stadtteil Görlitz-Königshufen umringt ist. Ursprünglich in teppichartiger Symmetrie angelegt, mit einer Mittelachse, die von mehreren Querverbindungen in kreisförmigen Kreuzungspunkten geschnitten wird, hat die Gestaltung des Neuen Friedhofes im Laufe eines Jahrhunderts einen parkartigen Charakter angenommen. Die äußere Wegeführung läuft an der südlichen, westlichen und östlichen Mauerbegrenzung entlang an den Bestattungsstellen namhafter Görlitzer. Unter ihnen befindet sich die für den Erfinder des Kohlenstaubmotors (1916) Rudolf Pawlikowski (1868–1942); für den Fabrikanten von Dampf- und Keramikmaschinen Richard Raupach (1851–1921), dessen Privatgrundstück 1957 Görlitzer Tierpark wurde; die für den Fabrikanten von Ziegeleimaschinen August Roscher (1864–1916), gestaltet in Marmor und Terrakotta; für Hugo Meyer (1863–1905), Chef des international bekannten Unternehmens zur Herstellung von Kameraobjektiven, an den ein großer Obelisk aus schwarzem schwedischen Granit erinnert. Für Rudolf Hoinkiss (1876–1944), den bekannten Görlitzer Süßwarenfabrikanten, wurde ein Grabmal an der Mauer in granitenem Zyklopenmauerwerk errichtet. An den Maler Fritz Neumann-Hegenberg (1884–1924) erinnert sein Grabmal in rotem Muschelkalk mit stilisierter Blüte; an den Lehrer, Naturforscher und Mundartdichter Emil Barber (1857–1917) ein Denkmal aus geschichtetem Zyklopenmauerwerk.

Noch viele andere verdienten hier genannt zu werden. Auch an jene sei gedacht, die in anonymen Urnengräbern unter dem »Rosenbeet« den Lebenden eine Botschaft zu sagen haben.

Es ist ein gedankenschwerer Weg, der über die Hauptachse des Neuen Friedhofes führt, entlang an und hin zu Erinnerungsstätten schmerzhafter deutscher Geschichte des 20. Jahrhunderts. Ihren Gefallenen des Ersten Weltkrieges von 1914–1918 errichtete die Stadt 1926 das etwas abseits des Hauptweges gelegene wuchtige aus Granitquadern gefügte vierseitige Denkmal, dessen bereits als zeittypisches Architekturwerk gedacht wurde. Charakteristisch für die Ausdruckskunst der Entstehungszeit ist auch die Anlage der das Denkmal umgebenden Kriegsopfergräber. Die teilweise Wiederherstellung ist einem Freiwilligeneinsatz der Bundeswehr von 1995 zu danken. In den 45 Jahren zwischen 1945 und 1989 galt die Pflege von Gedenkstätten gefallener deutscher Soldaten und ihrer Gräber als Mißachtung des Friedens und sozialistischer Ideale.

Mit Schicksalen des ersten Weltkrieges ist auch die aus sechs Einzelgräbern bestehende Gedenkstätte für die Toten des in Görlitz internierten griechischen Armeekorps verbunden.

Für die Zivilopfer des Kapp-Putsches von 1920 errichteten Görlitzer Sozialisten 1929 am Nordende des Mittelweges eine schlichte Gedenkstätte in Gestalt einer dreiteiligen roten Klinkermauer mit den Namenstafeln aus Naturstein.

Den während des Zweiten Weltkrieges in Görlitz ums Leben gekommenen polnischen, sowjetischen und italienischen Zivilopfern sind Gräber in der Nähe des Gefallenendenkmals von 1926 beschieden. Der Charakter des von der Hitler-Diktatur entfesselten Zweiten Weltkrieges und die Rücksicht auf die Sieger- und Besatzungsmacht verwehrten ein halbes Jahrhundert lang in Görlitz der Trauer um die vielen geopferten deutschen Soldaten jenes schrecklichsten aller Kriege ein Denkmal zu setzten. Erst 1995 war es endlich möglich, das Versäumnis nachzuholen. Am verlängerten Nordostende des Neuen Friedhofes konnte zum 50. Jahrestages des Kriegsendes das Denkmal nahe der Hoffnungskirche entstehen: Ein vom Blitz und von Granatsplittern des zweiten Weltkrieges getroffener Eichenstamm. Spenden der Hinterbliebenen der Kriegsopfer ermöglichten die Errichtung dieses erschütternd symbolträchtigen Denkmals. Möge es für immer ein mahnendes Zeichen bleiben.

Literatur

Geschichtsquellen

Codex diplomaticus Lusatiae superioris. N.F. Bde. II, III, IV, VI / 1. Hrsg. v. Richard Jecht. Görlitz 1896–1931. (Enthält u.a. Görlitzer Ratsrechnungen 1375–1463 und Urkunden des Oberlausitzer Hussitenkrieges).
Jecht, Richard: Quellen zur Geschichte der Stadt Görlitz bis 1600. Görlitz 1909.
Scriptores rerum Lusaticarum N.F. 1–4. Görlitz 1839–1870.
Wenzel, Peter: Das Stadtarchiv Görlitz und seine Bestände. In: Görlitzer Magazin 8, 1994, S. 67–73.
Ders.: Spezialinventar Stadtbücher des Ratsarchivs Görlitz bis 1800. In: Ebenda S. 74–84.

Bibliographieen

Register zum Neuen Lausitzischen Magazin, Zeitschrift der Oberlausitzischen Gesellschaft der Wissenschaften, Bde. 1–117, Görlitz 1822–1941, in Bd. 76, 1900); 86, 1910; 102, 1926 u. 112, 1936 Sachregister Görlitz.
Die östliche Oberlausitz im Spiegel der Literatur. Eine Auswahlbibliographie unter besonderer Berücksichtigung der Stadt Görlitz. Zusammengestellt v. Matthias Wenzel, Oberlausitzische Bibliothek der Wissenschaften Görlitz. (Beilage zum Görlitzer Magazin 1987 ff.)

Zeitschriften, Jahresschriften, Periodica, Schriftenreihen

Denkmalpflege in Görlitz. Eine Schriftenreihe. Görlitz 1991 ff.
Görlitzer Magazin. Beiträge zur Geschichte, Kunst und Kulturgeschichte der Stadt Görlitz und ihrer Umgebung. Görlitz 1987 ff.
Neues Lausitzisches Magazin. Zeitschrift der Oberlausitzischen Gesellschaft der Wissenschaften. Bde. 1–117, Görlitz 1822–1941; N.F. 1 ff., Görlitz 1998 ff. (NLM)
Schriftenreihe des Ratsarchivs der Stadt Görlitz. Bde. 1–18. Görlitz 1961–1994.

Görlitz im Rahmen der Oberlausitz – Kultur, Recht, Verfassung

Blaschke, Karlheinz: Beiträge zur Geschichte der Oberlausitz. Görlitz, Zittau 2000.
Boetticher, Walter v.: Der Adel des Görlitzer Weichbildes um die Wende des 14. und 15. Jahrhunderts. Görlitz 1927.
Ders.: Geschichte des Oberlausitzischen Adels und seiner Güter 1635 –1815. Bd. 1. Görlitz 1912; Bd. 2, Oberlößnitz 1913; Bd. 3, Oberlößnitz 1919; Bd. 4, Görlitz 1923.
Knothe, Hermann: Geschichte des Oberlausitzer Adels und seiner Güter vom 13. bis gegen Ende des 16. Jahrhunderts. Leipzig 1879.
Köhler, Gustav: Die Geschichte der Oberlausitz. 2 Bde. Görlitz 1867 –1868.
Köhler, Johann August Ernst: Geschichte der Oberlausitz von den ältesten Zeiten bis zum Jahre 1815. Görlitz o. J. (Auch Neues Lausitzisches Magazin 42, 1865)
Scheltz, Theodor: Gesamtgeschichte der Ober- und Niederlausitz nach alten Chroniken und Urkunden. Bd. 1 u. 2. Halle, Görlitz 1837, 1867.
Stein, Erwin (Hrsg.): Die preußische Oberlausitz. Berlin 1927.

Bildbände

Anders, Ines u. Peter Wolfrum: Görlitz. Historische Ansichten aus vier Jahrhunderte. Würzburg 1997.
Bednarek, Andreas: Görlitz so wie es war. Düsseldorf 1993.
Feyerabend, Ludwig: Alt-Görlitz einst und jetzt. Görlitz 1927 / 28.
Hartmetz, Rudolf: Görlitz. Ansichten eines Denkmals. Mit einem Essay v. Wolfgang Wessig u. Texten zur Stadtgeschichte von Hans Mirtschin. Dresden 2000.

linke Seite:
248 Denkmal für die Opfer des Kapp-Putsches.

249 Denkmal für die Gefallenen des 2. Weltkrieges.

Kitte, Rainer (Fotos) u. Horst Wenzel (Text): Görlitz, Stadt an der Neiße. Görlitz 1990.

Kretzschmar, Ernst: Görlitz als Zentrum der Preußischen Oberlausitz auf Ansichtskarten um 1900. Horb a. Neckar 1991.

Kretzschmar, Ernst: Görlitz als Tor zu Niederschlesien auf Ansichtskarten um 1920–1940. Horb a. Neckar 1993.

Ders.: Bildchronik.
    Görlitz um die Jahrhundertwende. Görlitz 1978.
    Görlitz in den zwanziger Jahren. Görlitz 1980.
    Görlitz im antifaschistisch-demokratischen Neuaufbau. Görlitz 1981.
    Görlitz unter dem Hakenkreuz. Görlitz 1982.
    Görlitz zwischen Biedermeier und Märzrevolution. Görlitz 1984.
    Görlitz auf dem Weg zur sozialistischen Stadt. Görlitz 1988.
    Görlitz als kursächsische Provinzstadt. Görlitz 1990.
    Görlitz als mittelalterliches Handels- und Gewerbezentrum. Görlitz 1992.

Kürzinger, Georg (Fotos) u. Andreas Bednarek (Text): Görlitz. Entdecken und Erinnern. München 1994.

Lemper, Ernst-Heinz: Historische Stadtansichten von Görlitz. Görlitz 1959. 4. Aufl. 1972.

Topographie, Stadtgeschichte, Denkmalkunde

Bednarek, Andreas: Die städtebauliche Entwicklung von Görlitz im 19. Jahrhundert. Görlitz 1991.

Dalman, Gustaf: Die Kapelle zum Heiligen Kreuz und das Heilige Grab in Görlitz und Jerusalem. Görlitz 1916.

Ders.: Das Heilige Grab in Görlitz und sein Verhälrnis zum Original in Jerusalem. Görlitz 1925.

Denkmale der Stadt Görlitz. In: Beschreibende Darstellung der Denkmale des Bezirkes Dresden. Überarbeitete u. ergänzte Aufl. Dresden 1987, S. 42–55.

Großmann, G. Ulrich u.a. (Hrsg.): Hausbau in Görlitz, in der Lausitz und in Böhmen. Gaststätten und Kneipen. Jahrbuch für Hausforschung Bd. 43. Marburg 1995.

Jacob, Frank-Dietrich: Die Görlitzer bürgerliche Hausanlage der Spätgotik und Frührenaissance. Görlitz 1972.

Jecht, Richard: Entwicklung von Industrie und Handel in der Preußischen Oberlausitz bis Mitte des 19. Jahrhunderts. Görlitz (1925).

Ders.: Geschichte der Stadt Görlitz. Bd. I, 1. Allgemeine Geschichte der Stadt Görlitz im Mittelalter. Görlitz 1926.

Ders.: Görlitz bevor es Stadt wurde. Zum 850jährigen Gedächtnisse (an die urkundliche Ersterwähnung 1071) am 11. Dezember 1921. Görlitz 1921.

Ders.: Görlitz in der Franzosenzeit 1806–1815. Görlitz ²1934.

Ders.: Kriegs- und Feuersnot und ihre Folgen für Görlitzer Bauten. In: NLM 93, 1917, S. 144–158.

Ders.: Das Ratsarchiv der Stadt Görlitz. Görlitz 1926.

Ders.: Topographie der Stadt Görlitz. Geschichte der Stadt Görlitz. Bd. I, 2. Görlitz 1927–1934.

Ders.: Die wirtschaftlichen Verhältnisse der Stadt Görlitz im ersten Drittel des 19. Jahrhunderts. Görlitz 1916. (Auch in NLM 87 (1911), 90 (1914), 92 (1916).

Jecht, Walter: Neue Untersuchungen zur Gründungsgeschichte der Stadt Görlitz und zur Entstehung des Städtewesens in der Oberlausitz. Diss. Breslau 1914. Görlitz 1919 (auch in NLM 95 (1919), S. 1–62.

Kirchhoff, A.: Politische Ereignisse in Görlitz 1848. Görlitz 1948.

Klemm, Bernhard u.a.: Städtebaulich-denkmalpflegerische Untersuchungen in Görlitz. Sonderdruck Wiss. Zeitschr. Techn. Hochschule Dresden 7, 1957/58, Heft 5 f. Dresden 1959.

Lemper, Ernst-Heinz: Anfänge akademischer Sozietäten in Görlitz und Bartholomäus Scultetus (1540–1614). In: Europäische Sozietätsbewegungen und demokratische Tradition. Die europäischen Akademien der Frühen Neuzeit zwischen Spätmittelalter und Spätaufklärung. Hrsg. v. Klaus Garber u. Heinz Wissmann unter Mitwirkung von Winfried Siebers. Tübingen 1996, S. 1152–1178.

Ders.: Das Barockhaus Neißstraße 30 als Museum der Städtischen Kunstsammlungen Görlitz. Regensburg 1994.

Ders.: Burgberg und Neißebrücke. Bemerkungen zur historischen Topographie von Görlitz. In: Landesgeschichte als Herausforderung und Programm. Karlheinz Blaschke zum 70. Geburtstag. Hrsg. v. Uwe John u. Joseph Matzerath. Stuttgart 1997, S. 109–122.

Ders.: Denkmale des Mittelalters und der Renaissance in Görlitz. Görlitz 1984.

Ders.: Evangel. Pfarrkirche St. Peter und Paul Görlitz. München, Zürich 1992.

Ders.: Görlitz. Denkmale des Barock. Görlitz 1986.

Ders.: Görlitz. Kunstgeschichtliche Städtebücher. Leipzig [1]1959–[5]1987.

Ders.: Görlitzer Hallenhäuser der Spätgotik und Frührenaissance. In: Von Mühlen, Domen und Goldenen Reitern. Dresden 1955.

Ders.: Görlitz und die Oberlausitz im Jahrhundert der Reformation. In: Europa in der Frühen Neuzeit. Festschrift für Günter Mühlpfordt. Weimar 1997, S. 281–300.

Ders.: Der Kaisertrutz, eine spätmittelalterliche Bastion im System der Görlitzer Stadtbefestigungen. In: Burgenforschung aus Sachsen 7, 1995, S. 8–32.

Ders.: Die Kapelle zum Heiligen Kreuz beim Heiligen Grab in Görlitz. In: Kunst des Mittelalters in Sachsen. Festschrift f. Wolfgang Schubert. Weimar 1967, S. 142–157.

Ders.. Kreuzkapelle und Heiliges Grab Görlitz. München, Zürich 1992.

Ders.: Die Landeskrone in der Geschichte. In: Die Landeskrone bei Görlitz. Ein Führer für Natur- und Heimatfreunde. Abhandl. u. Ber. des Naturkundemuseums, Forschungsstelle Görlitz 59. Suppl. Görlitz [1]1986, [2]1988.

Ders.: St. Georg in Görlitz und die Krypten im Südostraum der Gotik. In: Festschrift Johannes Jahn zum XXIII. November MCMLVII. Leipzig 1958, S. 139–151.

Ders.: Zur geistesgeschichtlichen Situation der Reformation in Görlitz. In: Weltwirkung der Reformation. Internationales Symposium anläßlich der 450-Jahr-Feier der Reformation in Wittenberg. Bd. 1. Berlin 1969, S. 287–299.

Lutsch, Hans: Verzeichnis der Denkmäler der Provinz Schlesien. Bd. 3: Die Kunstdenkmäler des Reg.-Bezirks Liegnitz. Breslau 1891, S. 635–729, 735, 741, 746 f., 748–751, 756, 758 f.

Marquardt, Uta/Norbert Faust (Hrsg.). Görlitz – Von der mittelalterlichen Handelsstadt zur Grenzstadt an der Neiße. Görlitz, Zittau 2000.

Neumann, C.G. Theodor: Geschichte von Görlitz. Görlitz 1850.

Nitzsche, Frank-Ernest: „Der Schönhof" in Görlitz. Regensburg 1997.

Otto, Roland: Die Verfolgung der Juden in Görlitz unter der faschistischen Diktatur 1933–1945. Görlitz 1990.

Reuther, Martin: Metzker-Scharfenbergs „Abkontrafeitung der Stadt Görlitz im 1565 Jar" im Spiegel stadtgeschichtlicher Betrachtung. In: Friedrich Beck (Hrsg.): Heimatkunde und Landesgeschichte. Weimar 1958, S. 52–90.

Schmidt, Werner (Hrsg.): Görlitz und seine Umgebung. Ergebnisse der landeskundlichen Bestandsaufnahme im Raum Görlitz und Ostritz. Werte der Deutschen Heimat Bd. 54. Weimar 1994.

Stein, Erwin: Görlitz. Berlin 1925.

Wenzel, Horst: Die Dreifaltigkeitskirche in Görlitz. Görlitz 1995.

Register

Bildnachweis

Die abgebildeten Kunstgegenstände stammen – soweit nicht anders ausgewiesen – aus den Städtischen Sammlungen für Geschichte und Kultur Görlitz, vor allem aus dem Graphischen Kabinett, dem Kaisertrutz. Die Fotos aus den Beständen Walter Wolf sowie Robert Scholz stammen aus dem Ratsarchiv Görlitz. Diesen Einrichtungen sowie allen, die Bildmaterial zur Verfügung gestellt bzw. die Abbildung der in ihren Zuständigkeitsbereich fallenden Objekte ermöglicht haben, gilt herzlicher Dank.

Städtische Sammlungen für Geschichte und Kultur Görlitz: 1–3, 7, 9, 12–15, 18, 27, 29, 30 f., 33, 35, 45, 48 f., 52, 55, 58–59, 65–69, 72 f., 77, 86, 105 f., 113, 115, 149, 152

Rolf Barthel: 2, 137

Rainer Kitte: 4–6, 10 f., 16, 19, 21–23, 26, 28, 34, 38, 40–42, 44, 46 f., 50 f., 56 f., 61, 63 f., 79, 82–84, 91, 94 f., 98, 101–104, 108–110, 112, 116, 119 f., 122, 125–126, 129, 143, 178, 180, 191, 202, 206 f., 211 f., 217, 225 f., 229, 238

Torsten Nimoth: 62

René Pech: 12, 18, 24, 27, 30 f., 33, 45, 52, 55, 58 f., 65–69, 72 f., 77, 86, 92, 93, 107, 113, 118, 120, 130–136, 138 f., 141 f., 144–148, 151–157, 159–161, 164–173, 177, 185, 190, 192–196, 209 f., 213–216, 220–224, 228, 230–237, 139–147

Robert Scholz: 32, 36 f., 53 f., 70 f., 85, 87, 96, 99, 111, 114, 123, 140, 150, 158, 162 f., 175 f., 179, 181–184, 186–189, 197, 199 f., 201, 203–205, 208, 218 f.

Walter Wolf: 17, 20, 25, 39, 43, 74–76, 78, 80 f., 88 f., 97, 100, 117, 124, 127 f., 174, 227